동학의 정치사상

모들동학신서 201

동학의 정치사상

천도교 청우당을 중심으로

임 형 진 지음

개정판 머리말

'세계화'라는 담론으로부터 출발한 21세기는 명확히 이전의 국제 질서와는 다른 개방성과 다원성을 기초한다. 그런 가운데 민족 국가의 문제는 더 이상 필요치 않다는 도전에 직면하게 되었다. 즉, 국내적 압력과 국제적 위협은 '민족 국가의 위기'로 이어지고 있는 것이다. 그러나 이 세기도 여전히 국제 사회의 기본 단위는 민족 국가일 수밖에 없다. 민족 국가는 문화적 응집력과 정치적 통일의 전망을 제공하기 때문이다.

통일 민족 국가로 전환하기 위한 정치 단위로서의 한민족 국가 공동체 건설을 목표로 하는 우리 상황에서 통합 사상으로서의 민족주의는 여전히 절실하다고 할 수 있다. 개인이 존재의 구속성을 갖듯 국가도 민족이 처한 상황과 시대에 구속되게 마련이다. 민족 국가의 생존이 없는 세계 국가가 존재할 수 없다고 했을 때 우리가 민족주의를 논해야 하는 것은 명백한 현실 인식을 바탕으로 한다고 할 수 있다. 적어도 우리에게 민족의 특수성이란 세계적 보편성과 별개로 치부될 수 없다는 것이다.

민족주의 정치 사상이란 민족 운동을 추동하는 견인체이다. 그렇기에 한국사회에서의 모든 민족주의 운동에는 민족주의 사상이 있었다. 지난 19세기 중반 등장한 동학은 한국 근대사의 가장 거대한 민족주의 운동을 견인해 낸 사상을 가지고 있었다. 그 사상은 운동의 결과와 상관 없

이 남아 그 정당성을 증명해 주고 있다. 천도교 청우당의 정치 사상은 그
것의 명백한 증거물이다. 동학과 천도교 청우당의 정치 사상에 집중하는
이유도 여전히 열린 민족주의로서 그리고 민족 국가 건설의 이념으로서
의 동학이 유효하다는 믿음 때문이다.

작은 믿음의 성과가 이제 개정판을 낼 기회를 가졌다는 것이 행운이
자 크나큰 부담이다. 지난 초판의 내용과 틀에서 크게 벗어나지는 않았
지만 고증과 인용 그리고 문장에 좀더 철저를 기했고, 당시 실리지 못했
던 내용을 2장과 결론에 보완해 넣었다.

언제나 갖는 생각이지만 주위의 은사님들이 이끌어 주셨기에 오늘의
결과가 있을 수 있었다. 다만 분들의 가르침을 제대로 수용치 못한 나의
능력이 역시 부족한 내용으로 나타나고 있다. 또 한번의 개정판을 낼 기
회가 주어진다면 질정 없는 내용으로 완성해 보일 것이라고 다짐해 본
다. 거듭 졸고를 다듬어 세상에 빛을 보게 해 준 '모시는사람들' 식구들
에게 감사의 말씀을 전한다.

2004. 8
기대승 선생이 거닐던 고봉산 아래에서
碾石 林炯眞

머리말

　19세기 중엽에 탄생한 동학의 역사는 곧 한국 근대사이고 동학의 실천은 한국 민족주의 운동과 동의어라고 할 수 있다. 또 동학의 사상은 한국 사상사의 집대성이자 완결이며 한국 정신사의 정수이다. 동학의 민중 운동사는 그대로 한국 민중 운동사이며 근대 우리 민족의 수난과 저항 그리고 새로운 도약의 밑거름이기도 하다. 1894년의 갑오동학혁명, 1904년의 갑진개화운동, 1919년의 3·1 운동, 일제하의 민족 문화 운동 그리고 해방 후 전개한 천도교의 자주적 통일 국가 수립 운동 등은 우리 역사의 자랑스런 기록이다.

　이러한 동학 천도교의 140여 년의 역사는 그러나 숱한 의문을 주기에 충분하다. 도대체 동학에는 무엇이 있기에 그 당시 그렇게 많은 민중들의 마음속에 자리할 수 있었을까. 아무리 적게 추산해도 40만 명이라는 많은 사람들이 동학의 이름으로 순도한 까닭은 무엇인가. 우리 역사 속에서 단 한 번도 인간다운 대접을 받아 보지 못한 그들 민중들이 역사의 전면에 서서 역사 추진의 동력으로 들불처럼 일어날 수 있었던 이유는 또 무엇인가. 그들이 그렇게 꿈꾸었던 후천개벽의 세상은 어떤 모습이었을까. 무엇보다도 그 많던 사람들은 지금 어디에 있는 것인가. 힘겹게 전통을 유지하고 있는 오늘의 동학 천도교의 모습은 어떻게 설명되어야 하는가. 또 현재 북한에 존재하고 있는 천도교 청우당은 무엇인가. 이 같은 의문들은 동학 연구의 출발이다.

누구나 그랬던 것처럼 동학은 화려한 역사 나열의 암기 대상이었던 내게 노태구 교수의 동학 강의는 충격이었고 경외감 그 자체였다. 그것을 조금이라도 확대해 보고자 찾아간 곳이 천도교 중앙총부였다. 1980년대 중반 그곳에서는 김철 교령(당시 선도사)이 직접 운영하던 '동학강좌'가 있었다. 그곳에서 만난 표영삼, 임운길, 허경일, 임중산, 김응조, 이창번, 성주현 선생님들은 지금까지도 나의 스승들이다. 이 분들께 보답하는 길이 무엇인가를 나는 아직도 찾지 못하고 있다. 아무튼 그날 이후 지금까지도 나는 결코 크게 깨치지도 또 학문적 축적도 이루지 못하면서 동학이라는 화두를 부여잡고 있다.

동학 연구에서 나에게 가장 큰 난제는 종교로서의 동학이 아닌 사회참여 집단으로서의 동학이었다. 동학은 종교로 출발했지만 내용으로는 개벽사상이었기에 당연히 사리私利가 아닌 공동체의 공익公益을 우선시한다. 그래서 동학은 풍전등화의 조선을 구할 방략뿐 아니라 인류 전체를 구원할 수 있는 원대한 구상을 하고 있다. 이른바 보국안민輔國安民과 포덕천하布德天下가 그것이다.

이처럼 동학은 강한 사상성을 가지기에 개인에게 역사 주체의 정당성을 규범적 차원에서 설파하고 그것을 바탕으로 이상적 질서를 향한 정치적 행동을 요구한다. 그 이상향을 동학에서는 후천개벽의 지상천국이라고 한다. 동학이 종교를 배경으로 이렇게 강한 정치적 운동을 요구하는 이론적 배경이 교정쌍전론教政雙全論이다.

교정쌍전론은 지상천국의 실현을 위해 교宗教와 정政治의 쌍방을 조화시키고 동시에 발전시킨다는 논리이다. 즉, 인간 구원의 종교적 이상과 정치적 이상을 내세가 아닌 현세에서 실현시키고자 노력한다는 것이다.

이처럼 교정쌍전, 교정조화의 논리는 다른 종교와 가장 큰 차이를 보이는 동학 천도교의 특징이기도 하다. 동학 천도교가 역사상 유례를 보기 힘든 수난의 역사를 보낸 까닭은 이 같은 교정쌍전론의 실천 노력이 계속 되었기 때문이다.

천도교 청우당天道教靑友黨은 후천개벽의 구체적 실천 운동의 전위 세력이다. 청우당은 일제시대 천도교 청년당으로 시작해 민족 계몽의 문화 운동에 진력하면서 오심당, 불불당이라는 지하 항일 조직을 결성해 국내에서의 민족 운동을 주도해 나간 정치 운동 단체였다. 특히 해방 후로 이어지는 운동 과정 속에서 그들이 제시한 정치 이념과 노선은 민족주의이념으로서의 동학 사상이 지향하는 포덕천하, 광제창생廣濟蒼生, 지상천국地上天國의 이상 세계였다. 따라서 청우당의 정치 이념이야말로 동학 정치 사상의 현대적 표현이었다고 할 수 있으며 동학 사상의 창시자 수운 최제우가 구상했던 후천개벽 세상의 구체적 모형이라고도 볼 수 있다.

분명 동학에는 21세기가 요구하는 새로운 가치들인 환경, 생태, 여성, 어린이, 생명 그리고 인간 존엄의 사상이 담겨 있다. 그래서 동학이야말로 미래학이요, 인류 전체를 향한 민족의 보고라고 하는 것이다. 그런 가운데 천도교 청우당을 이해한다는 것은 곧 동학의 정政의 영역을 이해하는 계기가 될 것이며, 한국 전통의 민족 이념을 집대성해 완성한 이상적 정치 공동체(Communitarianism)의 모습을 성찰할 수 있는 또 하나의 기회가 될 것이라고 믿는다. 비록 아직은 이 졸고가 그것을 소개하는 수준에 그치지만 이것이 연구의 첫 걸음이라고 자위하며 향후의 과제를 스스로에게 부과해 본다.

천학비재淺學非才한 나의 이 졸고가 나오기까지 실로 많은 분들의 도움이 있었다. 만약 이 글이 약간의 의미라도 갖는다면 그것은 모두 그분들의 몫이다. 부족한 글을 일일이 지적해 고쳐주신 민준기, 신용하, 신정

현 교수님과 특히 백승현 교수님께 감사하지 않을 수 없다. 그리고 민족
주의 정치사상을 기초부터 익혀주신 차기벽, 장을병 교수님의 지도가 있
었기에 약간의 이론적 바탕이 있을 수 있었다고 생각한다. 또한 빼놓을
수 없는 분들이 황선희 교수님과 정용서 선생님이다. 늘 마음의 빚을 지
고 있는 분들이라 이 기회에 아주 조금이라도 그 빚을 갚는 계기가 되었
으면 하는 마음이다. 그리고 흔쾌히 이 글을 출판해 주신 '도서출판 모시
는사람들'의 박길수 대표와 출판사 가족들에게도 감사의 마음을 전한다.
그 밖에 일일이 열거하지 못하는 많은 분들의 도움으로 이 책이 세상에
빛을 보게 되었으므로 진심으로 고마움의 인사를 올린다.

2002. 10. 임형진

(daum cafe : 맷돌2)

동학의 정치사상 _____

차 례

제1장 서 론

    일반적으로 민족주의는 보편성보다는 특수성과 더 밀접하게 연관되는 것으로 인식되고 있다. 현대 문명의 다양성은 개별 민족들의 특수성을 토대로 하여 이루어지는 것이다. 그러나 세계 여러 민족들이 지닌 고유성(특수성) 중에서 어떤 민족의 것은 현대성 혹은 선진성으로 평가되는 데 반하여, 그 밖의 대부분의 민족들의 고유성은 후진성과 같은 의미로 여겨지고 있기도 하다.[1] 즉 민족 국가 건설에 성공한 민족의 민족적 특수성은 현대성을 담지하고 있는 것으로 받아들여지는 데 비하여, 여기에 실패한 민족의 민족적 특수성은 전근대적이라는 평가를 면치 못하고 있다는 것이다. 이렇게 볼 때 민족 국가의 발전은 일견 개별 민족의 특수성이 세계적 보편성으로 승화되는 과정이라고 생각할 수도 있을 것이다.

---

[1] 같은 맥락에서 서구에 비해 동양의 근대화가 늦어진 원인을 동양 고유의 사유체계인 유교에서 찾고 그 처방 역시 유교의 전근대성에 대한 철저한 비판과 폐기하는 것이라는 주장이 있다. 그러나 최근의 포스트 모던 논쟁에서 얻은 최고의 부산물은 유교를 포함한 각 민족의 개별성, 개체성 즉, 고유의 사유체계에 대한 재인식 및 그 중요성의 부각이다.

즉, '세계적 보편성'이 '현대성(modernity, 근대성)'을 의미한다고 했을 때, 오늘날 보편성의 상징으로서의 현대성은 개별 민족들의 특수성의 종합을 바탕으로 하고 있다고 볼 수 있다. 결국 어느 시대를 막론하고 민족주의자들의 최대 과제는 그들 민족의 고유한 본성을 어떻게 하면 현대성의 수준으로 승화시킬 수 있을 것이냐의 문제라고 할 수 있다.

우리 시대에 가장 많이 회자되고 있는 말은 '세계화'와 '국제화'이다. 이 구호는 추구하는 목표와 관련하여 두 가지 의미를 내포한다. 하나는 한국 사회의 문호를 대외적으로 개방해서 외부 세계와의 교류와 협력을 증진시켜 나가자는 것이고 다른 하나는 한국의 것을 대외적으로 진출·확산시켜 세계 문명의 진보에 기여할 수 있도록 한다는 것이다. 전자가 개방을 통해 한국 사회의 발전에 필요한 것들을 끌어들이는 것이라고 한다면, 후자는 한국의 것을 밖으로 내보내는 데 그 목표를 둔 것이다.[2] 후자의 경우 한국 고유의 것에 대한 재발견과 보편적·세계적 관점에서의 재정립이 요구된다. 그러나 오늘날 민족주의의 폐해로 지적되는 것은 대부분 후자의 경우를 지나치게 확대하여 그것이 다른 민족에게 강요와 침탈로 나타난 데에 있다. 이것은 자기 문화에 대한 배타적 자신감과 독선적 오만의 결과로 타 민족에게 굴복과 충성을 요구하기 때문이다. 그렇기에 세계화와 민족주의는 일견 모순된 개념으로 인식되고 있고 실제의 역사적 경험이 이를 증명하기도 한다. 결국 세계화 시대를 살아가고 있는 현대인에게 민족주의의 문제는 수용과 배제 사이의 중요한 선택 대상으로 제기되고 있는 것이다.

그러면 민족주의는 어떻게 극복되어야 하는가. 민족주의에 대한 보다

---

2 신정현, 「한국정치학의 과제-토착화와 실학화」, 한국정치학회, 『한국정치학회보』 제30집 1호, 1996, 15쪽.

철저한 연구의 축적은 바로 그 해답을 찾기 위한 노력의 일환이 될 수 있을 것이다. 구체적으로 민족이 역사상 행위 주체로서 등장하고 활약하기 시작한 이후 오늘날에 이르기까지 각 민족에게 면면히 이어져 오고 있는 민족 이념 또는 민족 정서의 핵심을 규명하는 작업을 통해서, 민족주의의 부정적 측면을 극복할 수 있는 가능성이 모색될 수 있다는 것이다. 같은 맥락에서 한국 민족주의 정치사상 연구는 한국적인 개별성·특수성이 세계적인 보편성을 취득해 나가고, 나아가 인류 평화와 세계 문명의 진보에 기여할 수 있는 가능성에 대한 탐색이자 하나의 실험적 시도가 될 수 있다.

한민족은 반만년 역사를 이어 오는 과정에서 민족의 주체성을 잃지 않고 독자의 민족 문화를 유지·발전시켜 왔다. 그것은 외래 사상과 문화에 침식당하지 않고, 오히려 간헐적으로 노도처럼 밀려온 외래 문화를 포용·극복해 온 결과였다. 이는 그동안 한민족이 반만년의 역사 속에 민족 고유의 사상을 바탕으로 외래 사상을 한국화하는 데 성공한 것을 의미한다. 이러한 점에서 한국사상은 근대화 과정 속에서 한국적 환경과 풍토 가운데 특유한 민족주의 정치 노선으로 구체화되었다고 볼 수 있다. 한국적 민족주의 정치 노선은 역사 속에서 때로는 통치의 이념적 토대로, 때로는 국민 통합의 기제로, 그리고 외세 극복의 방편으로서의 역할에 충실하면서 민족의 자기 정체성 유지에 공헌했다. 특히 국가적 위기 상황 속에서 민족의식의 회복이 강하게 요청될수록 민족주의 정치 이념은 더욱 강고해질 수밖에 없었다.

본 연구의 주제인 동학사상의 출현은 이러한 시대적 요청에 대한 응답으로서 한국 민족주의의 한 전형을 이루고 있는 것으로 평가할 수 있다. 물론 비슷한 시기에 등장한 개화 사상과 위정 척사 사상도 당시의 시대적 요청에 부응하여 대두한 점에서 동학사상과 유사한 면을 갖고 있다.

그러나 그것들은 근대적 사회개혁과 반외세적 민족자주를 외쳤지만 다른 면에서는 외세의존적이었고, 또한 경세제국經世濟國의 주도적 역할을 양반 사대부나 소수 지식인층의 소임으로 국한시키고 있었다는 점에서 민족주의적 색채를 별로 띠지 않고 있었다. 그에 비해 동학은 종교적 교리를 이용해 민중들의 도덕성 회복을 통한 의식 개혁을 성취하고자 하였고, 그때까지 역사의 주체임을 단 한 번도 자각치 못했던 민중을 역사의 주역으로 사회 전면에 등장시킴으로써 근대적 민족 운동의 단초를 제공하는 역할을 하였다.

이러한 동학의 민족 운동은 동학 천도교로 대고大告한 이후에도 일제시대를 관통하면서 한민족에게 민족의식을 깊숙이 심어 주고 유지시키는 역할을 해 왔다. 더욱이 그들이 표방하는 인내천人乃天·사인여천事人如天의 사상은 한국적 민족주의 사상의 방향성을 제시하기에 충분할 정도로 그 의미가 크다고 할 수 있다. 구체적으로 그것은 동학 창시자인 수운 최제우의 말을 통해서도 확인할 수 있다. 수운은 득도 후 제일성으로 포덕천하布德天下와 보국안민輔國安民을 외치는데, 여기서 포덕천하는 인류주의를, 보국안민은 민족주의를 상징한다. 그것은 국수적·공격적·지배적 이데올로기가 아니라 개방적·조화적·평화적 이데올로기로서의 민족주의 색채를 강하게 띠고 있는 것이다.

동학이 추구하는 민족주의 사상은 대립·대결 지향적인 기존의 냉전 논리와도 구별되는 한국의 전통적 정신문화에 기초한 민족주의적 정치사상이다. 동학사상에 내포되어 있는 조화와 화합의 이념이 그것을 증명하고 있다.

동학사상은 한마디로 다음의 구절에 모든 기본 사상이 함축되어 있다고 해도 과언이 아니다.

지기금지 원위대강 시천주조화정 영세불망만사지(至氣今至 願爲大降 侍
天主造化定 永世不忘萬事知)

이 주문에는 신과 인간을 바라보는 동학의 기본적인 입장과 철학 및
사상을 함축한 우주관, 그리고 사회와 세계를 바라보는 관점이 함축되어
있다. 본 연구는 이러한 동학사상의 기본적 이념을 추적해 봄으로써 동
학사상이 한국적 민족주의 사상으로서 적실한지 여부를 고찰해 보고자
한다.

특히 천도교로 대고한 이후 창당된 청우당靑友黨은 반봉건·반외세 운동
의 전통을 계승해 봉건 체제와 외세를 극복한 근대성을 실현하고자 했던
천도교의 이념 정당이었다. 동학은 지상천국의 실현을 위해 교敎·종교와
정政·정치 쌍방을 조화시키는 교정쌍전敎政雙全, 교정조화敎政調和를 끊임없
이 추구하였는데, 이 점이 동학의 가장 독특한 점이다. 교정쌍전의 개념
에는 종교 민족주의와 문화 민족주의[3]가 결합되어 있다고 할 수 있다. 중
세 이후 근대 세계가 성숙하면서 정착된 서구의 정교분리의 관점으로는
이해하기 어려운 것이 동학에서의 한국적 교정쌍전의 사유 세계이다.[4]
동학은 종교적 원리와 함께 정치적 이념 및 사상 그리고 구체적 통치 체
제에 대한 구상을 조화적·양립적 관점에서 동일하게 포괄하고 있었던 것

---

3 종교 민족주의는 하와이대학 종교정치학 교수 M. Juergensmeyer의 언어이고 문화 민족주의
  는 독일의 Herder와 노태구의 언어이다. 구체적 내용은 제2장에서 상술함.
4 Max Weber는『프로테스탄티즘의 윤리와 자본주의의 정신』에서 자신은 '종교적 음치'라고 표
  현했다. 이는 기독교라는 종교와 서구자본주의를 분석하면서 빠지게 될지 모르는 종교성을 미
  리 경고하고 보다 높은 객관성을 유지하고자 하는 진정한 연구자의 고백이라고 사료된다.
  Weber의 이러한 자세는 동학을 통해 그것과 한국 민족주의 정치사상을 분석하고자 하는 필자
  에게 큰 지침과 등대 역할을 하게 될 것이다. 솔직히 필자는 한국사상을 연구하면서 종교적 편
  견을 극복할 수 없는 자신의 나약함을 너무나 잘 알기에 모든 종교로부터 자유로울 수 있는 무
  종교인이어야 함을 다짐했다. 동학 천도교에 대한 접근도 같은 선상에 있음을 미리 밝힌다. 다
  만 필자의 능력 한계로 인해 천도교의 천도天道를 상하게 하는 일이 없기만을 바랄 뿐이다.

이다. 이처럼 정교 분리의 서구식 관념으로는 이해하기 어려운 한국적 교정일치의 사유 세계에서 출현할 수 있었던 종교가 동학이었다.

따라서 동학은 정치적 이념과 사상 그리고 구체적 통치 체제를 구상하고 있었다. 동학에서는 그것을 후천개벽의 세상으로 표현하고 있는데, 후천개벽을 위한 구체적 실천 운동의 전위 단체로 등장한 것이 천도교 청우당이었다.[5] 천도교 청우당은 '천도교 청년당'으로 시작해 민족 계몽을 위한 문화 운동을 위주로 하면서 한편으로 '불불당不不黨', '오심당吾心黨'이라는 지하 항일 조직을 결성해 국내에서의 민족 운동을 전개해 나갔다. 청우당은 1939년 4월 일제에 의해 강제 해산 당하였으나, 해방과 함께 재창당되어 급속하게 성장하였다. 청우당은 해방 공간에서 당면한 자주적 민주국가 건설에 진력하면서, 나아가 분단 극복을 위한 민족 통일 운동에서 백범 김구의 임정 계열과 같은 민족주의 노선을 걸었다. 제1공화국 수립 후 이런 청우당의 노선은 정당한 평가가 거부된 채 또 한번 강제 해산되어 오늘에 이르고 있다.[6]

해방 당시의 미국에 의한 군정 정국에 편승해 급조된 정당들 대부분이 그 이념과 노선이 불투명했던 데 비해, 동학 천도교 사상에 기초하고 있었으며 일제시대 내내 장구한 활동 경험을 갖고 있던 청우당은 자신의 입장을 명확히 제시할 수 있었다. 청우당의 정치 교과서로 쓰였던 『당지黨志』, 『교정쌍전教政雙全』이나 1947년 미·소공동위원회에 제출한 『천도교 정치이념』 등은 당시 청우당의 정치 노선을 담고 있는 것이었다.

---

5 천도교에서는 청우당 창당의 목적을 "천도교의 주의, 목적을 사회적으로 달성코자…", "천도교의 전위대, 별동대로서… 정치 활동을 주로 하는 천도교적 정치 단체요, 천도교적 청년운동기관이 아니다…"라고 밝히고 있다. 김병제 대표집필, 『천도교정치이념』, 천도교총본부知道觀, 1947, 117-118쪽 참조.

6 북한의 북조선 청우당은 남조선 청우당에 뒤이어 46년 2월 8일 창립되었으나 48년 3·1 재현 운동 뒤 크게 축소되어 그 세력이 미미해졌다. 그러나 1980년대 후반부터 북조선 청우당은 다시 등장하고 현재 남북 대화의 북측 창구로 큰 역할을 하고 있다.

그에 따르면 청우당의 정치적 이념은 동학 정치사상의 현대적 표현이며 동학 창시자 수운 최제우가 구상했던 후천개벽 세상으로 향하는 구체적 실천 이념이라고 볼 수 있다. 이 시기 청우당은 여전히 동학사상의 대원칙인 인간 존중 이념을 바탕으로 인내천, 물심일원物心—元, 성신쌍전性身雙全, 교정쌍전의 철학적 이념을 제시하고 보국안민과 포덕천하의 원대한 이상을 주장하고 있다. 그리고 보다 현대적 실천이라는 의미에서 그때까지도 여전히 남아 있던 신분제를 타파한 신사회 질서 확립, 민주 경제 실현을 위한 공정 배분이 이루어지는 평등 사회의 건설, 진정한 문화 개벽의 완성 등 한마디로 조선적 신민주주의를 주창하고 있다.[7]

자본주의도 사회주의도 아닌 제3의 길로 해석될 수 있는 청우당의 노선은 한국 민족주의의 특징과 성격을 살필 수 있는 귀중한 사례라고 할 수 있을 것이다. 그것은 동학 천도교의 이념 정당으로 활동했던 청우당의 역사를 통해 그들의 이념과 운동 목표가 얼마나 민족주의적이었고 인류 평화 지향적이었는가를 알 수 있기 때문이다.[8] 이러한 탐구를 통하여, 동학사상은 한국 민족주의의 하나의 원형적(ideal type) 모습[9]으로서 그리고 갈등 극복의 정치 질서 모델로서 얼마만큼의 적실성을 갖고 있는지 여부를 재평가할 수 있고, 나아가 한국적 특수성이 현대적 보편성을 획

---

7 "조선의 현단계에서 우리가 주장하는 민주정치는 자본가가 전횡하는 자유민주주의도 아니요, 무산자 독재의 프로민주주의도 아니고 조선에 적응한 조선적 신민주주의에 기한 민주정치이다." 김병제 대표집필, 앞의 책, 126-127쪽.
8 이런 의미에서 청우당을 포함한 천도교 청년회의 역사가 최근 정리된 것은 매우 의미 있는 일이었다. 천도교청년회중앙본부, 『천도교청년회80년사』, 2000.
9 정치적 이상의 원형 의미는 단순히 과거의 향수에 젖어 그것의 교의(doctrine)를 재건하자는 것이 아니라, 마치 플라톤 철학이 플라톤이 당대에 가졌던 무질서에 대항하는 삶의 방식이라는 점에서 오늘 우리의 삶에 지침을 제공받는 것과 같은 의미로 해석되어야 한다. 이렇게 정치의 원형을 추구하는 작업이 오늘날 철학적 정치학의 임무이자 가치이다. 이에 대한 연구의 단초는 백승현, 「전환기의 리더쉽과 플라톤적 정치지도자론」(한국정치학회 1997년도 9월 월례발표회 발표논문)에서 제공받을 수 있다.

득할 수 있는지의 가능성을 타진해 보는 계기를 마련할 수 있을 것이
다.[10]

---

[10] 역사를 현실주의적 해석만이 아닌 이상주의적 해석을 해야 할 필요성은 그것이 설혹 불가능하
더라도 반드시 추구하고 재시도를 거듭해야 할 당위성에 보다 가치를 두기 때문이다. 청우당의
정치사상 역시 역사의 당위로서 재해석할 때 그 당위가 실현되는 날이 도래할 것이다. 정치의
이상주의적 해석에 대한 희망은 한국 근현대사에서 그만큼 아쉬운 순간들이 많았고 이러한 시
행착오를 더 이상 겪을 수 없다는 의지의 소산이기도 하다. 이러한 시각의 대표적 연구는 "심지
연, 『한국민주당연구』 I , 풀빛출판사, 1982"를 들 수 있다.

제 2 장 민족주의 이론과 한국 민족주의

민족주의 이념이 독자적 사상 체계를 갖추고 인간 집단에 절대적인 영향력을 행사하며 역사의 전면에 등장한 것은 근대 자본주의적 생산 구조의 발달 과정과 밀접하게 관련되어 있다. 자본주의는 이전의 생산 양식과는 달리 자본의 자기 운동 법칙에 따라 자기 지역에 한정되지 않고 타 민족과의 접촉을 가지며 여기에서 민족간의 모순이 필연적으로 발생하는 것이다. 따라서 과거의 민족적 동질성·의식·전통 등은 이제 타 민족과의 관계 여부에 따라 더욱 강고한 이론적 체계를 필요로 하게 되었으며, 그것이 민족주의라는 이데올로기로 나타났다.[1] 그것은 특히 서구에서 근대 국가라는 단위 속의 국민이라는 성원과 관련되는 용어로서 보다 명확하고 한정적 의미를 가진 민족주의였다. 이 장에서는 이러한 서구의

---

[1] 박현채, 「민족 운동을 어떻게 볼 것인가」, 『한길역사강좌』, 한길사, 1986, 7-40쪽 참조. 그러나 민족주의에 대한 이러한 박현채의 정의는 역사적으로 자본주의라는 경제 체제에서만 민족주의가 성립하는 것으로 본다는 점에서 한계를 가진다. 즉, 정치적으로 민족주의 운동의 전형이 부르주아 민족 운동이라는 주장을 정당화시키고 있다. 한편 한국의 경우 민족의 형성 자체가 자본주의 체제 성장에만 국한시킬 수 없는 역사적 등장 배경(원초주의, primordialism)을 가지고 있다.

민족과 민족주의에 관한 최근의 이론을 중심으로 정리하면서 이에 대비되는 한국을 포함한 제3세계 민족주의론의 특성을 규명할 것이다. 나아가 한국 민족주의의 특성이 되는 문화 민족주의론을 전개함으로써, 민족 고유의 환경과 문화 속에서 탄생한 전통 이념의 정치사상적 중요성을 지적하고자 한다. 이러한 연구는 '동양형적 서양성'[2]으로서의 동학사상을 이해하는 전前 단계 과정이 될 수 있을 것이다.

제1절 민족과 민족주의

1. 민족의 의미

민족이란 무엇인가. 그것은 인류의 전全 역사를 통해 존속되어 왔던 불변의 역사적 상수인가, 아니면 특정 기간에 나타나는 과도기적 범주이며 따라서 역사적으로 결정되는 변수인가. 만약 그것이 역사적 상수라면 인간 본성의 하나로서 인간이 집단성을 이루어 존재하는 양식을 뜻하는 것인가, 그렇지 않고 그것이 역사적 변수라면 민족이 인류 역사의 특정한 발전 배경에서 수행하는 역할은 무엇인가 하는 등의 문제는 우리가 민족 혹은 민족주의 문제에 접근할 때 가장 먼저 부딪치게 되는 기본적인 문제들이다.[3]

---

2 동양형적 서양성은 원로 정치학자인 김영두의 논리로 한민족 특유의 정치 이념과 정치문화가 오랜 역사성 속에서 동양적 제문화와 사상을 용해해 왔으나 여러 면에서 희랍(Hellenism)적 정치 이념과 제도가 구현되어 있음을 지정학적인 비교문학의 맥락에서 검증할 수 있다는 의미이다. 김영두, 「탈이데올로기적 실리주의론」, 고대정경대학, 『사회과학논집』 제3집, 1974.

3 임지현, 「단일국가 체제내의 소수민족문제가 주요쟁점으로」, 『통일한국』, 평화문제연구소, 1991, 20쪽.

오늘날 서구에서는 민족주의적 주장이 크게 퇴색되고 있다. 그리고 유럽연합(EU)처럼 초민족적인 지역 집단 안에서 민족간에 서로 협조하려는 경향이 급속도로 진전되고 있는 것이 사실이다. 국제 사회의 조직화는 상당한 기간에 걸쳐 역사적·경제적·정치적 접근에 의거하는 몇 개의 초민족적 집단으로 권력 단위가 점차 응집해 가는 완만한 과정을 밟으면서 진행되고 있다. 그리고 각 민족 국가간에 발전 단계의 차이가 있는 한 그런 과정에 있어서 민족은 통합 세력으로서, 또는 저항 세력으로서 여전히 생명을 지속할 것이다. 또한 비록 그런 과정이 완성된다고 하더라도 민족은 그 성질상 좀처럼 해소되지는 않고 여전히 살아 남으리라고 생각된다.[4]

민족을 의미하는 영어의 네이션(nation)[5]은 첫째, 국가(state) 또는 나라(country)와 동의어로 일정한 주권 조직 밑에 통일된 하나의 공동체사회를 의미하며[6] 둘째, 네이션은 스테이트와는 대조되는 또 하나의 뜻, 즉 정치적으로 통일되어 있을 뿐 아니라 자연적·문화적 유대에 의해서도 결합되는 인간 집단, 또는 공통되는 언어·관습 등으로 맺어진 인간 집단, 혹은 주권 국가의 주민이 될 가능성은 있으나 아직 그렇게 되고 있지 못한 인간 집단 등을 지칭하는 뜻으로 사용되고 있다.

네이션은 이렇게 다의적으로 사용되어 혼란을 빚다가 그 의미를 한정

---

4 민준기, 「한국 민족주의의 이념모색」, 『민족지성』, 1987년 8월호, 79-80쪽 참조.
5 C. J. H. Hayes, *nationalism: A Religion*, 1960, 차기벽 역, 『민족주의』, 한길사, 1981, 10-11쪽. 국가, 국민 또는 민족으로 번역되는 nation은 어원적으로 혈통(race)이나 출생(birth)을 의미하는 라틴어 natio에서 나왔는데 이 natio란 말은 원래 인종이나 종족과 같은 혈연 관계를 기초로 하는 하나의 사회 집단을 의미했다. 그리하여 처음에는 혈연과 문화를 공동으로 하는 인간집단을 의미하던 nation이란 낱말은 근대에 와서는 people(인민)이나 folk(문화민족) 또는 nationality(문화민족, 준 민족)뿐 아니라, 스위스 연방이나 오스트리아 내지 러시아제국과 같은 주권 국가를 의미하는 데도 사용되어 왔다.
6 Hayes의 견해가 대표적이라고 할 수 있다. Hayes의 민족 개념은 '동일언어를 사용하고 역사적 전통을 공유하는 사람들의 문화집단'을 의미한다. 위의 책, 17쪽.

하기 위해 19세기 초엽에는 내셔널리티(nationality)라는 낱말이 새로 만들어졌다.[7] 그러나 네이션이든 내셔널리티이든 대부분의 학자들은 오늘날 일반적으로 이들을 '민족'이라고 지칭하고 있다. 그것은 민족이란 국가의 주권자로서 국민을 인정하는 근대 국가가 생기기 이전에 이미 민족의 존재를 인정하는[8] 이데올로기로서의 민족주의를 전제하기 때문이다. 특히 영국, 프랑스, 미국 등에서는 이데올로기로서의 민족주의가 발달되기 이전에 근대적 민족 국가가 성립되었기 때문에 네이션과 스테이트를 혼동하지 않는 훈련을 겪은 셈이며 굳이 구분할 필요도 없었다.

민족의 본질이란 그것이 없으면 민족 그 자체가 성립하지 못하는 그런 기본적인 형성 요소를 말한다. 이것에 대해서는 학자들마다 다른 견해가 있으나 주로 객관설, 주관설, 절충설의 세 가지로 구분되고 있다.

객관설은 민족의 본질을 혈연·지연·언어·종교·정치·경제·역사적 운명과 같은 객관적 요소에서 구하는 학설이다. 이 객관설은 객관적 요소 중 어느 하나를 특히 강조하여 민족의 본질적 요소로 삼는 경우와, 복수 요소를 동시에 고려하되 그 가운데 하나 혹은 몇 개에 치중하여 민족의 본질을 설명하는 학설로 양분된다. 주관설은 민족이 민족정신·민족의식·민족 감정 같은 주관적·심리적 요소에 의해 존재한다고 보는 것이다. 그러나 주관설은 이미 객관적 요소들의 존재를 전제로 한 주장이다. 절충설은 위의 양설을 결합·절충한 것으로 민족의 본질은 객관적 요소와 주관적 요소의 불가분의 관련 속에서 찾을 수 있다고 보는 설이다. 즉, 절충설에 의하면 민족은 객관적 요소들이 기초가 되어 그 위에 성립하는

---

7 차기벽, 『민족주의 원론』, 한길사, 1990, 48쪽.
8 신용하는 이러한 민족을 근대 민족에 대비하는 전근대 민족으로 규정하고 있다. 전근대 민족에 대한 자세한 내용은 신용하, 「민족형성의 이론」, 신용하 편, 『민족이론』, 문학과 지성사, 1985, 39-46쪽 참조 바람.

주관적 요소 안에 존재한다는 것이다. 이 절충설이 민족의 본질을 설명하는 통설이라고 할 수 있다.[9]

그러나 서구의 민족 형성 이론들은 주로 주관설에 입각하고 있다. 이는 그들 나름의 필요와 편견이 작용한 것으로 보인다. 일반적으로 지적되는 민족형의 객관적 요소나 주관적 요소[10] 중 어느 하나도 단독으로는 민족의 존재를 결정할 수 없다는 것이 절충설이자 일반적 견해이다. 그러나 위 일곱 가지 요소가 모두 충족되어도 민족의식이 없으면 하나의 민족으로 인정될 수 없다는 것이 서구 학자들의 입장이다. 그 논리대로라면 민족의식과 한두 가지의 객관적 요소가 결합되면 민족일 수 있다는 것이다. 이 경우 민족은 필요에 의해서 얼마든지 형성될 수 있다.[11]

이러한 측면의 연구는 최근 연구 결과에서도 지속적으로 등장하고 있다. 베네딕트 앤더슨(Benedict Anderson)은 민족을 '상상의 정치공동체(imagined political community)'[12]라고 정의한 바 있다. 민족은 그 구성원들이 다른 대부분의 구성원들을 직접 알거나, 만나 보거나, 심지어는 그들에 대해 들어 본 적도 없음에도 불구하고 개개인이 서로를 같은 공동체에 속하는 것으로 기꺼이 상상하는 데에서 만들어지는 정신적 산물이라는 것이다. 앤더슨의 지적은 민족이라는 사회 집단의 본질이라고 할 수 있다.

민족은 그것이 실체이건 신화이건 간에 특별한 형태로 상상된 공동체임에 틀림없다. 그리고 민족은 그것의 참됨이나 거짓됨에 의해서가 아니라 사람들이 현실적으로 그것을 상상하고 있다는 사실에 의해 구분되어

---

9 좀더 자세한 것은 차기벽, 위의 책, 50-56쪽 참조 바람.

10 민족 형성의 요소에 대해서는 신용하, 위의 글, 18-36쪽 참조 바람.

11 여러 민족이 모여 사는 스위스의 모습이나 같은 민족이면서도 영국 민족일 수도 있고 미국 민족일 수도 있는 경우에서 그 같은 민족 형성의 편의성을 발견할 수 있다.

12 Benedict Anderson, *Imagined Communities: Reflections on the Origin and Spread of Nationalism*, London: Verso Editions & NLB, 1983, pp.15-16. 앤더슨 저, 윤형숙 역, 『민족주의의 기원과 전파』, 나남출판사, 1991, 21쪽.

야 한다. "민족주의는 민족들이 자의식에 눈뜬 것이 아니다. 민족주의는 민족이 없는 곳에 민족을 발명해 낸다."[13]라는 어네스트 겔러(Ernest Gellner)의 주장이나 "민족의 불가결한 요소는 모든 그 주민들이 많은 것을 같이 가져야 하는 반면에 많은 것을 잃어야 한다는 사실"[14]이라고 한 어네스트 레넨(Ernest Renan)의 언명은 모두 민족이 그 구성원들의 상상(imagining)에 의해 만들어진 공동체임을 의미하는 것으로 볼 수 있다. 앤더슨에 의하면 민족의 존재를 가능하게 하는 사람들의 상상에는 세 가지의 내용이 포함된다.[15]

첫째, 민족은 제한된 것으로 상상된다. 어떤 민족도 스스로를 인류 전체와 동일시하지는 않는다. 예컨대 10억의 인구를 가진 가장 큰 민족도 나름대로 한정된 경계를 상정하고 그 너머에는 다른 민족이 살고 있다고 생각한다. 민족의식은 '우리'와 '그들'을 구분하는 경계선을 지니기 마련이다.

둘째, 민족은 주권을 가진 것으로 상상된다. 오늘날 민족들은 성숙하면서 자유롭기를 꿈꾸며, 만일 신의 지배를 받아야 한다면 직접 받기를 꿈꾼다. 이와 같은 민족적 자유의 표시와 상징은 주권 국가로 생각된다.

셋째, 민족은 공동체로 상상된다. 왜냐하면 각 민족에 보편화되어 있을지 모르는 실질적인 불평등과 수탈에도 불구하고 민족은 언제나 심오한 수평적 동료의식으로 상상되기 때문이다.

이상과 같은 민족 공동체 형성 기준을 오늘날 우리 민족 현실에 적용해 볼 수 있다. 홉스봄(E. J. Hobsbawm)의 지적처럼 우리 민족은 중국, 일본

13 Ernest Gellner, *Thought and Change*, London: Weidenfeld and Nicholson, 1964, p.169.
14 Hans Kohn, *Nationalism: It's Meaning and History*, Princeton: Van Nostrand Co., 1955. 차기벽 역, 『민족주의』, 삼성문화재단, 1980, 217쪽.
15 Benedict Anderson, 앞의 책, 22-23쪽 참조.

등과 함께 종족적인 면에서 거의 또는 완전히 동질적인 인구로 구성된
역사상 극히 예외적인 사례이다.[16] 따라서 한반도에서는 20세기 민족주
의 역사의 일반적인 사례들과는 달리 민족주의가 이 지역의 국가적 통합
을 지향하고 있다. 이것은 일반적으로 민족의식의 분출이 다민족 제국의
분열 혹은 기존 국가 체제의 해체를 의미하는 것과 비교하면 두드러진
특징이라고 할 수 있다.

앤더슨의 두 번째 기준은 한국 민족주의의 역설과 과제를 명확히 드러
내 준다. 한민족은 세계사에서도 그 유례를 찾아볼 수 없을 정도로 민족
적 경계가 분명하기 때문에 종족적·언어적·역사적으로 단순한 상상 이
상의 실체성을 지닌 사회 집단이라고 할 수 있다. 그러나 그럼에도 불구
하고 오늘날 우리 민족의 주권은 하나의 명확한 사실로 상호 대립적인
두 개의 국가 체제에 의하여 표현되고 있다.

앤더슨의 세 번째 기준인 수평적 동료 의식에 입각한 상상의 공동체도
우리 민족의 경우에는 이미 오랜 역사를 두고 존재하여 왔다고 할 수 있
다. 그러나 한반도의 분단과 대결 상황은 남북한 민족 사이에 공동체 의
식의 해체를 초래하고 있는 것으로 생각된다.[17]

민족은 분명 역사의 소산이자 역사의 추진력이었고 민족주의 정치사
상의 바탕이다. 민족주의의 등장 및 확대와 더불어 민족의 의미도 점차
명료해지고 있다. 즉 민족주의가 전 세계적 현상이 되면서 민족의 중요
성도 점증하고 있는 것이 오늘의 현실이다. 분명 민족주의가 '어떠한 다
른 정치적 신조보다도 더 강력함을 드러내 온'[18] 것이 사실이라면 하물

---

16 Eric J. Hobsbawm, *Nations and Nationalism since 1780*, Univ. of Cambridge Press, 1990.

17 조대현, 「동학민족주의와 합리성」, 『민족주의와 근대성』(민족문제연구학술대회 발표논문집), 1997, 3-4쪽.

18 F. Hertz, *Nationality in History and Politics*, Routledge & Kegan Paul: London, 1944, p.1.

며 우리에게서의 민족의 중요성은 더욱 중요하다고 할 수 있다.

특히 우리의 경우는 민족이 네이션으로 고착되는 유럽과는 다른 경로를 가지고 있었다. 즉, 유럽의 경우에는 같은 다원적 인종이나 그 밖의 여러 인간군이 네이션이라는 정치적 통합의 과정을 거쳐 민족으로 형성되었다면 우리는 오랜 시간에 걸친 역사적·운명적 공동체로서의 단일민족의식과 함께 혈통적·인종적 공통성을 주장할 수 있는 민족 형성 과정을 가지고 있다.[19] 이른바 한겨레, 배달민족, 단군의 자손, 백의 민족 등이 우리 민족을 대표하는 이름이다. 이와 같은 의식 속에서 우리 민족은 적어도 천오백 년 이상을 동일한 언어와 문화생활을 함께 영위해 오며, 때로는 정치적 공동체 유지의 절대적 힘을 행사해 온 것이 사실이다. 바로 여기에 우리가 특별히 단일 민족임을 내세우는 이유와 근거가 있는 것이다.

근대 말기에 대두한 동학사상은 특히 이 점에 주목해 당시의 대내외적 위기 상황에서 민족 보존과 안녕을 위한 보국안민을 주장하며 민족에 강력한 정치적 당위성을 심어 줌으로써 민족을 역사와 정치의 주역으로 부각시켰다. 이러한 점은 동학을 같은 시기에 출현했던 위정 척사 사상이나 개화 사상과 차별화하여 실질적인 한국 민족주의의 원형으로 평가받게 하는 요인이다. 또한 동학사상의 구체적 현실체였던 천도교 청우당에서도 민족을 기초로 한 철저한 민족 자주의 이상적 민주 국가를 설정하고 있다.[20]

---

19 19세기 근대 유럽의 민족 통일 사례라고 할 수 있는 독일, 이탈리아는 민족들이 하나의 민족으로 형성되지 못하고 수많은 작은 지방 나라들로 흩어져 살고 있다가, 근대 민족주의의 바람과 함께 하나의 민족으로 형성되어 창조된 것이다. 그러나 우리의 경우는 이미 오래 전부터 단일한 의식과 문화 속에서 형성된 민족이었다.

20 천도교 청우당의 강령 중 첫 번째가 '민족 자주의 이상적 민주 국가 건설'이다.

2. 민족주의의 의미

근대적 의미의 민족주의는 서유럽에서 일어난 시민 혁명을 계기로 출현했다. 절대 군주 국가는 비록 모든 전체 민족을 하나의 국가 안에 통일했다고는 하더라도 군주가 곧 국가였다는 의미에서 엄밀하게 따지자면 아직 '민족 국가(nation-state)'는 아니었다. 주권재민의 원칙에 입각한 시민 혁명으로 이룩된 새로운 국가는 적어도 이론상으로는 모든 전체 민족 구성원의 것이라는 의미에서 비로소 민족 국가라고 할 수 있다. 이 과정에서 근대적 민족주의가 본격적으로 발현하게 되었던 것이다.

서유럽 세력의 팽창과 더불어 근대적 내셔널리즘은 유럽의 나머지 지역은 물론이고 점차 전 세계로 전파되게 되었지만 그것은 시時, 처處에 따라 크게 모습을 달리했다.[21] 즉, 서유럽 등 서구 사회는 민족이 형성되고 국가가 이룩되는 선 네이션 후 스테이트(nation-state)의 길을 걸었는 데 비하여 오늘의 제3세계에서는 역으로 국가가 민족을 형성하는 선 스테이트 후 네이션(state-nation)의 길로 나타나고 있다. 다시 말하면 제3세계에서는 민족들의 욕구가 민족주의를 창출하고 있는 것이 아니라 민족주의가 민족을 창출하고 있는 것이다.

내셔널리즘으로 통칭되는 민족주의, 국민주의, 국가주의가 언제부터 쓰였는지는 분명치 않다. 다만 종래에는 대개 19세기 초라고 보았지만[22] 근자에는 좀더 일찍부터 사용되고 있었음이 밝혀지고 있다. 따라서 민족주의에 관한 개념 규정도 다양하게 등장하고 있다.[23]

---

21 차기벽, 앞의 책, 62쪽.
22 C. J. H. Hayes, *Essays on Nationalism*, N.Y.: Macmillan Co., 1926, p.5.
23 민족주의 개념에 관한 다양한 정의는 심리설, 사상설 그리고 운동설로 나누어 설명된다. 이것에 관해서는 차기벽, 앞의 책 참조 바람.

즉, 유럽에서 이 낱말이 처음 나타난 것은 1409년에 세운 독일의 라이프찌히 대학교에서 교수진을 구성하고 있는 네 개의 '나치온들'(Nationes) 중의 한 '나치온' 성원들이 자신들의 공동 이익을 지키기 위한 조합을 지칭한 데서 시작되었다.[24] 이후 이 낱말은 영국과 유럽 대륙 국가들 간의 약간의 차이가 나는 단어로 발전해 갔다. 즉, 영국에서는 다분히 중립적인 해석을 하는 데 비해 프랑스와 독일 등에서는 '쇼비니즘(Chauvinisme)'[25] '제노포비아(Xenophobia)'[26]와 같은 좋지 않은 뜻으로 해석되었다. 그 차이는 온건한 시민 혁명과 종교 개혁을 거친 영국의 입장과 과격하고 급격한 시민 혁명 및 종교 개혁을 겪은 대륙 국가들의 차이와 무관하지 않아 보인다.

한편, 민족주의의 개념을 규정하기도 그리 쉬운 일이 아니다. 과거에도 그랬고 현재도 그러하며 아마도 미래에도 명확한 정의를 내리기는 어려우리라 여겨진다. 시대에 따라 지역에 따라 민족주의는 항상 새로운 모습으로 나타났기 때문이다. 이제까지 많은 학자들이 민족주의의 개념을 규정했지만 어느 것 하나 완전히 만족스럽지는 못하였다. 더욱이 민족주의는 현재도 완결되지 않고 진행중이기에 더욱 불만족스러울 수밖에 없다. 무엇보다 학자들을 당혹하게 만든 것은 민족주의의 열기가 꺼져갈 듯하다가는 새로운 변형태로 활기를 띠곤 하는 데 있다. 지금도 민족주의는 완결된 역사적 화석이 아니라 왕성한 활기를 띤 활화산이다.[27]

---

24 위의 책, 64쪽.
25 Chauvinisme은 극단적 애국주의로 영국에서는 징고이즘(Jingoism)이다. '맹목적 애국주의' 또는 '배타적 호전주의'로도 번역되는 이 낱말은 자국의 전쟁 준비를 과시하며 대외적인 호전 정책을 기대하는 과장된 애국주의로 변해 간다.
26 Xenophobia는 낯선 사람이나 국외자에 대한 혐오와 그를 자기 집단에 받아들이기를 꺼리는 심정을 말한다.
27 李宗勳, 「민족주의와 탈냉전의 이데올로기」, 성대대학원 석사학위논문, 1988, 7쪽. 민족주의가 숱한 비난 속에서도 그 끈질긴 생명력을 유지할 수 있는 이유도 여기에 있다.

　서구의 경우 민족주의에 관한 연구 경향과 이에 대한 인식은 급격한 변화를 겪었다. 1차대전 이후에 한스 콘, 칼톤 헤이스, 휴 시톤 왓슨 등과 같이 초기 연구를 주도해 왔던 이론가들은 민족을 '인간 사회가 역사적으로 발전하는 과정에서 인간 삶의 토양에 사회적으로나 정서적으로 가장 깊이 뿌리를 내리는 그러한 공동체를 만드는 집단'으로 이해하였다. 그리고 민족주의는 이들 집단이 주체적 자각을 통하여 얻게 되는, 나아가 그러한 의식 상태를 갖게 될 뿐만 아니라 갖지 않으면 안 되는 정신적 또는 심리적 상태를 말하는 것으로 인식하였다.[28] 이러한 관점에 따른다면 민족과 민족주의는 가장 자연스럽고, 역사적이고, 규범적이기 때문에 보편적인 하나의 사회 집단이며 이 집단이 내장하고 필연적으로 표출하게 되는 의식 상태였던 것이다. 인간이 군집을 이루고 하나의 사회 공동체를 구성하면서 살 수밖에 없다면, 그것은 거의 인간 존재의 본성이라고 할 수 있다는 것이다.

　그러나 최근 연구의 주된 경향은 민족이 민족주의를 발현시킨다는 명제를 완전히 전도시키는 내용이었다. 어네스트 겔너, 안소니 스미스, 찰스 틸리, 파타 차터지, 베네딕트 앤더슨, 에릭 홉스봄 등이 그들인데,[29] 이들에게 있어 민족과 민족주의는 홉스봄이나 겔너의 지적처럼 '발명품'

28　Hans Kohn, *The Idea of Nationalism: A Study in its Origin and Background*(New York: 1944): *Nationalism: Its Meaning and History*(New York: 1955): Carlton B. Hayes, *Essays on Nationalism*(New York: 1926): *The Historical Evolution of Modern Nationalism*(New York: 1931).

29　Ernest Gellner, *Thought and Change*(London, 1964)와 이 책의 7장인 '민족주의'에 관한 번역, 「근대화와 민족주의」, 백낙청 엮음, 『민족주의란 무엇인가』, 창작과 비평사, 1981, 127-165쪽: Anthony Smith, *Theories of Nationalism*(London: 1983, 2nd ed.): *State and Nation in the Third World: The Western State and African Nationalism*(Brighton, Sussex: 1983): Eric J. Hobsbawm, *Nations and Nationalism since 1780*(Univ. of Cambridge Press, 1990): Charles Tilly(ed.), *The Formation of National States in Western Europe*(Princeton: 1975): Partha Chatterjee, *Nationalist Thought and the Colonial World: A Derivative Discourse*(Tokyo: 1986).

이거나 앤더슨의 지적처럼 '상상된 공동체' 이상이 아니었다. 이것은 겔너의 "민족주의는 사실 그런 식으로 스스로를 나타낸다 하더라도 오래되고 잠재적이고 동면하는 힘의 각성이 아니라, 그것은 사실에 있어 깊숙이 내면화하고 교육으로 이루어진 고급 문화, 그리고 이들 각각이 자신의 국가에 의해 보호되는 새로운 형태의 사회 조직의 결과이다."[30]라는 민족주의의 정의에 잘 반영된다. 이러한 견해를 따른다면 민족주의는 사회를 정치적으로 조직하는 하나의 방법을 지칭하는 정치적 이념 및 신조에 불과한 것이다.

그뿐만 아니라 민족주의는 계몽 사상에 입각한 서구 합리주의 및 자유주의 그리고 그 발전으로서의 사회주의의 전통과 적대적이거나 상당한 정도로 긴장 관계에 있는, 근본주의(fundamentalism)적이거나 어떤 비합리적인 사회적 힘을 동원하는 이념 또는 운동으로 인식된다. 나아가 민족주의는 국가주의, 파시즘 또는 인종주의와 밀접한 친화성을 갖는다. 80년대 말 소련 및 동구 사회주의 해체 이후 소수민족이 민족주의로부터 운동의 동력을 마련하는 인종주의와 분리주의는 오늘날 세계 평화를 위협하는 가장 위험스런 정치적 운동이며, 그것은 직·간접적으로 이러한 민족주의의 새로운 발흥과 결코 무관하지 않은 것이다. 최근의 연구들은 이처럼 민족주의에 대해 명시적으로 비판적이거나 아니면 최소한 이를 긍정적으로 평가하지 않는 경향을 특징으로 한다. 에릭 홉스봄에게서 가장 분명히 나타나듯이 그 이념적 평가에서 민족주의는 퇴영적이며, 그 이념이나 운동이 현재의 세계에서 갖는 기능과 역할에서도 위기 속에서 쇠퇴의 과정에 놓여 있는 이념인 것이다.[31]

---

30 Ernest Gellner, *Nations and Nationalism*, Cornell Univ. Press, 1983, p.48.
31 최장집, 「한국 민족주의의 이해」, 『銅谷 金河龍 박사 정년기념논문집-탈냉전시대와 새로운 정치질서』, 나남, 1994, 77-79쪽 참조.

어째서 최근 민족주의 연구에는 이러한 퇴영적 흐름만이 활발한가. 이는 서구 민족주의 연구의 한계와 무관하지 않다. 즉 민족주의의 유형은 크게 유럽의 민족주의와 제3세계의 민족주의로 구분할 수 있다. 일반적으로 서구형 민족주의는 개인의 자유, 사회적 평등, 법치주의, 합리주의 등을 중심으로 하는 민주적 개방사회를 이룩했다고 평가된다. 그러나 비서구형은 '안으로의 자유'보다는 '밖으로부터의 독립'에 치중하게 되어 개인의 자유보다는 국가의 권력을 강조하는 폐쇄 사회를 만들게 했다. 결국 서구형은 민족의 근대적 기반이 형성되어 있는 곳에서도 구조 개혁을 통해 민주적인 근대(민족) 국가를 이룩하려는 데서 나온 민족주의형이다. 그러나 비서구형은 민족의 기반이 없는 가운데 민족 국가를 이룩하려는 데서 나온 민족주의형이라고 할 수 있다. 전자는 자생적이었을 뿐만 아니라 도전하는 입장에 있었다는 점에서 '우월의 민족주의'였다. 후자는 외생적이었던 데다가 응전하는 입장에 있었다는 점에서 '저항의 민족주의'라 할 수 있다.[32]

유럽에서 민족의식의 형성은 중세기 말부터 이루어지기 시작했으나 그것이 자유주의적인 내셔널리즘 및 운동으로서 역사적 동력으로 대두한 것은 19세기 이후의 일이다. 그러나 그 직접적인 동기가 된 것은 프랑스 혁명이다. 프랑스 혁명에 대한 유럽 절대군주들의 간섭 전쟁은 자연히 프랑스 시민들의 애국심과 국민 주권 원리의 결합을 초래하였다.[33] 이렇게 해서 형성된 것이 자유주의적 민족주의이다.

자유주의적 민족주의는 성장한 시민 계급의 정치적·경제적 자유의 확대를 통해 더욱 발전하지만 대외적으로 취한 중상주의 정책의 결과로 제

---

32 민준기, 앞의 글, 80쪽.

33 노태구, 「민족주의 문제에 관한 사상적 고찰」, 『경기대학교논문집』 제11집, 1982, 228쪽.

국주의화하게 되었다.[34] 또한 자유주의적 민족주의 국가들간의 갈등 속에서 러시아의 공산 혁명과 독일, 이태리 등의 파시즘이 등장하는 전체주의적 민족주의가 형성된다. 이 같은 전체주의적 민족주의는 독일의 경우 국내 정치에 있어서의 자유주의는 거부되고 국가 및 민족을 맡는 운동의 정치적 지도에 모든 것을 맡기는 나치스적인 지도자 국가론을 특성으로 하며, 구소련에서도 개인의 자유는 말할 것도 없고 각 민족 공화국도 비록 어느 정도의 문화적 민족주의는 허용된다 하더라도 그 정치적 자유는 중앙 집권화된 공산당의 철저한 통제 아래 놓여 있게 되었다.[35]

겔너는 민족주의를 '정치적 단위와 민족적 단위가 일치해야 한다고 믿는 정치적 원칙'으로 정의한다.[36] 겔너와 이 정의를 수용하는 홉스봄, 존 브륄리 같은 서구의 민족주의 연구자들은 이 개념 규정을 통하여 그들이 이미 민족주의를 부정적·비판적으로 인식하고 있음을 드러낸다. 이는 서구에서는 정치적 단위와 민족적 단위가 일치될 수 있는 경우는 지극히 우연이거나 극히 예외적인 경우에 불과할 것이기 때문이다. 그들에게 있어서 민족적 단위와 정치적 단위의 일치란 허구이며 신화에 불과한 것이고, 그렇기 때문에 이러한 정치적 신조는 허구적으로 상상되고 만들어진 것임을 의심할 여지가 없고, 따라서 그것은 지배이데올로기에 불과한 것이기 때문이다.

우선 국가라는 정치 단위, 즉 사회와 분리하여 정치적 권위가 중앙 집권적으로 제도화한 정치 권력 기구의 발전 자체가 매우 근대적인 것이

---

34 특히 동부, 중부 유럽의 후발 자유주의적 민족주의 운동은 편협한 민족주의로(특히 독일) 발전하고 이것이 원인이 되어 제1차 세계대전이 발발하게 된다.

35 H. Kohn, *Nationalism*, 차기벽 역, 앞의 책, 132쪽 참조.

36 Gellner, *Nations and Nationalism*, p.1. 이를 수용한 것은 Hobsbawm, *Nations and Nationalism since 1780*, p.9. 이와 유사한 정의는 Anthony D. Smith, *National Identity*(London: Penguin, 1991), p.91. 이 개념 규정은 한국 민족주의에도 수용될 수 있는 내용이다.

다. 그뿐만 아니라, 국가 권력이 관장하는 정치적 경계와 그 경계 내에서의 사회·경제적 단위는 끊임없이 유동하여 왔던 것이다. 나아가 무수한 인종적 집단, 언어·종교·문화 등을 중첩적으로 공유하는 이질적 집단들은 정치적 교육과 동원을 통하여 그들 스스로를 하나의 '가공적 초가족(fictive super family)'[37]으로 인식하는, 민족이라는 집단 의식을 갖도록 형성되고 해체되는 끊임없는 변화를 거듭하여 왔다.

기본적으로 서구에서의 민족주의는 국가 및 그 국가 권력자들의 성격을 규정하고 이를 정당화하는 이념으로 발생했다고 할 수 있다. 그것은 국가에 의한 민족주의적 언술(discourse)의 교육 결과이며 공통의 역사적 경험의 결과 이상일 수 없는 것이다. 즉, 국가가 민족을 창출하며 국경의 경계 안에서 통일된 언어가 탄생하는 것이지 민족이 국가를 만들고 민족에 고유한 언어를 갖게 하는 것이 아니다. 이를 민족 고유의 것인 것처럼 인식토록 하는 것이 민족주의라는 이데올로기이다. 결국 국가를 갖지 못하는 민족은 민족 역사를 갖지 못하며 민족 언어를 갖지 못한다. 국가가 건설될 때 비로소 민족의 역사는 쓰여질 수 있고 그들 자신의 언어를 갖게 되는 것이다. 민족이 상상된 것이고 만들어진 것이라고 할 때 그것은 국가의 지배 권력이 정치적 목적을 위해 위로부터 동원하고 대중을 선동하는 이념적 기제 이상일 수 없다.

서구의 근대사는 그 어떤 이념보다도 민족주의 이념의 동원을 통한 야만적 집단 살상이 벌어졌던 역사적 경험으로 얼룩져 있다. 오늘날 사회주의의 해체 이후 전세계적으로 번져 나가는 소수 민족의 분리 독립 운동이나 인종간 유혈 대립에서 볼 수 있듯이, 만약 스스로를 하나의 민족이라고 인식하는 사회적·역사적 집단들이 모두 국가를 만든다면, 세계는

---

37 *Ibid.*, p.12.

엄청난 재난에 부딪칠 가능성이 크다고 하겠다. 홉스봄이 "민족과 민족
주의를 연구하는 진지한 역사가는 결코 열렬한 정치적인 민족주의자가
될 수 없다."[38]고 말하는 것은 바로 이러한 서구 민족주의의 한계를 단적
으로 나타낸 것이다.

오늘날 유럽의 민족주의 연구가 쇠퇴하고 있는 반면 제3세계의 민족
주의는 여전히 왕성하고 무궁한 정력으로 차 있다. 신용하는 유럽의 민
족 형성 이론이 갖는 한계를 다음과 같이 지적하고 있다. "민족과 민족
형성의 이론은 유럽에서 일찍이 연구되었으나 그 이론들은 지구 위의 전
인류사회의 사실들을 자료로 사용하지 않고, 서구의 역사적 사회적 경험
만을 기초로 하였기 때문에 다른 지역에는 적용하기 어려운 근본적 한계
를 설정하게 되었다. 그 대표적인 것의 하나가 '민족은 근대에 형성된 인
간 집단의 역사적 범주'라는 이론이다."[39] 그에 의하면 비에르칸트(Alfred
Vierkandt), 퇴니스(Ferdinand Tonnies), 노이만(Franz N. Neuman), 베버(Max
Weber), 요세프(Bernard Joseph) 등이 이런 시각에 입각해 있을 뿐만 아니라,
마르크시즘 계열의 카우츠키(Karl Kautsky)나 스탈린(Joseph V. Stalin)의 경우
도 이 점에 관한 한 마찬가지라는 것이다. 결국 유럽의 민족 형성 이론은
지방 분권적 중세 봉건사회를 장기간 체험한 지역에나 적용될 수 있는
이론일 뿐이라는 지적이다. 그들의 이론은 고대와 중세에 중앙 집권적
민족 국가를 형성한 민족들에게는 적용될 수 없다.[40]

그러나 제3세계 민족주의의 특성은 '민족 없는 민족주의'[41]이다. 즉,

38 Eric J. Hobsbawm, *Nations and Nationalism since 1780*, Univ. of Cambridge Press, 1990, p.12.
39 신용하 편, 앞의 책, 14-15쪽.
40 같은 맥락에서 "한국 민족은 조선조 말기에 자기 민족을 형성하게 되었다."고 해석하는 대부분의 현대 한국 민족주의 연구가들의 생각은 재검토 되어야 할 것이다. 김동성, 「한국 지식인의 민족주의 의식구조와 이론체계」, 『한국정치세계학술대회보고』, 1989. 7, 2-3쪽.
41 차기벽, 앞의 책, 81쪽 참조.

서구 유럽처럼 먼저 민족이 형성되고 국가가 성립하는 선 네이션 후 스테이트(nation-state)가 아니라, 민족주의를 통한 민족의 형성이 전제되는 국가의 수립, 즉 선 스테이트 후 네이션(state-nation) 입장이라는 것을 말한다. 대부분의 신생국가들이 여기에 해당하는데 이들 국가는 정치 혁명, 경제 발전, 사회 혁명 등이 단계적으로 이루어질 여유가 없이 모든 것을 동시에 이룩해야 할 상황에 처해 있는 것이다. 그러나 여기서 간과할 수 없는 중요한 사실은 제3세계의 민족주의는 제국주의의 침략으로 인한 식민 지배를 극복하고 고유의 독특한 발전 전략을 모색해야 한다는 점이다. 제3세계에는 아직도 많은 식민 잔재와 식민 문화가 떨쳐 버려야 할 크나큰 과제로 남아 있다.[42]

제3세계 민족주의는 현대 세계에서의 생존을 위한 전제로서 끊임없는 구조 개혁을 가능하게 하는 문화를 창조해야 하는 것이다. 바로 이 문화 창조의 문제는 곧 제3세계 민족주의의 주체성 확립과 가치관 정립의 문제로 귀결되고 있는 것이다.

하나의 정치 이념 및 운동으로서의 민족주의가 자유주의·사회주의 등의 다른 이념과 커다란 차이가 있다면 그것은 민족주의의 내용이 일반적인 개념과 범주로서 정의되고 설명되기 어렵다는 사실이다. 즉, 민족주의라는 말이 내포하는 이념은 그 역사적 경험과 범주에 따라 정반대의 내용이 될 수도 있다. 이러한 특성은 민족주의가 왜 대개 '수식어＋민족주의'의 형태로 나타나는가 하는 물음에 대한 해답이다. 즉, 민족주의는 그 이념을 한정하는 또 다른 이념과 결합할 때 그 의미와 성격을 분명히

---

[42] 오늘날 대부분의 제3세계는 이율배반적인 모습을 보인다. 경제 발전을 외치며 정치 발전을 가로막고, 자국의 문화 전통을 자랑하며 유럽 문화 수입에 열을 올리고, 민중을 외치며 엘리트주의를 강화한다. 이런 현상은 근대화라는 눈앞의 과제에 급급한 행태일 수도 있으나 근본적으로는 확고한 이념이 부족하기 때문이다. 본 연구의 목적도 이러한 난제들에 대한 해답을 모색해 보는 데 그 문제의식이 있다고 하겠다.

하게 된다. 민족주의는 그 이념이 실천되는 조건에 의해 그 성격이 규정 된다고 할 수 있다.[43]

19세기 말 이래 2차 대전이 종결되는 시기까지의 서구 중심부 국가의 민족주의는 제국주의의 형식과 내용을 지니면서 나타난 반면 제3세계 식 민지 국가의 민족주의와 운동은 반제 민족 해방 운동을 그 핵심으로 한 것이었다. 그러므로 그것은 내용에서 '민족주의에 반하는 민족주의'라고 할 수 있다. 여기에서 제3세계 민족주의는 외세의 침탈과 억압으로부터 의 해방이며, 그 해방의 내용이 압도적 다수의 농민들이 수혜자가 되는 전근대적·봉건적인 사회 경제 체제의 개혁이자 민주적 권리의 확대를 수 반하는 것이라고 할 때, 그것은 보편주의를 지향하고 인류 평등 원칙에 입각한 휴머니티를 실현하는 이념이며 운동이라고 할 수 있다. 이런 측 면이 한국에서는 더욱 두드러졌다.[44] 보편주의의 추구가 인류의 과제라 면 결국 각 민족의 철저한 민족주의가 전제되었을 때 인류의 공동 가치 인 보편성이 성립되는 것이다. 같은 맥락에서 한국 민족주의의 개념 정 의가 보다 한국적인 환경과 풍토, 그리고 고유한 인식의 바탕 위에서 형 성되어야 함은 자명한 사실이다.

결국 긍정적 의미와 입장에서 본 민족주의는 자기 민족의 고유성을 유 지하면서도 휴머니즘적 보편성을 실현하는 민족주의를 말한다. 여기서

---

43 사실상 세계사 속에서 민족주의와 접못되는 이데올로기의 스펙트럼은 좌파적 '사회주의적 애 국주의'에서 극우적 '파시즘'에 이르기까지 매우 폭넓게 걸쳐 있다. 임지현, 『민족주의는 반역 이다』, 소나무, 2000, 53쪽.

44 단재의 다음과 같은 호소는 제3세계 민족주의 그리고 한국 민족주의의 당위를 가장 적절히 표 현하고 있다. "민족주의는 실로 민족보전의 不二的 法門이라, … 오호라 민족을 보전코자 하는 자가 此 민족주의를 捨하고 何를 當取하리요, … 즉 韓人의 민족주의가 강건치 못한 所以니, 惟 望컨대 한국 동포는 민족주의를 대분발하여 '我族의 國은 아족이 주장한다.'하는 일구로 護身 符를 作하여 민족을 보존할지어다." 신채호, 「제국주의와 민족주의」, 『단재신채호전집』(개정 판) 하권, 단재신채호선생기념사업회, 1977. 또는 신용하 편, 앞의 책 11~12쪽. 이 글은 원래 1909년 5월 28일자 〈대한매일신보〉에 발표되었던 것이다.

앞으로의 민족주의는 이른바 '생활 공동체'를 지향하는 문화에 기반한 '문화 민족주의'로의 방향 설정이 중요하다는 사실을 지적할 수 있다. 이 때 문화는 국민의 삶에 여유를 주는 토대라는 식의 소극적 의미의 문화가 아닌, 공동체의 바탕이 되는 고유의 삶의 양식으로 해석되어야 한다. 즉, 민족주의를 이야기할 때 문화란 각 민족에 고유한 정신적 지혜라는 의미로서의 문화이다.

제2절 문화 민족주의론

민족주의는 마치 약소국가나 제3세계에서만 작용하고 있는 이데올로기로 인식되는 잘못된 경향도 없지 않다. 선진 자본주의 국가들이나 강대국의 경우에는 민족주의가 없으며 그 대신 사해동포주의나 국제주의가 지배하고 있다는 생각이 팽배해 있기도 하다.[45] 실제로 역사적으로 세계 체제의 중심부 국가들은 국제주의나 보편 이념을 표방해 왔다. 이것이 그들의 이익에 부합되었기 때문이다. 그러므로 중심부의 국제주의는 선진국 민족주의의 다른 얼굴이라고 지적할 수 있는 것이다.

또한 민족주의도 근대사에 명멸한 무수한 이데올로기 중의 하나일 뿐이며 그 이념적 목표가 소멸되면 사라질 것이라는 해석이 있다. 그러나 "민족주의가 실현하려는 가치의 실체는 역사와 함께 영원히 미완성으로 남을 바로 그러한 것이고 보면, 민족주의의 욕구가 실현되어서 민족주의가 마침내 소멸하리라는 인식은 지나치게 관념적이다."[46] 민족주의는 관념을 넘어서는 현실적 영향력으로 존재하기에 문제가 되고 있다.

---

45 진덕규, 「민족주의의 미래」, 신용하 편, 위의 책, 82쪽.
46 위의 글, 87쪽.

"20세기는 전 인류가 동일한 정치적 태도 곧 '민족주의'를 수락하고 있는 사상 초유의 시대이다."[47] "민족주의는 하나의 세계적 요소로 되고 있지만 만일에 그것이 관용이나 타협의 자유 정신에 의해서 또는 비정치적 종교의 인도주의적 보편주의에 의해서 조절되지 않는다면 그것은 하나의 심각한 분열 세력이 되고 만다."[48] 종교와 마찬가지로 민족주의도 성격을 달리하는 수많은 형태를 취할 수 있다. "각국의 독특한 역사적 조건과 특유한 사회적 구조에 따라 민족주의는 서로 성격을 달리 한다."[49] 민족주의는 수많은 형태와 제각기 고유한 특성을 지닐 수 있지만 20세기에 출현한 대부분의 민족주의는 근본적으로 하나의 공통적 범주에 속한다. 그것은 '세속적 민족주의'(secular nationalism)라고 불리는 것이다. 세속적 민족주의는 근대 유럽사회에 그 기원을 두고 있다. 지금까지 서구의 민족 연구가들은 민족주의가 18세기의 부르주아 민주주의 속에서 비로소 자라 나왔다고 믿었다. 그리고 19세기와 20세기의 대부분을 지배한 것은 바로 이 서구적 민족주의였다.[50]

세속적 민족주의에서 말하는 "세속화(secularization)는 세속적인 것을 신앙(the worship of worldly things)하는 세속주의(secularism)가 아니라 오히려 종교적인 것과 세속적인 것을 분리하는 것이다."[51] 이제 종교적 충성의 대상과 세속적 충성의 대상이 분리되어 구별되고 있는 것이다. 근대 민족주의에서는 과거 종교가 요구하던 만큼의 충성심을 정치적 영역에서 민족국가가 요구하고 있다. "세속적 민족주의는 종교가 전통적으로 반응을

---

47 Kohn, 앞의 책, 151쪽 참조.
48 위의 책, 152쪽.
49 위의 책, 151쪽.
50 조대현, 『동학의 합리성이론에 관한 연구: 베버의 관점과 대비하여』, 경기대학교 행정학과 박사학위논문, 1994, 33쪽.
51 Arendt Theodor von Leeuwen, Christianitin World History: The Meeting of the Faiths of East and West, translated by H. M. Hoskins (New York: Scribner's, 1964), p.334.

보였던 집단적 정체성, 최후의 충성심, 도덕적 권위의 필요에 대응하고 있다."[52] 때문에 서구의 세속적 민족주의는 '일종의 종교'라는 주장이 빈번히 제기되고 있지만 세속적 이익에 집착하기에 전통적 종교와는 다른 형태로 등장했다.

특히 위르겐스마이어(Juergensmeyer)는 과거 냉전시대의 미·소를 중심으로 자본주의와 공산주의에 대해 아메리칸 내셔널리즘이 자본주의이고 공산주의는 러시안 내셔널리즘이라 하였다.[53] 러시아 사회주의 또는 미국 자본주의는 모두 세속적 민족주의로서, 이 세속적 민족주의가 국가의 형편상 경제 발전 수준과 관련되어 미국과 같은 경우는 자본주의 부르주아 중심으로, 이념의 체계를 굳히고 또 소련과 같은 경우는 프롤레타리아 중심으로 사회주의 체계가 성립하였다는 것이다.[54]

그러나 전술한 바와 같이 세속적 민족주의는 그 지형적 편향성과 문화적 우월성에 입각한 제도의 수출로 세인들을 실망시켰을 뿐만 아니라 더이상 신뢰를 회복할 수도 없기에[55] 그 역할을 다한 것으로 받아들여진다. 결국 세속적 민족주의는 하버마스(Jurgen Habermas)가 정치적 그리고 사회적 제도에 대한 공중의 존경이 세계적으로 감소하고 있다고 한 근대적 '정당성의 위기'[56]로 그 구체적 모습을 노출시키고 있는 것이다.

---

52 노태구, 「2000년대를 향한 한국 민족주의」, 민족문제연구소 창립 학술대회 발표논문, 1993, 17쪽.
53 Mark Juergensmeyer, *The New Cold War?: Religious Nationalism Confronts the Secular State*, Berkeley: University of California Press, 1993.
54 *Ibid*.
55 유럽 중심적 민주주의 제도가 제3세계 지역에서 많은 혼란과 갈등을 야기한 까닭은 이들 지역의 문화정서에 대한 인식 부족 때문이었다. 특히 냉전종식 후 미국 중심의 신국제질서 형성에 대해 많은 국가들이 갖는 거부감 역시 과거 그들의 행태를 경험한 여타 지역의 불신에 기초하고 있음을 우리 경우에서도 충분히 확인할 수 있다.
56 Jurgen Habermas, *Legitimation Crisis*, translated by Thomas McCarthy, Boston: Beacon Press, 1975. 오늘날 이라크 전쟁에서 볼 수 있듯이 전지구적 '정당성의 위기'는 심각한 지경에 이르렀다. 미국과 이슬람세계를 중심으로 벌어지는 테러와 테러에 대한 보복전쟁

이처럼 오늘날 세계의 여러 부분에서 세속 국가들은 정치적 자유, 경제적 번영, 사회 정의라는 자신의 약속을 실현하지 못하고 있다. 에머슨의 주장처럼 유럽의 경험으로는 세속적 민족주의의 등장이 종교에 의한 지배의 쇠퇴와 일치하지만, 아시아와 같은 세계의 다른 지역에서는 세속적 민족주의가 이들 지역으로 전파되었을 때 종교적 쟁점이 다시 분명하게 전면으로 나서고 있음을 볼 수 있다.[57] 중동과 동아시아, 동유럽 등지에서 세속적 민족주의의 실패는 종교 민족주의(Religious Nationalism)라는 반작용을 초래하는 경우가 빈번히 있었다.

즉, 걸프전쟁이라든지 소말리아·보스니아 내전이라든지 구소련의 여러 가지 민족 분규도 종교전쟁으로 보고 이의 이념적 배경을 종교적 민족주의라고 보는 것이다. 특히 호메이니의 이란 혁명 성공은 세속적 민족주의의 한계를 극복한, 다시 말하면 높은 도덕적 정신적 가치와 공동체주의(communitarianism)의 공동체 가치가 개인주의와 세속적 물질주의라는 모더니즘의 한계를 극복한, 성공한 종교 민족주의의 민족국가 형성 사례로 꼽는다. 위르겐스마이어는 이러한 현상을 놓고 21세기에는 세속 국가(The secular state) 이념에 대한 종교 민족주의 이데올로기의 출현으로 '신냉전(The new cold war)'으로 가는 것이 아닌지 의문을 제기하고 있다.[58]

이러한 의문이 가능한 것은 종교 민족주의를 신봉하는 국가의 인식에 기인한다. 즉, 그들은 세속적 민족주의를 거부하고 세속적 민족주의를 서구적이고 신식민지적인 것으로 취급한다는 것이다. 그들의 세속주의

그리고 다시 테러로 이어지는 악순환은 누가 옳은지에 대한 가치판단을 혼란시키고 있다.

57 노태구, 앞의 글, 11쪽 참조.

58 M. Juergensmeyer, *op. cit.,* 이를 좀더 확대 해석해 서구문명과 이슬람문명, 유교문명의 충돌로 미래사회를 예견하는 이가 Huntington이다. 그러나 그의 견해는 전형적인 세속적 민족주의의 질서 붕괴에 대한 또다른 서구적 우려의 표현일 뿐이다. S. Huntington, *The Clash of Civilizations and the remaking of World Order,* georges borchardt, N. Y., 1996, 이희재 역, 『문명의 충돌』, 김영사, 1997.

거부는 근본적으로 적대적이고 폭력적으로 되고, 그리고 그들은 종교적 수사와 이데올로기 그리고 지도력과 함께 투쟁을 하게 되고, 그리하여 세속적 민족국가에 대한 종교적 대안을 제공하게 된다[59]는 것이다.

종교 민족주의에서는 개별 민족의 다양성과 다문화 현상의 발견이라는 긍정적 측면이 있지만 심각한 두 가지 문제에 봉착하게 된다. 첫째, 종교 혁명과 폭력에 관한 문제이다. 그들은 종교 혁명을 달성하기 위해 폭력을 종교적 의미로 미화하고 스스로 여기에 익숙해질 수가 있다는 점이다. 둘째, 소수 민족(marginal people)과 폭력(violence)의 문제이다. 근대 사회에서 그들은 그들의 권력이 침식당하는 것을 알게 될 때, 공격적인 것에 매력을 느낄 것이다. 파농(Franz Fanon)이 알제리 독립 전쟁에 관하여 언급하였을 때 조그만 폭력의 과시조차 대중들에게 그들 자신의 강력한 힘을 자각케 함으로써 거대한 상징적인 권력을 가지게 할 수 있다는 것과 같다.[60]

결국 종교적 민족주의는 서구 편향의 세속적 민족주의의 단일성을 거부하고 다양성을 중시하나 그 감정적 맹목화의 폐해를 또 다른 합리적 이성의 원리로 순화시킬 필요가 있다. 여기에 노태구는 21세기를 이끌 새로운 민족주의의 유형으로 '문화 민족주의'를 내세우고 있다.[61] 문화 민족주의는 종교적 민족주의와 세속적 민족주의의 한계를 극복하자는 것이다. '문화 민족주의'를 세속적 이성에 입각한 합리적 고려(세속적 민족주의의 원리-합리성)와 초세속적 종교의 정신적 원리(종교적 민족주의의 원리-도덕성)를 하나의 민족주의 사상 속에 종합하려는 것으로 이해했을 때, 대안

59 Rod Hague & Martin Harrop, *Comparative Government and Politics*, London: MacMillan Education, 1987, pp.40-41.
60 P. Frantz Fanon, *The Wretched of the Earth*, New York Grove Press, 1963.
61 노태구, 앞의 글, 24-36쪽.

으로서의 기능을 할 수 있을 것이다.[62]

사실 문화 민족주의의 역사는 대단히 길다고 할 수 있다. 하나의 인간 집단 내에 아직 민족의식이 보편화되기 이전에도 민족 운동은 소수의 선구적 엘리트들이 자신들과 같은 민족의 일원이라고 믿는 주민들을 대상으로 민족의식을 고취하기 위한 계몽 운동의 형태로 나타났다. 때문에 이러한 민족주의 운동은 문화 운동의 양식을 취한다. 대개의 민족주의가 갖는 최초의 형태는 말하자면 문화적 민족주의인 셈이다. 민족주의적인 엘리트들은 자기 나라의 민속과 언어, 역사 등을 연구하고 그 속에서 민족의 고유성과 우수성을 발견할 뿐만 아니라 이를 통해 민족의 자존심을 선양하고 일체감을 형성하려 한다.[63] 문화 운동을 통한 민족의식의 고취는 곧바로 정치 운동화한다. 이때 민족주의는 본격적으로 역사의 전면에 등장한다. 바로 이 순간 민족주의를 어떻게 순치시키느냐가 문화 민족주의의 성패를 가름한다.

서구의 민족주의 이론가에서도 이러한 문화 민족주의의 논리를 발견할 수 있다. 독일의 헤르더(J. G. Herder)가 대표적 인물이다.[64] 물론 헤르더는 프러시아의 출신으로 프러시아 민족 국가의 창건이나 민족 통일을 주장한 바가 없는 것으로 보아 근대적 의미의 민족주의자는 아니다. 그러나 그의 사상은 근대적 민족주의를 위한 또 하나의 기반을 제공하고 있다. 헤르더는 민족을 유기체론적 입장에서 해석해 민족 형성의 역사성에 주목한다. 그는 민족을 역사 속에서 민족정신과 민족혼을 보지하면서 민

---

62 이러한 시각의 연구는 우리 학계에서 거의 전무하다고 할 수 있다. 그런 의미에서 조대현의 연구(앞의 글)는 한국 행정 철학의 주체화에 첫 발을 디뎌 준 공적으로 기록되어야 한다. 본 연구자 역시 조대현에게 많은 협조를 받았다.

63 박은식, 신채호 등의 민족사에 대한 연구라든지 주시경의 우리 말 연구는 이러한 노력의 전형적인 예이다. 위의 글, 31쪽.

64 헤르더의 민족주의사상에 대해서는 박의경, 「헤르더의 문화 민족주의: 열린 민족주의를 위한 시론」, 『한국정치학회보』 제29집 1호, 1995, 331-352쪽 참조.

족 문화의 전통을 전수해 온 주체로 상정한다. 따라서 그에게 민족은 절대적 존재로 각인되어 있다.[65] 이러한 논리의 전개를 위해 헤르더는 인간의 자유성을 강조한다.

그러나 헤르더의 자유로운 인간은 동시대의 루소의 주장과 달리 어디까지나 사회로부터 탄생한다는 것이다. 즉, 헤르더에게 있어서는 루소의 자연 상태는 존재하지 않는다. 원래부터 인간은 사회적인 존재라는 것이다. 가족으로부터 출발하여 인간은 인간으로서 재생산되는 것이다. 인간은 홀로 존재할 수 없다는 현상적 인식에서 어떠한 인간도 타인의 도움 없이는 자유로운 존재로 남아 있을 수 없다는 논리이다. 이렇게 헤르더의 자유는 '나'와 '너'의 공존을 전제로 하며, 인간과 사회를 개념적으로 연결시키는 이념이 되고 있다. 모든 개별 인간이 다양한 관계로 연결되어 존재한다는 역동성 있는 유기적 세계를 헤르더는 창출해 내고 있는 것이다.

자유인으로서의 인간을 연결시키는 고리는 자유 의식을 향한 자기 인식(self-awareness)의 추구이다. 이 자의식은 현실에서 언어(language)라는 매개를 통해야만 한다. 언어를 통해서 자신의 존재를 인식한 인간은 비로소 타자의 존재도 인식하게 되는 것이다. 이렇게 언어는 인간과 인간의 관계를 형성시켜 주는 매개가 된다. 결과적으로 인간은 이 과정을 통하여 자신이 공동체의 구성원임을 인식하게 되는 것이다. 비로소 인간은 민족(volk)과 대면하게 되는데, 바로 이때 공통의 언어가 그 매개로 작용한다. 공통의 언어가 존재한다는 것은 공용어가 존재한다는 단순한 사실을 넘어서 공통의 문화적 유산과 이에 관련된 공통의 문화적 유대감, 즉

---

65 이러한 헤르더의 민족의식은 당시의 유럽 강대국인 영국이나 프랑스에 대항해야 하는 약소국 프러시아의 정체성 유지를 위한 몸부림일 수도 있다.

하나의 문화 공동체가 존재함을 의미한다.[66] 언어를 통하여 인간은 자기의 존재를 의식하게 되고, 나아가서는 민족적 존재까지도 인식하게 되는 것이다. 여기서 개별적 자아와 집단적 자아의 합일점이 발견된다. 서로 종속 관계를 넘어서, 자유로운 개별적 자아-개인(individual)-를 포용하는 승화된 집단-민족(volk)-이 휴머니티를 추구하며 공존하게 된다.[67]

이때 국가는 법률과 제도 등 그 조직을 통하여 오직 도덕성 진작을 위한 우호적 환경을 조성할 수 있을 따름이다. 이를 위한 사회 조직으로서 헤르더는 민족(volk)을 가장 자연스러운 사회 정치적 단위체로 규정하고 있는데, 이는 민족이 자체의 독특한 사회 문화적 전통과 격정적 요인으로서의 언어를 공유하는 공동체라는 데에 근거한다.[68]

특히 헤르더의 이러한 사상은 당시 유행하던 계몽주의의 중심적 내용과 정면으로 대립된다. 계몽주의는 '인간들이 거기에 따라 살고 활동하고 창조하는 법칙'은 이미 설정되어 있으며 자연 그 자체에 의해 지배된다고 본다.[69] 계몽주의는 기독교의 원죄설을 부정하고 자연 그대로의 인간이 선함을 믿는다.[70] 그러나 헤르더는 계몽주의의 도그마에 대항하여 '어떤 것을 이해한다는 것은 그것을 그 개별성과 발전에서 이해하는 것'이라고 믿었다.[71]

---

66 F. M. Barnard ed., *Herder' s Social and Political Thought*, Oxford: Clarendon Press, 1965, pp.7-8.

67 버나드는 이 휴머니티 공동체 개념이 헤르더 사상의 알파요 오메가라고 역설하면서, 헤르더에게 있어서의 종교의 도덕적 시금석은 바로 이 휴머니티 개념의 진작에 있다고까지 평가한다. *Ibid.*, p.88.

68 헤르더의 **volk**는 자기만의 신화, 민요, 종교, 특징적인 인식체계 등 독특한 문화를 보유하고 있는 집단을 의미한다. 이러한 **volk**가 역사적 현실 속에서 구체성을 획득할 때 정치적 측면이 가미되어 **volk-state**로 자리잡게 된다. 국가도 그 자체가 목적이 아니라 궁극적인 목적, 즉 개인 그리고 민족의 휴머니티를 위한 수단으로 본다.

69 Isaiah Berlin, *Against the Current: Essays in the Historyof Ideas*, New York: Viking, 1979, p.18.

70 *Ibid.*, p.20.

따라서 헤르더는 계몽주의가 구체적이고 개별적인 인간의 존재 조건을 무시하고 합리적 이성에 따르는 기계화된 인간성을 주장하는 것은 인간의 구체적 생명력을 말살시키는 것이라고 비판하였다. 특히 계몽주의가 유럽 중심주의를 견지하고 있으므로 식민주의와 제국주의에 대하여 침묵 내지는 방조하고 있다고 격렬히 비난한다.[72] 또한 당시의 계몽 전제 군주 체제에 대해서도 적대적 입장을 취하고 있었던 바 이는 다양성을 무시한 그 압제적·일방적 정치가 각 지역의 고유한 민족 문화를 억압한다는 것 때문이었다.

헤르더의 이러한 정치적 견해는 당시 프러시아 절대주의 관료제에 대한 강력한 거부감에서 발생한 것으로, 그는 모든 종류의 중앙 집권적 권력에 반대하고 있었다. 각 개인의 개별성과 자유가 휴머니티를 위하여 필수적이듯이, 각 지방의 독특한 문화와 전통도 억압되거나 말살되어서는 안 될 것이기 때문이었다. 헤르더는 당시의 계몽주의를 뛰어 넘어 왕조적 지배와 세습 귀족제에 반대하면서 모든 사회 구성원의 정치 참여의 권리를 제시하고 있다. 다양성을 용인한다는 전제 아래, 헤르더는 건전한 공동체의 작동 원리는 복종이 아니라 협력이라고 주장하면서 공동체 전체의 구성원으로서의 개별 주체들의 상호 의존성을 강조하고 있었다.

헤르더 사상의 결론은 문화적 특성에 따른 각국의 민족주의가 휴머니티 공동체가 되어야 한다는 것이다.[73] 즉, 자치적으로 완비된 민족 개념

---

71 *Ibid.*, p.10.
72 헤르더는 당시 유럽을 풍미하던 '백인의 의무(the White Man's Burden)'라는 명제에 신랄한 비판을 가한다. "세계의 모든 인류가 행복하게 살기 위하여는 유럽인과 같이 되어야 한다는 것은 가장 어리석은 생각이다." J. G. Herder, *Outline of a Philosophy of the History of Man*, tran., by T. Churchill, New York : Bergman Publishers, 1800, p.219.
73 휴머니티 공동체는 지금까지 헤르더가 언급한 것을 모두 포괄하는 조직체로서 이성과 자유, 미세한 감각과 충동, 조직의 건전성, 세계의 목표 실현과 그에 대한 통제·조정 능력 등 인간이 하는 고귀한 작업을 총체적으로 의미한다. 그는 다양한 인간의 존재 양태를 이해하기 위한 기본

을 헤르더는 결코 여타 민족에 대한 증오와 연결시킬 수 없었다. 모든 인간의 공동 유대감으로 형성된 휴머니티 공동체에서, 각 민족이 국제 사회로 나아가는 데 초석이 되어야 한다는 혁신적인 이념을 그는 제시하고 있는 것이다.

헤르더는 휴머니티라는 목표와 함께 민족(volk)의 문화적 단결을 강조하는, 모든 개별 민족을 포괄하는 보편적 공동체의 가능성을 시사함으로써 다양성과 단일성의 문제를 상당히 역설적으로 풀어내고 있다. 즉, 전 인류의 동포애라는 단일성은 각 민족의 문화 민족주의의 확립을 통하여 오히려 가능하다는 것이다. 다양한 문화적 공동체의 존재는 인간의 자유와 휴머니티를 달성하는 데 하등의 장애물이 될 수 없다. 오히려 이러한 다양성이야말로 인간의 자유와 휴머니티를 추구할 수 있는 조건이 된다.

헤르더는 다양한 민족의 존재를 정원에 비유한다. 정원에서는 다양한 꽃들이 다른 꽃들의 성장을 방해하지 않고 저마다 자신이 가지는 고유한 아름다움을 발산한다. 정원에서는 다양한 꽃들이 평화롭게 함께 어울려 피어서 공존하고 있다.[74] 민족들도 마찬가지이다. 각 민족들은 자기 자신의 고유한 민족성을 타 민족의 민족성 발현을 저해함 없이 충분히 발현시킬 수 있는 것이다. 그는 민족 문화간의 상호 교류뿐만 아니라 민족간의 투쟁도 민족 문화의 발전에 중요한 역할을 한다고 보았다.

이처럼 헤르더는 문화적 측면에서 개별성(individuality)과 보편성(universality)의 점진적인 합일을 시도하고 있다.[75] 즉 그에게서는 민족주의와 국제주의의 양립 가능성, 그 존립 여지가 발견되고 있는 것이다. "자

원칙으로 휴머니티 공동체를 설정하였다.

74 Berlin, *op. cit.*, pp.11-12.

75 헤르더의 민족(volk)은 휴머니티를 위하여 희생되지도 않고, 휴머니티를 압도하거나 초월하지도 않았다. 오히려 민족과 휴머니티 양자는 동일한 사회, 정치적 과정에서 나타나는 상호 보완적 요소로 작동하고 있었던 것이다.

기 민족에 대한 애정이 여타 지역에서의 선을 인식하는 데 장애가 되어
서는 안 된다."[76]는 헤르더의 주장은 인간의 단일성과 다양성을 동시에
고려한 논의라고 하겠다. "개인의 자아를 추구하라. 그러면 인간 집단의
조화는 달성된다. 각 민족의 개별성을 추구하라. 그러면 휴머니티는 달
성된다." 이렇게 헤르더는 개별 민족의 특수성과 인간의 휴머니티 추구
라는 보편성을 역설적이면서도 무리 없이 결합시킨다. 즉, 문화 다원주
의의 기반 위에서 제시된 정치 공동체야말로 진정한 자유와 휴머니티를
가능케 한다는 것이다.[77]

　헤르더의 문제의식은 분명 직접적인 정치적 문제로부터 출발하지 않
았음에도, 정치공동체의 정당한 토대로서의 문화 공동체라는 논점을 제
시하는데 이는 민족주의와 관련하여 중요한 정치적 함의를 담고 있다.
문화적 공동체 관념이 정치공동체에 새로운 차원의 정치적 정당성을 부
여했다는 점이 그것이다.

　사실 문화적 요소가 가지는 정치적 의미의 중요성은 이제서야 서서히
사회 과학의 주요 연구 과제로 부각되고 있는 형편이다.[78] 문화의 차이를

76　Barnard, *Herder's Social and Political Thought*, *op. cit.*, p.107.
77　Roman Szporluk는 헤르더의 이러한 문화적 민족주의를 다음과 같이 정리하였다. 첫째 헤르
　더는 언어, 문화, 관습, 생활 양식 따위가 민족을 규정하는 속성이라고 봄으로써 정치 조직에
　대한 문화의 우월성을 강조했다. 둘째 헤르더의 문화적 민족주의는 민족의 자족성이나 문화적
　자급 자족을 믿지 않는다. 그에게 있어 민족과 민족 문화는 역사적·발전적이며 다른 민족과의
　관계 속에서 성장하는 것이다. 셋째 한 민족이나 문화가 다른 민족이나 문화를 지배하는 것은
　가장 나쁜 소외의 표현이기 때문에 비판했다. 결국 이러한 특성들 때문에 헤르더는 그 자신 독
　일 민족주의자는 아니었으면서도 민족주의적 세계관의 창출에 시원적 역할을 하였다. Roman
　Szporluk, *Communism and Nationalism: Karl Marx Versus Friedrich List*, New York &
　Oxford University Press, 1988, pp.91-93.
78　최근의 포스트 모던론자 중에서도 가장 영향력 있는 인물로 평가되는 *P. Bourdieu*는 특히 문
　화와 정치의 함수 관계를 분석해 문화 자본의 정치적 영향력을 증명하고 있다. 브르디외에 있
　어서의 문화 자본은 현대에서는 과거 마르크스의 경제 자본을 능가하는 사회적 억압의 실체로
　존재하고 있다. P. Bourdieu, *La Distinction* : 1996, 최종철 역, 『구별짓기: 문화와 취향의 사
　회학』上 下, 새물결, 1996.

인정한 상태에서의 조화로움은 대단히 이상주의적일 수밖에 없다 해도 세속적이고 종교적인 당파성을 넘어서는 하나의 가능성은 충분하다. 이제 문화는 단순히 비정치적 차원의 문제가 아니라 정치적 조직 원리의 유기적 구성 부분이다. 따라서 정당한 정치 공동체는 문화적 기반 위에서 형성되어야 한다.[79]

헤르더에게서 문화 공동체와 정치 공동체의 결합으로 열린 민족주의의 가능성이 배태된 근대 민족주의가 새로운 지평을 열고 있다. 이제 정치에 필수적인 요소로서의 문화의 등장으로 문화 민족주의가 단순히 문화적 차원에만 머물러 있을 수는 없게 된 것이다. 이렇게 하여 민족주의는 또한 문화적 가치에 호소하지 않고서는 관념화될 수도 없게 된다. 다시 말하면, 문화적 요소들-언어, 춤, 민요, 희극, 전설 등-이 정치적 성격을 획득함으로써 변화하게 되고, 문화적 요소들이 정치적 영역으로 투입됨으로써 정치의 성격도 변화하는 이중적 전환 과정이 드러나게 되는 것이다. 한마디로 문화의 관점에서 제시되는 헤르더의 정치적 비전은 문화적 다원주의의 기반 위에 선 정치 공동체의 형성을 제시하는 것으로, 이것이 진정한 휴머니티 공동체(Humanitat)를 달성시켜 열린 민족주의로 나아가게 된다는 것이다.[80]

확실히 새로운 21세기는 새로운 질서로서 앤더슨의 지적처럼 문화 민족주의의 시대로 돌아가야 한다.[81] 세속적 민족주의의 도덕적·윤리적 한계를 해결하기 위해 종교 민족주의가 출현했지만, 이 이념도 정신적·규범적 우월감에서 폭력과 종족 문제를 새롭게 제기하고 있다. 따라서 세

---

79 문화 민족주의의 중요성은 백범의 문화국가에 대한 동경과 문화적 자주성 확보가 한국 민족주의의 중요 과제로 부각될 것이라는 언설에서도 지적되고 있었다.
80 박의경, 앞의 글, 349-351쪽 참조.
81 B. Anderson, op. cit., p.18.

속적 인민의 개별적 문화가치를 포함하고 종교적인 궁극적·도덕적 공동
체의 문화 가치도 포용하는, 다시 말하면 '문화'의 이름으로 등장하는 민
족주의가 필요한 것이다.[82] 문화적 전통에 기반한 고유의 민족 이념 속에
서 발견되는 보편적 가치 체계야말로 이 시대가 필요로 하는 민족주의이
다.[83] 기존의 분쟁과 갈등을 지양·통합하고 조화와 화합의 이념을 발현
해 주는 새로운 정치 질서의 모색은 이제 문화의 이름으로 추진되어야
한다.[84]

이러한 문화에 기초한 민족주의는 백범의 사상에서도 발견된다. 그는
문화의 힘이야말로 국가의 행복을 약속할 뿐 아니라 국가와 국가 사이에
발생하는 마찰을 해소하고 세계 평화를 도모하는 데 기여하는 것임을 주
장하고 있다.

"나는 우리나라가 세계에서 가장 아름다운 나라가 되기를 원한다. 가장

---

82 특히 오늘의 한국 민족주의는 주변부 민족주의의 성격을 벗어나지 못하고 있다. 동시에 이데올
로기적 분단이라는 민족 현실 속에서 서양형의 세속적 민족주의가 얼마나 무기력한 것인지를
뼈저리게 실감하면서 살아 왔다. 이것은 종교 민족주의를 위한 하나의 유인이 되기에 충분하
다. 그러나 북한이 원칙적으로 종교가 말살된 사회이고 남한 또한 다종교 사회인 현실을 고려
할 때, 온 민족을 하나로 용해시킬 수 있는 위대한 종교적 카리스마가 출현하지 않는 한 종교
민족주의의 순수한 형태로도 통일을 기대하기는 어려운 것 또한 사실이다. 여기에 21세기의
한국 민족주의는 한국인의 뿌리깊은 천인합일의 도덕적·종교적 심성을 통해 세속적 민족주의
를 보완하는 문화 민족주의일 수밖에 없다는 결론이 나오는 것이다. 조대현, 앞의 글, 41쪽.
83 이른바 문화 체계로서 세속주의(人本主義)와 종교 정치(神本主義)의 한계를 지양한 교정일치
(敎政一致: 天人合一)의 통일 이념으로서 문화 민족주의라 명명한다. 노태구, 『세계화를 위한
한국 민족주의론』, 백산서당, 1995, 99쪽. 문화의 이러한 보편성에 대해서는 신용하는 "민족
문화는 … 폐쇄적인 것이 아니다. 인류가 만든 문화는 동일한 사회문화적 인간의 욕구를 충족
하기 위한 생활설계이기 때문에 모든 민족의 민족 문화에는 그 민족의 특수한 요소뿐만 아니라
인류에게 보편적인 요소가 있다."고 지적한다. 신용하, 『민족이론』, 27쪽.
84 일찍이 백범도 문화가 강한 국가를 염원했다. 그는 문화야말로 세계평화를 가능케 하는 인의와
자비, 사랑을 북돋는 정신 활동이라고 지적한 바 있다. 이런 의미에서 각 민족의 고유한 문화를
바탕으로 한 민족주의의 출현은 본 연구의 주제와 밀접한 것으로 보인다. 김구, 「나의 소원」,
『백범일지』.

부강한 나라가 되기를 원하는 것은 아니다. 내가 남의 침략에 가슴이 아팠으니 내 나라가 남을 침략하는 것은 원치 아니한다. 우리의 부력은 우리의 생활을 풍족하게 할 만하고 우리의 강력은 남의 침략을 막을 만하면 족하다. 오직 한없이 가지고 싶은 것은 문화의 힘이다. 우리 자신을 행복하게 하고 나아가서 남에게 행복을 주겠기 때문이다. 나는 우리나라가 남의 것을 모방하는 나라가 되지 말고 이러한 높고 새로운 문화의 근원이 되고 목표가 되고 모범이 되기를 원한다. 그래서 진정한 세계의 평화가 우리나라에서 세계에 실현되기를 원한다. 이 일을 하기 위하여 우리가 할 일은 사상의 자유를 확보하는 정치 양식의 건립과 국민 교육의 완비다. 내가 위에서 자유의 나라를 강조하고 교육의 중요성을 말한 것은 이 때문이다.[85]

　특별히 본 연구가 여기에 주목하는 이유는 우리 민족 고유의 생활 공동체로서의 문화 공동체 속에서 정신적·사상적·이념적으로 침전되어 계승된 민족의 이념을 동학사상을 통해 재정립하는 작업을 시도하고자 하기 때문이다. 반만년의 역사를 가진 우리 민족에게는 확실히 민족 고유의 정신적 문화가 있으니 여기서는 특별히 정치사상적 측면에서의 조화와 화합 정신을 주목하고자 한다.[86]

---

85 백범은 문화야말로 세계 평화를 가능케 하는 인의와 자비, 사랑을 북돋우는 정신 활동이라고 지적한 바 있다. 이러한 의미에서 각 민족의 교유한 문화를 바탕한 민족주의의 출현은 이번 연구의 주제와도 밀접한 관계를 가지고 있다고 할 수 있다. 김구, 「나의 소원」, 『백범일지』, 한길사, 1982.
86 한국 사상의 여러 측면 중 특히 조화와 화합의 측면만을 강조하는 것은 분명 무리이다. 그러나 본 연구가 한국적 정신문화의 긍정적 측면을 추적해 발전·계승시킴으로써 민족의 지혜를 전수하고자 한다는 시각에서 이해한다면 이해될 것으로 본다.

제3절 한국 민족주의의 사상적 배경

한국 민족주의를 연구 주제로 내걸고 이를 논구해 온 학자들은 민족 문제와 관련된 사회 및 정치적 특정 국면에 대한 개인적 관심도에 따라 민족주의의 개념을 달리 규정하고 있다. 그러나 이들 거의 모두가 서구 학자들이 행해 온 민족주의 일반론에 관한 연구 결과를 기초로 삼아 한국 현실에 대한 개인적 인식 경험과 연결시켜 보려 한다. 따라서 각 개념 규정 내용은 구체적이고 실증적 바탕에 근거를 둔 논리상의 특징을 명확하게 제시하고 있는 것은 아니고 민족주의가 내포하는 특정 요소들간의 상대적 비중을 강조하고 있을 따름이다.[87]

또한 학자들마다 한국 민족주의의 태동 시기에 대해서도 각기 다른 입장을 제시하고 있다.[88] 그러나 한국 민족주의를 논함에 있어서 한국인의 존재 구속성을 벗어날 수는 없으며 그 풍토와 환경, 시대적 배경을 무시할 수 없다. 그리고 이 같은 환경과 문화 속에서도 도도히 흐르면서 이어지고 있는 핵심적 논리가 존재함을 간과해서는 안 된다. 따라서 한국 민족주의가 전개되고 계승되어 온 사상적 줄기가 그 핵심이라고 할 수 있을 것이다. 이 같은 한국적 풍토와 문화 속에서 진화해 온 사상적 흐름에 대한 정치 이념적 재인식·재규명 작업이야말로 한민족의 생존전략이고 문화 민족주의로서의 한국 민족주의의 세계사적 의의를 가시화하는 일이라고 할 수 있다.

---

87 김동성, 「한국지식인과 대학생의 민족주의 의식구조」, 『한국정치학회보』 제23집 1호, 한국정치학회편, 1989, 9쪽 참조. 한국 학자들의 민족주의 개념 규정에 대해서는 위의 글, 9-10쪽 참조.
88 한국 민족주의론의 '起源 설정' 문제에 대해서는 위의 글, 10-12쪽 참조.

1. 한국 전통 사상 재인식

역사를 돌아보면 서양이 역사를 투쟁의 역사로 인식하는 데 반하여 동양에서는 역사 인식에서 조화를 중시하고, 평화를 앞세우는 역사임을 알 수 있다. '과학'으로 대변되는 서양의 정신은 비교·분석으로부터 시작하여 주·객을 분리하고 너와 나를 분리하며, 신과 인간을 분리하고, 자연과 사람을 분리한다. 그리하여 이 이원론적 정신은 그 양자를 상호 대립시키고, 경쟁하게 하며, 투쟁하고 정복하는 과정을 통해 주와 객이, 너와 내가, 신과 인간이, 자연과 사람이 '함께 파괴되어' 버리고 있다.

그러나 동양 정신은 그 양자의 통합과 화합을 지향한다. 이것과 저것을 여의고 선 자리에 화이부동和而不同의 세계가 열리는 것이다. 너와 내가 각기 다른 존재임을 알고 그것을 인정하면서 서로 조화를 이루는 것. 그것은 인생의 예술이며, 시와 회화이며, 음악의 비밀이다. 그리고 그것은 자연의 비밀이며 신의 비밀인 것이다.

엄격한 의미에서 서구의 사상은 유대 사상(Judaism)과 희랍 사상(Hellenism)으로 구분되며 이 양자가 휴머니즘을 지향한다는 면에서는 동일하지만 그 내용은 각기 다르다. 즉, 유대 사상에 의하면 인간은 신의 피창조물이므로 신과 인간과의 관계는 상향적이다.[89] 여기서 유대 사상은 의식이 존재를 결정하는, 즉 신에 대한 끊임없는 동경과 갈등과 구원의 추구인 유심론(관념론)이 발생한다.[90] 또한 인간과 신의 관계가 상향적

89 申福龍, 『동학사상과 한국민족주의』, 평민사, 1978, 81쪽.
90 실제로 서양의 사상은 인간의 사랑 받을 수 없는 원죄의 소멸을 위한 노력이었다. 즉, 에덴이라는 이상향을 설정하고 그 에덴으로 돌아가기 위한 끊임없는 추구가 서양 관념론의 과제였다. 이것을 황성모 교수는 마르크스 사상에도 적용해 마르크스에 있어서의 원죄는 사유재산제도이고 이 제도의 지속이 원죄의 축적이요, 바로 모순의 축적이었다고 지적한다. 따라서 마르크스에 있어서 이 원죄인 사유재산제도의 금지가 에덴이라는 원시 공산 사회의 이상향을 향한 노력이라는 것이다. 이것은 마르크스사상 역시 서양 문명의 산물임을 의미한다.

인 희랍의 헬레니즘은 인간 그 자체의 문제에 보다 집중해 존재가 의식을 결정한다는 유물론을 잉태했다.[91] 유심론과 유물론의 두 사상은 오랜 기간을 거치면서 서로 화합하지 않는 극단의 길을 주로 전개하여 왔다. 이것이 이원론적 양상이다. 둘의 대립, 그것은 음과 양, 선과 악, 정신과 물질, 관념론과 유물론, 오성과 감성, 합리론과 경험론, 이와 기 등의 이원론적 대립을 말한다. 여기에는 기본적으로 두 개의 대립된 원리가 결코 하나로 통합될 수 없다는 점을 전제하고 있다. 양자 택일이나 흑백 논리는 이러한 입장에서 연유한다. 그러므로 이원론적 대립에서 절대적 일원론이 배태된다.

양자 중 어느 한쪽 만을 지나치게 강조해 온 이른바 단순 변증법적인[92] 전개가 서양 사상을 지배해 온 것이다. 특히 근대성의 의미는 서구 사상에서 신적 권위에 대한 도전으로부터 출발하여 세속성과 개인주의에 기초하게 된다. 이때의 인간은 본래적부터 이기적 동물이며 인간성은 상호 신뢰할 수 없는 것으로 사회의 끊임없는 갈등과 투쟁을 피할 수 없게 된다. 결국 서구 사회의 근대성은 국제 정치에서 약육 강식의 제국주의로, 그리고 절대주의와 권위주의·폐쇄성·배타성·독선주의를 낳게 되는 것

---

91 여기서 특기할 만한 사실은 헬레니즘의 원류가 그리스 동북부 **Thrace** 지역에서 태어났다고 전해지는 전설적인 시인 올페우스에 있다는 점이다. 올페우스는 인도의 베다, 우파니샤드의 철학을 그리스에 전해 준 최초의 인물이다. 즉 헬레니즘은 동양적 사상에서 탄생했다는 것이다. 이 점에 대한 보다 정확한 사실은 W. K. C. Guthrie, "Orpheus and Greek Religion", *A History of Greek Philosophy*, Vol., I-V, (Cambridge : Cambridge Univ.Press,1962) 참조.

92 역사에서는 비약이 있을 수 없다. 다음 단계로의 변화는 필히 전 단계의 계기적 변화가 축적된 결과이다. 정치사상이 변화되는 사상을 중시한다면 사상 자체는 응고된 결정일 수는 없다. 그러므로 정치사상은 본질적으로 변증법적 전개 과정으로 나타나게 된다. 이 같은 단순 변증법의 논리는 김영두 교수에 의하여 더욱 구체화된다. 즉, 서구 사상은 인간 주체와 인식 대상인 객체를 분리시키면서 출발한다. 그리고 그것의 전개 과정이 직선적으로 발전하여 나타나 이를 단순 변증법으로 규정하고 있다. 즉, 그들의 변증법은 바로 正의 도전으로서 反의 응전을 불러일으켜야 한다. 따라서 서구의 변증법은 대립, 반목, 갈등의 철학이다. 김영두, 『한국정치사상사, 동서정치사상사』, 한국정치사상연구원, **1987** 참조.

이다.

조화와 화합을 강조해 온 동양 정신은 이른바 서양사가 단순 변증법적 전개를 이어온 데 대하여 유물과 유심의 화합을 추구하는 복합 변증법적 전개를 이루어 왔다.[93] 동양의 유·불·노장 사상 등의 제사상은 각기 독자적인 체계로 후대에 전승되고 점차 복잡다단한 정치의 한 이론으로 심화되어 가면서도 본질적으로 서로의 본바탕에 대한 거부는 없었다. 즉 대표적인 동양 사상인 유학은 가장 대비되었던 노장 사상의 자연 친화성을 수용해 군자의 안빈낙도를 강조했고, 법가 사상으로부터는 법치주의의 중요성을 수용했으며, 겸애 사상의 보편적 민본의식을 포용해 오늘의 유학 사상으로 완성되었다고 할 수 있다. 즉, 유학 사상이 가지는 많은 긍정적 측면들은 타 이념들과의 '합의 지향'의 결과였다.

이처럼 동양 사회 자체가 제민족이 함께 동일장에서의 모순과 갈등과 투쟁이기보다는 조화적 균등에 의한 패권 쟁탈을 위한 조화 속의 발전 과정이었다. 따라서 이 과정에서 다양한 문화가 서로 충돌하고 또한 사회 경제적 기반 및 정치 제도 등이 시대사에 관계없이-정치 제도와 사회 경제적인 발전 형태가 서양사에서처럼 순차적·직선적으로 나타나는 것이 아니라-서로 원추형적으로 착종된 변증법적 역사성을 이룩한다.[94]

나아가 유심과 유물이라는 양면을 조화하고 화합시켜 나가는 동양 사상의 변증법적 복합성은 인류의 과제인 영구 평화와 인류 공동 생존의 가능성을 제시하여 준다.[95]

---

93 동양사회의 복합 변증법적 전개는 동양사회가 고대부터 諸민족의 관계 속에서 복합적인 시대사를 전개시켜 문화, 정치, 사회의 혼재가 일반화된 사회 즉, 인간 일반의 평등적인 지향이 실생활에 그대로 나타났다는 의미이다. 위의 책 참조.

94 노태구 교수는 동양적 변증법을 서양에 있어 변증법의 정반합처럼 다시금 갈등과 투쟁의 정반합으로 이행하지 않고 동양의 방법론에 있어서는 정반을 지양할 합의 균등과 조화의 영원한 지속으로 규정한다. 따라서 여기는 대립과 반목의 영원한 해소를 가능케 한다.

95 동양 사상을 비과학적 사유 체계라는 이유로 푸대접하는 것은 합리성과 과학성이라는 서구적

여기에서는 이와 같은 가능성을 한국 사상의 이념적 주류 속에서 찾아보자는 제안을 하고자 한다. 왜냐하면 반만년의 역사를 이어온 한국사에서는 동양사의 특성들이 면면히 이어져 오고 있기 때문이다. 그것은 바로 조화의 사상이고 화합의 정신이다. 역사학자 현상윤 박사는 그의 『조선사상사』에서 한국 사상의 평화적, 화합적 사고 바탕을 『삼국유사』의 신시神市에서 찾고 있다. 즉, 『삼국유사』의 내용 중 다음의 대목에 주목할 수 있다.

> 웅雄, 솔도삼천率徒三千, 강어태백산정신단수하降於太伯山頂神壇樹下, 위지신시謂之神市, 시위환웅왕야是謂桓雄天王也.

신시란 당시의 정치는 소위 제정일치의 신정이어서 인민은 주권자를 하느님이 보내신 아들이요, 또 하느님의 뜻을 세상 인간에게 가르치는 이로 아는 것이다. 또 그가 행하는 정치는 하느님의 교시를 대행함이요, 그가 정한 법률은 하느님이 정한 도리로 알아, 주권자에게 충성함이 곧 하느님에게 충성함과 동일하다고 생각하며, 하느님을 존경하고 하느님에게 제사하는 것이 국정의 주요한 정무이었던 것을 의미한다고 생각된다. 그러므로 신시의 정치는 하늘이 만물에 베푸는 은혜와 아버지가 아들에게 가지는 사랑을 경經으로 하며, 사람이 하느님을 섬기는 공경과 자식이 부모를 받드는 효성을 위緯로 하는 애경의 정치였으니, 그곳에는 화친과 인애가 있으며 책임과 질서가 있어서 무위이화無爲而化하는 가운데 저절로 진함과 선함과 미함이 있었다고 말할 수 있다.[96]

사유의 특성에 단순히 기준한 것이다. 한 가지 분명한 사실은 오늘날의 온갖 병리현상이 서구 사상만으로는 해결될 수도 없고, 새로운 공동체의 논리도 제공할 수 없다는 점이다. 임효선, 『삶의 정치사상』, 한길사, 1984, 3쪽.

한국 사상을 논하는 데 있어서 한국인의 존재의 구속성을 벗어날 수는 없으며 그 풍토와 환경, 시대적 배경을 무시할 수는 없다. 그리고 그 같은 환경과 문화 속에는 도도히 흐르면서 이어지고 있는 핵심적 논리가 존재함을 간과해서는 안 된다. 다라서 한국 사상이란 한국 민족의 삶의 양태가 녹아든 정신과 문화가 배어 있는 것이다. 그 중에서도 특히 한국 사상의 특징인 조화와 화합의 정신에 주목한다.

무형의 민족정신이 응고된 한국 전통 사상에는 이 같은 화합과 조화의 정신이 바탕에 깔려 있다고 볼 수 있다. 이것이 역사 전개의 새로운 전기에서마다 주도적인 통치 이념, 나아가 한국 민족주의 정치 노선을 선도해 왔다. 그 계승과 발전은 동학사상으로까지 이어졌다.[97]

2. 개국 : 단군 사상

한민족의 사상적 뿌리는 단군 사상에서 시작된다. 우선 그것은 시작 자체가 서구 사상의 오랜 논쟁거리인 창조설과 진화설을 해결하고 있다. 환인과 환웅으로 대변되는 창조설과 북방의 웅녀족으로 대변할 수 있는 진화설의 조화로운 결과로서의 인간 탄생이 단군 사상의 출발이다. 이미 어느 한쪽에도 편협하지 않았음을 알 수 있다. 자연스러운 천신족의 형상화가 단군신화이며 단군의 역사인 것이다.

단군 사상에서 먼저 주목되는 것은 그것이 완벽한 삼위일체 사상이라는 점이다. 즉, 천·지·인의 화합과 조화가 단군 사상의 기본구도이다.

---

96 현상윤, 『조선사상사』, 민족문화사, 1986 영인본, 13–14쪽.
97 이하의 내용에서 제시되는 사상과 인물은 C. Brinton이 지적하는 정치사상의 원칙인 양적인 대표(기초적 대표 elemental repregentation)가 아닌 질적인 대표(실존적 대표 existential repregentation)에 대한 선별이고 연구이다. C. Brinton, *Ideas and Man: The History of western Thought*, 1950. 최명관·박은순 역, 『서양사상의 역사』, 을유문화사, 1984 서론 참조.

환웅桓雄이라는 천天과 웅녀雄女라는 지地가 융화되어 단군이라는 인人의 출현으로 완전한 삼위일체가 되는 것이다. 이것을 흔히 삼이일三而一의 묘리라고 이르고 있다. 즉, 천·지·인 삼재에 각기 천궁이 있으되 그것이 공간적으로 각재한 것 같지만 이치로서는 삼이 아니고 일이라 하였으니 어디까지나 삼일신화의 기본법칙인 즉삼즉일卽三卽一의 원리, 곧 '일이삼一而三 삼이일三而一, 체일용삼體一用三, 삼신일체三神一體 회삼귀일會三歸一'의 법칙이 일관되어 있음을 알 수가 있다.[98]

여기서 도출할 수 있는 것이 신인 일체의 인본주의적 정신이다. 단군 사상에서는 신과 인간이 서구 사상에서의 경우처럼 괴리 현상을 발견할 수가 없다. 신인미분화神人未分化 현상인 단군 사상의 현재적 의미는 인간이 신의 종속적 피조물이 아니요, 신도 인간에 의존하지 않고서는 그의 존재의 의의를 찾아볼 수 없다는 사실이다. 다시 말하면 신인미분화란 그 논리와 종교성이 이이일二而一의 일체一體를 이루고 있음을 의미하는 것이라고 할 수 있다.[99] 단군 사상은 신인이 혼재되어 있는 신인조화의 극치를 의미하며 이 신인 묘합의 극치는 오랜 한민족의 정신세계의 기조를 이루어 한말 동학의 인내천 사상을 낳기에 이른 사실을 우리는 간과해서는 안 될 것이다.[100]

단군 사상의 보다 구체적인 완결은 『천부경天符經』을 통해서 알 수 있다. 한민족 원초 사상의 정수라고 일컫는 천부경에 대해서 유정기 교수는 "81자의 문장에 가장 광범위한 지적 행적인 도리가 겸비되어 있으니 참으로 세계에서 무이한 최고의 보전이다. 이 경전은 결코 후세의 문인의 필로서 가능한 것이 아니라 태초에 신인이 아니고는 도파道破할 수 없

98 송호수, 『한민족의 뿌리사상』, 가나출판사, 1984, 97쪽.
99 정영훈, 「한국고유사상과 현대민주주의」, 『민족지성』 통권 5호, 1986. 7월호.
100 노태구, 「민중적 민족주의론의 이해」, 『민족지성』 통권 23호, 1988. 1월호.

는 진리이다."라고 말했으며, 김상일 교수도 『천부경』을 평가하기를 "예
컨대 한국 불교와 한국 유교의 거두라 할 수 있는 원효와 율곡의 사상은
결국 그 논리적인 구조면에서 철학의 경전 중의 경전이며 한국 불교, 한
국 유교의 『천부경』의 한갓 첨삭에 불과하다."고 말하고 있다.[101] 『천부
경』의 81자는 다음과 같다.

一始無始라 擇三極하야 無盡이니 本하야

天一은 一이요, 地一은 二요, 人一은 三이라 一積十鉅에 無櫃化三하니

天二도 三이며, 地二도 三이며, 人二도 三이라, 大三인 合六하야 生七八

九하야

運三이라 四成環五하니 七一의 妙演이라 萬往萬來에 用變不動이라.

本心과 本太陽이 昻明人中이라 天地一 一에 終無終一이라.[102]

송호수 교수에 의하면 이것의 해석은

일의 시始는 무에서 시하나 일이나 이를 삼극으로 석析해도 본은 무진無
盡함.

천일天一은 일이요, 지일地一은 이요, 인일人一은 삼이다. 일에서 적積하
여 십으로 거해도 삼으로 화함에는 궤櫃함이 없다.

천에도 이와 삼이 있고 지에도 이와 삼이 있고 인에도 이와 삼이 있으니
천의 삼에 삼극이 합해서 육이 되니 거기에 일, 이, 삼을 더하면 칠, 팔, 구
가 생한다.

---

101 한국국민윤리학회편, 『한국의 전통사상』, 형설출판사, 1988, 32쪽.
102 송호수, 앞의 책, 280-284쪽에는 여러 곳에서 출간된 천부경의 탁본 등이 게재되어 있다.

운運의 삼은 사로서 성환成環하고 오와 칠은 일로서 묘연하여 만왕하고 만래해서 용변해도 본은 동動하지 않는다.

본심本心은 태양에 본本해서 앙명하며 인중人中에서 천지天地는 일이라 일의 종終은 무無로써 종終하나 일一이라.[103]

5장으로 구성된 천부경은 1장에서는 우주의 기본 본질을, 2장에서는 삼재三才의 성립 과정을, 3장에서는 삼극의 분화·변모를, 4장에서는 삼극의 운행 묘연을, 마지막 5장에서는 인간 본심과 우주 본성과의 관계성을 논하고 있다. 겨우 81자의 단독 경전이지만, 그것이 내포하고 있는 우주적인 전체 원리의 함축도는 타와 비견할 수 없는 극치의 최고, 최대 원리라고 보아도 과평이 아니다.

단군 사상의 기본이념은 사람을 크게 유익하게 한다는 홍익인간 이념이다.[104] 홍익인간의 정신은 세계의 모든 종교와 철학이 다 같이 요청하는 최고의 이념으로, 사람과 역사가 원하고 실현해야 할 목적이다. 이 위대한 사상을 최초로 말씀하고 따르신 이가 곧 우리 배달 겨레의 출발인 단군이다.[105] 우리는 홍익인간에서 그것이 우리의 건국이념이라는 차원을 넘어 그것이 지니는 박애적 인간관이 바로 우리가 오늘날까지도 재세이화라는 과학적 세계관과 함께 소중히 전수 받아야 할 단군 사상의 가치임을 인식해야 한다.

---

[103] 위의 책, 41-42쪽.
[104] 홍익인간의 유래는 삼국유사의 고조선 건국기록, 제왕운기, 규원사화 등에서 나오고 있다. 이들 기록에는 한결같이 고조선 건국초에 있어서 '三危太伯可以弘益人間及授' 운운으로 되어 있다. 강무학, 『홍익인간론』, 명문당, 1983, 13쪽.
[105] 한국국민윤리학회편, 위의 책, 17쪽 참조.

3. 삼국시대 : 원효 사상

고대 왕권 국가시대의 형성부터 통일 신라를 관통한 여러 사상 중 가장 크게 이 시기에 전면적으로 영향을 준 것은 불교였고 그 중에서도 한국불교사상의 총아인 원효 사상이 그 핵심이라고 볼 수 있다. 따라서 이 시기 한국의 지배적 사고였던 원효 사상의 연구가 필요하다.

불교가 한반도에 전래된 것은 기원 4세기부터 6세기 사이였다. 이 때가 바로 삼국시대이고 고대 왕권 국가가 형성되는 시기였으므로 불교 사상의 기여가 적은 것은 아니었을 것이다. 불교 사상 그 자체는 현세보다도 내세의 복락을 구하며 현실적 활동보다도 정신적 평화를 중시하므로 정치와 무관한 종교 사상이라고 볼 수가 있다. 그러나 그것이 한국에 와서는 지극히 정치적인 종교의 역할을 하게 된 것이다. 특히 고대 왕권 국가의 형성 이래로 국권 수호, 왕권 안정, 국운 번창을 보장하는 주술적 효험이 널리 인정되어 있었다는 점으로 보아 그 속에 내포된 정치사상 등도 음으로 양으로 정치 생활에 큰 역할을 하여 왔다고 보아야 한다.[106] 특히 삼국 중 신라의 불교는 처음부터 치국·호국의 성격으로 성장하였다. 원광의 화랑도 세속오계世俗五戒에 나오는 사군이충事君以忠, 임전무퇴臨戰無退, 살생유택殺生有擇 등과 같은 항목을 보아도 매우 특이한 불교임을 알 수 있다. 이 같은 신라의 불교에서 가장 주목되는 것은 신라의 불국화, 불교의 신라화에 진력하였다는 것과 이를 통해 신라의 국민 총화 정신 운동으로 활용하였다는 점이다. 이 시기 원효는 신라의 삼국 통일을 철학적·이론적으로 뒷받침하며 신라 불교를 집대성한 인물이다. 원효의 십문화쟁론十門和諍論도 무력으로 성취한 삼국 통일과 정신적 대립을 국민

---

106 한승조, 『한국의 정치사상』, 일념, 1989, 17쪽.

화합으로 유도한 것이라고 할 수 있다.[107]

원효 사상의 핵심은 화쟁의 논리에 있다. 화쟁 사상의 등장은 불교라는 외래 사상을 우리 것으로 포용하고 총화하여 주체적으로 발전시켜 우리 것으로 화했다는 의미이다.[108]

신라가 삼국 통일을 완성하게 된 이면에는 그저 힘으로 대세를 잡은 것이 아니라 먼저 사상으로 국민들의 정신적인 통일 작업이 전제되었던 것이다. 이 작업이 곧 불교 사상의 이론적·실천적 전개이다. 석가세존께서 생존하셨을 시대에는 그 설법을 여러 사람들이 직접 듣고 그 깊은 참뜻을 깨달아 알 수가 있었기 때문에 별다른 이론이 없었겠지만, 이미 오랜 세월을 경과하면서 널리 다른 지역에까지 전해져 퍼져 감에 따라서 저절로 여러 가지 다른 이론들이 쏟아져 나오고, 혹은 자론은 바르고 타론은 잘못된 것이라고 서로 다툼으로써 무수한 논란을 형성하게 되었다. 이와 같이 오랜 동안에 걸쳐서 모순을 거듭하면서 서로간에 다툼을 벌여 오던 백가의 이쟁異諍을 화합케 하여 서로간에 다른 견해를 귀일시켜야 함을 주장한 것이 원효 사상의 가장 기본적인 핵심이다.

그의 논리는 화쟁, 즉 화합에 있지만 그것은 개합開合·여탈與奪과 입파立破가 그 골간을 이루고 있다. 개합은 곧 전개와 통합, 분단과 통일로서의 요체이다. 여탈과 입파는 같은 말로서 그것은 또 허許·불허不許라고도 표현된다. 여與·입立·허許는 불법의 진리를 모두 긍정, 정립하는 입장이고 탈奪·파破·불허不許는 그 정립을 논파하고 부정하는 것이다.[109] 모든

107 원효의 십문화쟁론에 대해서는 이종익, 「원효의 십문화쟁론 연구」, 김지견 편, 『원효성사의 철학세계』, 대한전통불교연구원, 1989, 327-365쪽 참조.
108 여기서 말하는 和는 평화·조화·화합·종합·일여·一乘·중도·무쟁·화쟁 등의 말로서 바꾸어 볼 수 있다. 이들은 결국 주관과 객관의 지양이요, 시·비의 지향이요, 중생과 불의 一如요, 번뇌와 보시의 일여, 무상무아의 想과 我요, 상대와 절대의 조화요, 대립의 종합이요, 모순에 대한 극복이요, 분열에 대한 통일인 것이다. 따라서 화란 일절의 대립과 모순에 대한 조화와 통일로서의 화를 의미할 수 있다. 김하태, 『동서철학의 만남』, 종로서적, 1985, 185쪽.

갈등이 해소된 대긍정의 모습인 화쟁사상은 불교만이 아니라 인간의 삶의 갈등을 두루 화합·통일시키고 있다. 이것이 삼국 통일 뒤의 통일 신라의 정신적 토대가 되었음은 자명한 사실이다.

원효 사상은 나아가 한국 사상의 주류를 형성했다고 해도 과언이 아니다. 원효를 뒤이은 의상, 의천, 보조, 보우, 서산, 서화담, 퇴계, 율곡 등의 사상에서는 화쟁의 논리가 배어 있는 것이다. 이 같은 화쟁 사상의 바탕 위에 우리가 살아왔기 때문에 민족의 수난을 극복할 수 있었던 힘이 내재되었던 것이다.[110]

원효의 대승적 진리인 화쟁 사상은 그가 말하는 진여문眞如門과 생멸문生滅門이라는 이문二門에서도 그 현대적 의미를 찾을 수 있다. 즉, 이상주의와 현실주의라는 갈등 구조에 대하여 원효는 이렇게 말한다. "두 문(진여문과 생멸문)이 별개의 실체를 갖는 것은 아니지만 두 문은 서로 떨어져 있어 상통하지 않는다. 곧 진여문 중에는 이(理: 理法, 理想, 本理)는 포함되나 사(事: 事實, 事象, 經驗)는 포함되지 않고 생멸문 중에는 사는 포함되나 이는 포함되지 아니한다. 그러나 지금 이 두 문은 서로 융통하여 그 한계가 분열되지 않는다. 그런 까닭에 어느 것이나 각기 이와 사의 법을 포괄하고 있다. 그러므로 두 문은 상호 불가불리의 관계에 있다."라고 하였다. 원효가 말한 두 문은 세속적인 의미에서 이상문과 현실문이라고 말할 수 있고 철학적으로 선험의 세계와 경험의 세계라고 부를 수도 있으리라. 좌우간 그런 두 문 또는 두 세계의 관계에 대한 원효 자신의 비유는 우리의 이해에 큰 도움을 준다.[111]

신라인의 마음을 하나로 결집시켜 삼국 통일의 정신적 기틀을 정립한

109 송석구, 『한국의 유불사상』, 사사연, 1985, 18쪽.
110 위의 책, 19-21쪽.
111 김형효, 「원효사상의 현재적 의미와 한국사상에서의 위치」, 김지견 편, 앞의 책, 651-652쪽.

원효의 일심 화쟁 사상은 나아가 통일된 국가의 화합에도 큰 기여를 했음이 자명하다. 원효의 사상은 면면히 한국 사상사의 큰 줄기로 계승되고 승화되어 정신문화의 내재적 빈곤에 처한 오늘의 우리에게 경종을 울리고 있다.

4. 고려시대: 지눌의 불교 사상

불교가 국교인 고려시대는 모든 일상생활이 불교와 관련되어 있었다.[112] 정치, 경제, 사회 등의 전 분야에 걸친 불교의 영향은 그 어느 시대보다도 막대했다. 이 시기의 대표적인 사상가이자 신라의 원효 사상의 계승자는 화和를 강조하고 몸소 실천한 보조국사 지눌이었다. 물론 대각국사 의천 역시 원효의 화쟁론을 전수해 교관겸수教觀兼修를 주장했었다. 즉, 그의 교관겸수는 지와 행을 둘로 보지 않고 행 없는 지는 무용이요, 지 없는 행은 밝지 못함을 강조한 것이다. 이것은 나아가 교종과 선종의 이원적 대립을 지양시키는 논리로 발전했으나 크게 빛을 발하지는 못했다.[113] 그러나 지눌의 사상인 정혜결사定慧結社 운동은 조계산 송광사를 중심으로 약 230여 년에 걸쳐 계승되었다.[114]

---

112 불교의 교리를 함축해 놓은 『반야바라밀다심경』에 나오는 '空卽是色 色卽是空'이란 구절에서 불교 사상의 진리를 이미 깨닫게 한다. 즉, 불교에서의 색의 개념은 철학적으로 현상계와 유물의 세계를 나타내고 공의 개념은 관념과 유심의 세계를 상징하는 것으로 해석된다. 여기서 '공즉시색 색즉시공'은 유물과 유심은 물체의 양면처럼 통일된 하나의 다른 양태라는 것이다.

113 의천은 말년에 천태종 중흥에 진력해 교종과 선종의 다리 역할을 했었다. 그러나 당시의 천태종의 위치가 말해 주듯이 다분히 교종 위주의 즉, 경전 연구에 치우친 하나의 분파로 머물고 말았다.

114 권기종, 「고려후기 불교와 보조사상」, 『보조사상』 제3집 학술회의, 1989.11, 3쪽. 그의 저서는 14부 15권에 달한다고 하나 현재는 10부 11권만 전해지고 있다. 보조국사의 저술은 1989년 11월 『보조전집』으로 보조사상연구원에서 간행한 바 있다.

지눌은 고려 의종 12년(1158)에 태어나 희종 6년(1210)에 돌아가셨다. 4
대에 걸친 불과 52년이라는 짧은 기간이었다. 그러나 이 시대는 정치적
으로나 종교적으로나 안정과 평화가 유지되기보다는 오히려 불안과 변
란의 소용돌이가 연속되고 있는 시대였다. 그러한 상황에서 불교의 수행
과 학문적 발전을 기대할 수 없었고 오히려 더욱 타락하는 실정이었다.
이자겸의 난과 묘청의 난을 거쳐 보조국사가 13세 되던 1170년(의종 24년)
에는 정중부의 무인란이 시작되어 보조 38세 때에 최씨 무인정권시대로
이어졌다. 불교는 이때 왕권과 결탁하여 왕실 옹호의 정권 쟁탈전에 개
입하였고 경제적으로는 부의 축적으로 극도의 타락과 세속화의 길을 걸
었다.[115] 이론적으로도 의천의 노력에도 불구하고 교종과 선종으로 갈리
어 극도의 혼란상을 연출하였다.

　선·교의 대립은 당시 참선을 주로 하는 선종과 교학을 전공하는 교종
이 서로 대립되어 교종에서는 부처님이 말씀한 대장경이 참된 부처님의
법이라고 하는데, 선종에서는 부처님이 교 밖에 따로 마음을 전한 것(敎外
別傳)이 선이 되었다 하여 서로 그 우열을 다투고 반목하여 시비하고 서로
적을 대하듯 했다.[116]

　보조국사는 당시의 교·선 대립 분위기에서 과연 교와 선이 분리되는
것인지에 의문을 품고 3년 동안 대장경을 열람했다. 드디어 그는 화엄경
에서 교·선이 계합契合하는 구절을 발견하였다.

　　　世尊說之於口 卽爲敎
　　　祖師傳之於心 卽爲禪

---

115 송석구, 앞의책, 187-189쪽 참조.
116 김달진 역, 『보조국사전집』, 고려원, 1987.

佛祖心口

必不祖遠

豈可不窮根源

而客安所習

妄具諍論

········

"부처님의 입으로 말씀하신 것이 곧 교이고, 조사가 마음으로 전한 것이
곧 선이므로 불조의 마음과 입은 필연 어긋나지 않을 것인데 어찌 그 근원
을 궁구하지 않고 각기 제가 익힌 곳에 편안하여 망령되이 논쟁함으로써
헛되이 세월을 보내겠는가."[117]

보조국사는 드디어 종래의 선교관의 이원론에 의거하여 공부의 길을
잘못 들고, 또한 교에만 의존하여 교의 시대적 추세에 빙거하여 외양과
세속적 출세에만 탐닉된 일부 속배들을 선으로 융합하여, 그 시대의 불
교의 병폐와 그로 인한 사회적 대립·갈등을 해소시켜 진정한 불교의 길
을 제시하고 시대적 고민을 화쟁하는 데 앞장섰다.[118] 이 화쟁의 논리는
정혜쌍수定慧雙修의 실천으로 나타나는데 정혜쌍수의 바탕이 되는 이론이
돈오점수頓悟漸修설이다.

즉 올바른 수심의 길을 가는 방법의 제시가 돈오점수인 것이다. 지눌
은 수심을 위해서는 우선 마음의 성품을 분명히 깨치고 그 깨침에 의거
하여 점차로 닦아 가는 선오후수先悟後修를 주장한다. 즉, 미혹에서 깨닫
는 것이 돈오이고, 범부가 변해 성인이 되는 것이 점수이다. 돈오가 자기

---

117 송석구, 앞의책, 156-157쪽.
118 위의책, 194쪽.

존재의 실상에 대한 눈뜸이요 앎이라면, 점수는 그 앎이 생활 속에 일여
하게 하는 실천 과정이요 닦음이다. 그러므로 수심은 점차적인 것이다.
돈오가 아기의 탄생이라면 점수는 그 아기가 어른이 되기까지의 성장이
며 전개 과정이다. 따라서 돈오만으로 닦음이 필요없다는 것은 마치 갓
난아기가 어른 행세를 하려는 것과 다름없는 일이다. 돈오점수란 이렇게
우리 존재의 실상에 눈뜨는 깨침과 그를 바탕으로 깨친 대로 행할 수 있
는 점차적인 닦음을 통하여 온전한 경지에 이르는 수심의 체계이다.[119]

　돈오점수에서 점수의 성격과 내용을 밝히는 것이 그의 정혜쌍수론이
다. 즉 정定과 혜慧는 함께 닦아야 한다는 것이다. 일반적으로 정이란 산
란한 마음을 한곳에 집중하여 조용하게 하는 것이며, 혜는 사물을 사물
대로 보는 것이다. 그러나 지눌에 있어서 정혜쌍수라 할 때 정과 혜는 마
음에 즉하여 쓰고 있다. 즉 정은 마음의 공숙空寂한 본체를 가리키며, 혜
란 마음의 신령스러움을 아는(靈知) 작용을 말한다. 따라서 마음의 본체와
작용을 분리할 수 없듯이 정과 혜도 항상 함께 해야 한다는 것이다. 수심
의 실제에 있어서 정에만 치우치면 혼심에 떨어지기 쉽고, 혜에만 치우
치면 산란해지기 쉽기 때문에 항상 정과 혜를 함께 닦으라는 것이다.[120]
부처의 말씀이 교요, 부처의 마음이 선이기에 교·선은 둘이 될 수 없다.
따라서 이 둘은 하나로 화쟁되어야 한다는 보조국사 지눌의 주장은 불교
500년 고질적인 대립 사항을 근본적으로 수술해 극복한 것이다. 즉 인도
적 불교인 교와 중국적 불교인 선이 보조의 고려에 와서 한국적 회통 불
교로 완성하는 것이다. 물론 이것은 원효의 화쟁이라는 화합과 조화의
한국적 전통을 계승한 것이며, 나아가 조선시대 서산대사로 이어지는 선

119 최병헌, 「수선결사의 사상사적 의의」, 『보조국사』 제1집, 보조사상연구원, 1987, 19-20쪽.
　　강건기, 「보조사상의 현대적 의미」, 위의책, 제2집, 1988, 13-14쪽 참조.
120 강건기, 위의글, 15쪽.

교겸수敎兼修의 한국적 불교 특성으로 전수된다.

결론적으로 보조국사 지눌의 사상에는 전시대를 걸쳐 이어지고 있는 한국 사상의 특징인 조화와 화합의 정신이 묘합과 회통의 불교적 방식으로 나타나고 있다. 또한 불교라는 외래 사상이 얼마나 주체적으로 우리에게 수용되고 있는가를 알 수 있다.[121]

5. 조선시대: 성리학 사상

한민족의 고대 왕권 국가를 수립하고 유지하는 데 결정적으로 기여하는 이론적·제도적 기초를 제공한 것이 유교, 특히 성리학임은 의심의 여지가 없다. 유교는 그 자체가 거대한 우주론, 존재론, 인성론, 정치·사회 리론, 도덕·윤리론이며 한국인의 정치·사회생활에 결정적 영향을 미쳐 왔다.[122]

본래 조선에 크게 보급된 성리학은 중국의 주렴계의 '태극도설'이 체계화됨으로써 선진시대부터 있었던 성性에 관한 문제가 노장과 불교의 영향으로 형이상학화하면서 이루어지기 시작한 유학의 한 학파이다. 이는 성즉리理라는 이론과 더불어 주자의 태극도 이理라는 설로부터 우주론

---

121 이 같은 지눌의 사상이 다음 단계인 조선시대에 와서 그 시대의 지배적 사고였던 유교와 어떤 관계 내지는 영향을 주었는지가 앞으로의 연구 과제이다. 이 부분에 대한 이론적 연구는 박성배, 「지눌의 돈오점수설과 퇴계의 사단칠정론의 구조적 유이성에 대하여」와 김옥숙, 「지눌연구의 사상학적 의의」, 『보조사상』 제2집, 305-339쪽 참조.

122 韓昇助, 앞의책, 18쪽. 여기서는 주로 정치와 관련지어 유교에서는 정치를 '政者正也'(정치란 바르게 하는 것이다.), '政以正民'(정치란 그것을 통하여 백성을 바르게 하는 것이다.), '政以治民'(정치란 그것을 통하여 백성을 다스리는 것이다.) 등으로 규정하고 우선 수신, 제가를 강조하고 있다. 그러나 조선의 유학은 학파 추종이 지나쳐 이 같은 철학을 실천면에서 어떻게 구체화하느냐는 면은 부족했다. 즉, 사회 개혁적인 요소가 적었다. 유학이 우리나라에 최초로 도입된 기록은 고구려 소수림왕 2년(AD 372) '태학' 창설에서 볼 수 있다. 따라서 유학은 그 이전에 들어왔음을 알게 된다. 이후 고려 25대 충렬왕 때 안양이 주자학을 도입했다.

인 태극론, 이기론, 심성론, 성경론으로 나누어 볼 수 있다.[123] 성리학은 조선에 들어와서 특히 태극론의 논쟁으로 발전하고 아울러 당쟁으로까지 비화했다. 즉, 태극에서 생성된 이와 기가 하나인가 둘인가, 어느 것이 우선인가 등의 논리적 투쟁이 격심해져 고려시대 불교의 교·선 다툼만큼이나 분열·대립했다.

정도전부터 시작된 이일원론자들과 서화담 류의 기일원론자 간의 논쟁은 주자학이 조선에 전래된 지 약 200여 년이 지난 퇴계와 율곡의 시기에 와서 체계적으로 이론화되었다. 두 사람의 차이는 여러 곳에서 나타나지만 굳이 규정해 보면 퇴계의 사상은 그 높은 정신성에 있고, 율곡의 사상은 차원 높은 이념성에 있다. 물론 퇴계·율곡의 높은 학문적 완성을 평가하기는 어렵다. 그러나 현실적으로 나타난 결과로 볼 때 퇴계는 처사로서 국사보다는 학문을 위주로 한 사림파적인 면이 강하고, 율곡은 국사에 기여했다는 점에서 정치사상가로서 가능한 유학의 전형적인 형태를 이루었다고 볼 수 있다.

이제 조선조 성리학을 한국적으로 완성시킨 이 두 사람의 사상을 태극사상에서 나온 이·기 이론을 중심으로 살펴보자. 이는 관념적 사고를 의미하고 기는 유물적 사고를 포함하는데, 이 양자를 분리시키지 않고 일원론으로 설명한 두 성현의 논리는 흔히 사단칠정론四端七情論으로 해설된다. 사단은 측은지심惻隱之心, 수오지심羞惡之心, 사양지심辭讓之心, 시비지심是非之心을 뜻하는데 이것은 인간이면 누구나 가지고 있는 인간의 성性으로 스스로 개발해야 되는 마음인 것이다. 따라서 사단은 이를 대표한다. 칠정은 예기에 나오는 '희·노·애·락·애·오·욕'을 가르킨다. 이것은 사람이 나면서부터 본능적으로 가지고 있는 정情의 총화로 배우지 않고도

123 송석구, 앞의 책, 28쪽.

가능한 것들로서 기로 대표된다.[124]

퇴계는 그의 사단칠정설에서 "사단은 이에서 일어나고 칠정은 기에서 일어난다." 했으며 성학십도에서는 "사단은 이가 일어남에 따라 기가 일어난다. 칠정의 기가 일어나면 이가 그것을 탄다."면서 이기 양발을 말한다. 즉 이·기의 호발을 말하는 유심과 유물의 동시 발현을 주장한 것이다. 퇴계는 주자학설을 이어받아 우선 주리적 입장을 택하였으며, 이위기지사理爲氣之師, 기위이지졸氣爲理之卒이라는 말로써 주자의 주리론을 재강조한 것이다. 또한 그는 이와 기가 둘이면서도 하나이고, 하나이면서도 둘이라는 주자의 태도를 이어받아 일원과 이원의 구별을 명확히 내리지 않는다. 이런 점에서 주자나 퇴계를 이원론자라고 보는 경향은 타당하다고 보기는 곤란하다. 이는 기를 따르나 기를 떠나서는 이가 있을 수 없고 이를 떠나서 기만 있을 수 없다. 또한 때로는 이와 기가 동일한 것의 양면임을 암시한 것은 퇴계의 다음과 같은 표현에서 발견할 수 있다.

道卽器 器卽道
沖漠之中 萬象己具
非實以道爲器
卽物而理不外
是非實以 物爲理也

이와 기는 피차 분리될 수 없는 것으로써 그 나타내는 모양으로 보면 기라 볼 수 있고 그 나타나는 까닭을 이라고 볼 수있다는 점에서 퇴계도 이·기가 동일한 원천이요 실재인 태극을 인정하는 것이라고 볼 수 있

---

124 성리학은 물론 군주와 귀족 관료의 권능에 의탁한 정치사상이다. 인간의 사단과 칠정의 이기 관계를 규명하고 추구함으로써 대학의 '수신제가치국평천하'를 목표로 삼았던 것이다.

다.[125] 물론 퇴계는 기보다는 이를 중시해 이발기수理發氣隨를 말하지만 이것은 어디까지나 기보다는 이에 조금 더 중점을 두었을 뿐 이·기를 동시에 강조했던 것이다.[126]

퇴계는 도심과 인심을 구별지어 사단의 마음은 도심이요 칠정의 마음은 인심이라고 보았고, 정도 구별지어 사단의 정은 이발이요 칠정은 기발이라고 보았다. 그러나 율곡은 이 퇴계의 설을 반대하여 심心도 하나밖에 없으며 정도 하나로서 정은 모두가 기발이므로 이발이라는 말은 합당치 않다고 주장한다.[127] 만화萬化의 근본은 일음양一陰陽일 뿐이다. 이 기氣가 움직이면 양이 되고 이 기氣가 멈추면 음이 된다. 한 번 움직이고 한 번 멈추는 것이 기요, 움직이고 멈추게 하는 것은 이라고 율곡은 보는 것이다.[128]

율곡의 이·기 이론은 이기불상리 이론理氣不相離理論에 잘 나타난다. 즉, 서화담의 기일원론을 더욱 발전시켜 "대저 발하는 것은 기요, 발케 하는 까닭은 이이다. 기가 아니면 발할 수 없고 이가 아니면 발하는 바가 없다."라고 말하여 이·기의 기능을 확연히 구분함과 동시에 이·기가 원불상리元不相離임을 강조하고 심지어 이 이론은 성인이 다시 나오시더라도 고칠 수 없을 것이라고 자신감을 말하기까지 했다.[129]

나아가 율곡은 이·기의 특징을 들어 말하길 이는 무형이요, 기는 유형이며 이는 무위요 기는 유위이다. 무형 무위의 기재가 되는 것은 기이다.

---

125 김하태, 앞의 책, 182쪽.
126 퇴계사상의 독창성은 주자학을 자신의 독자적인 철학적 체계로 확립했다는 데 있다. 즉 그는 주자학의 실천 윤리에 있어서 객관적 방식보다는 주관적 규범을 顯現시키기만 하면 그 결과로서 정치적·사회적 질서는 저절로 확립된다고 보았다. 박충석, 『한국정치사상사』, 삼영사, 1986, 244-247쪽 참조.
127 김하태, 앞의 책, 189쪽.
128 송석구, 앞의 책, 243쪽.
129 송석구, 『율곡의 철학사상』, 중앙일보사, 1984, 31-35쪽.

즉, 다음과 같이 정리할 수 있다는 것이다.

太極 … 理: 形而上 → 無形無爲

陰陽 … 氣: 形而下 → 有形有爲

따라서 이는 기에 내속되어 있는 것이다.[130] 또한 이같은 이·기의 관계를 율곡은 "이와 기는 이물이 아니요, 또한 일물도 아니다. 일물이 아니기 때문에 일이이一而二요, 이물이 아니기 때문에 이이일二而一이다. 왜 이·기를 일물이 아니라 하는가? 이·기는 비록 서로 떠나지 못하나 묘합중에 이자리理自理요, 기자기氣自氣로 있어 불상협잡不相挾雜으로 일물이 아니다. 왜 이물이 아니라 하는가? 이·기가 비록 이자리 기자기이지만, 혼윤무간渾淪無間하여 무선후無先後하고, 무이합無離合하여 이물로 보이지 않는다. 그럼으로 동정이 무단無端하고 음양이 무시無始하다. 이가 무시인고로 기도 무시이다."[131] 하나이되 둘이요, 둘이로되 하나라는 일이이一而二, 이이일二而一의 독창적 해석은 이·기의 합일법을 말한 것으로 이의 관념성과 기의 사실성을 조화시켜 당시의 소모적인 이·기 논쟁을 화합으로서 종식시키려 한 율곡 사상의 핵심이었다.

기발리승氣發理乘을 주장함으로써 율곡은 후세에 주기론자라는 지칭을 받기도 한다. 그러나 그가 비록 주기적이라지만 그는 존재의 근원을 볼 때 이·기가 원불상이로 이는 무형 무위요, 기는 유형 유위이기 때문에 유형 유위의 현상이 경험의 단초가 된다는 입장에서 기를 말하는 것에 불과하니, 율곡이 진실로 기를 앞세우는 기일원론자는 아닌 것이다. 왜냐하면 이를 말할 때나 기를 말할 때나 언제나 이·기는 혼륜하여 무간하다

---

130 위의 책, 35쪽 참조. 송석구, 『한국의 유불사상』, 현암사, 1973, 223-230쪽 참조.
131 이준호, 『율곡의 사상』, 현암사, 1973, 223-230쪽 참조.

고 말하였고 더구나 무형 무위의 이가 유형 유위의 기의 주제가 된다고 하였기 때문이다. 여기에 율곡의 '이기지묘理氣之妙'가 있게 되는 것이다.[132]

6. 실학 사상

성리학은 조선뿐 아니라 동양의 중세 사회, 특히 한문 문화권에 있어서 하나의 보편성을 가지고 있었다. 즉 동양에 있어서의 중세적 세계주의를 이루고 있었다. 내용적으로 성리학의 실천강령인 『대학』의 '격물·치지·성의·정심·수신·제가·치국·평천하'라는 개체의 상관관계가 흥미롭다. 개인 단위의 수신이 가문 단위의 제가에 연결되고 이 제가는 나라 단위의 치국에 연결되고 있다. 그리고 치국은 마지막 정치 단위인 평천하에 이어지고 있다. 즉 성리학의 이 실천 윤리는 평천하라는 보편성을 띤 세계 질서를 전제로 하고 있는 것이다.[133]

그러나 이 같은 보편성의 추구에는 개체간의 불평등·불균등이 전제되고 있다. 상위 개체가 하위 개체를 종속시키는 계층 구조적 성격이 성리학의 특성이었다. 이것이 사회 계층으로는 양반과 일반 백성으로, 국가 관계에서는 중국과 조선으로 계층 구조화되고 있는 것이다. 더욱이 성리학의 의리 정신은 이것의 극복을 허용하지 않았다.[134] 즉, 성리학에는 민족주의적인 성격이 있되 그것은 평천하의 주인공인 중국을 중심으로 한

---

132 송석구, 앞의 책, 252쪽.

133 김한식, 「실학과 민족주체의 논리」, 조명기 외 33인, 『(증보판) 한국사상의 심층연구』, 우석, 1986, 321쪽 참조. 성리학의 이 같은 보편성은 理 중심의 사고를 의미한다.

134 성리학의 의리정신은 의와 이를 대립적으로 분변하여 양극화 시켜왔다. 곧 의리는 존중하여 추구되어야 할 것으로 보고 이해는 천시하여 억제하려는 주의경리적 가치의식을 강조해 왔던 것이다. 금장태, 『한국실학사상 연구』, 집문당, 1987, 85쪽.

중국 중심의 민족주의적인 성격이요, 민주주의적 성격이 있되 그것은 상지인 지배층을 근간으로 하는 지배계층 중심의 민주주의적 성격일 수밖에 없었다. 이와 같이 성리학은 그 사상면에서 민족주의 또는 민주주의의 논리가 일반화될 수 없었던 것이다.

성리학적 사고가 지배적이던 조선에서 새로운 기운이 솟기 시작한 것은 16세기 말부터였다.[135] 50여 년간이나 계속된 임진왜란과 병자호란을 겪은 동안에 정치·경제·사회·문화 각 방면에 혼란이 거듭되었으나 지배관료들은 이발理發·기발氣發 등 비생산적인 논쟁만을 일삼고 있었으며 수령들의 가렴주구는 민생을 도탄에 빠지게 하여 유리걸식하는 자가 날로 늘어나 드디어 민란이 촉발되었다. 도적과 모반 사건이 잇달아 국가의 기강은 허물어질 대로 허물어졌으나 조선의 정치 이념인 성리학은 속수무책이어서 오히려 그것의 비현실성과 비실용성이 폭로되었다. 또한 실학자들을 중심으로 하여 중국에서 얻은 견문으로 말미암아 서구의 문물과 종교 및 세계에 대한 새로운 인식이 열리기 시작하고 반주자학인 양명학이 흘러들어 오기 시작했다. 따라서 이단·이학으로 배척되던 양명학·천주교 등이 실학 발생에 영향을 주게 되었다.[136]

실학은 말 그대로 실지 쓸모 있는 학문을 추구하자는 것이다. 그것의 내용은 첫째, 나라를 부강하게 하고 백성을 넉넉하게 하기 위한 정치·경제·군사·교육 등의 사회 개혁과 둘째, 우리나라의 역사·언어·문학·지리·풍속 등 자체의 것에 대한 연구 셋째, 천문학·수학·지리학·의학·농

---

135 물론 그 이전에 성리학적 보편성의추구에 이의를 제기한 매월당·화담·율곡등의 학자들도 있었다. 특히 퇴계적인 주관주의적 규범론(정치사회 질서를 확립함에 있어 기본적으로 인간의 내면적 도덕성을 중요시함)에 대해 율곡의 氣중심의 객관주의적 규범론(정치사회질서를 확립함에 있어 기본적으로 정치제도를 중요시함) 강조가 실학의 이론적 토대를 형성시켜주었다. 이 부분에 관하여는 박충석, 「한국정치사상사」, 박충석·유근호 공저, 『조선조의 정치사상』, 평화출판사, 1980 참조.

136 유명종, 『한국유학연구』, 이문출판사, 1988, 457쪽.

학 등 자연 과학 및 일련의 기술에 관한 학문이었다.[137] 시대적 특수성이 적합한 실지의 학문을 강조하고 있는 실학은 성리학의 비실제성을 비판하면서 전개되었다.

이 같은 실학 사상에서의 핵심은 철저한 '민본' 사상에 있다. 즉 통치의 근본을 '민'에 둔다는 동양적 민본주의는 전통적으로 성인·선왕·현군·명군 등의 통치자가 선정을 베푸는, 그래서 민심을 얻어 올바른 통치자가 된다는 것이다.[138] 옛부터 동양에서의 민본 사상은 유교뿐 아니라 모든 정치 이념에서 구현되고 있었으며 주자학 역시 예외는 아니었다. 그러나 조선조 후기로 오면서 민본 의식의 쇠퇴가 실학을 발생케 한 것이다. 실제로 실학의 기본 바탕에 있는 민본 의식은 두 가지로 요약될 수 있다.

하나는 공동체의 전체 이익을 중요시하는 공리주의에 있다. 모든 재화와 이익의 생산을 정당화하고 그것의 공리적 향유를 지향한다. 다른 하나는 모든 백성에게 균등하게 분배되어야 한다는 균등론의 원칙이다. 봉건제적 신분 모순과 부익부·빈익빈의 경제적 모순은 민본주의에 철저하게 어긋나고 있다. 따라서 신분제도의 개혁을 주장하고 모든 생산물의 공정 분배를 추구하는 것이 실학자들의 과제였던 것이다.[139]

무릇 위정자란 백성을 위해 존재하는 것이지 백성이 위정자를 위해 존재하는 것은 아니다 따라서 민본 의식이 없는 위정자는 과감히 개편되어

---

137 정성철, 『실학파의 철학사상과 사회정치적 견해』, 한마당, 1989, 18-19쪽.
138 동양의 민본주의는 서구식의 민주주의와는 구별된다. 즉 서구민주주의가 민중의 지배 의미에서 국민 주권주의로 완성된 것에 비해 동양적 민본주의는 통치자의 의식 속에서 형성되고 완성되는 독특함을 의미한다. 맹자의 "국가에 있어서는 민이 가장 귀중하며, 사직의 신이 그 다음이며, 군주는 제일 가벼운 것이다. 그러므로 민의 기쁨을 얻음으로써 천자가 된다."는 말은 동양적 민본주의가 통치자의 성인화에 달려있음을 말한다. 박충석, 「실학 사상에서의 민본주의」, 조명기 외 33인, 앞의 책, 339-342쪽 참조.
139 금장태, 앞의 책, 85-88쪽 참조.

야 한다. 또한 다산은 신분제에 관하여 "나의 소망이 있다면 온 나라 안
이 모두 양반이 되게 하는 것이니 곧 온 나라 안에 양반이 없어지는 것이
다."라고 하였다.

주자학이 갖는 모순을 극복하고자 했던 실학파는 제도 개혁을 통하여
소유와 분배의 균형을 추구함으로써 경제적 기초 위에 사회 정의를 정립
하려 하였고, 신분 계급의 해소를 통하여 사회적 평등을 추구함으로써
사회 정의의 실질적 기반을 조성하려 하였다.[140]

초기 실학자 중에서도 반계 유형원은 특히 뒷날의 조소앙의 균등주의
이론에 크게 영향을 미치고 있다.[141] 반계는 서울의 전형적인 사대부 출
신임에도 불구하고 일생을 초야에서 야인 생활로 저술 활동만 한 17세기
의 사회 정치사상가였다.[142]

그는 그 시대의 현실적 문제를 해결하기 위하여 도덕적 근본 문제에서
부터 구체적이고 실천적인 문제에 관심을 돌려 이것들을 이론적으로 체
계화하고 혁신적인 개혁안을 제시해 성리학에서 실학으로의 전환적 역
할을 했다. 그의 사상은 첫째 경험론을 들 수 있다. 반계는 초기 실학자
로서 대체적으로 성리학의 이념을 크게 벗어나지는 않았지만 이기 이론
을 독특한 경험론으로 전화시켰다. 즉, "모든 일은 자신이 실제 경험한

---

140 위의 책, 92쪽. 실학의 정치논리를 김한식 교수는 ① 기존질서의 유지를 강조하는 주리철학
에 대해 변혁을 강조하는 주기철학의 등장 ② 부국강병론을 주장해 경세치용 · 이용후생의 강
조 ③ 중국중심의 관점에서 조선 중심의 관점으로 변환시킨 민족주의적 경향 ④ 반 주자학적
논리 전개는 곧 중국중심의 계층질서에 대한 거부 등으로 정리하고 있다. 김한식, 앞의 글,
329-335쪽 참조.

141 삼균주의 정치사상의 창안자인 조소앙은 특히 반계가 신분 타파 주장을 한 것을 가리켜 노예
제 비판의 선각자로 꼽고 있다.

142 유형원의 호인 '반계'는 중국의 강태공이 세상에 나가길 꺼려 곧은 낚시 바늘로 낚시질을 하
던 곳의 지명이다. 그가 초야에 묻힌 이유를 간접적으로 설명해 주는 대목이다. 반계는 많은
저술을 했지만 전하는 것은 『반계수록』뿐이다. 그의 사후에 영조가 이것을 읽고 감명해 인쇄
하게 하여 배포했다고 한다.

후에야 비로소 깊이 알게 되는 것이니 실지에 맞지 않는 말은 말아야 한다."는 경험주의적 입장에 섰다. 이것이 실학적 사고의 발아점이었다. 둘째 인간 균등의 의식이다. 그의 모든 제도 개혁의 밑바탕에는 인간 균등, 즉 균등 사상이 내포되어 있다. 모든 차별을 반대하며 과거 제도와 교육의 불균등도 반대하고 있으며 왕족과 양반의 특권마저도 제한되어야 한다고 주장했다.

반계의 노예제에 대한 인도주의적 견해는 분명히 당시의 봉건제를 뛰어넘는 진보적 시각이었다. 노비의 세습과 비인도주의적 대우는 그를 더욱 균민 사상가로 만들었다. 이것은 나아가 국가의 통치도 왕도 정치를 지향해야지 왕권 신수설만을 강조해서는 안 된다는 철저한 민본주의로 귀결되고 있다. 끝으로 그의 균민 정신은 토지 제도의 균등에서도 구체화되었다. 반계는 사회 정치 개혁의 중심을 토지 제도의 개혁에서 찾았다. 즉, 봉건 사회의 근간이 되는 토지에 관한 한 그것의 균등함이 이루어지지 않음은 모든 폐의 근원이 된다고 보았다. "만약 전제를 바로잡지 않는다면 백성들의 생활을 안정시킬 수 없으며, 부세와 부역을 고르게 할 수 없을 것이며, 호구를 밝힐 수 없을 것이며, 병제를 정비할 수 없을 것이며, 형벌을 덜 수 없을 것이며, 뇌물을 막을 수 없을 것이며, 풍속을 후하게 할 수 없을 것이다." 따라서 토지의 균전제 실시를 강조해 모든 사람의 토지 사유를 근원적으로 막아야 한다고 주장하였다.[143]

이같은 반계의 개혁 정신은 물론 시행되지 못하였다. 그러나 이것은 한국 사상의 전통을 실학으로 계승시킨 고리 역할을 하기에 충분했다.

실학은 철저한 위민민본의 사상이다. 반계를 뒤이은 많은 실학자들의 수많은 전제 개혁설, 노예제 폐지설 등 어느 하나도 민본위민설이 아닌

---

143 박충석, 앞의 책, 68-78쪽; 정성철, 앞의 책, 116-159쪽; 유명종, 앞의 책, 467-469쪽 참조.

것이 없다.[144] 그래서 한국 사상의 맥이 실학에서도 계승되고 발전되어
온 것이다.

　지금껏 한국 전통 사상에서는 일관되게 흐르는 조화와 화합 그리고 통
합의 정신이 있다는 점을 지적했다. 삼위일체인 단군 사상에서부터 성리
학의 한국적인 독특한 통합 이론까지는 결코 별개로 각 시기에 창출된
이념일 수가 없다. 왜냐하면 한민족에게는 이미 그 같은 사고가 전제되
어 있었기 때문이다. 그래서 단군 사상은 원효의 화쟁 사상으로 이어졌
고, 고려를 불교 국가답게 문화적·정신적으로 통합시킨 지눌의 정신에서
도 살아났으며, 이것이 퇴계와 율곡에서 화합과 통합의 사상으로 표현되
었던 것이다. 이것들이 바로 한국 민족주의 정치 이념과 사상의 주류를
이룬 것으로 보인다.[145]
　본 연구의 방향 역시 한국적 문화 민족주의의 원형을 동학의 정치사상
에서 추구해 보는 것이다. 왜냐하면 동학은 그것이 교정조화의 소도형적
蘇塗型的 민족주의 형태를 취하고 있다고 볼 때, 세속적 정치의 원리와 종
교적 이상을 조화시킨 문화적 민족주의의 원형이 될 수도 있다고 보기
때문이다.

---

144 윤사순, 『한국의 성리학과 실학』, 열음사, 1987, 50쪽. 동학사상의 큰 특징 중 하나인 애국과
　　애민 의식은 실학의 정신에서 크게 영향을 받았다고 할 수 있다.
145 여기서 한 가지 지적하고 싶은 것은 전통과 인습에 대한 것이다. 즉, 전통과 인습은 과거로부
　　터 이어져 온 것에는 동의어이고 특히 전통부정론자들은 이 둘을 완전한 동의어로 사용하고
　　싶어한다. 趙芝薰의 전통과 인습규정을 살펴보면 "인습이란 역사의 代謝機能이 있어서 부패
　　한 자로 버려질 운명에 있고 또 버려야 할 것이지만, 전통은 새로운 생명의 원천으로서 살려
　　서 이어받아야 할 풍습이요, 방법이요, 눈인 것이다. 전통이란 역사적으로 생성된 살아있는 과
　　거이지만 그것은 과거를 위해서가 아니라 도리어 현실의 가치관과 미래의 전망을 위해서만
　　의의가 있는 것이다. 전통은 새로운 창조의 재료요, 방법이며, 전통은 새로운 주체요, 가치인
　　것이다."라고 한다. 다시금 전통의 의미를 되새겨 보아야 한다. 조지훈, 『한국문화사 서설』,
　　탐구당, 1964, 214-215쪽 참조.

동학 천도교는 그 종교적 대 목표라고 할 수 있는 지상천국의 실현을 위해 교(宗敎)와 정(政治)의 쌍방을 조화시키려는 사상[敎政雙全]을 발전시켰다. 천도교의 민족주의는 순수한 종교적 성격과 함께 그 이상을 이 세상에서 실현하려는 성격이 종합되어 있는 것이다.

동학 천도교의 이념이 정치사상화된 청우당 역시 한국적 문화 민족주의의 전형을 이룬다고 볼 수 있다. 특히 그들은 일제하 억압 체제와 해방 정국의 혼돈 속에서 좌절하고 있던 민족에게 문화 운동과 자주적 통일 국가 수립 운동을 통해 희망과 용기를 주었다는 점에서 민족사적 의의가 크다고 할 수 있다. 또한 청우당의 정치 노선은 사상적으로도 민족적 고유의 사고를 바탕으로 한 한국 민족주의의 중요한 흐름을 형성한 것으로 평가될 것이다.[146]

---

146 '민족의 고유성'이란 유형 무형의 것을 포함하여 민족의 본질에 관계되는 것으로 민족정신이나 혼이 그 핵심이라고 할 수 있다. 최준석, 「민족과 문화」, 『민족현실』 창간호, 민족주의연구회, 1995, 167쪽.

제3장 동학의 정치사상

한국 민족주의의 이념적 구도를 논하는 데 있어서 동학사상은 그 완성이자 집대성이라고 할 수 있다. 그것은 전술한 바와 같이 동학의 창시자인 수운의 제1성과 제2성을 통해서도 확인할 수 있다. 즉, 수운이 득도후 가장 우선시한 과제가 포덕천하布德天下였고 두 번째로 내세운 것이 보국안민輔國安民이었다. 포덕천하는 인류주의를, 보국안민은 민족주의를 상징한 것이다. 실제로 동학은 그 창도의 동기·배경·정신·목표가 이른바 종교 개혁·민족주의·민주주의·공동체주의 등 오래 전부터 누적되어 온 중대한 문제에 대한 대안을 담고 있는 것이다.[1]

여기서는 동학사상의 형성 과정과 기본 사상으로서의 시천주 사상, 지기의 철학 그리고 개벽사상에 대해 살펴보고, 동학사상의 이데올로기적 측면으로서 동학적 민주주의와 공동체적 요소를 규명하며, 특히 동학의 민족주의적 정치사상을 분석해 본다.

---

1 김영두, 「한국정치사상사」, 『한국문화사대계』 Ⅱ, 고대출판부, 1972, 178쪽 참조.

제1절 동학사상의 형성 과정

동학이 창도되는 19세기 중엽은 대외적으로 제국주의가 강화되는 시기였고, 대내적으로는 조선 사회의 부패로 인한 사회 체제 전반의 붕괴가 시작되는 시대였다. 우선 대외적 배경으로 19세기 초부터 아시아의 여러 국가들이 유럽 국가들의 식민지가 되고 있었으나[2] 극동의 나라들에서는 서양에 대한 인식이 큰 비중을 차지하지 못했다. 아직까지도 '중화 中華'라는 전래의 동양적 사고가 지배적이었다. 그러나 1840년의 아편 전쟁 이후 사정은 달라졌다. 특히 중국의 패배를 지켜본 조선은 충격과 경악에 휩싸일 수밖에 없었다.[3] 이어서 벌어진 중국의 태평천국의 난과 애로우호 사건으로 인한 영·불군의 북경 점령은[4] 조선 민중에게 우상의 붕괴였으며 중원을 점령한 '양귀'가 그 여세를 몰아 조선에까지 쳐들어온다는 풍문은 조선 민중들로 하여금 공포에 휩싸이게 만들었다. 그렇지 않아도 조선에도 거의 해마다 이양선이 출범하여 통상을 강요하는 등 불안감이 고조되고 있었다.

대내적 배경으로는 23대 순조부터 25대 철종 때까지 안동 김씨의 세도 정치가 극에 달해 온갖 부패가 자행되어[5] 뜻있는 선비들을 자포자기하게 만들고 있었으며, 연이은 기근과 역질은 민생을 도탄으로 내몰고

---

2 1802년 실론, 1852년 미얀마, 1858년 인도가 영국의 지배하로 들어갔으며, 1854년에는 인도지나 대부분이 프랑스의 식민지가 되었다.
3 金容沃, 「새야 새야 向我에 숨은 뜻은」, 『신동아』 6월호, 1990년.
4 마침 이때 조선의 사신이 이 모습을 조정에 보고하니 그 충격은 극에 달했다. 중국의 황제가 만주로 도망가는 모습에서 중화주의의 붕괴는 기정사실이 되고 말았다.
5 당시 사회상을 기록한 황현의 『매천야록』에 의하면 "10만 냥이 있어야 과거 급제 하고 감사 자리 하나에도 2만 냥이 있어야 하는데 그나마 안동 김씨만 가능하다."고 적고 있다. 황현, 『梅泉野錄』 영인본, 국사편찬위원회, 1971.

수많은 백성을 유민으로 내몰고 있었다. 이 같은 상황에서 민중들은 당연히 메시아적인 구원자를 갈망하게 되었고 당시 유행하던 정감록이나 홍경래의 난, 잦은 민란 등이 그들의 절망을 대변하는 것이라고 볼 수 있다.[6] 이런 배경 속에서 '서양의 음을 동양의 양으로 제압'[7]하려는 수운 최제우의 사고와, 학정과 사회 구조적 부패에서 벗어나려는 민중의 열망이 결합하여 새로운 사상을 탄생시킨 것이다.

민족주의와 종교[8]는 원래 밀접한 관계에 있다. 왜냐하면 진정한 민족운동에는 그 민족의 양심과 역량과 지혜가 총동원되지 않으면 안 되기 때문이다. 그러므로 민족주의는 종교 또는 종교적인 것을 바탕으로 하는 경향이 있다. 그렇게 하지 않으면 생명을 걸고 싸우기가 어렵기 때문이다. 동학의 창도 역시 종교가 출발이었다.[9] 이런 의미에서 동학은 종교 민족주의로 시작되었다고 볼 수 있다. 민중의 일인으로 태어난 수운水雲 최제우崔濟愚[10]는 도탄에 빠진 민중을 구하기 위해 두루 학문을 접하면서 드디어 서학과 유학·불도의 대결은 후자의 패배로 결정났다고 생각한다.

---

6 이현희는 동학 발생의 내적 요인으로 첫째, 18세기 이후 변질된 조선 왕조 군정·환정의 문란, 둘째, 전통적인 유교·불교·도교 등의 종교와 외래 사상의 여러 가지 폐단에 따른 지도 이념의 난맥 그리고 사상적 퇴색과 혼돈 셋째, 실학 사상에서의 현실 비판과 개혁 사상 및 변혁 사상에 영향 받은 피지배 민중의 의식 향상과 자각을 들고 있다. 이현희 엮음, 『동학사상과 동학혁명』, 청아출판사, 1984, 43쪽.

7 洋學陰也 東學陽也 欲以陽制陰, 『일성록』, 「서헌순 장계」, 고종원년 갑자 2월 29일조.

8 종교란 한자로 '마루종(宗)- 모든 사물의 으뜸', '가르칠 교敎-모든 이치를 가르침'으로 된 글자로 결국 '모든 가르침 중에서 으뜸가는 가르침'이 종교의 의미이다. 오익제 편저, 『천도교요의』, 천도교중앙총부출판부, 1986, 157쪽.

9 노태구, 「동학사상의 연구」, 『행정론집』 9집, 경기대행정학회, 1987, 19-20쪽.

10 수운은 1824년 경북 월성부에서 재가녀再嫁의 자식으로 출생. 아버지 근암 최옥近庵 崔沃에게 어려서 한학을 배웠다. 그러나 서출보다 못한 신분 때문에 세상의 모순에 일찍 눈을 떴다. 그의 원래 이름은 제선濟宣이었으나 득도하기 직전에 세상의 어리석은 백성을 구한다는 뜻의 제우濟愚로 이름을 바꾸었다. 그는 고운 최치원孤雲 崔致遠의 28대손이라고 하나 여기에는 이론의 여지가 많다. 이에 대해서는 신복룡, 『동학사상과 한국 민족주의』, 평민사, 1978, 60-61쪽 참조.

유도 불도 누천년에 운이 역시 다했던가.[11](『용담유사』「교훈가」)[12]

그러나 서양의 침범은 어떻게든 막아내야 했다. 이러한 지상 과제 밑에서 수운은 '사필귀정'한다는 천리天理를 믿고, '지성감천'한다는 천심天心을 믿음으로서 새로운 종교적 체험을 하게 되는 것이다. 즉, 수운은 21세 때(1844)년부터 10년 간 세상을 주유천하하면서 구도 생활을 하는데 이때 조선 사회의 부패와 사회 제도의 모순을 속속들이 목격하고 뼈저리게 느끼어 그의 사상적 기반을 형성하게 된다. 이때의 심정을 『용담유사』「안심가」에 이렇게 읊었다.

가련하다 가련하다. 아국운수 가련하다 … 전세임진 몇해런고 이백사십 아닐런가 십이제국 괴질운수 다시개벽 아닐런가 … 대보단에 맹서하고 한의 원수 갚아보세.

이렇듯 수운은 조선의 미래를 걱정하고 과거 임진왜란, 병자호란 등의 위기를 상기하며 민족의 장래에 대한 역사적 교훈을 지적하고 있다. 이제 수운은 그의 너무나 절망적인 상황을 헤쳐나가는 길을 오로지 어떤 절대적인 존재에게서 찾고 있다. 그는 그의 모든 것을 절대적인 존재 곧 한울님에게 걸고 대안을 모색하고 있다. 이러한 절대적인 견지에서 수운은 드디어 어떤 결정적인 종교적 체험을 하게 되었다.[13]

---

11 용담연원, 『동학·천도교 略史』, 보성사, 1990, 173쪽.
12 본 연구의 동학 관련 자료는 1883년(계미) 5월 경주에서 간행된 수운의 저서 『동경대전』과 『용담유사』, 최시형의 발문이 붙은 계미판을 기본으로 하며 천도교중앙총부 출판부에서 발간한 『천도교경전』(천도교중앙총부, 1992)과 위의 책을 주로 참조한다. 출처의 표시는 『동경대전』과 『용담유사』 그리고 소제목을 붙이는 것을 원칙으로 하며 인용문은 현대문으로 하고 필요할 경우에는 한문 각주를 붙였다.
13 최동희, 「수운의 기본사상과 그 상황」, 이현희 엮음, 앞의 책, 111쪽.

천은이 망극하야 경신사월 초오일에 글로 어찌 기록하며 말로 어찌 성언
할까 만고없는 무극대도 如夢如覺 득도로다.(『용담유사』「용담가」)

이것은 수운이 오랜 눈물겨운 노력 끝에 뜻밖에 한울님의 말씀을 듣게
된 놀라움과 기쁨을 읊은 대목이다. 이러한 결정적인 종교 체험을 하고
그는 드디어 새로운 종교를 내세우게 되었다.[14] 그는 그가 받은 놀라운
가르침을 '한울님의 가르침'(천도)이라고 하여 유교적 전통의 성인이나
부처의 가르침과 굳이 구별하려고 했다. 그리고 그가 받은 것은 한울님
의 가르침이지만 이것을 동쪽 나라 땅에서 펼 것이므로 동학[15]이라고 한
다고 하여 중국의 학문이나 서학(천주교)과도 구분하려 하였다.

수운은 이후 7, 8개월 동안 종교 체험을 계속하면서 동학의 체계를 더
욱 정교하게 다듬어서 교리 논설과 가사를 짓기 시작하여 훗날 지식층을
위한 순한문의 『동경대전』과 민중을 위한 순한글의 『용담유사』로 엮어
내기에 이르렀다.[16] 수운은 기존의 유·불·선 및 서학[17]을 비판하면서 한
편으로 그 장점을 흡수하여 사회 경제, 정신적 제 조건을 감안하여 보다
차원 높은 정치사상을 탄생시킨 것이다.[18] 동학이 본격적으로 포덕된 것

---

14 노태구, 앞의 글, 29쪽. 수운의 종교적 신비적 체험에 대해서는 많은 글들이 그것을 묘사하고
있다. 특히 천도교 역사서의 고전인 李敦化, 『천도교창건사』, 천도교중앙총부 발행, 1933(경
인문화사, 영인본 발행, 1973), 11~17쪽. 오지영, 『동학사』, 영창서관 발행, 1940(아세아문
화사, 영인본 발행, 1973), 2~4쪽 참조.
15 동학의 개념에 대해 신용하는 서학에 엄격히 구분하는 지역과 문화를 특징으로 들고 있다. 즉
서양의 반대인 동양이라는 지역성으로서의 동학이고, 조선 땅인 이곳 동국에서 자신이 한울의
도를 받은 것이므로 동국(조선)의 천도학이라는 것이다. 신용하, 『한국근대사회의 구조와 변
동』, 일지사, 1994, 112~113쪽 참조.
16 물론 『동경대전』과 『용담유사』의 각 경편經扁들은 종교 체험 이후 2, 3년에 걸쳐 씌어졌으며
초기에 필사되던 『동경대전』과 『용담유사』가 다량으로 인쇄되어 배포된 것은 수운의 도통을
이은 해월 최시형의 시대이다.
17 수운은 천주교의 서적을 읽고 다음과 같이 탄식했다고 한다. "西道는 몸에 氣化하는 신이 있음
을 가르치지 못하였으니 이는 진정으로 한울을 위하는 도가 아니요 다만 개인의 이익을 도모
하는 헛된 것". 오익제 편저, 앞의 책, 10~11쪽.

은 수운이 종교적 체험을 한 경신년(1860)의 이듬해 신유년(1861) 6월 경
부터였다.

> 만고없는 무극대도 여몽여각 받아내어 구미용담 좋은 풍경 안빈낙도 하
> 다가서 불과 일년 지낸 후에 원처근처 어진선비 풍운같이 모아드니 樂中又
> 樂 아닐런가.(『용담유사』「도수사」)

뜻밖에도 동학은 포덕하자마자 사람들이 사방에서 구름처럼 몰려왔
다. 이것은 이 무렵의 우리 사회 현실이 너무나 어수선하여 민중이 어찌
할 바를 모르고 있었던 것을 암시한다.[19] 그러나 수운은 실질적인 포덕
두 해 뒤인 1863년 12월 체포, 이듬해 3월 10일 대구 장대에서 순도함으
로써 이후의 동학의 전파와 실천은 해월 최시형海月 崔時亨[20]의 임무가 되
었다. 하나의 종교나 사상이 존속되고 전파되려면 그 진실을 담아낼 조
직이 필요하고 그 진실의 실천 속에서 자기 수정을 수없이 거쳐서 민중
에 입증되는 것이다. 옥에 갇힌 수운을 구하러 간 해월이 변복하고 탈출
을 종용할 때, 수운은 기다란 장죽 하나를 주고 해월을 내보냈다고 한다.
그 장죽 속에서 나온 글이 「유시遺詩」이다.

18 노태구, 『한국 민족주의의 정치이념: 동학과 태평천국 혁명의 비교』, 새밭출판사, 1981, 95쪽.
19 이때 서울에서는 7월에 전염병이 크게 나돌고 충청도와 함경도에서는 커다란 수재가 발생했으
며, 9월에는 돈의문(서대문)에 임금을 거칠게 욕하는 방이 나붙어 두 명의 포도대장이 유배를
갔으며, 흉년과 학정으로 도적이 곳곳에서 횡행하였다. 그러나 이보다 더 큰 사건은 1860년
중국 북경이 영·불군에 의해 함락된 사실이다. 조선민중으로서는 이보다 더 큰 사건이 없었다.
최동희, 앞의 글, 114-115쪽 참조.
20 해월은 빈농의 아들로 1827년 경주에서 출생했다. 머슴살이 등을 하다가 35세인 1861년에
동학에 입도, 후에 동학의 2세 교조가 되었다. 원래 이름은 경상이었는데, 제자들에게 '用時用
活'을 설법하면서 자기 이름도 '時亨'으로 고쳤다. 김용옥은 우리 근세의 최고 인물로 해월을
꼽으며 예수와 사도 바울에 빗대어 해월이 예수라면, 수운은 예수에 세례를 준 요한이었다고
할 정도로 해월을 격찬하고 있다.

燈明水上無嫌隙　　柱似枯形力有餘

吾順受天命　　　　汝高飛遠走

물 위에 등불이 틈도 없이 밝았다.

기둥은 마른 듯하나 오히려 그 힘에 남음이 있으니

나는 순수히 하늘님의 명을 받겠노라

너는 높이 날고 멀리 뛰어라[21]

　이후 해월은 장장 36년이라는 긴 세월 동안 피신 행각을 하며 포덕을 한다. 이때에 동학은 비로소 접제와 포제를 근간으로 하는 조직을 정비하고 해월의 실천을 통한 전파가 이루어지니 특히 해월의 민중적 삶이 한국 민족주의가 민중주의를 지향해야 한다는 대전제를 완성했다고 할 수 있다. 수운의 시천주사상을 구체화시켜 낸, "사람을 하늘처럼 섬기라."는 사인여천의 생활 철학이 바로 그것이다.[22]

　이 같은 해월의 노력을 이해하지 못한다면 어떻게 해서 갑오년에 조선 전역에서 경천동지할 동학혁명이라는 민중 봉기가 가능했는가를 이해할 수 없다. 해월의 행적을 통해서 동학사상의 목적이 완수되는 것이다. 즉, 천하분란天下紛亂하고 민심효박民心淆薄하여 막지소향지지莫知所向之地; 어디로 가야 할지 모르겠다[23]하니 백성이 편할 날이 없어 보국안민의 계책이 필요하게 되어 동학으로 창도된 것임을 다시 한번 확인할 수 있다고 하

---

21 김용옥, 앞의 글.

22 이런 측면의 해월의 행적은 곳곳에서 나타난다. 서택순이라는 교도의 집을 지나는 길에, 서택순의 며느리가 베를 짜고 있는 소리가 '한울님'이 베짜는 소리라고 가르치고, 손님이 집을 방문하는 것도 한울님이 오신다고 했으며, 아이들을 때리는 것은 천주를 때리는 것이라고 했다. 또한 그 위험한 피신 행각 중에도 나무를 심고, 새끼를 꼬았으며 이사를 할 때도 사용하던 세간 살이를 모두 두고 떠나면서 세상사람들이 모두 이렇게 하면 이사처럼 편한 것이 없을 것이라고 했다. 임권택 감독의 영화 『開闢』에는 그의 민중 속의 삶이 자세히 묘사되고 있다.

23 용담연원, 앞의 책, 167쪽 참조.

겠다.

제2절 동학의 기본 사상

동학은 내세보다 현실에 충실한 종교로서 100여 년간 봉건 사회의 모순을 지양하기 위해 여러 차례의 개혁 운동을 벌여 온 집단이다. 우리나라에 종교宗教라는 단어가 들어온 것은 19세기 후반이다. 이로부터 '신과 인간의 관계'라는 단편적인 종교 정의가 형성되었다. 그리하여 신을 숭상치 않는 유도儒道도 종교인가라는 논쟁까지 벌이게 되었다. 이런 서구적 종교 개념으로 보면 현실 지향적인 동학도 종교로 보기는 어려울 것이다.

서구의 종교 개념이 들어오기 전인 19세기 말까지 우리의 독특한 종교 개념은 따로 있었다. 즉 도와 학(法·術·教)이라는 개념이 그것이다. 동학의 창시자인 수운 역시 자신의 신념 체계를 '도'와 '학'이라고 했다. 즉 무극대도無極大道·천도天道 또는 동학이라고 표현했다.[24] 이 도와 학의 개념은 중국 고전에서도 찾아볼 수 있다.

『중용』에서 '성誠은 천도요, 성誠되려고 하는 것은 인도人道'[25]라 했으며, '도란 일용 사물에서 마땅히 행해야 할 이치(道者 日用事物 當行之理)'라 했다. 그리고 『근사록近思錄』에서는 '학이란 성인이 되는 길'이라[26] 했고 『대학』의 소疏에서는 '처음 익히는 것을 학이라 하며 거듭 익히는 것을

---

24 『東經大全』「論學文」"曰同道言之 則其名西學也. 曰不然 吾亦生於東受於東 道雖天道 學則東學."
25 『中庸』「章句」"誠者 天之道也 誠之者 人之道也."
26 『近思錄』「爲學編」"學以至聖人之道也."

수修'[27]라고 했다. '마땅히 행해야 할 이치'를 도라 하고 '성인이 되는 길과 이 길을 익히는 것'을 학이라 했으므로 도는 신념체계이고, 학은 수행체계[法·術·敎]를 뜻한다. 이 도와 학은 19세기 말까지 자연스럽게 사용해 오던 낱말이었다.

동양의 도 개념으로 보면 종교와 사회 사상이 구분되지 않는다. 오늘날의 개념처럼 종교 영역과 사회·정치적 영역이 구분되지 않았다. 이것이 바로 동양적인 도 개념과 서양적인 종교 개념의 차이라고 할 수 있다. 따라서 동학의 특징을 이해하려면 오늘의 종교 개념으로 볼 것이 아니라 우리의 도와 학의 개념으로 접근해야 한다. 동학이 현세 지향적으로 정치 사회 운동에 관여한 것은 도와 학의 개념으로 보면 너무나 자연스러운 것이다.[28]

수운은 동학의 기본 사상을 『용담유사』에서 이렇게 표현했다.

> 열세 자 지극하면 만권시서 무엇하며 心學이라 하였으니 不忘其意 하였어라 현인군자 될것이니 道成立德 못 미칠까 이같이 쉬운 도를 자포자기 하단말가.(『용담유사』「교훈가」)

여기서 '열세 자'란 '시천주 조화정 영세불망 만사지'를 말하는 것으로 한울님을 모시면 조화가 체득되고 한울님을 길이 잊지 않으면 모든 일을 깨닫게 된다는 의미이다. 원래 동학에서는 여기에 8자가 더해진 21자로 모든 기본 사상을 함축하고 있으니, "지기금지 원위대강 시천주 조화정 영세불망 만사지(至氣今至 願爲大降 侍天主 造化定 永世不忘 萬事知)"[29]가 그것이다.

---

27 『大學』「自修」編 疏 "初習謂之學 重習謂之修."
28 표영삼, 「동학과 민주사회주의」, 민족문제연구소, 『민족주의와 사회주의』 민족문제연구 제4집, 331~332쪽 참조.

이 주문에는 동학에서 신과 인간을 바라보는 기본적인 입장과 철학 및 사상을 함축한 우주관, 그리고 사회와 세계를 바라보는 입장이 압축되어 있다.

'지기금지 원위대강'에서는 동학의 우주관인 지기사상至氣思想을, '시천주 조화정'으로는 동학의 신과 인간관인 시천주 사상侍天主思想을, '영세불망 만사지'로서는 동학의 세계관인 후천개벽 사상後天開闢思想을 파악할 수 있다는 것이다.[30] 이러한 세 가지 사상을 동학의 기본 사상이라고 할 수 있다.

1. 시천주 사상

수운이 1860년 경주 용담에서 4월 5일 11시에 대각 또는 천명을 받을 때, '몸이 매우 떨리고 추우며 밖으로 신령을 접촉하는 기운이 있고 안으로 말을 내리는 가르침이 있어서身多戰寒外有接靈之氣 內有降話之敎 '마음을 지키고 기운을 바르게 하여(守心正氣)' 물었더니 한울님이 말씀하시기를 '내 마음이 곧 네 마음이니라(吾心卽汝心).'라고 했다.[31] 즉, 한울님 마음이 너, 사람의 마음이란 뜻이다.

여기서 동학의 가장 기본적인 원리가 도출되는데 이것이 시천주 사상이다. "모든 존재(만유)는 천주(한울님)를 시侍하고(모시고) 있는 존재이다."[32] 수운은 "시侍라는 것은 안에 신령이 있고 밖에 기화가 있어 온 세상 사람이 알아서 옮기지 못하는 것이다."[33]라고 하였다. 결국 '내유신령內有神靈

29 오익제 편저, 앞의 책, 273-274쪽. 천도교에서는 이 13자, 21자를 오늘날에도 주문으로 사용하고 있다.

30 노태구, 『현대정치학의 이해』, 경기대학술진흥원, 1991, 432쪽 참조.

31 『동경대전』, 「논학문」.

32 김용옥, 앞의 글, 407쪽 참조.

과 '외유기화外有氣化'를 알고 섬기는 것이 한울님을 모시는 것이 된다.

'내유신령'과 '외유기화'의 뜻을 해월은 "내유신령은 처음에 세상에 태어날 때 갓난 아기의 마음이요, 외유기화는 포태할 때에 이치와 기운이 바탕에 응하여 체를 이루는 것이니라. 그러므로 밖으로 접령하는 기운이 있고 안으로 강화의 가르침이 있다는 것과 지기금지 원위대강이라 한 것이 이것이니라."[34]고 하였다. 이렇게 볼 때 '내유신령'은 출생과 함께 성립되고, '외유기화'는 포태할 때 성립됨을 알 수 있다.

'내유신령'은 사람이 태어날 때 비로소 발하는 마음이요, 이 마음이 신령한 '한울님 마음'이라는 것이다. 그리고 '외유기화'는 사람이 어머니 뱃속에 포태할 때부터 우주에 꽉 차 있는 한울님의 기운, 즉 '지기'의 조화로 모태는 그 바탕에 응하여 이치와 기운이 엉기어 사람의 몸을 이루게 됨을 말한다. 다시 말하면 사람의 육신은 한울님의 기운이 외유기화로 어머니 태 안에서 터를 잡는 데서부터 이루어지는 것이다. 따라서 한울님을 모시게 되는 것은 바로 포태할 때부터라고 할 수 있다.

그러므로 사람이 태어나기 전 어머니 태 안에서는 육신의 성체가 되었다 해도 마음이 발하지 아니한다.[35] 육신이 세상에 태어날 때 비로소 마음이 생기는 것을 알 수 있다. 그것은 한울님이 태 안에서 터를 잡고 육신을 만들어 놓고 스스로 그 육신 속에 와서 사는 것이니, 이것이 '내유신령'이다. 즉, 한울님이 나를 이루어 놓고 내 속에 와서 산다는 것이다. 오직 한 분인 천주, 한울님의 기운이 모태 안에서 사람의 육신이 만들어질 때 먼저 밖으로부터 접령·기화의 작용이 있음으로써 그 육신이 생기게 되었으니 이것이 외유기화요, 사람이 태어난 후 안으로 강화의 가르

---

33 『동경대전』, 「논학문」.
34 『해월신사법설』, 「靈符呪文」.
35 『의암성사법설』, 「무체법경」. "心是生於以性見身之時."

침이 있게 하였으니 이것이 내유신령인 것이다. 사람은 누구나 이 내유신령의 마음 가르침에 따라 보고 듣고 말하고 먹으며 활동하면서 살 수 있게 되었다.

그러나 사람은 내유신령의 마음만으로 살 수는 없다. 내유신령은 육신을 통해서, 우주에 꽉 차 있는 천주의 기운과 끊임없이 기화하는 과정, 즉 외유기화가 있어야 한다. 외유기화는 육신이 성체할 때뿐만 아니라 출생 후 살아감에 있어서도 계속 끊임없는 작용이 있음을 알 수 있다. 여기에서 근본적으로 내유신령과 외유기화는 하나라는 원리를 터득하게 된다. 즉, 나의 마음과 육신이 하나인 것과 같다는 것이다. 내유신령은 마음의 측면이요 외유기화는 육신의 측면일 따름이다. 오직 한 분인 한울님이 천지 만물을 화생하고 많은 사람을 낳고 사람마다 내유신령을 모시게 되었으니 내유신령은 비록 사람 몸 안에 각각 있다고 해도 그것은 또한 오직 하나인 것이다.

수운은 시천주의 주主자의 해석에 이르기를 '주라는 것은 존칭해서 부모와 같이 섬기는 것'[36]이라 하였다. 한울님 모시기를 부모 섬기는 것과 같이 하라는 것이다. 무슨 일을 할 때에 자기 마음 내키는 대로 하지 아니하고 부모에게 여쭈어서 부모님 말씀에 따라 행하듯이 매사를 한울님께 '심고心告' 해서 한울님 뜻에 따라 행하는 것이 기본이다. 또 어디에 갈 때 또는 돌아왔을 때, 잠을 자거나 일어날 때, 밥을 먹거나 그 밖에 무슨 일이든지 일거일동을 부모에게 먼저 고하듯이 천주에게 마음으로 고하는 것도 예가 된다. 그리고 항상 웃는 얼굴로 큰소리를 내지 아니하고 화를 내지 아니하며 효성을 다하여 부모님을 기쁘게 하듯 한울님을 정성을 다해 공경하며 한결같은 믿음으로 극진히 위하는 것이 한울님을 모시는

---

36 『해월신사법설』「천지부모」 "主者 稱其尊而與父母同事者也."

것이 된다. 수운은 "네 몸에 모셨으니 사근취원捨近取遠 하단말가."라고 하여 마치 집안에 계신 부모를 밖에서 찾지 않고 집안에서 잘 모셔야 하는 것과 같이 천주는 내 몸 안에 모시고 있음을 알고 밖에서 찾지 않고 잘 섬기라고 하였다.[37]

해월은 만일 천주를 믿고 모시지 못하면 사람의 마음과 한울님의 영 사이에 영맥이 끊어져서 천주의 뜻에 순응치 못하게 되어, 마치 나무의 잎이 줄기의 기운을 받지 못할 때에 스스로 말라죽는 것과 같이 된다고 하여 시천주의 뜻을 양천주로 발전시키기도 하였다.[38]

이 시천주 사상은 인간이 한울님을 모시고 인간 속에 신이 내재한다는 것으로 한울님과 인간은 동체라는 것이다. 따라서 물物 즉 심心, 심心 즉 물物의 지기 일원으로 사람뿐만 아니라 천지 만유가 사상적으로 동귀일체同歸—體하는 덕치의 세상이 된다는 것이다. 동학의 2세 교조 해월은 이를 '인시천人是天'이라 했으며 3세 교조 의암은 이것을 '인내천人乃天'이라고 했다.

이 시천주 신관념은 높고 성스러운 초감성계에 최고 가치 체계인 신이 있다고 믿어 왔던 종전의 신관념을 무의미하게 만들었다. 동시에 초감성계와 감성계라는 이중적인 세계관을 허물어 버렸다. 동학의 신념 체계는 바로 이 시천주의 신관념에 기반을 두고 있다. 시천주의 신관념에는 유일한 한울님, 초월해 계시는 한울님, 인격적인 한울님, 생성과 변화하는 한울님, 내재해 계시는 한울님 등의 관념이 내포되어 있다. 유일성, 인격성, 초월성의 관념은 유신론과 다를 바 없으나 네 번째 '생성·변화하는 신'이라는 관념과 다섯 번째 '내재하는 신'이라는 관념은 동학 고유의 신관념이다.

---

37 노태구, 『세계화를 위한 한국 민족주의론』, 앞의 책, 294-295쪽 참조.
38 『해월신사법설』「양천주」.

생성·변화의 신관념은 존재로서의 신과는 상반된 시간적인 한울님[39]이다. '개벽 후 오만년에 노이무공勞而無功 하다가서 너를 만나 성공'[40]했다는 노이무공설도 시간적인 한울님을 더욱 극명하게 나타내는 말이다. 노이무공은 신의 무능을 의미하는 것이 아니라 생성과 변화 과정에 있는 신, 즉 완성된 신이 아니라 '되어 가는 과정에 있는 신'[41]을 뜻한다.

이 같은 시천주·인시천·인내천 사상은 한민족이 아득한 옛날부터 생각하여 온 천신 숭배의 신앙이 동학사상에서 창조적인 모습으로 승화된 것이다. 즉, 인간의 존엄성을 하늘과 관련시켜 생각해 오던 우리 민족의 전통 사상이 마침내 동학에 이르러 '사람이 곧 한울'이라고 대담하게 주장되기에 이른 것이다.[42]

시천주 사상이 윤리 사상에 적용되어 나온 것이 사인여천事人如天의 개념이다.[43] 이것은 사람을 한울님처럼 대우하고 섬기라는 뜻이다. 시천주 사상이나 인시천 사상·인내천 사상·사인여천 사상은 모든 인간의 존엄성과 평등성의 의미를 강하게 가지고 있으며, 민중은 바로 이러한 동학의 인권 사상에서 희망을 찾았고, 급기야는 동학혁명을 일으켜 한국 근대 민주주의 운동의 선구자 역할을 하게 된 계기가 되었다.[44]

시천주 사상·인내천 사상을 동학에서는 이렇게 규정하고 있다.

39 한신대 金敬宰는 『過程哲學과 過程神學』에서 "수운이 이해하고 체험한 신은 존재의 근원이면서 동시에 인격적인 당신이었으며, 절대적인 영원한 무궁이면서 동시에 변화 과정 속에 있는 상대적인 시간적 생성신이기도 했다."고 지적한다.
40 『용담유사』「龍潭歌」·「布德文」에서는 '余亦無功 故生汝世間 敎人此法'이라 했다.
41 표영삼, 앞의 글, 333-334쪽 참조.
42 오익제, 「동학혁명운동의 현대적 재조명」, 이현희 엮음, 『동학사상과 동학혁명』, 청아출판사, 1984, 517쪽 참조.
43 사인여천이라는 말을 처음 사용한 사람은 해월이다. 그의 삶 자체가 사인여천의 삶이었다. 그의 사인여천적 실천이 동학을 하나의 사상으로 자리하게 하는 결정적 요인이 되고 있다.
44 노태구, 「동학의 정치사상」, 『경기행정논집』 제5집, 경기대행정대학원, 1991, 79쪽 참조.

시천주의 의의를 해석하면 신은 자기의 자율적 창조에 의하여 우주와 만물을 생성한 후에 신이 도리어 우주와 만물 자체 안에 자존하고 있는 것이 마치 참외씨가 참외로 형성한 다음에 참외 안에 있는 것과 같은 것이다. 신이 이와 기의 음양 두 인자를 묘합시키고 응결시켜 신의 자기 전개와 자기 운동으로 나타나는 것이 인간이며 만물이다. 그러므로 사람이 곧 하날이며 〔人乃天〕 물물천 사사천物物天 事事天이다. 코페르니쿠스가 없어도 지구가 자전한 것처럼 만고 이전이나 만고 이후에도 시천주인 것이다. 나의 성性은 본래 하날이고 나의 마음은 육신이 있은 후 하날이다. 하날님은 무시무종하고 무거무래한 본래 하날이고 시천주는 내 육신이 생성한 이후에 내 육신에 모시어 있는 하날이다. 그러므로 신과 인은 하나이고 교와 정도 둘이 아니다. 인을 떠나서 신은 의착할 곳이 없고, 신을 떠나서 인은 존립할 수가 없다. 신을 사람과 분리시키고 교를 정과 대립시켜서 사람의 의식구조까지 분열·대립의 상태로 변질되게 하여 외부세계를 현재와 같이 산산조각 내 놓았다. 그러므로 인내천은 신인합일의 새인간 창조, 신세계 건설의 진리로서 인간들이 득의하고 하날님이 성공하시는 하날님 기본 정신을 그대로 표현시킨 것이다.[45]

간략히 말하면 시천주 사상은 신과 인간은 동일한 존재라는 점을 밝힌 것이다. 특히 "네 몸에 모셨으니 사근취원하단 말가."라는 내재적 신관념은 역사의 주체가 인간이라는 것을 확인시켜 주는 것이기도 하다. 한울님은 시간과 공간을 넘어서 있는 분이므로 내외를 구분할 수 없다. 그러나 그런 신(한울님)이 내게 모셔져 있다는 관념은 인간관·역사관·사회관을 바꾸어 놓는 결과를 가져온다. 한울님을 모신 우리는 역사의 주체가

---

45 통일촉진범국민협의회, 『꺼지지 않는 동방의 빛』, 백양출판사, 1989, 24-25쪽.

되며 새 문화의 틀을 재창조하는 다시개벽의 주체가 될 수밖에 없다. 동
학의 신념 체계는 이 시천주 신관념을 바탕으로 하고 있다.

2. 지기至氣의 철학

수운은 우주 본체, 즉 세계를 지기의 산물로 보았다.

> 至者는 極焉之爲至오
> 氣者는 虛靈이 蒼蒼호대 無事不涉하고 無事不命이나 然而如形而難狀하
> 고 如聞而難見하니 是亦渾元之一氣也오(『동경대전』「논학문」)

> 지라는 것은 지극한 것이요, 기라는 것은 허령이 창창하여 모든 일에 간
> 섭하지 아니함이 없고 모든 일에 명령하지 아니함이 없으며, 모양이 있는
> 것 같으나 형상하기 어렵고 들리는 듯하나 보기는 어려우니 이것은 또한
> 혼원한 한 기운이니라.[46]

지는 '지극한 것'이라고 하였고 극은 갈 대로 다간 곳, '궁극의 극치'를
의미하며 '무극' 또는 '태극'을 뜻하는 것이다. 따라서 지기는 천지의 근
본인 동시에 우주의 본체를 의미하는 것이다. 즉, 철학의 오랜 논쟁거리
인 유심론과 유물론의 양 극단을 동시에 극복하는 통일의 철학 사상이
여기에 있는 것이다.[47] 원래 동양 철학에서는 우주의 본체를 기 또는 이

---

46 용담연원, 앞의 책, 168쪽.
47 우주만물의 생성과 변화의 근원이 무엇이냐 하는 물음에 답하려고 하는 인류의 노력은 옛날부
   터 오늘에 이르기까지 끝없이 계속되어 있다고 할 것이다. 유물론과 유심론, 이기이원론적 주
   리론과 주기론, 기일원론, 창조론과 진화론 등이 다 그러한 노력의 일환으로 이루어진 연구 결
   과들이다. 노태구, 앞의 책, 291쪽.

라고 생각했다. 특히 성리학에서는 우주의 정신적 본체를 이理라 하고 물질적 본체를 기氣[48]라고 보았다.

그런데 최제우는 '기의 궁극'에 이른 '지기'에서는 이것은 '비어 있는 영으로서 미묘하고 아득하면서도虛靈蒼蒼', '모든 사물을 간섭하고無事不涉' '모든 사물을 지배하는無事不命' 것인데, 형체도 없고 볼 수도 없는, 만상이 갈리기 이전 '순수한 원래의 한 기渾元一氣'라고 설명한 것이다.[49]

즉, 동학의 지기는 단순한 물질적 본체로서의 기운이 아니고 정신을 내포하고 있는 우주의 궁극적인 본질을 의미하는 것이다. 우주 만물은 모든 공통의 원리를 갖는 하나의 영체이자 하나의 생명체라는 의미의 지기인 것이다.[50] 따라서 지기는 우주 본체의 원기, 활력, 영기를 뜻하는 기가 된다.

이기론에서 볼 때 기는 이의 상대적인 물질적 재료를 뜻하지만, 지기는 허령으로 우주에 편만하여 어느 일에든지 섭리 작용을 한다는 것이다.[51] 기는 원래 물질적인 것을 뜻하지만, 기라는 글 앞에 '지'자를 덧붙여 놓고 이를 허령이라 하였으니 여기에 물질적인 기는 곧 영적 허령을 의미하게 된다. 말하자면 지기는 기이면서 영기로서 물심 양면을 표현할 가능성을 가진 조화의 존재인 것이다.

---

48 여기서 중국이 '氣'라고 파악한 것을 한국인은 '한'(一과 無限을 같이 의미함)으로 파악했다는 해석도 있다. 즉, 단군신화에서의 桓因, 桓雄으로 표시된 '桓'은 '환'하다는 광명을 한자음으로 표시한 것인데 광명은 하나인 동시에 천지에 보편적으로 충만하여 그것이 '한'이 되고 '한'을 주재하는 '하느님' 사상도 생겼다. 하느님은 동학에서 '한울님'이라고 하고, 서학에서는 '天主 또는 하나님'이라 하였는데 우리 민족이 예로부터 신앙하여 온 '한울님'을 최수운이 다시 찾아서 그 본질이 철학적·형이상학적으로 '至氣'임을 밝혀냈다는 것이다. 노태구, 『현대정치학의 이해』(개정증보판), 경기대학술진흥원, 1990, 484쪽.
49 신용하, 『한국근대사회사상사연구』, 일지사, 1990, 152-153쪽. 신용하는 여기서 지기를 일종의 힘, 기운 즉 현대적 의미의 에너지로 설명하고 있다.
50 임운길, 「동학에 나타난 자연관과 세계관」, 한국불교환경교육원 엮음, 『동양사상과 환경문제』 모색, 1990, 184쪽.
51 虛靈蒼蒼이란 한울님의 靈氣는 형체가 없는 빈 靈으로서 우주 안에 꽉 차 있다는 뜻이다.

수운은 지기와 한울님의 관계에 있어서 이들은 같다고 했다. 즉, 여기서 수운은 '천주'라는 것을 기독교의 '하나님'처럼 어떤 초자연적인 신으로 간주한 것이 아니라 지기로 보았다. 그는 기를 신적인 존재로 신비화한 토대 위에서 지기에 의해 이루어진 모든 사물, 하늘, 자연이 곧 신이라는 결론을 도출해 냈다. 즉, 그는 '지기', '천주', '인간' 이 삼자는 다 같은 것으로서 지기는 천주이고 천주는 곧 인간이라고 말했던 것이다. 다시 말해 수운은 신을 자연 가운데 해소시키려는 범신론적 사상 요소와 사람의 지위를 신과 동등한 계열에 놓으려는 사상을 제기하고 있다.[52]

그는 여러 곳에서 우주 만물 가운데서 인간이 가장 영특한 존재라는 것을 주장하고 있다. 즉,「논학문」에서 "음과 양이 서로 균등히 되면 비록 수천 수백 가지의 만물이 그 변화에 의하여 생성되나 그 가운데서 유독 사람만이 가장 귀하고 영특하다."고 하였다. 이와 같이 수운은 지기를 한울님으로 보아 이 한울님을 통해서 사람도 무궁한 존재가 될 수 있다고 강조했다.[53]

'지기금지 원위대강'이라는 강령 주문의 해석에서도 지기는 한울님의 영기로서 사람들의 성원에 접령접기하는 기화지신으로 승화되고 있다. 나아가 지기는 '지화지기至化至氣 지어지성至於至聖'이라는 점에서 우주 만물의 생성·진화 과정에 무기물·유기물·인간·초인간(성인)에 이르는 모든 창조와 진화의 근원이라는 것이다.[54]

이것은 지기가 성리학적인 근원적인 물질 또는 모든 생명과 정신의 본체로서의 기 또는 이의 범주에 머무르지 않고 만유의 창조·진화의 섭리

52 이른바 天 = 至氣 = 人이 되는 의미에서의 지기일원론으로 이는 천인 합일 사상의 사상적 토대가 되고 있다. 신용하, 앞의 책, 153쪽.
53 노태구,「동학사상의 연구」, 앞의 글, 32-33쪽 참조.
54 오익제,「통일이념과 동학사상」,『통일이념과 역사의식』, 천도교중앙총부출판부, 1988, 14쪽.

와 사람에게 영·육을 내리고 성인에 이르게 하는 한울님의 영기임을 뜻한다. 이리하여 지기는 우주 만유에 접하고 사람에게 강림하여 접령하는 기운으로서 한울님과 표리적 관계를 가진다는 것을 알 수 있다. 지기의 기화지신이 사람에 강림한다는 것은 한울님의 영이 사람에게 감응하여 시천주의 경지에 들어가 성인에까지 이르는 것을 말하며 이 점에서 한울님과 지기는 이위일체로 된다는 것을 알 수 있다.

이리하여 동학사상에서 말하는 지기는 단순한 우주 생성 도식의 최상위 개념에 머물지 않고 초월적 인격신의 성격을 보이기도 한다. 한마디로 동학사상의 우주관은 이기이원론의 수용·극복일 뿐 아니라 초월적 유일신에 의하여 우주 만물이 창조되었다는 창조론 나아가 진화론까지 극복하고 도교 사상까지도 포함하여 이러한 모든 것을 한울님의 조화로 보고(조화는 곧 무위이화의 다른 표현) 있음을 알 수 있다. 바꾸어 말하면 동학의 지기론은 성리학의 주리론과 주기론 또는 유심론과 유물론 그리고 창조론과 진화론 혹은 무위자연의 사상까지도 수용하여 하나로 귀일시키고 통합한 새로운 원리를 보여 주는 것이다.[55] 해월 최시형은 지기를 이렇게 말했다.

> 천지, 음양, 일월, 천지만물의 화생한 이치가 한 이치기운의 조화 아님이 없는 것이니라. 말하자면 기운은 천지, 귀신, 조화, 현묘한 것을 총칭한 이름이니 도시 한 기운이니라 … 화해 낳는 것은 한울 이치요 움직이는 것은 한울 기운이니 이치로 화생하고 기운으로 동정하는 것인즉, 먼저 이치요 뒤에 기운이라고 해도 당연하나 합하여 말하면 귀신, 기운, 조화가 도시 한 기운이요 … 그 근본을 상고하면 한 기운뿐이니라.[56]

---

55 위의 글, 14-15쪽.

동학의 지기 철학은 동학의 사상적 기반이 넓고도 깊다는 것을 보여주는 핵심적 내용이다.

3. 개벽사상

『용담유사』의 「용담가」에 개벽과 관련된 중요한 대목이 나온다.

한울님 하신 말씀 개벽 후 오만년에 네가 또한 첨이로다 나도 또한 개벽 이후 勞而無功 하다가서 너를 만나 성공하니 나도 성공 너도 得意 너의 집안 운수로다(『용담유사』「용담가」)

또한 「안심가」에서는 다음과 같은 대목이 나오고 있다.

開闢時 국초일을 滿紙長書 내리시고 십이제국 다버리고 아국운수 먼저 하네 … 가련하다 가련하다 아국운수 가련하다 … 십이제국 괴질운수 다시 개벽 아닐런가 요순성세 다시 와서 국태민안 되지마는 기험하다 기험하다 아국운수 기험하다(『용담유사』「안심가」)

"십이제국 괴질운수 다시 개벽 아닐런가."라는 말은 『용담유사』의 「몽중노소문답가」에도 나오고 있다. 즉, 이 같은 말들은 온 세계가 크게 병들어서 다시 개벽된다는 것이다. 개벽[57]이란 원래는 암흑과 혼돈에서 천지가 처음 생긴다는 뜻인데 여기서의 개벽은 선천을 다시 개벽하는 후천

---

56 오익제 편저, 『천도교요의』, 천도교중앙총부출판부, 111쪽.
57 개벽은 수운이 한 말로서 근원적인 혁명의 혁명을 의미한다. 따라서 천도교에서는 혁명보다 개벽을 사용한다. 임운길, 앞의 글, 191쪽.

개벽으로 인문 개벽을 뜻한다. 세계가 불안과 악질로 가득 차서 혼돈에 빠져 암흑 속에서 헤어나지 못하기 때문에 개벽과 같은 새로운 큰 변혁을 통하여 새롭게 한다는 것이다.

동학은 내세보다는 현세를 위주로 하고 사후의 천당이나 극락이 아니라 한울 사람으로 자아를 완성하고 지상신선·지상천국 건설을 목표로 하는 종교이기 때문에 누구보다도 현실을 바르게 보고 해야 할 일을 바르게 하여 적극적인 생활을 하도록 하고 있다.

수운은 역사를 크게 두 시대로 나누어 지나간 세상을 선천先天이라 하고 동학이 창도된 이후 미래의 새 세상을 후천後天이라고 하였다. 낡은 선천의 세상이 무너지고 새로운 후천의 세상이 열린다는 뜻으로 동학에서는 후천개벽을 주장하는 것이다. 따라서 후천개벽은 천지 개벽이 아니라 인간 중심의 문화 개벽을 뜻하는 것으로 인류 문화·역사의 전반에 걸친 일대 변혁과 새로운 창조적 변환을 의미한다. 이와 같은 후천개벽의 역사관은 역사의 순환에 따른 천운의 회복을 의미한다.[58]

즉, 동학은 후천개벽을 통한 새 세상인 지상천국의 건설을 목표로 하고 있는 것이다.[59] 개벽의 이 같은 역사적 회복의 의미를 김용옥은 해월이 1890년대에 한 예언을 통해서 해석하고 있다. 즉, 해월은 1890년대에

---

58 오익제 편저, 앞의 책, 146쪽.
59 동학의 1세 교조인 수운은 "십이제국 괴질운수 다시개벽 아닐런가."라고 하여 '우리 道는 후천개벽의 오만년 無極大道'라고 하였으며, 2세 교조인 해월 최시형은 "이 세상은 개벽운수로, 선천과 후천의 운이 서로 갈아들 때 세상이 크게 혼란하리라."했으며, 3세 교조 의암 손병희는 "후천개벽의 시기에 처한 우리는 각자 정신 개벽부터 해야 한다."고 하면서 "개벽이란 부패한 것을 맑고 새롭게, 복잡한 것을 간단하고 깨끗하게 하는 것이니 천지 만물의 개벽은 공기로써 하고 인생 만사의 개벽은 정신으로써 한다."고 하였다. 또 大氣 번복과 같은 위기가 오더라도 以身換性의 정신 개벽으로 능히 극복할 수 있다고 하였다. 그러므로 선천개벽이 원시적 우주 개벽을 말하는 것이라면 천도교의 후천개벽은 인문 개벽을 통한 문화의 창조를 의미한다. Tai-gu Noh, 1996, "Chondogyo and Its Scheme for Personality Education", *International Journal of Korean Studies*, vol.1, pp.23-24.

개벽을 말하며 "벌거진 산이 검어지고 온 길에 비단이 깔리고 만국의 병마가 우리 국토를 쓸고 지나간 후에 개벽이 이루어지리라."고 예언했는데, 벌거진 산이 검어진다는 것은 물질적 토대, 즉 인간의 삶의 양식이 변한다는 뜻이며, 길에 비단이 깔린다는 것은 인류의 에너지 사용 방식에 거대한 전환이 일어날 것이라는 뜻이며, 만국의 병마가 국토(우리 강역)를 쓸고 지나간 후라는 말은 전쟁의 축이 평화의 축으로 바뀔 것이라는 뜻이다.[60]

동학에서의 개벽이란 혁명이고 혁명이면서 개벽이라는 이중적 구조를 가지게 된다. 그러나 이때의 혁명은 혁명이 아니게 된다. 그것은 서양의 혁명개념도 『주역』의 '혁革' 개념도 이미 아니며, 개벽에 의해 질서가 생기고 제한되고 수정되고 나아가 극복되는 하나의 학습이며 쇄신 훈련인 것이다. 이것이 종교적으로 개인적으로 나타날 때는 수양으로, 사회적으로 표현될 때는 사회 개조·개혁이다. 그리고 이것은 이중적 구속과 혼돈의 무질서에 빠진 조선 민중, 동양 민중, 동양 사회 전체의 질병을 고칠 수 있는 하나의 처방으로 제시된 것이다.

동양 사상의 일반적인 기초 위에서 정신이나 생명 활동을 본다면 높고 낮은 관계가 아니라 좁고 넓은 관계로 봐야 하며 서양의 직선주의적이고 미래주의, 상승주의적인 화살 방향의 전진론이 아니라 질적인 확산·진화의 형태로 볼 수 있고, 좁은 차원에서 넓은 차원으로의 변화로 이해할 수 있을 듯하다. 수운의 진화론은 끝없는 차원 변화를 통한 무궁한 생명의 질적 확산·진화론이므로, 서양의 직선적·양적·수렴적·상승주의적 세계관과는 다르다. 반면에 전통적인 동양 세계관의 틀도 벗어난다. 원은 그

---

60 김우중·김용옥 나눔, 『대화』, 통나무, 1991, 263쪽 참조. 여기에 나오는 에너지, 전쟁의 축, 평화의 축 등에 대해서는 이 책을 참조 바람.

자체로서 완결이다. 동양 사상의 원운동적인 순환론은 끝없는 순환 변화 운동을 설명할 수 있지만 다분히 완결적이다. 서양의 폐쇄적 동력학 구조와는 다른 것으로 동학은 안과 밖, 좁고 넓은 것이거나 불연속적이면서 동시에 연속적인 형태로 차원 변화 관계를 보는 게 낫다고 생각한다. 좁은 것 속에 또 넓은 것이 있는 것이기 때문이다.[61] 의암 손병희는 개벽을 이렇게 말했다.

> 개벽이란 한울이 떨어지고 땅이 꺼져서 한 덩어리고 합하였다가 자·축 두 조각으로 나뉨을 의미한 것인가. 아니다. 개벽이란 부패한 것은 청신케 하고 복잡한 것을 간결케 하기 위함이니 천지만물의 개벽은 공기로써 하고 인생만사의 개벽은 정신으로써 하나니 너의 정신이 곧 천지의 공기니라 … 천지의 기수로 보면 지금은 일년의 가을이요 하루의 저녁때와 같은 세계라. 물질의 복잡한 것과 공기의 부패한 것이 그 극도에 이르렀으니 이 사이에 있는 우리 사람인들 어찌 홀로 편안히 살 수 있겠는가. 큰 시기가 한번 바뀌일 때가 눈앞에 닥쳤도다.[62]

후천개벽은 새 역사 창조에 새 사람으로 다시 태어나라는 것이다. 이런 맥락에서 천도교의 신인간 창조 운동은 일제시대 및 지금까지도 그들 이상 실현의 목표로 추진되고 있으며 또한 '정신 개벽'·'민족 개벽'·'사회 개벽' 등의 3대 개벽 운동은 시대와 환경에 따른 약간의 내용적 변화를 거치면서도 목표의 수정 없이 지속적으로 전개하고 있는 것이다.

---

61 노태구, 「동학의 정치사상」, 앞의 글, 1991, 69쪽 참조.
62 오익제 편저, 앞의 책, 147-149쪽 참조.

제3절 동학의 정치사상

동학의 정치사상은 근대화 과정에 있어서 개개인의 자각과 국가 의식의 발견이라는 양대 사상의 전개 과정이었다. 조선조 봉건적 전제 정치 체제하에서는 엄격한 신분제도가 지위와 직업에 따라 존재하였고, 양반·중인·상인·천인의 네 계급이 구별되고 다시 적서의 차별이 심하였다. 이 사회는 지배 계급인 소수의 양반 계급을 제외하고는 인간 이하의 대우에 신음하는 민중들 대개가 상놈·천민이었던 것이다. 더욱이 이 사회의 생산력의 일원인 농민은 모두가 상인·천인으로서, 교육도 받지 못하고 언제나 양반을 위해 봉사만 해야 하는 과대한 부담에 허덕이는 가련한 존재였다. 또 사회적으로 최하의 대우를 받는 공사公私의 노비가 존재했고 노예 매매가 행해지는 형편이었다.

이처럼 근대 조선조 시기의 민중은 모두 다 학대와 굴욕적 대우를 감수해야 하는 무기력한 존재였으며 인간성과 인권이 부정당한 살아 있는 송장과 같은 사람들이었다. 이와 같이 무균등, 무자유의 농민 대중이 조선조 말에 와서 점차 자기들의 처지를 의식하고 지배자의 강제와 억압에 반항하는 의식을 갖게 된 것이다. 이 근대적 인간의 자각이 싹트고 민중 운동이 태동하는 전환기에 나타난 것이 동학사상이었다. 동학은 당대의 민중들에게 사람이 곧 하늘이라는 인내천과 사람들 누구나 한울님을 모신다는 시천주의 의식이 고취하게 되고,[63] 민중들은 당시의 봉건적 구조의 모순을 탈피하여 새로운 세상을 기대하며 서학을 중심으로 한 외세의 침투에 대항해야 하는 국가 수호의 필요성을 자각하게 되는 것이다. 여

---

63 노태구, 「동학사상의 연구」, 앞의 글, 34-35쪽.

기서는 동학의 정치사상에 담겨 있는 현대적 정치 이데올로기로서의 민
주주의적 요소와 공동체주의를 중심으로 고찰해 보고자 한다.

1. 민주주의적 요소

동학사상의 민주주의적 정치사상은 인간 평등의 원리에서 찾을 수 있
다. 즉, 인내천 사상이 바로 그것인데 인간이 곧 하늘이므로 인간을 이
우주의 가장 최고최령最高最靈의 자리에 위치한 위대한 존재로 보는 것이
다. 어떠한 인간이든 성실성과 존경심만을 가졌다면 모두 한울님과 같은
존재이다. 즉 성誠과 경敬 두 자만 지키는 인간이라면 노예든지 천민이든
지 모두 군자요 성인이 되지만, 이 성과 경이 없다면 양반이나 토호 같은
지배층이라도 참다운 인간이라고 할 수 없다는 것이다. 결국 재래의 문
벌과 신분상의 낡은 봉건적 인간관계에 대해서 동학에서는 성·경 두 글
자에 의해 평등하고 스스로 각성한 근대적 개인을 발견하고 있다.[64]
　당시의 엄한 신분제 사회 속에서 동학의 이 같은 평등주의 사상은 충
격적인 발상의 전환이었으며 기층 민중에게는 엄청난 호소력을 지녔었
다. 실제로 동학에 입도해 혁명에까지 참여했던 백범 김구도 동학의 이
같은 평등주의에서 자신이 찾는 이상향을 발견했었다고 기술하고 있다.

　　상놈된 한이 골수에 사무친 나로서는 동학의 평등주의가 더할 수 없이
　　고마웠고, 또 이씨의 운수가 진盡하였으니 새 나라를 세운다는 말도 해주의
　　과거장에서 본 바와 같이 정치의 부패함에 실망한 나에게는 적절하게 들리
　　지 아니 할 수가 없었다.[65]

---

64 위의 글, 37쪽. 특히 성·경 문화는 오익제 편저, 『천도교요의』, 133-138쪽 참조.
65 김구, 「백범일지」, 송건호 편, 『김구』, 한길사, 1980, 37-38쪽 참조.

동학사상의 '인내천' 원리는 천시인天是人, 인시천人是天이라 하여 인간이 한울과 직결되는 바 이것은 '시천주'에서 비롯된다. '시천주'는 내 몸에 한울님을 모시고 있다는 뜻으로 동학의 천인 합일 사상을 제출하게 된다. 또한 인간은 시천주적 존재이기 때문에 천시인이고 인시천이 되며, 시천주이기 때문에 인간은 본래부터 자유롭고 평등한 존재이다. 왜냐하면 사람의 몸은 한울님을 항상 모시고 있는 집과 같으므로 사람이 한울님을 늘 모시고 있다면 모시고 있는 그 사람도 한울님과 같이 존경해야 하고 만약 인간이 존경받지 못한다면 한울님은 그 존재 가치를 잃게 되기 때문이다.

그러므로 동학의 인간 주체 사상은 모든 사람이 계층과 관계 없이 각기 신을 내면화하게 되는 것으로 인간의 존엄성을 신격화시키고 남녀노소나 직업의 귀천이나 지위의 고하나 빈부의 차별을 막론하고 도덕적으로 차별이 있을 수 없고 인권이 무시될 수 없는 인간 평등의 이념을 제시하게 된다.

즉, 인내천 사상은 인간 지상주의를 고조시키고 인간 평등주의를 주장한 것으로 개성의 완전 해방과 사회생활의 완전 해방을 주장한다. 그러므로 인간은 인격적 완성을 추구해야 하는 동시에 본연적 자연과 인간성에 모순되는 인간 관계와 사회 제도의 제 모순을 거부할 천부적 권리를 보유하고 있다는 민주적 원칙이 도출되는 것이다.

열암 박종홍은 인내천 사상에 대해서 "현대는 휴머니티와 인간 존엄을 외치지만 현대 사상에서도 천도교의 인내천 사상보다 더 인간의 존엄성을 강조하는 사상을 찾아볼 수는 없다. 사람이 곧 한울이라면 전통적인 기독교인은 깜짝 놀랄 일이다. 그보다 더 큰 죄악이 없기 때문이다. 그런 만큼 특색이 있다. 인내천의 종지는 현대의 그 어느 민주주의보다도 철저하고 깊은 것이 아닐 수 없다."[66]고 극찬하고 있다.

　동학의 민주주의적 성격은 구체적으로 민권 사상으로 요약할 수 있다. 민주주의의 발전이 민권의 확대였다고 볼 때 이와 같은 요약은 동학의 민주주의 사상을 규명하는 데 중요한 요소가 될 것이다.[67]

　첫째, 인간의 존엄성에 대한 각성이다. 즉, 수운의 시천주 사상이 해월에 와서 인시천 사상으로, 또 의암에 와서는 인내천 사상으로 진화되었고, 그 시행 방법으로는 사인여천으로 구체화되었다. 이러한 사상의 진화과정 속에서 당시의 절대 군주 체제하에서 매몰된 개인의 인격적 가치에 대한 자각인 것이며, 한국적 휴머니즘의 정화인 것이다.

　둘째, 민본 사상이다. 아무리 유교의 민본 사상이 있었다고는 하지만 한국의 역사상 인민의 권익이 부각된 것은 그리 흔하지 않았으며 당사자들도 자신의 권리를 주장하지도 않았다. 그들은 절대 왕정에 대한 충성만이 신민의 도리라고 생각함으로써 스스로를 비하하여 왔다. 이러한 상황 속에서 의암 손병희는 "무릇 백성은 나라의 근본이라. 나라의 근본이 온전치 못하고 그 나라가 안전하게 독립을 누린 예가 없다. 그러므로 세계 각국은 문명의 도를 각기 지키어 그 백성을 보호하고 그들의 직업을 가르쳐 그 국가로 하여금 태산처럼 안전케 한다."[68]고 했다.

　셋째, 계급타파의 사상이다. 조선조 후기의 최대의 사회적 모순은 곧 지나친 사회 계급의 형성이었다. 수운이 이러한 모순을 타개하기 위한 사회 개혁의 방편으로 동학을 창도한 것은 더 말할 나위도 없거니와 동학의 지도자들이 대개가 사회적으로 냉대 받던 계층의 인물이었다. 즉, 수운은 당시 사회에서 소외된 서출의 지식인이었으며 2세 교조인 해월은

---

66 한국사상연구회 刊, 『한국사상 연구의 구상』; 노태구, 『한국 민족주의의 정치이념』 새밭, 1981, 171쪽, 재인용.
67 신복용, 앞의 책, 102-106쪽 참조.
68 용담연원, 앞의 책, 264쪽. 의암의 「三戰論」 중 '道戰.'

더욱 비천한 출신으로 심지어는 머슴살이로 생계를 유지해야 했던 시절이 있을 정도였으며 무학자였고, 3세 교조 의암 역시 중인 계급 출신이었다는 사실을 미루어 생각해 볼 때 동학의 교리에 나타나고 있는 계급 타파 사상은 하나의 필연으로 해석될 수밖에 없었던 것이다. 동학사상에서는 인류의 재화災禍는 계급에 있는 것이요, 경제적 계급의 차별에 있는 것이므로 계급 차별이 없고 이해가 일치하면 인간의 행복은 이루어질 수 있다고 해석하고 있다. 이것은 1894년의 동학혁명 때 주장했던 폐정개혁 요구 12개조[69]에서도 구체적으로 나타나고 있다.

넷째, 여성의 지위를 각성시켰다는 점이다. 오랫동안 한민족의 의식을 지배하여 온 유교의 남존여비 관념은 비단 인도주의적인 면을 떠나서 생각하더라도 한국 사회의 균형 있는 발전을 저해하였으며, 여성 특유의 능력으로 개발될 수 있는 분야가 외면되었다는 것은 어느 모로 보나 불행한 일이었다. 해월은[70] 특히 1889년 11월에는 전문 6조의 내수도문內修道文을 지어 교도들에게 전수하였는데, 그 1조에서 "집안 사람을 한울같이 공경하라. 며느리를 사랑하라. 노예를 자식같이 사랑하라. 우마육축牛馬六畜을 학대하지 말라. 만일 그렇지 못하면 한울님이 노하시니라."[71]라고 가르치고 있다.

나아가 해월은 조선 전래의 남존여비를 강력하게 비판하고 남녀 평등을 주장했다. 그는 「부화부순夫和婦順」에서 "부인은 한 집안의 주인이니라. 한울을 공경하는 것과 제수를 만드는 것과 손님을 대접하는 것과 옷

---

69 폐정개혁안의 5항: 노비문서 소각, 6항: 천인 차별 금지, 9항: 관리 채용에 인재 위주 등용, 12항: 토지의 평균적 분작 등이 구체적인 내용이다.

70 해월은 본시 성품이 온자한 데다가 특히 여성에 대하여 애착을 가졌던 탓으로 그늘에서 지내던 여성의 지위를 향상시키기 위하여 교도들을 계몽시키는 데 주력했다. 그에게 여성은 그 자신들이 한울님을 모신 존재이자 '한울님을 낳는 한울님'으로 가장 존귀한 존재였다.

71 『해월신사법설』「내수도문」.

을 만드는 것과 음식을 만드는 것과 아이를 낳아서 기르는 것과 베를 짜는 것이 다 반드시 부인의 손이 닿지 않는 것이 없나니라."[72]고 하면서 부인을 '한 집안의 주인'으로 규정하였다. 이것은 봉건 사회의 전통적인 가부장 제도와 여필종부라는 봉건 윤리 의식에 대한 처절한 개벽 의식이었다. 또 갑오 동학혁명 시기 당시 호남 일대를 장악한 동학혁명군들이 집강소를 세우고 12개조의 폐정개혁안을 내놓고 민정을 펴 나갔는 바 이 가운데 제7조는 "청춘과부의 재가를 허용할 것"을 규정하는 데서 동학의 남녀 평등 사상은 다시 한번 두드러졌다. 봉건 사회의 유교적 윤리의 속박하에서 부녀들은 재가의 권리마저 없었다. 조선조 봉건 통치자들은 심지어 '재가금법'을 반포하여 법적으로 과부의 재가를 허용하지 않았다. 이 점으로 볼 때 과부의 재가를 허용하라는 조목은 부녀 해방과 남녀 평등의 요구를 여실히 반영하였다.[73]

동학의 평등주의 이념은 정치적 평등과 경제적 평등으로 구체화된다. 동학의 '인내천주의'는 인간과 한울님은 그 본질에서 둘이 아니고 하나라는 천인 일체의 원리를 가짐으로써 인내천은 응용상에 있어서 평등과 자유를 추구하는 정치적 이념을 표명하였다. 때문에 인내천주의를 정치적으로 실현하는 데는 평등과 자유를 인정하지 않을 수 없다. 그러나 당시 사회 현실을 놓고 보면 조선 봉건 왕조 말엽에 봉건 통치자의 부패는 날로 극심하고 민생은 도탄에 빠져 허덕이고 있는 '악질만세 민무사시지안惡疾滿世 民無四時之安"[74]의 상황이었다. 이에 수운은 기존 사회 질서를 부정하고 새로운 현실을 타개하려는 후천개벽 사상을 주장하고 광제창생

---

72 『해월신사법설』「夫和婦順」.
73 Tai-gu Noh, 1997, "A Creative Reading of the Taiping and Donghak Revolution : What does an Eastern-type Nationalism mean for the Global Community in the 21st century?" IPSA 서울학술대회발표논문.
74 『동경대전』「포덕문」.

하여 압박과 착취가 없고 모든 사람이 자유롭고 평등한 지상천국을 건설하려는 이상을 보여 주었다. 수운은 평등과 자유는 인간의 타고난 천부적 권리라고 주장하면서 계급 타파의 최초 시범으로 가문 전래의 노비를 해방시켜 그 중에서 한 사람은 며느리로 삼고, 다른 한 사람은 양녀로 삼아 출가시켰다. 그 어느 선각자도 실천하지 않았던 것을 수운 자신이 몸소 실행의 모범을 보인 것이다.

한편 동학의 경제적 평등관은 천직천록설天職天祿說에서 제시되고 있다. 수운의 『용담유사』에서 이르기를 "천생만민하였으니 필수지직 할 것이라."[75]고 하였는 바 이것은 한울님이 사람을 내고는 반드시 직업을 주었다는 뜻으로 직업은 모든 사람에게 천부적으로 주어지는 것을 의미한다. 그리고 또 『용담유사』에서 말하기를 "한울님이 낼 때 녹 없이는 아니 내네."[76]라고 하였는 바 사람은 누구나 자기 먹을 것을 타고난다는 것이다. 그러나 불평등한 현실은 천직을 잘 지키고 부지런한 사람들이 천록을 충분히 받지 못하고 기아에 허덕이고 있으며 천직을 지키지 않는 기생충들이 도리어 남의 천록까지 독점하고 있으니 이것은 천리 천명에 어긋난 죄악이므로 근본적 개혁을 거쳐 반드시 이러한 불공평을 없애야 한다는 도리를 말해 준다.

그리고 '만사지萬事知 식일완설食一碗說'은 해월이 천직천록설을 좀더 직설적으로 표현한 말인데 그 뜻은 인간 사회의 모든 모순, 즉 개인간의 분쟁이나 계급간의 투쟁이나 민족간의 알력이나 국가간의 전쟁이란 그 근본 원인은 기실 밥 한 그릇 싸움에 불과하므로 인간 만사의 근본적 해결은 무엇보다도 대중에게 밥 한 그릇을 골고루 분배함에 있다는 것이다.

---

75 『용담유사』「교훈가」
76 용담유사』「안심가」 "天不生無祿之人."

다시 말하면 남의 밥그릇까지 빼앗아서 자기의 소유로 만들겠다는 강자의 탐욕과, 제몫으로 오는 밥그릇만은 빼앗기지 않겠다는 약자의 불만과 항쟁은 인간 세상의 모든 분란의 제일 큰 원인으로, 인간 만사의 해결책을 공연히 어려운 문제만 생각할 것이 아니라 인간 각자의 밥 한 그릇에서 출발해야 한다는 것이며, 인간 각자에게 천직과 천록을 고르게 주었다는 근본 권리를 실현해야 한다는 것이다. 동학혁명 시기 폐정개혁안의 12개조에서 '무명 잡세를 모두 폐지할 것'(제8조), '공채나 사채를 막론하고 이왕의 빚은 모두 무료로 할 것'(제11조), '토지는 평균적으로 나누어 부치게 할 것'(제12조) 등은 농민들의 절박한 경제 이익을 반영하고 경제적 평등을 요구하는 뚜렷한 표현이었다.[77]

경제적 평등주의를 논할 때 봉건시대에나 지금이나 가장 중요한 것은 땅에 대한 정의일 것이다. 특히 모든 경제적 산물을 땅에 일차적으로 의존할 수밖에 없었던 근대 이전 시대에서는 거의 분명한 사실이었다. 동학이 창도되기 이전 조선에서는 이미 실학자들이 토지의 균분, 여전제와 경자유전의 원칙 등을 제시했으나 어느 곳에서도 실행되지 못하였으며 불평등한 경제 구조는 개선되지 못했다.[78] 그러나 동학에서는 그 같은 실학자들의 주장이 곳곳에서 수용되어, 그들의 포고문·창의문·창도 이념 등에 나타나고 있다.

동학에서는 귀족주의에 반대하여 부를 독점하고 있는 양반, 토호에 대해서는 철저하게 대항하고 있다. 따라서 동학은 소외된 농민 대중을 구하려고 하였고 그리고 보국안민도 역시 농민들 억조창생을 위한 보국이

---

77 Tai-gu Noh, *Ibid*.
78 실학 사상은 개혁적 성향을 가졌음에도 탁상공론적 한계를 동시에 안고 있었다. 이에 대한 구체적 내용에 대해서는 졸고, 「한국 민족주의와 전통성」, 『민족주의와 근대성』, 민족문제연구소 제5회 학술대회 발표 논문 참조, 1997.

지 양반과 세도 정치의 존속을 위한 보국은 아니었던 것이다. 결국 동학의 사회 사상의 핵심은 안민과 구민이었으며 그것이 '무빈無貧의 민중경제' 즉, '민생주의'의 사상으로 구체화된 것이다.[79]

2. 공동체주의

공동체라는 용어는 너무나 다양한 배경과 문맥 속에서 사용되고 있기 때문에 어떤 경우에도 통용될 수 있는 일의적 개념 정의는 거의 불가능한 것으로 보인다. 공동체에 대한 조작적 개념 정의로 '공동체는 이 용어를 사용하는 각각의 논문들에서 개별적으로 정의하지 않는 한 비과학적인 용어'[80]라고 정의되고 있는 바 사회 과학적 용어로서의 공동체는 매우 다양하게 사용되기 때문에 어디에나 두루 통하는 용어로서 흔히 묘사되어 왔다. 민족의 개념이 그렇듯이 공동체의 개념도 '우리는 질문을 받지 않을 때는 그것이 무엇인지 알고 있으나, 그것을 금방 설명하거나 정의할 수는 없는' 미묘한 패러독스를 발생시킨다. 민족의 개념과 마찬가지로 공동체의 의미도 일종의 신화와 허구의 요소를 포함하는 것이기 때문이다. 그러나 그렇다고 하더라도 이 개념이 인간 사회의 역사 변동에 있어 중심적 측면과 관계하고 있는 것은 틀림없다고 하겠다. 따라서 공동체의 개념은 간단하게 다루어질 문제가 아니다.[81] 그럼에도 여기에서는 동양 전래의 의미[82]로 쓰였던 공동체로서의 민족, 이른바 민족 공동체

---

79 위의 글, 39쪽 참조.

80 M. Freirich 1963, *"Toward an Operational Definition of Community"*, Rural Sociology, 28, p.118.

81 '공동체적 삶'이야말로 현대인과 인류가 절실하게 추구하는 미래사회의 이상적 삶이기 때문이다. 신용하 편, 『공동체이론』, 문학과 지성사, 1994, 17쪽.

82 예를 들면 우리 민족이 전래로 쓰고 있었던 마을 공동체, 향약 공동체, 두레 공동체 등과 같은 공동체 개념을 말한다.

에 관한 의미로서의 공동체주의를 바탕으로 동학사상과 그 실천 과정에서의 공동체적 성격을 규명해 보고자 한다.[83]

현대의 공동체 이론들은 대체로 다음과 같은 이념적 요소들을 공통적으로 포함하는 것으로 생각된다. 첫째, 현대 공동체 이론은 사회 관계의 완전성과 전인성(whole man)을 실현하는 방법으로 공동체를 다루고 있다(민족주의). 둘째, 현대 공동체 이론은 공동체적 삶의 이념으로 평등주의(egalitarianism)를 중요시하고 있다(민권주의). 셋째, 공동체주의자들에게 있어 공동체는 박애 정신과 형제애의 표현으로 이해되고 있다(민생주의). 넷째, 현대 공동체 이론은 미래의 사회가 필요로 하는 새로운 공동체의 요소로서 합리적 토론 문화를 중요시하고 있다(문화주의).[84]

동학은 고유의 공동체적 성격을 제시하니 그것은 위의 민족·민권·민생·문화의 내용을 수용하는 것이다. 즉, 수운은 "오도吾道는 유·불·선儒佛仙 합일이라. 즉 천도는 유·불·선이 아니로되 유·불·선은 천도의 한 부분이라. 유儒의 윤리와 불佛의 각성과 선仙의 양기는 사람 성性의 자연한 품부이며 천도의 고유한 부분이니 오도는 그 무극대원無極大源을 잡은 자이다."[85] 따라서 동학의 공동체 사상이 나타내고 있는 이념적 지향 내지 특징으로는 다음과 같은 것을 들 수 있다.

첫째, 동학의 공동체 사상은 국내 정치에서의 계급 화해와 국제 정치에서의 세계 평화주의의 이념적 근거가 될 수 있다. 동학은 조선 왕조의 계급 모순에 대하여 비판적이었지만 그로부터 계급투쟁적 이데올로기를 발전시키지는 않았다. 해월은 "사람은 한 사람이라도 썩었다고 버릴 것

83 민족 공동체에 관한 구체적 규정과 내용은 노태구, 「동학의 공동체 원리와 통일이념」, 『한국정치학회보』 제30집 2호, 1996, 79-98쪽 참조.
84 위의 글, 84쪽.
85 이돈화, 『천도교창건사』, 앞의 책, 47쪽.

이 없으니, 한 사람을 한 번 버리면 큰 일에 해롭다."[86]고 했다. 세상 모든 사람들이 도덕 군자로서 동귀일체하는 공동체를 지향하였던 동학에 있어 사회는 서구식 사회주의의 계급 갈등의 무대이기보다는 화해와 협력의 장이었다.

한편 해월은 동학이 한국 정신문화의 상징으로서 전 세계로 퍼져 나갈 것이라고 예언했다. 또 우리나라의 영웅 호걸은 모두 만국의 포덕사로 나가고, 제일 못난 이가 본국에 남아 있게 되는데 그 사람조차 도통한 이라고도 했다.[87] 이것은 우리의 문화와 사상으로 세계를 이롭게 하겠다는 홍익인간의 정신과 일맥상통하는 것이라고 할 수 있다. 동시에 이것은 세계 평화주의의 표현이라고 볼 수도 있을 것이다.

둘째, 동학의 공동체 사상은 한국 사상 특유의 휴머니즘을 배경으로 하고 있다. 다른 종교들과 비교해 볼 때 동학에서의 신과 인간의 관계는 대단히 가까운 것으로 설명된다. 동학의 한울님은 인간이 접근할 수 없을 정도로 아득한 곳에 있는 존재도 아닐 뿐더러, 인간 위에 군림하지도 않는다. 수운은 한울님을 "네 몸에 모셨으니 사근취원 하단말가."[88]라고 묻는다. 동학의 한울님은 우리 인간들 속에 모셔진 존재이다. 여기에서 시천주의 교리가 나왔다. 시천주 사상은 인격의 가치를 신과 같은 위치에까지 끌어올리는 종교적 휴머니즘의 극치이다. 이제 인간은 신에 의한 피조물로서만 평등하게 태어난 것이 아니라, 제각기 똑같은 한울님을 자기 속에 하나씩 모신 고귀한 존재로서 평등한 것이 된다. 동학의 공동체 사상은 이와 같은 고도의 휴머니즘을 배경으로 하고 있다.

셋째, 동학사상은 평등주의를 기초로 한 민주주의적 공동체를 이념적

---

86 『해월신사법설』「吾道之運」.
87 『해월신사법설』「開闢運數」.
88 『용담유사』「교훈가」.

목표로 하였다. 동학은 사회적 귀천의 구별을 초월하여 사람은 누구나
똑같은 한울님을 모신 존귀한 존재로서 인격적으로 무궁한 자기 확대의
가능성을 지녔다고 가르친다. 동학의 도성입덕은 유교나 불교처럼 힘든
것도 아닐 뿐더러 누구에게나 개방되어 있다. 수운은 "십년을 공부해서
도성입덕 되게 되면 속성이라 하지마는 무극한 이내 도는 삼년 불성不成
되게 되면 그 아니 헛말인가."[89]라고 했다. 동학은 조선조의 피지배층들
을 향해 근대적 인격의 모형과 거기에 도달하는 방법을 제시했다. 동시
에 그것이 누구나 도달할 수 있는 목표임을 분명히 했다. 동학은 사민의
평등을 설파하였고 소수의 양반들보다는 온 백성이 나라의 주인이라고
주장하였다.[90] 이런 점에서 동학의 공동체 사상은 평등주의를 배경으로
한다고 할 수 있다.

넷째, 동학이 지향하였던 공동체는 한국 사상사의 신인합일주의적 교
정일치의 전통을 배경으로 하였다. 동학사상은 한국 고대의 단군 풍류도
와 여기에 기원을 둔 화랑도의 사상에 뿌리를 두고 있다는 해석도 있
다.[91] 동학은 풍류도의 신인 합일 사상을 계승하였기 때문에 한울님과 인
간의 영성적 하나됨[吾心卽汝心]과 이것을 매개로 한 인간들 사이의 정신적
교류[接靈]를 중요시한다. 따라서 동귀일체의 동학적 공동체는 공동체 내
의 인간 관계에 있어 사인여천의 윤리를 지향한다. 이러한 공동체는 포
스트 모더니즘(post-modernism) 시대에 문화주의의 신인간의 형제애와 전인
성으로 특징지을 수 있다는 것은 쉽게 알 수 있는 사실이다.

다섯째, 동학이 지향하였던 공동체는 평등하고 자유로운 구성원들 사

---

89 『용담유사』, 「도수사」.
90 『해월신사법설』, 「포덕」, "唯天은 無別班常而賦其氣寵其福也요 吾道는 輪於新運而使新人으로
更定新制班常也니라."
91 조용일, 『동학조화사상연구』, 동성사, 1990.

이의 이성적 담론(discourse)과 합의를 공동체적 결합의 중요한 기초로 하였다. 동학은 흔히 한국 근대 민족주의의 원형으로 이야기되고 있다. 근대 민족주의는 개개인의 최고의 충성은 마땅히 민족 국가에 바쳐져야 한다고 느끼는 하나의 심리 상태라고 할 수 있다. 이러한 심리 상태로서의 민족의식은 자발적이어야 한다. 인간은 누구나 자신이 그 집단의 주인이거나 중요한 존재임을 느끼지 못하는 한 거기에 대해 충성심을 갖지 않기 때문이다. 동학은 피지배층으로 길들여져 온 조선 왕조의 서민들에게 사회적 평등 의식과 주인 의식을 일깨워 줌으로써 한국 민족주의의 정신적 기초를 마련하였다. 동학은 이러한 민족 공동체의 운영을 위한 기준, 즉 정치원리로서 '합리적 토론'의 규칙을 발달시켰다.

이러한 동학사상의 공동체적 특징은 그들의 운동 과정에서 그대로 실천되었다. 우리는 그 같은 사실을 접接·포包 조직과 집강소執綱所에서 발견할 수 있다. 접·포 조직은 동학의 교단 조직을 말하고, 집강소는 동학(농민)군에 의해 설치되었던 자치 행정 조직을 의미한다. 접 조직과 집강소는 모두가 동학 운동과 관련하여 형성된 것이라고 볼 때 유사한 조직원리와 이념을 바탕으로 하였을 것으로 생각해 볼 수 있다. 그러나 접이 종교 활동을 목적으로 하였는 데 비하여 집강소는 자치 행정을 위한 기구였다는 점에서 양자는 명확히 구별된다.[92]

'접'은 한국의 전통적인 문도門徒 조직에서 오래 전부터 사용되어 오던 개념이다. 문도 조직 형태로서의 접은 한국 유학의 서당이나 서원 조직은 물론 불교의 선문 조직에서도 일찍부터 그 흔적이 나타나고 있다. 접

---

[92] 그럼에도 동학농민혁명의 사회적 기반을 형성한 것은 양인 농민들이었다고 하지만, 이념적 조직적 차원에서 이 전쟁을 사실상 이끈 것은 동학이었다고 할 수 있다. 따라서 집강소 활동을 주도한 것도 대부분 동학교도들이었고 이렇게 볼 때 접포 조직과 집강소는 그 인적 구성에 있어 밀접한 연관성을 지니고 있었다고 보아야 한다.

의 기원은 신라의 화랑도 조직에까지 거슬러 올라간다는 주장도 있다. 이러한 추론에 의한다면 동학의 접과 포가 화랑도의 '문門'의 연장이라고 해석할 수도 있을 것이다.[93] 한편 동학의 접과 포가 화랑도·풍류도의 전통을 직접 계승한 것이라고 설명하는 경우도 있다.[94]

집강執綱은 조선 왕조 지방 행정의 말단 관직 명칭이었다. 그러나 집강은 반드시 행정 조직에만 사용되었던 것은 아니었다.[95] 조선 왕조의 관치 행정 기관은 그 범위가 부府·군郡·현縣까지만 미치고 있었다. 때문에 그 이하의 행정 단위인 면·동·리·통은 사실상 자생적 마을 공동체로서의 자치 단위에 속했다. 여기에서 집강은 면의 우두머리를 이르는 명칭들 중의 하나였다. 1895년에 그 명칭이 집강으로 통일되기 전까지 면의 우두머리는 지역에 따라 면임面任, 방수防首, 풍헌風憲, 약정約定 관령管領 도윤都尹 등 다양한 형태로 불렸다. 조선 왕조 행정에 있어 집강은 자치 행정 기능과 관치의 보조 기관 성격을 동시에 지니고 있었다.[96] 집강은 통상 임기 1년에 대개 주민의 공선公選과 좌수座首·별감別監의 천거로 지방 수령이 임명하였고, 양반뿐만 아니라 양인들도 임명될 수 있었다. 『목민심서』에는 삼남 지방의 집강들이 연분법年分法에 따라 전결田結을 장악하

---

93 이선근, 『화랑도연구』, 동국문화사, 1954, 136-142쪽.

94 "동학에서 말하는 '개접開接' '파접罷接'이라는 '접'은 물론이요, 또한 동학교단의 조직체계에 있어 '접주'라는 것도 결국은 고운 최치원의 '접화군생接化群生'에서 나온 것이 아닐 수 없다. 그렇다면 '포'란 어디서 나온 것일까? 나는 이를 고운이 말한 風流道의 '包含三敎'의 '包'에서 나온 것이요, 동학은 유불선 삼교를 포함한 도요 교이므로 마땅히 이들 삼교의 신자들을 모두 포섭하지 않으면 안 된다고 하는 뜻에서 동학교단의 조직상 사용되었으리라고 생각한다." 조용일, 「고운에서 찾아 본 수운의 사상적 계보」, 『한국사상』 제9집, 신명문화사, 1968, 150쪽.

95 동학농민혁명과 관련된 역사 자료들 속에는 집강이라는 명칭이 전라도의 농민군 조직에서만 사용되고 있었던 것은 아님을 알 수 있게 하는 기록들이 발견된다. 예컨대 강원도 지역의 반농민군 활동을 보여주는 기록인 「東匪討錄」에서는 토벌군의 말단 지휘관들은 대개 '집강'으로 표기되어 있다.

96 김운태, 『조선왕조행정사』 근세편, 박영사, 1983, 135-137쪽 참조.

는 권한을 지녔다고 기록되어 있는 것으로 보아, 집강은 전통적으로 아전들의 권한에 속하던 부분을 어느 정도 관장하는 경우도 있었던 것으로 보인다. 요컨대 집강은 한국 고유의 지방 자치 행정 기관으로서 그 기원이 명확하지는 않지만, 조선 왕조 향촌 사회의 전통적 마을 공동체와 잘 어우러지는 조직적 특성을 지니고 있었던 것이다. 집강소는 동학 농민군들이 이와 같은 전통을 그들의 자치조직에 원용하면서 만들어진 것이라고 할 수 있다.[97]

동학의 접은 종교적 수련과 교단의 조직화라는 양면적 목적을 지닌다. 원래 접은 신인 합일적 종교 집회를 이르는 말이다. 접은 삼한시대의 무천 의식이나 부여의 영고와 같은 전통이 제도화된 것으로 생각된다. 『도원기서道源記書』에서 접에 관하여 '천지에 응하는 것으로 접하게 되고', '하늘에서 개하고 하늘에서 접하는 것' 등과 같이 표현한 것은 동학의 접이 이러한 전통의 연장선상에 있음을 시사하고 있다. 따라서 접은 시천주의 이념을 조직을 통해 구체화한 것이라 할 수 있다. 접은 그 구성원들의 동귀일체, 즉 공동체적 원리에 의하여 운영되는 조직이다. 따라서 여기에서는 수직적 명령권의 구조가 기능적 의미 이상을 갖지 않는다. 접의 조직 구조는 수평적 관계를 전제로 한 자발적 협동에 의해 형성되는 것이다.

수운에 의해 그 틀이 처음 형성되고 해월의 정력적 활동을 통하여 발전된 동학의 접 조직은 마치 감자 덩굴과 같은 방사형의 구조를 가지고 있었다. 접주제에서 각 접들의 관계는 독립적·분권적이다. 수운은 분산된 각 접들을 엮어 주는 커뮤니케이션의 채널로서 '통문通文'이라는 제도를 고안해 냈다. 통문은 접들에 대해 중앙의 의사를 전달하고 각 접간의

---

97 노태구, 「동학의 공동체원리와 통일이념」, 앞의 글, 87-89쪽 참조.

조정과 협력을 위한 통로였다. 접의 구성은 신도들간의 연원 관계淵源關係를 기준으로 했기 때문에 지리적 공간과는 별 관계가 없었다. 때문에 같은 지역에 두 개의 접이 있을 수도 있었고, 자기가 살고 있는 곳과 다른 지역의 접에 속한 신도가 있을 수도 있었다. 수운은 접주가 있는 곳에 접소接所를 두었다. 후에 동학의 교세가 확장되자 해월은 접들을 지역별로 묶어 각 지역의 대연원주를 그 대표자인 대접주로 임명하였다. 해월은 이것을 '포包'라고 했다.[98]

동학의 교단 조직이 접·포였다면 동학 농민군의 자치조직은 집강소였다. 1894년 혁명군들이 호남을 장악하게 되자 전라도 53주에서는 관치조직의 기능을 실질적으로 대신하는 집강소가 탄생하였다.[99] 집강소와 동학의 교단 조직은 인적 구성에 있어 깊은 관련을 가지고 있었지만 집강소가 교단 조직의 일부는 아니었다. 집강소는 교단과 별개의 자치 행정 조직이었다. 특히 집강소는 동학 농민군들이 내세운 폐정개혁안의 실천과 관리들의 문서에 대한 검열, 인민들의 소장에 대한 처리, 치안 유지 등 지방 자치 행정 전반에 관한 업무를 담당하였으며, 제2차 봉기에 이르러서는 농민군들의 동원과 조직화 역할을 담당하였다.

집강소는 한국의 전통적인 마을 공동체의 자치 원리를 그것보다 상위의 행정 단위인 부·군·현의 자치 기구로 승격시킨 것이라고 할 수 있다. 따라서 집강소의 행정은 기성의 행정 구역을 단위로 하였지만 재래의 마을자치 원리를 본격적인 정치·행정 제도로 승화시킨 것으로 평가할 수 있다. 집강소는 공동체 사회를 배경으로 하는 행정이 어떠한 조직을 바

---

98 동학혁명 당시 김개남포, 손화중포, 김덕명포 등의 이름이 바로 그것이다. 각 포 대접주의 이름을 따서 포의 명칭으로 삼았던 것이다. 또 동학혁명 기록에는 '起包'라는 말도 자주 보이는데 이는 혁명군이 동학의 포 조직을 동원했다는 말이다.

99 김의환, 「전주화약과 집강소」, 『한국사상』 제12집, 1985, 269-300쪽 참조.

탕으로 해야 하는 것인지에 대하여 많은 것을 시사하고 있다. 즉, 주민 참여와 여론 수렴에 의한 자치의 실현이 그것인데 이는 오늘의 지방자치의 모태로 평가된다.

동학사상은 한국인들의 전통적인 공동체 의식을 근대적으로 표현한 것이라고 할 수 있다. 한국 근대기의 다른 사상들과 달리 동학은 자주적이고 진보적인 입장에서 새로운 사회 이념을 추구하였다. 동학사상의 자주성은 이것이 한국 전통 사상의 비판적 종합을 토대로 발전적 정치 이념을 발견하고자 하였다는 점에서 단적으로 드러난다.[100] 동학의 공동체주의는 전통적 사고와 원형에 근거하여 조선 왕조의 유교적 통치 이념의 한계와 모순을 직시하고 지금까지와는 질적으로 다른 새로운 공동체를 통하여 새로운 시대에 대응하려고 하였다는 점을 발견할 수 있다.

이 같은 동학의 정치사상은 후일 천도교 청우당의[101] 4대 강령[102]으로 더욱 구체화하고 확대되어 이른바 민족 공동체의 실현 방안으로 발전하였다.[103]

---

[100] 노태구, 앞의 글, 95쪽.
[101] 청우당은 일제 때 천도교 청년당을 모체로 1931년 창도되어 지하 활동 중 해방 이후 본격적으로 등장했으나 남북에서 모두 중도를 주장하다 설 자리를 잃고 비극적으로 종말을 맞은 정당이었다. 현재 북에 있는 청우당은 한동안 비록 간판으로나마 그 명맥을 유지하고 있다고 볼 수 있다. 오늘날 청우당에 관한 기록은 천도교에서 발행하는 일부 책자에 간단히 소개되고 있을 뿐이다. 구체적 내용은 후술함.
[102] 청우당의 사대 강령은 첫째, 民族自主의 이상적 民主主義 독립 국가의 건설. 둘째, 事人如天의 精神에 맞는 새 도덕의 수립. 셋째, 同歸一體의 理念에 맞는 새 경제제도의 실현. 넷째, 國民皆勞制를 실시하여 일상보국의 철저를 기함이다.
[103] 김철 편저, 『東學精義』, 동선사, 1989, 353-386쪽 외 참조. 구체적 내용은 후술함.

제4절 동학과 민족주의 정치사상

동학은 그 이름 자체가 서학에 대응하는 개념으로 창안되었을 정도로 민족주의적 성격을 가지고 있다. 또한 동학은 서양의 침략에 대해서만 경계심을 가지는 것이 아니라 중국 문화의 전통에도 도전하고 있다. 이 처럼 유구한 중국의 문화 전통에 도전했다는 점에서 동학은 참다운 한국 적 민족주의를 대표한다고 할 수 있다.

동학의 경전에 등장하는 '왜놈, 서양적'에 대한 수운의 적개심은 당시 기층 민중에게 있어서는 거의 절대적이었다. 만일 이 감정이 중국에 대한 충성을 감싸고 있다면 그 역시 사대주의이다. 이 사대주의의 속성을 극복할 때 비로소 우리의 민족주의는 그 이념적 역할을 다하는 것이라 할 수 있다.[104] 따라서 서양을 거부하며 전통적 중화 사상을 초극하는 동학사상은 한국 민족주의의 정치 이념의 최고봉이라 할 수 있다. 특히 한국 전통 사상의 맥인 조화와 화합을 계승해 인류의 미래상까지를 제시했다는 의의를 가지고 있는 것이다. 여기서 우선 이와 같은 동학의 민족주의적 실천을 살펴보고, 동학의 민족주의적 성격을 규명해 보고자 한다.

1. 동학의 민족 운동과 민족주의

민족주의를 '민족의 독립과 발전 및 통일을 지향하는 이데올로기와 운동'이라고 정의했을 때 모든 민족주의는 당대의 민족 운동으로 구체화된

---

104 특히 "儒道 佛道 累千年에 運이 역시 다했던가!" 하는 표현에서 동학은 기존의 동양 문화의 문제점과 한계를 실감했음을 알 수 있다. 노태구, 「동학사상의 연구」, 앞의 글, 36쪽 참조.

다.[105] 민족 운동의 담당자는 항상 억압과 수탈에서 벗어나고자 몸부림치는 민중들일 수밖에 없다. 그래서 그들의 요구는 언제나 전체 민족의 자주·자립과 해방이라는 요청과 합치된다. 따라서 민족 운동의 담당자로서의 민중의 민족주의가 그 나라의 민족주의로 실체화될 때만이 민족의 자주·자립, 통일된 민족 국가의 수립과 발전이라는 민족주의적 요구의 실현이 가능해진다.

역사적으로 보아도 민중을 기반으로 하는 비판 세력이 주창하는 민족주의는 세계 지배 체계나 외세에 대해서는 저항성을 띠고 대내적으로 민중 지향성 내지 민주적인 성격을 지닌다. 이에 반해 지배 계층이 주장하는 민족주의는 대외적으로는 외세 의존성을 나타내고 대내적으로는 권력 지향성 내지 독재성을 띤다. "민족주의가 일부 지배층의 이데올로기로 되었을 때, 민족주의의 내용은 추상화되고 관념화되며 공허하게 되어 왔다. … 진보적이고 저항적인 민족주의는 민중에 의하여 추진되어 왔다. 이러한 민족주의는 민중의 구체적인 요구의 표현으로 나타났다. 그러므로 이러한 민족주의는 민중의 자유·평등·평화에의 요구를 반영하는 이데올로기"[106]라는 것이다.

진정한 민족주의는 민중 중심의 요구가 절박하게 제시되고 있는 민족 운동에서 가장 극렬하게 표출된다. 우리의 근대사에서도 서세동점에 대항했던 척사위정론이나 청국의 지배로부터 벗어나려 했던 개화론은 피지배 계층인 민중과는 유리된 지배 계층의 정치 이론이었기에 한계를 지닐 수밖에 없었고, 허망한 실패로 끝날 수밖에 없었다.[107]

---

105 그래서 80년대 이후 많은 연구가 민족 운동과 민족주의론을 연결하는 작업으로 이어졌지만 아직도 보다 미시적이고 구체적인 실제 민중의 생활 세계 차원의 연구는 부족한 상태이다.
106 안병직, 『삼일운동』, 한국일보사, 1975, 30-31쪽.
107 이런 점에서 한국 민족주의는 각성된 소수 지배층과 서구 근대교육을 받은 부르주아 및 쁘띠 부르주아 지식인의 위로부터의 개혁과 민중의 밑으로부터의 혁명이라는 이중적 구조였다는

역시 한국의 민족주의가 온전한 모습을 갖추고 꽃피었던 것은 1894년의 동학혁명을 통해서였다. 동학혁명은 한국의 민중(농민)이 주체가 되어 일으킨 민족주의 운동이었다. 그런가 하면 동학혁명은 민중에 의한 반제국주의적(반외세적)이고 반봉건적(민주적)인 정치 운동이었다. 이러한 한국 민족주의로서의 동학의 등장은 다음의 역사적인 두 가지 도전에서 출발한다.[108] 그 하나는 외부로부터 제기된 도전으로서 선진 자본주의 열강의 침입의 시작이 그것이었다. 이 외부로부터의 선진 자본주의 열강의 도전은 한민족에게 민족사상 가장 위협적이고 응전하기 어려운 도전이었다. 왜냐하면 그때로부터 약 1백년 전에 벌써 산업혁명과 시민혁명을 치렀던 서구의 이 도전은 궁극적으로 조선을 제국주의의 식민지로 점유해 버리려는 도전이었을 뿐 아니라 산업혁명을 거친 근대 체제에 의한 이질 문명의 도전이었기 때문이었다.

두 번째 도전은 한국의 민족 사회 내부에서 나온 도전으로서 민중(특히 농민층)의 가렴주구 폐지와 양반 신분 사회 폐지 요구가 그것이었다. 1811년 홍경래의 난을 하나의 전환점으로 해서 그 후 해마다 끊임없이 대·소규모의 민란이 일어났으며, 1862년의 진주민란은 체제 개혁을 요구하는 밑으로부터의 농민 폭동의 대표적 사례였다. 또한 농민층을 선두로 한 광범위한 하위 계층의 신분 체제에 대한 불만은 당시의 사회 질서의 근본적 개혁을 요구하는 커다란 사회적 긴장과 갈등의 요인이 되고 있었다. 동학은 이러한 민중적 요구를 결집하는 형태로 등장했다.

수운에 의해 창도된 동학은 출발부터 이러한 대내외의 도전에 대응할 유일한 세력을 민중으로 정한다. 따라서 그들의 활동은 자연 민족 운동

일부 학계의 지적은 안이한 탁상공론이라 하지 않을 수 없다.
108 노태구, 「세계화를 위한 한국 민족주의론」, 앞의 책, **178-179**쪽 참조.

을 수반할 수밖에 없었다. 그리고 수운의 이러한 시도는 조선 민중에게 최초로 '왜 내가 세상의 주인인지'를 체계적으로 인식케 한 것이다. 실제로 수운의 동학이 민중에 미친 영향은 다음과 같이 정리할 수 있다.[109]

첫째, 사람은 위대하다. 동학은 무궁한 힘을 가진 한울님만을 믿으라고 강조한다. 그리고 한울님에게 정성을 다하고 한울님을 진심으로 공경하면 한울님은 그 사람에게 감응하게 된다는 것이다. 그리하여 사람은 한울님으로부터 '무극대도'를 받을 수 있다. 여기서 한 가지 주의할 점은 이 '무극대도'를 받는다고 할 때에 두 가지 뜻이 있다는 것이다. 즉 최제우가 처음으로 무극대도를 받았다는 것이 그 하나의 뜻이요, 이렇게 받은 무극대도를 동학 신자들이 소정의 수도 과정을 거쳐 동등하게 받는다는 것이 또 하나의 뜻이다. 후자의 뜻으로는 사람은 누구나 동학을 믿음으로써 무극대도를 받을 수 있게 된다. 혹은 조화를 부리고 만사를 깨달을 수 있다는 것이다.

그런데 동학을 믿는 조건에는 격식이 없었다. 가문이나 신분의 구별 없음은 물론 학식이나 재질 같은 조건도 요구되지 않았다. 따라서 일반 민중이 마음만 있으면 쉽사리 동학의 가르침을 실행할 수 있었다. 이러한 가르침은 사람들에게 큰 희망과 용기를 주었다. 특히 봉건 사회의 붕괴 과정에 휘말려 불안에 떨고 천대에 설움 받던 민중에게 큰 희망과 용기를 주었을 것이다. 19세기 말의 동학 운동(반봉건 투쟁)이나 20세기 초의 3·1 운동에 참여한 우리 민중들은 적든 많든 이러한 동학의 가르침의 영향을 받고 있었다. '위대한 사람이 바로 나'라는 인식은 우리 사회 근대의 출발이었다.[110]

---

109 최동희, 「종교와 민족주의」, 한국사상연구회 편, 『한국사상강좌』 9, 1968, 136-139쪽 참조.
110 김지하는 한국사회의 근대 기점을 동학의 등장으로 여러 차례 지적한 바 있다.

둘째, 사람은 존엄하다. 동학은 사람은 누구나 한울님을 모실 수 있고 또 모셔야 한다고 가르쳤다. 사람은 한울님을 먼 데서 구할 것이 아니라 사람의 안에서 구해야 한다는 것이다. "네 몸에 모셨으니 사근취원 하단 말가?"라는 물음에서 알 수 있듯이 가장 거룩한 존재인 한울님에게 가장 가까운 것이 우리 인간이다. 가장 거룩한 한울님을 모시고 있는 인간이라면 역시 그 자체도 거룩하지 않을 수 없다. 가장 거룩한 존재에 가장 가까운 존재라면 그 자체로 거룩하지 않을 수 없다. 이와 같이 동학은 사람은 누구나 한울님을 모실 수 있다고 가르침으로써 인간의 존엄성을 가르쳤다. 특히 최제우의 후계자인 최시형은 이 인간의 존엄성을 더욱 강조했다.

> 모든 사람을 한울님으로 대접하라. 손님이 오거던 한울님이 오셨다고 하
> 여라. 어린이들을 때리지 말라. 이것은 한울님을 때리는 것이다. … 사람
> 섬기기를 한울님 섬기듯이 하라(事人如天). (『해월신사법설』「대인접물」)

이와 같이 동학은 문벌이나 학벌을 떠나서 사람을 그 자체로 존엄하다고 보았다. 이러한 가르침은 양반들로부터 인간 이하의 대우를 받고 있던 민중에게 인간으로서의 긍지를 가질 수 있게 했을 것이다. 이러한 가르침은 양반과 평민을 마치 씨가 다른 듯이 보는 조선조 성리학적 계급 체제를 무너뜨리는 하나의 사상적 뒷받침이 되었고, 민족적 우월감을 전제한 일제의 압제를 물리치려는 민족 운동의 한 뒷받침도 되었다.

셋째, 소원은 다 이루어진다. 동학은 한울님만 잘 믿으면 무극대도를 받는다고 가르쳤다. 그것을 받으면 어떻게 되는 것일까? 조화를 부리고 만사를 깨닫는다고 한다. 조화를 무엇으로 해석하느냐가 문제이기는 하나 조화를 부린다는 것이 어떤 놀라운 위력을 발휘하는 것을 가리킨다는

것은 의심할 여지가 없다. 만사를 깨닫는다는 것은 역시 놀라운 지력을 발휘한다는 것을 뜻할 것이다. 이렇게 동학은 민중에게 위대한 미래를 약속하였다.

> 열세 자 지극하면 만권시서 무엇하며 심학心學이라 하였으니 불망기의不忘其意하였어라 현인군자될 것이니 도성덕립道成德立 못 미칠까.(『용담유사』「교훈가」)

개인에게 거의 무엇이나 다 뜻대로 실현할 수 있다는 약속을 함으로써 영웅적인 분발을 불러 일으켰다. 뿐만 아니라 사회에 대해서도 화려한 미래를 약속했다. 즉 멀지 않아 좋은 세상이 온다는 것이다.

> 성경誠敬 이자二字 지켜내어 차차차차 닦아 내면 무극대도 아닐런가 시호시호時乎時乎 그때 오면 도성덕립 아닐런가.(『용담유사』「도수사」)

> 십이제국 괴질운수 다시 개벽 아닐런가.(『용담유사』「안심가」)

> 하원갑 지내거든 상원갑 호시절에 만고없는 무극대도 이 세상에 날 것이니 너도 또한 연천年淺해서 억조창생 많은 백성 태평곡 격양가를 불구不久에 볼 것이니 이 세상 무극대도 영세무궁 아닐런가.(『용담유사』「몽중노소문답가」)

이와 같은 화려한 미래 사회를 약속함으로써 현실 사회를 부정하는 혁명 정신을 불러 일으켰다. 특히 사후의 정복淨福 같은 것을 약속하지 않았다는 점이 주목된다. 좀 막연한 것이기는 하나 어디까지나 현세적인 이상을 약속했다. 이것은 민중으로 하여금 내면성에 침잠하게 하는 것이 아니라 사회 현실에 진취적으로 참여·투쟁케 하는 데 영향을 주었을 것이다. 실제로 동학의 민족 운동은 이러한 민중에의 직접적인 영향 하에서 출현했다.

동학의 민족 운동은 우선 서구 열강의 힘의 원천을 서학에 있다고 보고 서학에 대항하는 민중적 민족 종교를 만들어 포교함으로써 이에 응전하고자 했다. 수운은 서학의 운이 동학과 마찬가지로 상승하는 성운이라고 보아 서세에 대한 두려움과 경계의 관점을 보였다. 또한 도는 서학과 동학이 모두 동일하게 천도라고 본 것은 동학이 가진 보편주의적 천도관을 나타내는 것으로서 '하느님'을 자기 종교의 것이라고만 생각하는 전 세계 모든 종교들보다 훨씬 더 보편적이고 객관적인 관점을 정립한 것이며, 동양 문명과 서양 문명을 대등하게 보고 자기의 주관적 관점에서 서양 문명을 폄하하지 않는 합리적 관점을 나타내는 것이었다. 그러나 동학이 가진 서세와 서학에 대한 객관적 관점과 관찰은 서세와 서학을 두려워하여 "서학이 천시를 알고 천명을 받은 것이 아닌가." 의심하면서 서학의 창시자보다 자기 자신이 '늦게 태어난 것을 한탄'하고 서세와 서학의 침입을 막아낼 수 있는 서학보다 우수한 새로운 종교와 사상의 창조에 전념하도록 만드는 데 크게 작용한 것이었다고 볼 수 있는 것이다.

동학의 대 일본관 역시 서구에 대한 적개심과 다름없었다. 즉, 일본의 과거의 침략에 대하여 매우 강렬한 적개심을 나타내었다. 최제우는 일본의 침략에 대하여 '개 같은 왜적놈'이라고 힐난하였다. 그리고 앞으로의 일본의 재침략이 있을 경우에는 그가 앞장서 이를 막겠다는 결의를 시사하였다. 아울러 척왜양과 함께 탈중화의 문제의식을 갖고 있어 위정척사 사상과는 달리 중국에 대한 자주 의식을 강하게 갖고 있었다.[111] 조선과 중국의 관계에 대해 "입술이 없어지면 이빨이 시리다[脣亡齒寒]."는 식으로 표현한 최제우는 중국과 조선을 깊은 연대 관계를 가진 것으로 보면서도 조선을 이빨, 중국을 입술에 비유하여 조선을 중심에 놓고 민족주체적으로 파악하였다. 위정척사파들은 감히 조선을 이빨에 놓고 중국을 입술에 비유하지 못했다. 이에 비교하면 동학의 대 중국관이 민족주체적임을 확인할 수 있다.[112]

또한 동학은 민족적 위기를 단순히 대외적인 것으로만 한정하여 보지 않고 대내적으로도 민중이 도탄에 빠져 위기가 조성되었다고 보는 데 특징이 있었다. 따라서 동학은 대외적으로 보국할 뿐만 아니라 대내적으로 동시에 안민하고 광제창생해야 민족적 위기를 타개할 수 있다고 주장하였다. 보국안민을 기저로 하는 동학의 민족주의는 우선 역사의 주체로 민중을 선정해 당시의 농민층에 적합한 정치 이념을 제시했다. 그것이 전술한 동학의 민주주의적 성격이었다. 이는 동학사상의 시천주 이념에서 출발하고 있다. 즉, 최제우는 동양의 전통적인 천인 합일 사상에서 종래에는 하늘에 중심을 두었던 것을 역전시켜 사람에 중심을 둠으로써, 사람이 모두 마음 속에 한울님을 모시고 있다는 시천주 사상을 창조하였다. 최제우의 동학에 의하면, 사람은 누구나 마음에 한울님을 모시고 있는데, 이 한울님은 적서·노주奴主·남녀·노소·빈부에 전혀 차별 없이 모두 똑같은 동일한 한울님이며, 모든 사람들이 바로 같은 한울님을 평등하게 분유하여 내재화해서 모시고 있기 때문에 모든 사람은 평등하다는 사상을 정립한 것이었다.

동학의 이러한 민주주의 평등 사상과 인간 존엄의 사인여천적 휴머니즘은 당시 양반 관료들로부터 차별 받고 학대 받으며 살아오던 하위 신

111 수운의 유교에 대한 문제의식이나 동학혁명군의 격문 등을 보면 斥倭, 斥洋, 斥華는 같은 의미였다.
112 신용하, 『한국근대사회사상사연구』, 앞의 책, 171-172쪽 참조.

분층(평민층과 천민층)의 백성들에게 인간의 사회적 평등과 지고지귀함을 가르쳐 주고 확신을 심어 주어 그들에게 새로운 희망과 용기를 주고, 그들로부터 열광적인 환영을 받은 것이었다.[113]

동학 사회 사상의 이러한 측면은 당시 태어날 때부터 양반 관료들에게서 차별과 탄압을 받아 오던 하위 신분의 농민층에 매우 큰 친화력을 갖고 그들에게 무한한 희망과 용기와 자부심을 주는 복음이 되어, 농민층으로부터 열광적으로 환영을 받으며 수용되었다. 이어서 동학은 사회 신분제의 폐지와 전근대적·봉건적 구체제의 근대적 신체제로의 변혁을 요구하는 변혁의 종교, 변혁의 사상으로 발전하게 된 것이라고 볼 수 있다. 그리고 이러한 변혁의 종교·사상으로서의 동학은 그 이전부터 연속적으로 일어나고 있던 농민층의 민란과 결합하자, 농민층에게 체제 변혁을 위한 사상과 이념을 공급해 주었고, 동학의 조직은 종래의 군현 단위의 민란에 군을 뛰어 넘어 도와 전국 규모의 조직을 제공해 주어 1894년에는 마침내 동학혁명으로까지 발전하게 되었다고 볼 수 있을 것이다.[114] 이것은 한민족사에서 최초로 경험한, 전국적 규모로 조직된 밑으로부터의 근대 민족주의 운동이었다. 이러한 민족 운동은 천도교의 민중적 개화운동과 민족적 항일 운동으로 계승되고 그것은 한국 민족주의의 거대한 흐름으로 자리매김했다.

2. 동학의 민족주의적 실천

동학이 한국 민족주의의 이념을 실천하는 것은 반봉건·반외세의 동학

---

113 신용하는 이를 '농민적 민주주의'라고 정의했다. 위의 책, 172–174쪽 참조.
114 위의 책, 177쪽.

혁명에서 최초로 그리고 구체적으로 드러난다. 동학혁명은 당시의 사회적·경제적·정치적 제모순을 제거하기 위한 반봉건 운동이며, 일제에 대한 반침략 운동으로 민족주의적 성격의 민족 운동이었고, 사상적으로는 아래로부터의 민중 혁명적 성격을 띠면서 강력한 민족주의 의식에 입각했으므로 한국 민족주의의 이념형이 되었고, 이 민족주의의 이념은 그 후에도 항일 독립 운동에 계승되어 민족 해방 운동을 추진하는 원동력이 되었다. 구체적으로 혁명의 지도자인 전봉준이 고부 백산에서 공포한 '백산맹약'과 4대 강령에서 동학의 민족주의적 이념을 알 수 있다.

> 우리가 義를 들어 차에 至함은 그 본의가 斷斷 他에 있지 아니하고 창생을 도탄에서 건지고 국가를 반석 위에 두고자 함이라. 안으로는 탐학한 官吏의 머리를 버히고 밖으로는 횡포한 강적의 무리를 구축하자 함이다. 양반과 부호의 앞에 고통을 받는 민중들과 方伯과 수령의 밑에 굴욕을 받는 小吏들은 우리와 같이 원한이 깊은 자라. 조금도 주저치 말고 이 시각으로 일어서라. 만일 기회를 잃으면 후회하여도 미치지 못하리라.
>
> 첫째, 사람을 죽이지 말고, 재물을 파괴치 말 것.
> 둘째, 충효를 다하고 제세안민濟世安民할 것
> 셋째, 왜양을 축멸하고 성도聖道를 밝게 할 것.
> 넷째, 병兵을 몰아 서울로 들어가 부패한 권세층을 진멸盡滅할 것[115]

이와 같은 내용에서 알 수 있는 것은 동학이 당시 철저하게 민중들의 요구를 수용하면서도 그들을 계도하고 있다는 것이다. 특히 폐정개혁안

---

115 오익제 편저, 앞의 책, 178쪽 참조.

에서 제기한 탐관오리와 횡포한 부호 무리들에 대한 조사와 처벌, 불량한 유생과 양반들에 대한 징벌, 노비문서의 소각, 각종 천인들에 대한 대우 개선, 과부의 재혼, 문벌 타파와 인재 본위 등용, 일절의 잡세 폐지, 일본 침략자들과 밀통하는 반역자의 처벌, 일체 사채와 부채의 취소, 토지의 균등 분작 등의 주장에는 당시 농민들의 절실한 요구와 이해관계가 반영되어 있으며, 이것은 피착취 대중이었던 농민 대중의 의사와 요구를 직접적으로 대변하고 있다는 점에서 매우 주목되는 민족주의적 성격이다.[116]

또한 동학혁명의 2차 봉기[117] 때 공주 전투에서 혁명 진압군인 관군에 대한 전봉준의 호소문에서도 그 같은 민족주의적 성격을 잘 알 수 있다.

> 나라를 지키고자 일본과 싸우는 의거에 관군이 도리어 적 일군에 가담해 동족 상잔을 벌이고 있으니 어찌 애달픈 일이 아니오. 伐倭伐華는 우리의 대의일 것이니 함께 손잡고 나라를 지키자.[118]

동학혁명을 통해 성숙된 동학의 민족주의적 성격은 이후 '갑진개화혁신운동'으로 이어졌다. '갑진개혁혁신운동'은 의암 손병희 주도 하에 동학에서 시도한 전국적인 개화 혁신 운동으로서 진보회를 통하여 단발 운동, 민권 행사와 계몽 연설, 실용적인 의복 운동 등이 단행되었으며 전국에 360여 군데 민회가 설치되는 등 혁신적인 근대화를 모색한 동학도들의 운동을 말한다. 이에 당황한 정부와 일군의 탄압으로 동학혁명에 이

---

116 동학의 폐정개혁 12개조는 위의 책, 180쪽 참조.
117 임중산 선생은 동학혁명의 1차 봉기는 국내적 모순에 분개한 내부적 혁명의 성격이 강했던 데 비해 2차 봉기는 해월의 주도 하에 이루어진 근대 최초의 항일전쟁이었다고 주장한다. 따라서 항일의병의 기원도 다시 연구되어야 한다는 주장이다.
118 송건호, 『한국 민족주의의 연구』, 창작과 비평사, 1975, 194-196쪽 참조.

어 또다시 동학도들의 많은 희생이 뒤따랐다.[119]

동학의 민족주의적 실천은 3·1 운동에서도 여실히 나타난다. 그야말로 전민족의 거족적인 독립 운동이었던 3·1 운동은 비폭력 무저항의 정신과 평화주의의 사상 등 우리 겨레의 소중한 자산이다.[120]

3·1 운동의 의의는 첫째, 3·1 운동은 동학혁명의 계승이었다. 동학혁명의 후예인 천도교가 3·1 운동의 주역이었고 동학혁명의 통령이었던 손병희가 3·1 운동을 영도하고, 동학혁명이 추구한 정신이 3·1 운동의 정신이 되었다. 둘째, 3·1 정신은 자주적 민족 자결주의다. 그것은 민족의 주체적 독립 정신이다. 셋째, 3·1 정신의 특징은 뭉치는 힘이었다. 그것은 신앙과 사상을 초월한 민족의 단합과 단결의 정신이다. 넷째, 3·1 정신은 평화에 있었다. 독립을 추구하면서 배타적인 대신에 동시에 동양 평화를 추구하고 그 저항 수단 역시 비폭력이었다. 다섯째, 3·1 정신은 민주주의가 그 밑바탕이었다. 3·1 운동은 왕조사의 종언을 고하고 민주주의를 추구하는 근대적 민족주의에 기초한 것이다.

3·1 운동 이후에도 동학은 일제 통치 기간 내내 그리고 분단된 조국에서도 그들의 민족주의적 실천을 계속했다. 언론·출판을 통한 문화 운동, 청우당을 통한 정치 운동, 특히 일제의 탄압이 가중되던 1938년 멸왜기도 운동[121] 등으로 고난 속의 민족주의 실천을 계속했던 것이다. 해방 정국에서도 동학은 민족 통합 운동에 참여했지만 자주와 중도가 용납되지 않던 분위기에서 그들의 행동은 제거의 주요 대상이 되기에 충분했다. 동학에서는 그들의 운동을 통한 희생자(순도자)가 40만 명이라고 주장하

---

119 갑진개화혁신운동에 대해서는 오익제 편저, 앞의 책, 185-192쪽 참조.

120 위의 책, 202쪽 참조.

121 동학의 멸왜기도 운동은 4세 대도주인 춘암 박인호가 주도했다. 비밀리에 진행되던 이 운동은 2년간 지속되다 발각되어 동학은 또 한번 대대적인 탄압을 받는다. 자세한 내용은 후술함.

고 있다. 이 숫자는 역시 극심한 탄압 속에서 전교된 천주교의 순교자가 1만 명이라고 알려진 것과 비교해 이제껏 역사에서 제대로 평가받지 못했던 실상이다. 더욱이 천주교의 순교자가 순전히 종교적 목적으로 순교한 데 비해 동학의 순교자 40만 명은 대부분의 희생이 사회 개혁과 국가 변혁을 지향하다가 당한 순도자였다는 질적 차이를 간과해서는 안 된다. 이처럼 동학의 민족주의 실천은 우리 역사에서 한국 민족주의 정치노선의 전형을 극명하게 보여 주고 있다.

3. 동학의 민족주의적 성격

동학의 창도에서 그 사상이 본래 지녔던 속성이 높은 이념성과 함께 시대 상황으로 인한 짙은 민족주의적 색채가 전제되고 있었음은 익히 설명되어 왔다. 더욱이 동학의 전개사는 서세동점이라는 약육강식을 합리화시킨 서구 제국주의의 전성기와 겹치고 있으며, 한편으로 서구 제국주의의 재빠른 학습 실천자였던 일본이라는 외세마저 뒤얽혀, 백주에 먹이를 놓고 난투를 벌이는 말세와 망국적 상황이 점철된 시기이기도 했다. 이러한 상황에서 전래의 논리나 지혜는 이미 한계를 드러내고 있었고, 난국을 수습할 지도층이 확실하게 자리잡지도 못했던 말기적 상황이었다. 이러한 조건에서 태동하고 성장한 동학은 어쩌면 위기와 전환기의 기사회생의 진단이자 상황 극복의 처방이었다. 시대 배경이 동학에 짊어지운 멍에가 어쩌면 운명적으로 민족주의 성향을 짙게 하였음도 간과할 수 없다.

동학은 지금까지의 사상 체계처럼 상의하달이라는 종속적·하향적 구도에서 진행되던 구습을 벗어나서, 민중이 주체가 되는 만인의 평등과 모든 인간의 존엄성을 확인함으로써 한국 역사상 최초로 대규모적이고 조직적인 본격적 민중 운동·민권 자각 운동의 토대를 마련했다. 그러므로 동학의 사상, 이루고자 했던 이상, 실천했던 행위 규범은 그것이 바로 인간의 엄숙한 자각과 생명 존엄의 선언이었다. 근대 민족 사상으로서의 동학은 몇 가지 점에서 한국 민족주의의 특성을 계승한 근대 민족주의 사상의 독특한 전형을 이루고 있다. 즉, 동학의 진보적 세계관과 구체적 실천 의지, 그리고 민중 중심의 시각은 그의 민족주의 사상으로서의 특성을 두드러지게 드러내 준다. 구체적으로 첫째, 동학은 생성·발전론적 우주관으로 이른바 후천개벽의 근거를 우주 진화의 법칙에서 찾고 있다는 점이다. 종전의 역사관은 음양오행이나 주역에 의거한 순환사관이었고, 기독교적 사관도 종말론이라는 직선적 해석이었다. 이미 몰락하는 왕조와 함께 새로운 순환을 기대해야 하는 운명적 체념적 역사 의식에 동학은 신선한 역사적 안목을 열어 준 것이다.[122]

즉, 삶의 요긴한 명제가 보국안민에서 출발되어야 하며 그것이 나아가야 할 지향은 광제창생해서 동귀일체하자는 것으로, 지금까지의 봉건적 신분제도하의 관존민비·적서 차별·남존여비를 부정·극복하는 인간 존엄의 천인일여天人一如를 구현하는 데서 그 종착점을 제시했다.

이러한 사상 형성은 동학의 우주관과 밀접하게 연관된다. 동학사상은 인간을 위시해서 식물·동물계를 통틀어 우주 만상을 살아 있는 것으로 보고, 그러한 모든 것은 각각 분리되어 있는 것이 아니라 온전히 하나의 통일체로서 사는 것으로 보았다. 따라서 수운의 '지기' 해석에서 그 빈 영기가 푸르고 푸르다는 것(虛靈蒼蒼)은 억천 만물이 개별적으로 분화되기 이전의 우주는 허즉기虛卽氣 기즉허氣卽虛임을 드러낸 것이다.[123] 즉, 천지

---

122 수운이 제시하고 있는 개벽은 '人文開闢'이라는 점에서 더욱 한국적 문화 민족주의로서의 의미를 가지고 있다 할 수 있다. 노태구, 『세계화를 위한 한국 민족주의론』, 앞의 책, 273쪽.
123 『동경대전』 「논학문」, 앞 동학의 기본 사상 참조.

의 근본은 물질도 영도 아니지만 지기의 전 능력으로 발생하여, 현상계에 와서는 두 방면으로 진화하면서 안으로 영적인 것이 되고 밖으로는 물질적인 것이 된다. 어디든지 관여하지 않은 일이 없고 명령하지 않은 일이 없다는 것(無事不涉 無事不命)은 우주 안에 개별적으로 흩어져 존재하는 모든 것은 일체가 지기 본체에서 출발하는 것임을 의미한다. 형용이 있는데 볼 수 없으며 소리가 있는데 들을 수 없다는 것(如形難像 如聞難見)은 그것을 개별적으로 분리해서는 도저히 그 근본 원리를 알 수 없다는 것에서 존재 이해의 실마리를 열고 있는 것이다.

즉, 동학이 우주 만상의 존재를 설명하는 방식에 따르면 모든 사상을 개별적으로 따로 보거나 단순한 물질로 보아서는 끝내 참된 근본을 볼 수 없다. 동학에서는 우주에 존재하는 일체를 모두 살아 있는 것으로 보는 동시에 개체 생명들도 분리된 실체가 아닌 전체적·융합적인 것, 즉 하나로 이어진 본체 생명으로 본 것이다.

말하자면 생명체는 성장 발전하는 것으로서 단순한 것에서 복잡한 것으로, 저급에서 고급으로, 불완전에서 완전으로 향상 발전하는 것이며, 심지어 신(한울님)도 여타 종교에서는 전지전능全知全能·지인지자至仁至慈한 완전자로서 규정하였지만 동학에서는 꾸준히 성장하는 발전체로 존재한다고 보았다.

이렇듯 생명체가 발전하는 과정에서 낡은 것과 새것이 서로 갈아드는 자연적이고 필연적인 변화를 조화라고 하면서, 「논학문」에 실은 동학의 주문에서, 오래되면 자연히 (무위이화) 낡아지고 낡은 것에서 자연히 새것이 생겨나서 항상 새것과 낡은 것이 갈아드는 상생상극의 작용이 있기 마련이라고 하였다. 그러나 그것만으로 동학의 생명 순환의 설명이 머물렀다면 전래적인 자연적 운명적 반복 순환의 우주관에서 한 걸음도 나아갈 수가 없게 되는 것이다. 그런데 동학은 고식적·불변적·반복적·평면

적 순환이 아닌, 낡은 선천을 딛고 새로운 후천을 전개한다는 사상으로
써 민족의 에너지를 변화·성장으로 수렴했던 것이다.[124] 한민족의 생존
현장인 한반도에서부터 개벽의 여명이 밝아왔음을 알렸고, 나아가서 우
리 민족이 개벽시대의 주인공이 되어야 한다는 사명 의식을 분명히 했
다. 동학이 민족 주체성을 전제하는 정신 개벽 그 자체에만 머물지 않고
사회 개벽이라는 이상적 세계주의로까지 진전될 수 있었던 원인은 거기
에서 찾을 수 있을 것이다.

말기적 상황에 내동댕이쳐졌던 민중들에게 삶의 가치를 어떻게 구현
케 하느냐하는 문제에 대해, 동학은 인간이 우주의 주인이며 또한 우주
의 중심이라는 '인내천'의 인간 존재 방식을 확인하여 제시함으로써 한
국 사상에 꾸준히 이어져 온 인간 중심주의를 완성시켰다고 볼 수 있다.

둘째, 실천적 차원에서의 동학의 인간 평등 사상은 극단적 차별 구조
속에서 해방을 갈망하던 그들의 갈등과 불만을 해소해야 한다는 순수한
의지의 분출이었다. 사람을 하늘과 같이 섬겨야 한다는 사인여천은 서로
가 단순히 동등하다는 의미가 아니라 동기간의 존엄성으로 기약될 때 비
로소 봉건 윤리에서 굳어진 인간 차별에서 민주적인 평등한 서로의 만남
이 이루어진다고 보았다. 그러므로 사람을 대하는 데 있어서 '시侍'라는
것을 「논학문」에서 "안에 신령이 있고 밖에 기화가 있어서 온 세상 사람
이 각각 옮기지 못할 것임을 아는 것(侍者 內有神靈 外有氣化 一世之人 各知不移
者)"[125]으로, 사람이란 남녀·장유·귀천에 따라 차별될 수 없는 존재임을

124 동학의 이러한 진보적 우주관은 마치 근대성(modernity)의 특징인 진보에의 믿음과도 그 궤
를 같이한다. 서구 근대성의 이 특징이 오늘의 근대적 서구를 만들었다고 포스트모던론자
(Post-modernist)들은 지적하고 있다. Derek Attridge, Geoff Bennington and Robert
Young, Post-structuralism and the Question of History, London: Cambridge
University Press, 1987 참조.
125 『동경대전』「논학문」.

일깨우고 있다.

즉, '도는 먼저 대인접물에서 시작되는 것이니, 이는 사람을 대하는 데서 세상을 기화할 수 있고 물건을 접하는 데서 천지 자연의 이치를 깨달을 수 있으므로' 만유를 대하는 데는 공경스러운 마음가짐이 중요함을 의미한다. 인간의 죄는 대부분 사람들간에 서로 위하고 존경하는 원만한 관계가 부족하거나 파괴되어 일어나는 것으로, 평등적·인격적 인간관계가 아닌 주종적·억압적·차별적·수직적 관계에서 갈등·증오·분열이 빚어지게 되는 것이다. 그와는 달리 서로 상대를 소중하게 대하는 마음가짐을 갖게 되면 그것은 곧 사인여천의 인격주의 사회가 이루어지는 출발이 된다는 것이다.

즉, 내가 한울님을 모시고 있듯이 다른 사람 또한 한울님을 모시고 있으므로 그렇게 섬기는 곳에 비로소 진정한 나와 너의 만남이 있는 것이며, 이에 사람을 하늘로 대하는 사인여천의 마음가짐이 자리한다. 동학이 창도·전파되던 그 시기에도 그랬겠지만, 오늘의 우리 사회생활이나 교육 현장, 가정 생활에서 가장 시급한 과제가 있다고 한다면 그것은 바로 인간성 회복이요 그 확인이며 강화라고 할 것이다.

해월의 법설 「십무천十毋天」[126]은 '천'의 표기를 사람으로 바꾸어 읽는다면 그것이 곧 인간 존중, 인간성 회복 사상의 요지를 집약하는 것임을

---

126 해월의 법설 「십무천」은 "一. 毋 欺天하라.(한울님을 속이지 말라)
二. 毋 慢天하라.(한울님을 거만하게 대하지 말라)
三. 毋 傷天하라.(한울님을 상하게 하지 말라)
四. 毋 亂天하라.(한울님을 어지럽게 하지 말라)
五. 毋 夭天하라.(한울님을 일찍 죽게 하지 말라)
六. 毋 汚天하라.(한울님을 더럽히지 말라)
七. 毋 餒天하라.(한울님을 주리게 하지 말라)
八. 毋 壞天하라.(한울님을 허물어지게 하지 말라)
九. 毋 厭天하라.(한울님을 싫어하게 하지 말라)
十. 毋 屈天하라.(한울님을 굴하게 하지 말라)"이다.

확인할 수 있다. 이처럼 동학은 무엇보다도 인간에 대한 신뢰, 외경의 마음이 없이는 참다운 인간성 형성은 이루어지기 어렵다는 평범한 진리, 인간을 대하는 기본적인 명제를 밝히고 일깨웠던 것이다. 그러한 인격적 평등 사상을 바탕으로 해서 민족간·사회간의 평등을 이룬다는 목적 의식이 확신으로 승화될 수 있다.

셋째, 동학은 민중의 자각에 크게 기여함으로써 한국 민족주의의 근본적 지향이 어디인가를 제시해 주었다. 민족주의란 결코 지배층을 위한 보수적 또는 수구반동적 논리가 될 수 없고 그것은 오로지 사회 구성원의 대다수를 차지하는 민중을 중심으로 해야 한다. 민족주의의 가치는 그것이 민중의 입장에서 그들의 시각으로 시대를 재단하고 위기를 극복하는 민중성에서 드러나는 법이다. 동학의 기본 시각이 지향한 민중주의는 결국 단 한 번도 역사의 주역이 되지 못했던 그들을 역사의 주체로 끌어올린 것이다.

그것은 동학 교리의 매력적인 내용으로서 억압된 민중을 해방하여 인권을 회복케 하는 것이었다. 즉, 모든 인간은 시천주하였다는 가르침은 이제까지 억눌려 있었던 패배와 좌절의 인간군인 민중에게 새로운 자각을 불러왔고, 빈부·귀천 차별 없이 억조창생은 동귀일체해야 한다는 생동적인 이상이 구체적으로 제시됨으로써 민중의 열망이 승화될 수 있었던 것이다.

다른 한편으로 포교 방법의 대중화에서, 민중의 의식 수준과 현실적 기대에 부응하여 그에 맞춘 가사 등을 적절히 활용하여 그들의 생활과 감정에 강하게 호소하고 그것이 그들에게 공감될 수 있었기에 동학은 삽시간에 전국적 종교가 될 수 있었다.[127] 수운이 한문 문장으로 된 『동경

---

127 동학의 경전과 포교에 대해 신일철은 양반 지배층의 주자학 위주의 단조로운 사상 풍토와 한

대전』과는 별도로 쉬운 한글 가사체의 경전인 『용담유사』를 저술한 것은 역사의 주체인 민중의 입장에서 그들의 의사 표시를 가능케 한 쾌거였다. 동학에 입도한 민중은 누구나 쉽게 자신이 이 사회의 주역임을 경전을 읽음으로써 자각할 수 있었다. 나아가 동학은 종교로서는 드문 정교 일치적 융합을 목표로 한다. 흔히 종교가 특권적·미신적·주술적·도피적 성향으로 흐르기 쉬웠던 사실들에 비추어 동학은 종교의 사회화·국가화·민중화·민족화라는 이상을 제시했다.

그러므로 지난날의 위국 충신 사상 등이 국가 존립의 책임을 양반이나 특권층의 전유물로 여겼던 것에 비해, 동학은 보국안민의 임무를 민중의 것으로 수임시켜 근대적 국민 주권 사상이라고 할 수 있는 주인 의식을 구체화시켰으며, 이것은 외세 배척이라는 척양척왜의 구국 정신으로 진전되었던 것이다.

결국 동학이 제시한 반봉건·반외세의 기치는 당시의 소외된 민중의 적극적 사회 참여 방법론이었다. 그것은 위기에 빠진 국가의 구국이자 너와 내가 따로 없이 전체가 조화를 이루어야 하는 운명 공동체로서 국가와 민중을 하나로 인식하는 한 방편이었던 것이다. 동학이 추구한 이상은 이처럼 구체적 이념을 바탕으로 한 민중 의식을 기초로, 근대적 민족주의 사상의 이상적인 전형으로 존재하고 있다고 볼 수 있다.

한편 동학의 민족주의적 성격은 여러 곳에서 나타나고 있지만 여기서는 보국안민과 동귀일체 사상을 중심으로 살펴보고자 한다.

전술한 바와 같이 수운의 제1성이 인류주의를 제창하는 포덕천하였다면 제2성은 민족주의를 제창하는 보국안민이었다. 즉, 동학은 인류 구제

문학의 고식적인 동맥경화증을 일거에 물리친 근대적 의식의 선각이었다고 평가한다. 신일철, 『동학사상의 이해』, 사회비평사, 1995, 139쪽 참조.

의 보편적 진리를 지니면서도 민족주의에 철저하였다. 가장 한국적인 것이 가장 세계적이라는 역설 논리가 있듯이 동학은 민족주의와 동시에 세계주의를 추구한 것이다.

동학의 보국안민 사상[128]은 우리나라에 있어 근대적 민족주의 의식의 선구자적인 자각이었다. 따라서 척왜척화斥倭斥華와 척양斥洋을 외친 것이다. 이같이 외세의 침략을 배격하는 데서 민족의식이 싹트고 보국안민을 부르짖게 되니 여기에서 동학의 민족주의는 출발하고 있었다. 따라서 보국안민 사상은 조선왕조 해체기에 사회에서 소외되었던 민중으로 하여금 외세의 침략을 물리치는 데 앞장서게 하였다. 당시 양반 사회에서 보국안민의 과제는 당연히 집권 계층이 담당해야 함에도 불구하고 그들은 나라와 겨레는 어떻게 되든지 뒷전으로 미루고 자기 한 몸의 득세에만 집착할 때, 동학은 민중이 스스로 나라를 지키는 주인임을 과시하고, 민족 운동의 주체 세력이 민중 자신임을 자각케 한 것이다.[129] 한국 민족주의가 진정한 의미에서의 민족주의로 정립되는 것은 그것이 민중의 지향과 합치될 때만이 가능하다고 했을 때 동학의 민족주의야말로 한국 민족주의의 전형이라고 할 수 있는 것이다.

그런데 동학의 보국안민은 여기서 배타적 민족주의로 끝나지 않는다는 것이 그 특징이다. 수운이 동학을 말할 때 보국안민, 지상천국이라는 계단적 목적을 세웠기 때문이다. 수운은 조선과 인류 사회를 모두 살펴 보국의 이상을 정하고, 사회의 현상을 살펴 안민의 이상을 정하였으며, 끝으로 종교적 이상이 실현되는 지상천국의 목표를 정했던 것이다. 더욱

128 輔國安民의 '輔' 자는 덧방나무 '보' 자로 구르는 수레바퀴가 옆으로 빠지지 않고 바퀴살에 힘이 가해지도록 바퀴의 양 가운데에 끼어 있는 나무토막을 말한다. 즉 보국은 국가를 무조건 돕자는 의미가 아니라 잘못된 것을 바로 잡아 돕자는 말이다. 1890년 이후 간혹 안보 '保' 자를 쓰기도 하나 수운이나 경전에는 모두 덧방나무 '보' 자만을 쓰고 있다.
129 오익제 편저, 앞의 책, 152-153쪽 참조.

이 이 세 가지 계단은 절대로 한 계단 한 계단씩 따로 떼어서 그 목적을 달성하는 것이 아니라, 보국의 계단에서도 안민을 힘써야 하고 안민의 계단에서도 지상천국의 준비를 해야 하는 것이다.

따라서 동학의 보국안민 사상은 그냥 민족주의의 테두리에서만 볼 수 없는 것으로, 곧 지상천국의 이상인 포덕천하와 광제창생의 세계주의는 불가분의 관계를 맺고 있다. 그러나 당시의 시대적 상황으로 인해 보국안민을 강력히 주장한 것은 민족문제의 해결이 지상천국, 즉 세계주의에 달하는 관문이라고 확신했기 때문이다.

동학이 한국 민족주의 사상을 계승하고 완성했다는 의미는 한국적 민족주의 사상, 즉 전통 사상의 핵심인 조화와 화합의 사상을 계승·발전시켰다는 데 있다. 이 점이 가장 극명하게 노출되는 부분이 동학의 동귀일체 사상이다. 수운은 동귀일체를 여러 번 강조하였다. "쇠운이 지극하면 성운이 오지마는 현숙한 모든 군자 동귀일체 하였던가."[130] "억조창생 많은 사람 동귀일체 하는 줄을 사십 평생 알았던가."[131]라고 하여 인류가 한 가족임을 밝혀 주고 있다. 그는 세상이 혼탁해진 근본 원인을 중생들이 각자위심各自爲心하여 불순천리不順天理하고 불고천명不顧天命하는 데 있다고 통찰하고 각자위심의 중생들이 한마음 한뜻으로 동귀일체하는 새로운 도법으로서의 무극대도를 실천하면 지상천국을 건설한다고 주창하게 된 것이다.

각자위심은 중생들이 천심을 잃고 타성으로 살면서 불안과 공포가 습관이 되어 화합을 이루지 못하는 가운데 중상모략, 부정과 불의, 파쟁과 혼란을 야기시키는 불건전한 마음가짐을 말한다. 동귀일체는 각자위심

---

130 『용담유사』「권학가」.
131 『용담유사』「교훈가」.

으로 살아가던 중생들이 독실한 수행을 통해 천심을 회복하고, 인간의
근본이 하나의 이치이자 기운이며 생명체임을 깨달아 한마음 한뜻으로
화합하는 것이다.[132]

이를 확대하면 동귀일체는 하나의 사상으로 귀일하여 결집함을 의미
한다. 이것은 천인합일, 개전일체個全一體의 원리에서 나왔는데, 그 주된
의미는 인간 사회는 모든 개인의 결집체요, 협동체요, 조직체라는 것이
다. 그러므로 개인은 부분적 존재요, 사회는 전체적 존재로서 부분적인
개인을 무시하고는 사회의 발전을 기할 수 없고 전체인 사회를 떠나서는
개인의 생존을 도모할 수가 없다는 말이다. 그러나 오늘의 사회는 개인
주의와 전체주의가 상호 대립하고 있다. 이 둘은 서로가 장단점이 있으
니 개인주의는 개인의 자유와 창의 및 능률을 기하는 데 장점이 있는 반
면 전체의 평등을 기하지 못하는 단점이 있으며, 전체주의는 전체의 평
등을 기하는 데 치중하지만 개인의 자유와 창의 및 능률을 말살하는 결
함이 있는 것이다.

전체주의는 평등을 앞세우지만, 폐쇄주의적 특성으로 인하여 독재성
과 비타협적 배타성을 지니고 비판을 거부하여 자유를 말살하는 결함이
있다. 반대로 개인주의는 개방적으로 비판을 수용함으로써 고정불변한
이념적 독선을 거부하고 다양성을 추구하는 특성을 지니지만, 불평등에
빠지기 쉽고 '자유의 역설' 논리를 면하기 어려운 한계성이 있다. 자유의
역설이란 자유가 제한되지 않을 때 자유는 스스로 자멸한다는 역설이다.
무제한의 자유는 강자의 자유를 보장하고 약자의 자유를 강탈할 자유까
지도 포괄하게 되며 따라서 자유를 제한할 국가 보호주의가 불가피하게
요구되는데, 국가 권력의 지나친 간섭과 남용은 다시 자유를 억압하는

---

132 Tai-gu Noh, *op. cit.*, p.25.

전체주의에 기우는 위험을 내포하게 되는 것이다.[133]

여기서 개인주의와 전체주의는 한쪽에 편중하는 결함을 극복하지 못하고 있다는 역사적 사실에 직면하게 되는데, 그 해결책이 동학의 동귀일체 사상에서 발견되는 것이다. 개인주의가 지향하는 자유와 전체주의가 지향하는 평등의 부조화를 화합시키고 쌍전으로 조화하여 이들의 대립을 근원적으로 해소하는 동귀일체 사상은 한국 민족주의 사상의 핵심을 그대로 계승·발전시킨 것이다.

인류는 지금껏 민주라는 이름으로 서로 상극하는 자유와 평등이라는 두 개의 이념 사이의 갈등을 극복할 방향을 갈구하고 있었다. 프랑스 혁명을 거치면서 구체화된 '시민'으로부터 비롯된 자유의 이념은 부르주아의 상징처럼 되어 세계를 풍미하였고, 그것의 반동 개념으로 등장한 것이 자유의 불평등에 반발한 평등의 이념이었다. 이의 구체화된 사상이 자본주의와 사회주의이다. 결국 대립과 갈등의 서양 사상의 결론은 자유로운 인간과 평등한 인간이라는 두 명제로 귀착된다.[134] 그런데 이 모순을 통합한 것이 동학사상이요, 동귀일체 사상인 것이다. 동귀일체에서 보면 자유나 평등은 하나의 개념에서 분리된 분화 개념일 뿐이다. 따라서 하나의 통합 개념으로 귀일하라는 것이 동학의 동귀일체 사상이다.

갈등을 조화와 화합으로 통합시키는 한국 민족주의의 특성이 동학사상으로 계승되어 오늘날 그 의의를 우리에게 과제로 주고 있는 것이 한국 민족주의의 정치 이념이자 정치노선이다. 동학의 이념과 실천은 바로 그러한 조화와 화합의 노선에 충실하는 것 그 자체였다.

---

133 오익제 편저, 앞의 책, 153-154쪽 참조.

134 오늘날 사회주의권은 붕괴되었다. 그러나 그것의 붕괴가 근원적으로 자유·평등의 화합이요, 조화라고 보는 사람은 아무도 없다. 그것은 오로지 사회주의권의 열악한 물질적 토대의 붕괴였을 뿐이지 두 개의 대립 개념의 해결이 아닌 것이다. 진정한 화해와 평화는 결국 형이상학적인 이념과 사상의 통합이 완성되었을 때에 비로소 완결된다.

확실히 동학은 특정한 이상향을 설정하고 그것의 실현을 위해 노력하는 가치 지향적 운동(Value-Oriented Movement)이었다. 그렇기에 동학은 다른 종교와 달리 강한 현세성과 정치 지향성 그리고 혁신성을 가지고 있다.[135] 동학은 천국이 아닌 '지금 여기에서' 인간들의 노력으로 그들의 목표를 이루고자 했고, 제인질병을 개인을 넘어 국가로 확대하여 보국안민의 길에 이르게 하는 강한 정치성은 바로 개벽이라는 방법론을 통해 구체하게 했다.

천도교 청우당은 동학의 이러한 이념을 실제의 정치·사회·문화의 세계에서 실현시키고자 교단 전체의 노력을 경주해 창당한 천도교의 정당이었다. 이른바 천도교의 이념 정당이요, 천도교 이념 구현의 전위 정당인 것이다. 비록 일제와 해방 후 분단이라는 시·공간적 한계로 인해 그들의 활동과 실천은 제한적일 수밖에 없었던 것이 역사적 사실이지만, 동학사상과 이념을 구체적 현실에서 적용시키고 구현시키려는 노력을 경주했다는 사실은 한국 민족주의의 독창적 정치 실천의 한 사례로서, 오늘날 그들의 행적을 추적하고 조명하는 것이 우리의 새로운 연구 과제로 제기된다고 할 수 있을 것이다.

---

135 이보근, 「동학의 정치의식」, 『신인간』, 신인간사, 1971. 7~9월호 참조.

제4장 천도교 청우당의 등장과 일제하 민족운동

천도교 청년당[1]은 동학을 계승한 천도교에서 만든 정치 운동 단체였다. 그들은 일제치하라는 제한된 영역에서 출현한 관계로 정당이면서도 현대적 의미의 정당적 체계를 갖추고 그러한 역할을 할 수는 없었다. 따라서 그들은 정치 활동보다는 문화 계몽 운동에 진력했다. 이것이 당시로서는 최선의 시대적 선택이었는지도 모른다. 불행하게도 현재 천도교 청년당의 올바른 역사적 조명과 평가는 이루어지지 않고 있지만 그들의 활동은 일제시대라는 제한 속에서나마 국내의 대표적인 민족주의 운동이었다.

---

1 천도교 청년당은 청우당의 전신으로 실질적인 활동 기간이나 운동 내용 등에서 청우당을 능가한다. 그러나 본 연구에서 천도교 청년당의 명칭보다 청우당의 명칭을 사용하는 이유는 청년당의 발전 형태가 청우당일 뿐만 아니라 청년당이 천도교가 분화될 때 신파 측의 활동으로 제한된 데 비해 청우당은 천도교의 신·구파 모두의 활동을 포괄하고 있기 때문이다. 또한 해방공간에서도 남북의 천도교도들이 연합해 복원한 정당 명칭도 청우당이었다. 결국 이념성의 발전적 계승이라는 차원에서 보면 청우당의 명칭을 사용함이 정당하나, 다만 당의 역사와 활동에 관한 서술에서 청년당과 구파 측이 만든 천도교청년동맹의 구분이 필요할 때는 당의 명칭을 구별해 사용했다.

제1절 천도교 청년당의 등장 배경

1. 혁명 이후의 동학

3세 교조 의암 손병희[2]는 동학혁명 이후 관헌의 눈을 피하면서 흩어진 교세를 정비, 동학 교문의 재건에 힘써 왔다. 그는 우선 동학 재건을 위해 두 가지의 목표를 설정했다. 첫째는 혁명의 과정에서 나타났듯이 남부 지역에 비해 북부 지역의 교세가 전무했기에 포덕의 우선 목표를 북부 지역에 집중하기로 했다. 이는 혁명의 여파로 인해 남부 지역에서 동학 교도 탄압이 심했던 데 비해 상대적으로 북쪽에서의 포덕에는 감시와 지목이 덜한 탓도 있었다. 두 번째의 목표는 역시 혁명 과정에서 위력을 절감한 서구 문명에 대한 자각으로부터 출발한다. 이제 개화는 시대의 요청이었고 개화를 통한 신문물의 시급한 수용은 민족적 과제가 되었다.

북부 지역에서의 동학 포교도 그리 수월한 것은 아니었지만 손병희는 동학 교문을 재건하고 존폐의 위기 상황을 극복하는 길을 혁명의 결과로 황폐화한 남쪽에서보다도 새로운 북쪽에서 찾아야만 했다. 특히 그는 1890년대 말 원산에서 직접 상업과 무역 활동을 하면서 한반도의 북부지역에서 경제적 자립과 정신적 자각을 거듭하고 있던 계층, 즉 근대적 개혁을 갈구하던 반봉건적 성향의 신흥 지주, 상인 및 자작농에 주목하였

---

2 의암 손병희는 1861년 충북 청원 출신으로 본명는 손규동孫奎)이며, 22세에 동학에 입도했고, 특히 해월을 보필하며 동학혁명 2차 봉기 당시 북접통령으로 전봉준과 합세해 일본군과 싸웠다. 후에 해월로부터 도통을 전수 받고 동학의 3세 교조가 되었으나 동학의 세는 크게 위축된 상태였다. 그는 동학을 천도교로 대고大告하고 다시 교세를 크게 일으켜 갑진개화운동과 3·1 운동을 주도하는 등 한국 근대화의 선구적 역할을 하였으며 1922년 옥고로 얻은 병 치료 중 사망(62세)한 민족의 지도자였다.

다. 손병희는 이들을 동학 재건의 기반으로 삼고자 북부 지역에서의 포교를 시작했다. 그 결과 북부 지역의 교세는 1900-1905년 간에 급속히 성장하였다.[3]

북부 지역에서도 특히 평안도에서의 포덕이 크게 성하였다. 그 요인으로는 평안도의 지리적 위치가 개화 운동의 영향을 크게 받고 있었던 점뿐만 아니라 일찍부터 척박한 영토로 인하여 지주와 소작인 간의 토지 갈등이 적었던 사회 환경, 즉 봉건적 요소가 잔존하지 않았다는 사회·경제적 요인이 있었음을 지적할 수 있다.[4] 이러한 분위기는 동학의 반봉건 평등주의적 이념 전파를 수월하게 하는 가장 큰 요인이 되었다.

그러나 의암은 이러한 일차 목표를 추진하던 중 관헌의 계속되는 지목으로 활동에 한계를 느낀 나머지 1901년에 해외 망명의 길에 나서게 된다. 의암의 망명은 단순히 피신만을 위한 것이 아니라 세계 문명의 대세를 살피고 장차 동학을 세계에 창명하는 데 목적이 있었다.[5] 그래서 처음에는 새로운 신흥 문명국으로 떠오르는 미국으로 가려다가 여건이 여의치 않아 결국 일본에 머물게 되면서 한국보다 앞서 서구의 문물을 받아들여 개화한 일본의 모습을 보게 되었고, 또 일본이라는 창을 통해서 세계를 조망하게 되었다. 이러한 경험을 통해 의암은 개화의 중요성을 더욱 절감한다.

---

3 조규태, 「구한말 평안도지방의 동학-교세의 신장과 성격에 대한 검토를 중심으로」, 『동아연구』 21, 서강대 동아연구소, 1990, 76쪽. 이밖에도 이돈화의 『천도교창건사』, 천도교중앙총부, 1933 등에서도 이 무렵 북쪽 지역에서의 급속한 교세 확대 현황을 확인할 수 있다.
4 임운길 천도교 상주선도사 증언.(1997.7.16) 평안도지방의 분위기와 대조적이었던 지역이 삼남지방이다. 삼남지방의 동학교도들은 토지문제의 해결이 그들의 삶과 직결되므로 반봉건과 반외세의 가치가 그들을 하나로 묶는 커다란 고리가 되었다. 더욱이 동학혁명의 여파는 그들을 여전히 더욱 강하게 단결시키는, 그래서 일제시기에도 내내 강경 일변도로 나아가게 한 원인이 되었다고 할 수 있다. 이러한 문제인식은 1920년대 천도교의 신·구파 분열에서도 그들 양자의 차이의 사상적 기저를 이룬 가장 큰 요인이 된다.
5 이돈화, 앞의 책, 27쪽.

그는 일본에서 이상헌李祥憲이라는 가명으로 철저히 자기를 위장하고[6] 일본 정계에 접근하는 한편 국사범으로 망명 중인 권동진·오세창·조희연·이진호·조희문·박영효 등 과거 개화파 인사들과 교유하면서 동학이 부족한 부분인 개화의 의지와 방략을 구체화시켜 나갔다.

의암의 개화 의지는 국내의 젊은 준재들을 일본으로 유학시키는 데서부터 현실화되기 시작했다. 즉, 1902년에 24명, 1904년에 40명 등 두 차례에 걸쳐 소설가 이광수를 비롯한 64명을 일본에 유학시켰다.[7] 이들의 유학은 의암의 원대한 구상에 따른 것으로, 이들을 장차 조선의 정치·종교·문화의 주인공들로 양성하는 데에 있었다.

망명지 일본의 문물을 접한 의암은 아직도 구시대의 미몽에서 깨어나지 못한 대다수 국민들의 의식 개혁을 유도함으로써 이를 장차 자주 독립의 동력으로 확산시키려고 했다. 그래서 그는 「훈유문訓諭文」을 본국의 교도들에게 보내 더욱 수도를 깊이 하고 교양을 함양토록 당부했다. 또한 당시 급변하는 국제 정세[8]에 조국의 위기를 직감하고 상황에 맞는 조선 정부의 처신과 비정혁신秕政革新을 주장하는 「삼전론三戰論」을 의정대신 윤용선에게 보냈다. 그러나 당시 정부는 친러파 일색으로 그의 건의를 요설妖說로 일축했을 뿐 아니라 문제를 스스로 혁신할 의지도 능력도 없

6 의암 손병희는 일본에서 조선의 거상으로 행세하며 자신을 위장하고 일본 정계의 실력자들에 접근해 당시의 국제 정세를 파악하며 조선의 장래를 구상했다. 의암의 이러한 행적은 동학혁명의 실패가 국제적 안목의 부재로 인한 시기 선택의 실패에 기인하고 있음을 자각한 결과였다. 아마도 의암에게는 전봉준의 거사에 대해 해월 최시형이 한 아직은 '때'가 아니라고 만류하던 모습이 너무도 명확하게 각인되어 있었던 듯하다. 의암에게서 보이는 지나칠 정도의 심사숙고 등은 전前 시대의 실패를 반복할 수 없다는 고독한 지도자의 모습 바로 그 자체였다.
7 의암손병희선생기념사업회, 『의암손병희선생전기』, 1967, 170~171쪽. (이하 『전기』로 약함)
8 당시는 러일전쟁의 발발 직전이었다. 의암이 파악한 국제정세는 영국과 미국이 일본에 편을 들고 있어 전쟁이 일어나면 일본의 승리가 확실하다는 것이었다. 따라서 의암은 이기는 쪽에 서서 전쟁에 참가함으로써 조선이 전승국의 위치를 미리 확보해 장차의 국제 정치에 대응하자는 생각이었다.

는 정부였다. 이제 의암은 구국의 차원에서 독자적으로 급변하는 국제 정세에 대응하는 한편 개화 혁신의 사상을 동학의 차원에서 실천해야만 했다. 의암이 동학 교문을 통한 이른바 '갑진개화혁신운동'을 시도하게 되는 것은 이런 이유에서였다.[9]

우선 의암은 국내 간부들에게 국민 계몽을 위한 민회 조직을 독려했다.[10] 대동회大同會·중립회中立會·진보회進步會는 동학이 추진한 일련 민회로서 특히 갑진 개화 운동은 진보회에 의해서 주도되었다. 진보회의 강령은 "첫째, 황실을 존중하고 독립 기초를 공고히 할 것, 둘째, 정부를 개선할 것, 셋째, 군정재정을 정리할 것, 넷째, 인민의 생명·재산을 보호할 것" 등이다.[11] 이 4대 강령은 의암의 '삼전론'[12]의 구현인 동시에 개화를 위한 범국민 운동 단체 창립의 일대 선언이기도 하였다.

이와 같은 4대 강령 아래서 동학 교도들은 의암의 지시에 따라 하루아침에 경향 각지에서 일제히 개회하여 단발흑의斷髮黑衣, 즉 머리를 깎고 색옷을 입고 대규모 집회를 열었던 것이다. 당시는 정부에서 단발령을 발표해도 대다수의 조선인들이 상투머리를 깎지 않음으로써 단발령이 실패했던 시기였다. 그런 시기에 동학의 교도들은 일심 단결하는 결의로 단발을 하고 나섰던 것이다.[13] 단발흑의를 한 동학교도들은 전국적으로 일어나 죽음을 각오하고 정부 개혁과 국정 쇄신을 절규하였는데, 당시

---

9 김응조, 「천도교의 문화운동」, 『인문과학연구』 제2집, 성신여대, 1982, 58-59쪽.

10 민회 조직과 활동은 천도교의 교정쌍전 철학을 보여주는 사례이다. 이것은 현실 세계에 적극 참여함으로써 지상에 천도를 실현코자 한 포덕천하 이념의 실천이었으며 그것의 집대성이 정당의 조직과 활동이었다. 청우당의 출발은 여기에서부터 시작한다고 볼 수 있다.

11 이돈화, 앞의 책, 44-45쪽 참조. 황실 존중을 강조하는 것은 동학을 보호코자 했던 고육책이었다.

12 의암의 삼전론은 보국안민, 광제창생 이념의 근대적 구현 방안으로 도전道戰, 재전財戰, 언전 言戰 등으로 구성되어 있다.

13 단발의 목적은 세계 문명에 참여하는 표준이요, 또한 단결을 굳게 하여 회원의 심지를 일치케 하는 데 있었다고 하였다. 이돈화, 앞의 책, 44쪽.

수만 명에 이르는 회원이 이 운동에 참가하였다. 이것이 '갑진개화혁신 운동'(1904년)이다.

그러나 진보회의 개회 이후 이것이 과거 동학혁명을 주도했던 동학 교문이라는 것을 알게 된 정부는 즉각 탄압을 개시했다. 이 기회를 이용하여 친일 주구 일진회의 손병준이 진보회와 일진회의 합동을 제의하게 되자 진보회 회장 이용구는 스승인 손병희의 재가도 없이 자의로 다만 당면한 위기를 모면하겠다는 생각만으로 동년 10월 13일에 합동하고 말았다. 일진회로 흡수된 진보회장.이용구는 이때부터 태도를 표변, 송병준과 손을 잡고 배교 친일의 매국 행위를 자행하기 시작했다.[14]

상황이 이렇게 된 줄 모르는 전국의 회원들은 계속 손병희의 지시에 의해 일진회가 움직이는 줄 알고 있다가 뒤늦게 이용구의 배신 행위를 알게 되었다. 뿐만 아니라 일진회가 1905년 11월 6일에 일본의 지도와 보호에 의하여 독립을 유지해야 한다는 매국적 선언서를 발표하고, 뒤이어 동월 17일에 을사보호조약이 체결되자, 동학 교단은 한때 국민들로부터 친일 매국 집단으로 오해를 받는 사태까지 빚게 되었다. 이에 동학 교단으로서는 새로운 자구책을 강구하지 않을 수 없게 되었다.

이용구의 친일 배교 행위를 뒤늦게 보고 받은 의암은 드디어 1905년 12월 1일을 기해 동학을 천도교로 개명 대고大誥하고, 이듬해 9월 이용구 등을 출교[15]함으로써 천도교시대를 열었다.[16] 동학을 천도교로 대고한

---

14 일진회가 일본을 등에 업고 정책적으로 진보회를 끌어들이려 한 데는 그만한 이유가 있다. 당시 독립협회를 위시하여 황국협회·광무협회·국민협회·협성회·진명회·순성회·일진회 등의 여러 사회단체들이 있었으나 대개는 간판뿐이요, 그 중에서 독립협회·황국협회와 같이 회세가 우수한 단체라 할지라도 서울에 국한된 중앙기관을 유지하고 있을 뿐으로 지방조직이란 생각조차 못하던 시기였다. 그런데 진보회만큼은 동학 교문의 기반을 주축으로 한 전국적인 조직망과 20만 회원을 포용하는 당시 한국 최대의 민회조직이었기 때문에 정부의 탄압을 기화로 이용구를 유혹, 합동케 했던 것이다. 김응조, 앞의 글, 62쪽.

15 『황성신문』, 光武 10년 9월 21일자; 『만세보』, 光武 10년 9월 23일자.

16 천도교의 출발은 순탄하지 못했다. 특히 동학 교단의 재정을 장악하고 있던 이용구 일당은 출

사실은 동학 경전인『동경대전』「논학문」에 있는 '도즉천도道卽天道 학즉
동학學卽東學'이라는 구절을 근거로 하고 있다. 나아가 동학의 천도교 대고
는 다음의 의미를 더해 이해해야 한다.

첫째, 당시 사회에서 동학이라는 이름이 갖는 부정적 이미지-일진회라
든가 동학혁명 등으로 인한-를 씻어 버리고 일진회에 머물고 있는 교도
들을 효과적으로 수습할 수 있다는 것이다.

둘째, 신앙의 자유는 세계적 통례이기 때문에 동학을 천도교라는 정식
종교 명칭으로 바꿈으로써 국금의 대상에서 벗어나 창도 이후 그토록 바
랐던 자유 신앙의 길(현도)을 통해 근대적 종교로 발전시킬 수 있다는 것
이다.

셋째, 포교와 신앙의 자유라는 토대 위에서 당당히, 그리고 비교적 용
이하게 구국 및 문화 운동을 전개할 수 있다는 것이다.

따라서 의암은 귀국 후인 이듬해 2월 10일에는 종령 제5호로 〈천도교
대헌〉을 공포하고 동월 16일에 천도교 중앙총부를 설치, 시무식을 가짐
으로써 천도교시대의 막을 열었던 것이다.[17]

망명지 일본의 개화된 모습을 직접 보고 온 의암은 이때부터 우선 무
엇보다도 민족 계도를 위한 교육 사업과 문화 사업에 적극성을 띠기 시
작했다. 망국의 원인이 한마디로 낙후된 민도에 기인한다고 판단, 범국
민적 민중 교육을 통한 민도의 고양만이 자주 독립의 첩경이라고 내다보
았기 때문이다. 그리고 이러한 범국민적 민중 교육은 교육 사업과 출판

교 당하면서 조직의 경제력을 그대로 가지고 나갔다. 교단의 재정 담당자였던 嚴柱東의 행위가
그 대표적인 사례였다. 이렇게 해서 천도교는 거의 무일푼에서 새로운 출발을 해야 했다. 이런
위기를 극복할 수 있게 한 것이 천도교 특유의 誠米制였다. 이후 성미제의 성공으로 1910년에
와서 천도교는 명실상부하게 탄탄한 교단으로 자리매김할 수 있었다. 이런 경제력을 바탕으로
천도교는 3·1 운동의 주역이 될 수 있었다. 이돈화,『천도교창건사』참조.
17 조기주,『동학의 원류』, 보성사, 1979, 242-244쪽.

문화 사업을 통한 대중 계몽만이 가장 실효성 있는 지름길이라고 생각했다. 그렇게 추정할 수 있는 이유는 의암이 귀국하자마자 처음 손을 댄 것이 출판 사업과 교육 사업이었기 때문이다.[18]

그러나 새로운 학교 설립과 같은 본격적 교육 사업을 전개하기에는 준비 기간이 필요했기 때문에 일차로 기존 학교에 보조금을 지급하는 일부터 시작했다. 그래서 1906년 3월 초에 사립 보성학교에 80원을 기증한 것을 비롯해서 동월에 서부합동소학교에 40원을 보조하는 등 시내·외 각급 사립학교 23개교에 학과 정도와 교원·학생수의 많고 적음에 따라 20원부터 80원에 이르는 보조금을 지급했다.[19]

성미제誠米制 등 오관제五款制[20] 시행으로 천도교단의 재정 형편이 호전되었을 때 우리나라의 사학 운영은 더욱 어렵게 되어 있었다. 왜냐하면 1906년 2월에 이미 일제는 국내에 통감부를 설치하여 한일 합병을 위한 준비 공작을 진행시키는 가운데 1908년 8월 8일에는 사립학교령을 선포하고 10월 1일부터 이를 시행[21]하게 되었기 때문이다. 당시 〈대한매일신보〉(1908년 12월 6일자)에서 "간악한 무리가 일 국민 지혜의 개발됨을 장해

---

18 김응조, 「천도교 기관지의 변천과정」, 『신인간』, 통권 400호, 1982년 8월호, 신인간사, 103쪽.

19 그 후에도 흥화학교와 비파동 소재 사립광명학교에 각각 30원을 기부하고, 4월초에는 사립 석촌동소학교에 15원을 보조했다. 이처럼 보조를 하게 된 것은 당시 사립학교가 거의 재정난에 허덕이고 있어 학생을 위한 교재 무상 공여는 물론 교원의 봉급조차 어려운 형편에 있었기 때문이다. 이러한 사립학교의 보조는 일시적인 찬조로 그치는 데도 있었으나 경우에 따라서는 매월 정액의 보조금을 지급하기도 했는데 이것은 경영난으로 인한 학교 폐쇄를 막는 데 뜻이 있었다. 『전기』, 281쪽.

20 성미제는 1907년 5월 17일 宗令 67호로 실시되어 교단의 재정난을 극복하고, 나아가 1911년 12월에 종령 91호로 오관제를 정하여 이를 교인들의 의무 실천 사항으로 확대 실시케 했다. 특히 성미제는 매일 아침, 저녁 밥쌀을 낼 때마다 내수도(부인)되는 분이 식구별로 한 숟가락씩 생쌀을 떠서 성미 그릇에 모았다가 매월 말 소속교구에 바치는 것으로, 뒤에는 현금으로 환산해 바치기도 했다. 이것이 뒤에 교단의 물적 토대를 확보하는 계기가 되었고, 후에 3·1 운동에서도 천도교가 자금을 댈 수 있었던 원천이 되었다. 홍장화, 『천도교 교리와 사상』, 천도교중앙총부, 1990, 206-209쪽 참조. 오관제는 다섯 가지 정성을 말하는데 주문, 청수, 시일, 성미, 기도 등을 수행할 때 정성을 다 하자는 것이다.

21 노영택, 『일제하민중교육운동사』, 탐구당, 1979, 38쪽.

코자 하여 이 불리한 법령을 제정했다."고 논박했던 점만 보아도 이 교육령이 한국인의 교육 기회를 박탈하려는 악법임을 충분히 짐작할 수 있는 것이다. 사학의 경영난은 1910년의 한일 합병 이후 더욱 가중되어 갔다. 이에 천도교는 학교를 새로 설립하기보다 경영난에 허덕이는 기설 학교를 인수·경영하는 쪽으로 교육 사업의 방향을 돌리지 않을 수 없었다.

당시 천도교가 대표적으로 인수·경영한 보성학원의 사례를 통해 그것을 살펴볼 수 있다. 보성학원은 이미 그 전부터 천도교에서 매월 보조금을 지급하고 있었으나 가중되는 경영 압박으로 폐쇄 위기에 처하게 되자 학교 측의 요구에 따라 천도교는 1910년 12월 21일 경영 인수 계약을 체결하여, 보성학원이 안고 있던 3만 원의 부채를 정리하고[22] 정식으로 경영권을 인수했다. 그 후 일제는 사립학교에 대한 탄압을 가중시켜 이듬해인 1911년 8월에 조선교육령을 발포하고, 동년 10월 사립학교령을 개정했으며, 다시 1915년에는 개정 사립학교 규칙을 만들어 민족사학에 대한 탄압을 강화해 갔다.[23] 그러나 천도교에 의해 운영되는 보성학원은 이러한 강압에도 불구하고 착실히 성장하여 한국 사학의 명문으로 육성되어 갔다.[24]

그러나 1919년 천도교가 3·1 운동을 주도함으로 해서 의암을 비롯한 고위 간부 대부분이 투옥되고 재정 상태 역시 악화됨에 따라 자연히 학교 경영에 타격을 받게 됐다. 그런 상황에서도 3·1 운동 이후 학교 경영비가 계속 지급되어 오다가 1920년 3월 1일에 개정된 신 사립학교 규칙

22 고려대학교칠십년지편찬실. 『고려대학교70년지』, 고려대학교70년사편찬위원회. 1975. 93-94쪽.
23 노영택, 앞의 책. 40쪽.
24 그러나 천도교는 보성전문학교를 인수한 뒤에도 천도교의 종교적 색채를 학교에 강요하지 않았다. 다만. 중학 과정의 수신修身 시간에 천도교 교리를 강의하려 하였다 한다. 앞의 책. 『고려대학교 70년지』, 59-60쪽.

제4조의 "사립의 전문학교, 중학교, 또는 고등보통학교의 설립자는 그 학교를 설립·유지하기에 족한 재산을 가진 재단법인이어야 한다."는 조항의 규제 때문에 재단법인의 설립을 서두르지 않을 수 없게 되었다. 이에 재단법인 구성을 위해 천도교 측에서 10만 원, 진주부호 김기태가 15만 원을 출연한 것 외에 민족사학의 장래를 염려하는 58인의 유지 인사가 출연한 총 43만 3천 원을 기본 재산으로, 1921년 11월 28일에 설립 신고서를 출원하여 동년 12월 28일자로 인가를 받게 되었다.[25] 이로써 천도교는 재단에 보성전문학교 경영권을 넘겨 주고 12년 남짓 기간 동안 총 35만여 원의 막대한 교단 재정을 투자하면서 희생적으로 경영했던 보성학원에서 물러나게 된 것이다.[26]

그런데 천도교 측에서는 재단 구성 당시 중앙총부로 사용하던 송현동 소재 건물과 대지 615평 5합을 5만 원에 평가·기증하기로 하고, 그 외 현금 5만 원을 출연키로 되어 있었으나, 처음 1만 원을 지불한 것 외에 나머지는 재정 악화로 내지 못하다가 숭인동 소재 천도교 소유의 상춘원

25 위의 책, 119쪽.
26 천도교가 인수·운영한 또 하나의 사례는 동덕여학교(당시는 동덕여자의숙)이다. 1908년에 조동식에 의해 설립된 후 역시 경영난에 부딪치게 되자 처음에 손병희는 1909년 11월부터 매월 10원씩의 보조금을 지급했다. 당시 동교의 1개월 경상비와 학용품비가 18원이고 보면 10원은 적지 않은 액수였다.(김응조,「천도교의 문화운동」;『전기』, 287–289쪽, 앞의 글 참조.) 뿐만 아니라 첫 달인 11월에는 특별 기부금 100원을 희사하기도 했다.(『대한매일신보』 융희 3년 11월 24일자) 1910년 12월에는 다시 동교에 매월 70원씩을 증액 보조하기로 하는 한편 관훈동에 있는 천도교 소유의 대지 209평과 32간 와옥까지 기부하여 셋방살이 신세를 면하게 했다.(『전기』, 289–290쪽) 그래도 가중되는 경영난을 면할 길 없던 동교는 1914년 12월 27일 천도교 대도주 박인호 명의로 설립자를 선임, 동년 3월 30일에 변경 인가를 받음으로써 천도교가 정식으로 인수·경영케 된 것이다.(동덕 70년사편찬위원회,『동덕 70년사』, 동덕학원, 1980, 66–67쪽) 그 후 사학에 대한 일제의 탄압으로 1910년 1,227개교였던 사립학교가 1918년에는 461개교로 격감(조선총독부학무국,『조선교육요람』, 1928, 152쪽)하는 가운데서도 동덕여학교는 168평의 2층 양옥교사를 신축(1915년 9월)하고 1918년에 개교 10주년 기념식을 갖는 등 꾸준한 발전을 보여 왔다 그러나 이 학교 역시 3·1 운동 이후의 재정 악화로 더 이상 천도교 측에서 경영을 감당할 수 없게 되어 1923년 12월 25일 경영권을 조동식 교장에게 넘겨 주었다.(『동덕 70년사』, 90–91쪽)

대지 10,165평과 동 지상 건물로 대물 변제했다.[27]

이 밖에도 대략 1910년 이후 천도교에서 직·간접적으로 관여했던 사학 중에 지금까지 알려진 것만 해도 용산에 양영학교와 양덕여학교, 마포에 보창학교와, 삼호보성소학교, 청파동에 문창보통학교, 전주에 창동학교, 대구에 교남학교와 명신여학교, 청주에 종학학교, 안동에 붕양의숙, 선천에 보명학교 등 수십 개교에 이른다.[28]

그리고 천도교는 대외적인 육영사업뿐 아니라 대내적인 교육 운동 역시 적극적으로 전개했다. 1908년 6월 10일 종령 10호에 의한 강습소 규정을 공포, 전국 시군에 800여 개소의 교리 강습소를 설치했는데, 1910년부터는 이의 효율적인 관리·운영을 위해 일련번호를 붙여 호칭했고, 또한 동년에 사범 강습소를 서울에 설립하는 것 외에 지방 각 시군에까지 확대 실시했다.[29]

민중 계도를 통한 자주 독립 운동은 갑진 개화 운동의 뒤를 이어 천도교의 문화 사업으로 이어졌다. 이는 범국민적 민중 교육을 통한 민도의 고양만이 자주 독립의 첩경이라는 의암의 의지의 실현이었다. 천도교의 문화사업은 언론 출판 문화 운동으로 나타났다. 천도교의 출판 문화 운동은 네 가지로 분류될 수 있다.

첫째, 출판소와 인쇄소 사업이다. 민지民智 개발과 문명 개화의 첩경이 도서 출판의 융성·보급에 있다고 판단한 의암 손병희는 일본에서 귀국할 당시 인쇄기와 활자를 구입해 와서 활자 인쇄소인 박문사博文社를 설치했으며 이후 인쇄소 박문사를 주식회사 보문관普文館으로 확장해 언론·출판

27 이재순, 「의암성사의 업적-육영사업을 중심으로」, 『신인간』 통권 320호, 9·10월 합병호, 신인간사, 1974년, 38쪽.
28 조기주, 앞의 책, 270쪽 외에 『천도교회월보』 등 참조.
29 『천도교회월보』 통권 10호, 1911년 5월호 이후 '중앙총부휘보'란에 계속 일련번호로 된 강습소가 소개되고 있다.

활동을 서둘렀다. 1910년 초에는 인쇄소 창신사彰新社를 신설하여 『천도교회월보』를 간행했다. 이 밖에도 천도교단 및 교단 내 단체에서 만든 인쇄소 또는 출판사로는 보성사普成社, 보성관普成館, 창신관昌新館, 보문사普文社, 박문관博文館, 개벽사開闢社 등이 있었다. 특히 보성사는 1910년 12월에 보성학원 인수 시 같이 인수한 인쇄소로 각종 서적과 교리서를 간행하여 당시 최남선이 운영하던 신문관新文館과 함께 우리나라 근대 출판의 쌍벽을 이루던 인쇄소[30]였으며, 독립선언서를 제작했다는 이유로 일본인에 의한 방화로 소실되고, 운영 간부진 전원이 구속되는 시련을 겪기도 했다.[31]

둘째, 신문 간행 사업으로서 〈만세보萬歲報〉와 〈대한민보大韓民報〉[32]를 발행하여 자주·자립과 개화 의식을 주창함으로써 민족의식을 고취하고 국권 회복을 위한 역량을 배양하기 위해 노력했다. 특히 〈만세보〉는 국한문 혼용을 한 일간 대형 신문으로 신문의 역사에서도 의의가 있으며, 신소설 〈혈의 누〉를 연재함으로써 신문 연재 소설의 효시[33]를 이루는 등 문학사에 끼친 공도 크다.

셋째, 잡지 간행 사업으로 신문으로 전달할 수 없는 내용의 기획 기사 등으로 지식 전달과 민중 계몽 운동을 선도했다. 천도교 관련 최초의 잡지는 1910년 6월 10일 간행된 『보성친목회회보』였다. 이 잡지는 156면, 국판으로 발간되었는데 동년 12월 31일 통권 2호로 종간되었지만 국내학생 잡지의 효시로 평가된다. 이 밖에도 천도교는 1930년대까지 종합잡

---

30 홍장화 편저, 『천도교운동사』, 천도교중앙총부출판부, 1992, 182–183쪽.
31 현재 조계사 자리가 보성사 터인데 현 조계사 대웅전 앞의 회나무가 당시 보성사의 수난을 지켜본 증인이 되고 있다.
32 〈대한민보〉는 1909년 6월 2일 대한협회가 창간하였다. 사장이 오세창이었고 천도교 관련 인사들이 참여하여 천도교 대변지 역할 및 일제에 대항했던 언론으로서 1910년 8월 30일까지 356호를 발행하였다.
33 최준, 「만세보의 언론사적 위치」, 『신인간』, 신인간사, 1986년 4월호, 26–35쪽 참조.

지로는 『개벽開闢』 『혜성彗星』 『제일선第一線』, 여성지로서 『부인』 『신여성』, 어린이·학생 잡지로는 『어린이』 『학생』, 농민 잡지인 『조선 농민』 『농민』, 취미잡지 성격의 『별건곤別乾坤』, 그리고 종교 잡지이자 계몽지인 『천도교회월보』, 『신인간』 등을 발간해 문화 계몽의 민족 운동 매체로 삼았다. 일제의 암울했던 시기에 하나의 집단이 이처럼 꾸준히 그리고 일관된 논지로 자신들의 주장을 지속시킨 경우는 오직 천도교뿐이었다.[34]

끝으로 천도교의 종교적 차원에서의 교리 문서 간행을 들 수 있다. 손병희는 귀국하자마자 다음달인 1906년 2월 27일 종령 제12호를 공포, 활판 인쇄소 〈박문사〉를 설치했다. 종령 제12호에 의하면 "교문敎門에서 인민의 지식을 유명牖明(밝게 인도해 줌—필자)하며 국가의 문화를 보익補益하기 위하야 활판 인쇄소를 영설另設하니 오교吾敎의 일대 관건이라…"고 되어 있는 바 그 설립 목적이 단순히 교단적 차원에 국한되어 있지 않음을 알게 된다. 그래서 언론 활동을 위한 제반 준비를 서두르는 가운데 동년 4월 26일 종령 24호를 공포, 인쇄소 박문사를 주식회사 보문관으로 확장·변경하고 천도교 최초의 일간지인 〈만세보〉의 발행을 서두른 끝에 동년 5월 10일 발행 허가를 얻고 6월 17일에 창간 제1호를 발행하게 되었다.[35]

당시 〈만세보〉는 사장에 오세창, 주필에 이인직, 발행인 겸 편집인에 신광희, 그 외 권동진·장효근 등이 중심이 되었고, 한성 남서 회동 85통 4호(현재의 회현동)에 새 인쇄 시설을 갖춘 사옥이 있었다.[36]

〈만세보〉의 창간 정신을 확인하기 위해 창간사 일부를 살펴본다.

34 천도교중앙총부, 『천도교개요』, 천도교중앙총부출판부 참조.
35 김응조, 「천도교기관지의 변천과정」, 앞의 책, 103쪽.
36 〈만세보〉 창간호, 1906년 6월 17일자.

만세보라 명칭한 신문은 何를 위하야 作함이뇨 아한인민의 지식계발키를 위하여 작함이라 噫라 사회를 조직하야 국가를 형성함이 시대의 변천을 수하야 인민 지식을 계발하야 野昧한 견문으로 문명에 進케 하며 幼穉한 지각으로 老成에 달케 함은 신문 교육의 신성함에 無過하다. 謂할지라 是로 인하야 環球萬邦에 유통하는 근세풍조가 인민의 지식계발하기를 제일주의로 인정하야 신문사를 廣設하고 문단에 牛耳를 執하고 哀鈸의 책임을 擔荷하야 己啓己發한 인민의 지식도 益益進步키를 기도하거든 況此 未啓未發한 인민의 교육이야 엇지 일각일초를 지원함이 가하리오 (중략) 공명정대한 논술과 確的 신속한 보도를 일층주의하야 본월 17일 日曜에 제일호를 발간하니 此는 我韓人民敎育的으로 창설한 萬歲報이라. 吾儕는 신문사업을 經記하는 者이로대 蠅頭細利를 謀取함도 아니오 梁楚聲譽를 희망함도 아니오 단히 人民腦髓의 문명공기를 권주코자 하는 熱心的에 유출함이니 吾儕의 열심은 오제의 필설로 自唱키 불가하거니와 磋我 이천만동포는 자국의 現今時代를 관측하고 前途影響을 연구하야 장래 奴隷羈絆을 脫하며 犧牲慘毒을 免할 일지침은 지식계발에 在하고 지식계발은 신문에 재한 줄로 思想하면 오제의 창설한 만세보가 大韓皇城에 간행하는 신문 중 일지침됨을 覺得할 것이오(하략)[37]

창간사에서 알 수 있듯이 〈만세보〉는 '인민의 지식 계발'을 위해 영리나 명예를 초월해서 장래 노예 기반을 면하기 위하여 '아한인민교육적我韓人民敎育的으로 창설한 〈만세보〉'임을 밝히고 있다. 이것은 천도교의 보국안민의 이념과 그대로 맥을 같이하고 있을 뿐 아니라 손병희가 의도한 범국민적 민중 교육의 의지를 그대로 반영하고 있는 것이다.

---

37 위의 신문.

　그러나 민족의식 고양의 초창기에 활발하게 언론 활동을 전개했던 〈만세보〉는 창간 1년 만에 폐간되는 비운을 맞았다. 그것은 위에서 지적한 대로 이용구 등의 출교로 인한 재정 고갈 때문으로, 1907년 6월 30일 '기계 파손으로 정간, 갱간일기예정난更刊日期豫定難'이라는 사고 전단을 내고 문을 닫게 된 것이다.[38]

　3년 뒤인 1910년 8월 15일 재정난을 극복한 천도교가 두 번째로 발행한 것이 월간 『천도교회월보』였다. 『천도교회월보』는 비록 천도교의 기관지로 발행되었으나 실질적으로는 대중 계몽적 성격을 강하게 지니고 있다.

　즉, 『천도교회월보』가 천도교의 기관지로서 천도교의 포교라든가 이념 선양에 일차적인 목적을 두고 있음에는 틀림없다. 그러나 한편으로 그 이념이 목표하는 바가 현실적으로 보국안민을 우선하고 있기 때문에 단순히 기관지로서가 아니라 자주독립을 지향하는 민족 계도지로서의 사명 의식을 갖고 발행하고 있었다. 우선 창간호를 비롯한 초기 『천도교회월보』의 편집 방향을 보더라도 교리부·학술부·기예부·물가부·중앙총부 휘보 등으로 짜여 있는데, 특히 학술부에는 지리·역사·물리·경제 등을 강의하면서 국제동향과 근대적 영농법도 아울러 다루고 있다. 더욱이 통권 제12호부터는 언문부를 따로 두어 한문에 소양이 없는 대중을 상대로 대중 교화를 펴고 있다.

<hr>

38 김응조, 「천도교기관지의 변천과정」, 앞의 책, 106쪽. 만세보의 언론사적 의의는 첫째, 국한문 혼용을 원칙으로 하면서도 한자 옆에는 획기적으로 국문 토를 달아 줌으로써 민중교육의 장으로서의 역할에 적극적이었다. 둘째, 항일 민족지로서의 역할에 충실했다. 특히 일진회의 매국 행위를 성토, 공격하는 데 앞장서 언론을 통한 구국계몽활동에 적극 나섰다. 셋째, 문학사상(文學史上)으로도 최초의 신소설인 이인직의 『血의 淚』(23호인 1906년 7월 22일자부터 50회에 걸쳐 연재), 『鬼의 聲』(92호인 1906년 10월 10일자부터 다음해 5월까지 연재) 등을 연재했고 나아가 신문소설의 신기원을 이룩했다. 김응조, 「천도교의 문화운동」, 앞의 책, 69쪽.
황선희 교수는 〈만세보〉의 정치사상은 개화 사상 그 자체였다고 평한다. 황선희, 「1900년대 천도교의 개화혁신운동」, 『한국 근대사의 재조명』, 국학자료원, 2003, 278쪽.

이와 같이 『천도교회월보』는 〈만세보〉의 연장으로서 범국민적 교육을 통한 배일자주의식 고취를 위한 대중 계몽지로서의 역할을 아울러 수행하고 있는 것이다. 그러나 신문지법에 의해 발행되는 『천도교회월보』는 예상했던 대로 순탄할 수가 없었다. 압수, 삭제, 발매 중지, 발행 중지 등 일제에 의한 탄압이 계속되다가 통권 315호(1938년 3월호)를 끝으로 강제 폐간되고 말았다. 당시 천도교에서 극비리에 실시하고 있던 멸왜기도 운동이 1938년 2월 17일에 일경에 발각됨으로 해서 중앙 간부진이 강제 교체되고 〈천도교 대헌〉이 폐기되는 강압 속에서 『천도교회월보』 역시 폐간되지 않을 수 없었던 것이다.[39]

1910년대 천도교의 재정비와 민족 문화 운동은 모두 동학혁명 이념을 계승한 민족 운동이자 부족한 민중의 민족의식 고양을 위한 천도교의 민족주의 실천의 일환이었다. 이러한 천도교의 노력이 있었기에 일제하의 암흑기에서 3·1 운동과 같은 또 한번의 거족적 민족 운동이 일어날 수 있었다.

2. 3·1 운동과 천도교

1910년대 들어 천도교도의 숫자는 당시 시중에서 '3백만'이라고 말할 정도로 불어났다.[40] 따라서 일제는 천도교 세력을 단순한 종교 세력이 아닌 정치 세력으로 간주해 경무국 관할 하에 두어 동향을 예의주시했다.[41]

39 김응조, 위의 글, 112쪽.
40 村山智順, 『朝鮮の類似宗敎』, 조선총독부, 1935. 최길성·장상언 역, 『조선의 유사종교』, 계명대출판부, 1991, 60쪽.(그러나 일제의 공식 기록은 가장 교인수가 많을 때도 14만 명을 넘지 않는다.) 천도교단에서는 흔히 3백만 교도라고 불리고 있었다. 천도교의 놀라운 교세 증가는 박은식의 "신도가 날마다 증가하여 300만을 헤아린다. 그 발전의 신속함은 거의 고금의 종교계에 일찍이 없는 일이다."라는 지적에서도 알 수 있다. 박은식, 『韓國獨立運動之血史』, 서문당, 1920, 126쪽.

1910년 '천도교회월보' 사 간부진이 항일합방에 반대하는 편지를 각국 영사에게 돌려 구속된 사건[42]이나, 그 이듬해에 데라우치 총독이 손병희를 직접 불러 천도교의 성미제를 트집 잡아 협박과 회유를 하는 것 등을 시발로 천도교는 일제 통치 기간 내내 총독부의 주요 감시 대상이 되었던 민족 운동 집단이었다.[43]

천도교가 구국 종교로서 민족 운동의 전면에 나선 것은 1919년 3·1 운동에서 타종단에 대해 자금 지원·기밀 연락 등 전면적인 주도적 임무를 수행하고, 내부로부터 싹터 성장한 민족의식에 따라 민중을 이끈 것으로 구체화되었다. 이 운동에 앞서 이미 1910년 9월 말부터 동학의 보국안민 정신에 입각한 구국 이념에 따라 천도교 중진 사이에서 거족적 민중 운동이 준비되고 있었다.[44] 그것은 동학혁명을 계승하고 재현하는 천도교의 구국적 신앙관에 입각한 대중 봉기 운동의 형태로서, 그 이후 1919년 3월 1일까지 근 10년 동안 준비되어 왔던 것이다. 특히 1911년의 '대한제국민력회', 1912년의 '민족문화수호운동본부', 1914년의 '천도구국단 결성'[45] 등은 천도교의 지속적인 독립운동을 말해 주고 있다.

---

41 일제는 당시의 주요 종교 가운데 다른 종교는 조선 총독부 학무국에서 관할했지만 천도교만은 유사 종교로 취급해 경무국 관할로 두고 있었다.

42 1910년 8월 29일 『천도교회월보』 주간 이교홍 명의로 일본의 조선합병을 비난하는 성명서를 서울에 주재하는 각국 영사관에 발송하고 성원을 요청하는 일이 곧 발각되었다. 이 일을 계기로 이교홍 등 간부진이 투옥되었다. 황선희, 앞의 책, 284-285쪽.

43 의암손병희선생기념사업회, 『전기』, 258-264쪽 참조. 천도교에 대한 탄압에 대해 박은식은 "(천도교가) 종교 단체라는 것을 부인하면서 날마다 경찰을 파견하여 중앙총부와 각지의 교구를 감시하며, 달마다 재무·회계의 장부를 보고하게 하여 없는 흠을 억지로 찾아내어 다수 징벌을 행한다. 교회의 주요한 인물은 날마다 그들의 정찰과 속박을 받는다. 지방교도의 심한 출입도 구금 당하여 곧 노예나 가축 따위의 대우를 받는다. 교인이 비교인과 소송하는 일이 있으면 사리의 옳고 그름을 불문하고 반드시 교인을 패소시켰다."고 적고 있다. 박은식, 앞의 책, 126쪽.

44 앞에 지적한 천도교월보사 간부진 구속 사건은 그들의 오랜 독립운동의 서곡이었다.

45 이들 비밀 지하독립운동단체들의 결성과 운동에는 천도교의 중진 지도자였던 묵암 이종일 선생의 노력과 희생이 깊게 게재되어 있다. 이 부분에 관한 자세한 기록은 그가 남긴 『默菴備忘錄』에 실려 있다. 「묵암비망록」은 한국사상연구회 간, 『한국사상』 제16호(1978)에서 21호

교단 핵심 지도자들의 끊임없는 직접적 독립 운동 방법론을 수용치 않던 의암에게 1918년은 새로운 전기가 안팎으로 마련된 시기였다. 즉 밖으로는 그 해 1월에 제1차 세계 대전의 종전에 따라 윌슨 미 대통령이 평화안 14개조로 발표했다.[46] 따라서 식민지 국가의 입장에서는 민족자결주의 원칙과 국제연맹의 결성에 주목해 이때를 민족 운동의 최적기로 판단할 수 있었다.

더욱이 1918년은 이미 해외로 망명한 독립지사들의 독립 운동이 가시화되고 있었다. 1917년 상해의 신규식, 조소앙 등은 '조선사회당'을 만들어 스톡홀름에 있는 '만국사회당대회'[47]에 참가를 신청해 놓았고 1918년에는 만주의 독립지사들 중심으로 '대동단결선언'이 유포되었으며, 그 해 말에는 최초의 독립선언서인 '무오독립선언'이 발표되기도 했다.[48] 그리고 적의 심장부였던 동경에서 벌어진 2·8 독립 선언은 독립운동에 소극적이던 다른 민족 운동 세력을 고무시켜 만세 시위 대열에 합류하도록 해 주었다.

국내적으로도 해외의 급변하는 국제 정세와 독립 운동 소식 전달에 독립의 분위기가 고무되기 시작했다. 우선 어느 정도의 조직력을 갖춘 종

(1989)까지에 원문과 해석이 실려 있다.

46 의암손병희선생기념사업회, 『전기』, 310-311쪽 참조. 윌슨은 이미 전쟁이 끝나기도 전인 1월에 전후의 항구적인 평화와 질서 유지를 위한 14개조를 발표했다. 이를 요약해 보면 ① 모든 외교 조약의 공개 ② 전시나 평화시 해양 항해의 자유 ③ 경제적 장애의 철폐와 자유무역 ④ 군비축소 ⑤ 식민지 요구의 조절 ⑥ 러시아에 대한 철병과 원조 ⑦ 벨기에의 주권존중 ⑧ 알사스 로렌의 프랑스 반환 ⑨ 민족자결주의 이행 ⑩ 오스트리아, 헝가리 민족문제 ⑪ 발칸반도 문제의 해결 ⑫ 터키문제의 처리 ⑬ 폴란드의 독립 ⑭ 국제연맹의 창설로서 민족자결권 보장, 해양의 자유, 공명정대한 외교, 군비 제한 등이다.

47 제2인터내셔널을 말한다. 우리나라에서 제2인터에 참여한 유일한 정당이 최초의 사회주의 정당인 조선사회당이다. 특히 조소앙은 1919년 스위스 루체른 대회에 참석해 조선독립의 당위성을 역설하고 대회의 승인을 받는다. 제2인터는 일제시대 동안 조선 독립을 승인한 유일한 국제 대회였다. 이에 대한 자세한 내용은 임형진, 「삼균주의에 나타난 한국 민족주의연구」, 성균관대 석사논문, 1991 참조 바람.

48 위의 글 참조.

교 조직의 연합이 이루어졌다. 민족 독립이라는 대의를 위하여 이질적인 각 종교가 대화합을 이루어 하나의 공동 목표에 접근키로 합의한 것이다. 이제 천도교에서는 더 이상 조직 강화와 교단 정비 문제가 정치적 활동을 제약하는 요소가 될 수 없었다. 내외의 분위기가 성숙한 것이다.

우선 전국적인 조직을 갖고 있던 천도교가 중심이 되어 타종교를 견인하고 민중운동의 원칙을 비폭력·대중화·일원화로 세워 1918년 9월 9일을 1차 민중 봉기 일자로 정하였다.[49] 그러나 1919년 1월 고종이 일제에 독살당하여 한국민 사이에 일제에 대한 분노가 치솟고 만주의 '무오독립선언'과 동경 한국유학생들의 '2·8 독립선언' 소식에 고무되어 2월 15일 경에 이르러 천도교 측은 유·불·기독교 측과 학생 측, 기타 대중들과의 비밀 연락을 완료하고 모든 준비를 도맡았다.[50]

마침내 3월 1일을 거사 날짜로 결정, 거국·거족적인 만세 독립 운동을 일으키니 국민국가 실현과 완전 독립을 쟁취하기 위한 3·1 운동은 천도교의 민중 운동 삼대 원칙에 따라 전국적으로 확산되어 나갔는 바, 천도교는 그 선도적 임무를 수행하였다. 1922년에 폐막된 워싱턴의 태평양회의에 즈음해서는 천도교의 보성사 임직원이 중심이 되어 민중들의 합세와 지지를 호소하여 3·1 독립 만세 운동과 같은 거사를 일으키고 재차 제2의 독립선언문을 낭독하고 봉기하려 기도하였다.[51] 뿐만 아니라 3·1 운동 후 여러 곳에서 수립된 임시정부에 천도교 인사들이 적극적으로 지

---

49 보성사 사장인 묵암 이종일은 1910년대 계속해서 민중 시위 운동을 추진하였다. 1919년 9월 9일의 무오 독립 시위 운동 역시 그가 주도했으나 여건 미비로 시행되지 못했다. 「묵암비망록」, 『한국사상』, 제18호 참조.

50 3·1 운동에서의 천도교 역할은 아무리 강조해도 지나치지 않는다. 천도교 소유 인쇄소였던 보성사에서 독립선언문 3만 5천장을 인쇄해 태극기와 함께 전국의 천도교 조직을 통해 전달한 사실이나 인쇄 도중 조선인 형사에게 발각되었으나 그 형사를 의암의 승인하에 거금으로 매수함으로써 거사의 사전 발각을 막을 수 있었던 사실 등도 그 중의 하나이다.

51 이현희, 「동학혁명과 민족구국운동」, 동학혁명백주년기념사업회, 앞의 책, 133-134쪽 참조.

지하고 참여한 것은 그들의 보국안민 이념을 실천하는 연장선이었다.

그러나 거족적으로 또 전국적으로 전개된 3·1 운동은 일제의 무력에 의한 비인도적인 강제 진압으로 결국 이 해 5월 말에 이르면서 잦아들고 말았다. 일제는 조선 민족의 거족적인 민족 의지 분출에 놀라며 앞으로는 무력만으로 조선의 독립 운동을 막을 수 없다고 판단했다. 따라서 조선인을 회유하고 대외적인 선전 효과도 고려하여 소위 문화 정치를 시행하게 되었다. 일제는 1919년 8월 19일에 한국에서 문화 정치를 시행한다고 국내외에 공식 발표했다.

이 해 9월에 부임한 신임 총독은 우리 민족과 일본인을 똑같이 대우한다는 뜻으로 '일시동인一視同人, 내선융화內鮮融化'라는 구호를 내걸고 문화 정치를 실시했다. 그리하여 위협적인 헌병경찰 제도를 없애고 한국인에게 관리가 될 수 있는 길을 일부 열어 주고 언론과 집회의 자유도 얼마쯤 허용하게 되었다. 물론 형식적이었지만 이제 천도교는 또 한번의 새로운 분위기와 상황에 대응하여 민족 운동의 노선을 수정해야만 했다.

제2절 청우당의 일제하 민족 운동

1. 청우당의 활동[52]

3·1 운동을 적극적으로 선도했던 천도교는 손병희를 위시한 원로급 지도자들이 대부분 구금됨에 따라 지도 체제의 재정비가 불가피해졌다.

---

[52] 일제하 청우당의 활동은 정용서, 「일제하 천도교 청년당의 정치경제 사상 연구」(연세대 사학과 석사학위 논문)과 천도교청년회중앙본부, 『천도교청년회 80년사』, 89-216쪽을 주로 참조함. 보다 자세한 내용은 위의 글을 참조 바람.

이것은 곧 천도교의 구국 운동의 방향 전환이 불가피했음을 의미하는 것
이다.

3·1 운동 이후 천도교에 대한 일제의 탄압과 감시는 더욱 극렬해졌다.
지도자들의 체포·구금은 물론 지방교구라든가 전교실이 폐쇄되기도 하
는 등 천도교의 3·1 운동으로 인한 후유증이 심대하였다. 이러한 상황에
서도 젊은 지도층을 중심으로 새로운 돌파구를 마련하였으니 그것이 곧
천도교 청년 교리 강연부天道敎靑年敎理講硏部의 출범이었다.

청년 교리 강연부는 1919년 9월 2일에 천도교의 교리를 연구·선전하
며 민족 문화를 향상·발전시키기 위한 목적으로 이돈화·정도준·박래
홍·박달성 외 여러 청년들이 중심이 되어 창립하였는데[53] 이것은 당시
우리나라에서 운동적 색채를 띤 청년 단체로서는 가장 먼저 조직된 단체
였다.[54] 교리 강연부의 임원진은 다음과 같다.

> 부장 : 정도준
> 간무원 : 김옥빈, 박달성, 이두성
> 간의원 : 박래홍, 손재기, 방정환, 이돈화, 황경주, 최혁, 박용준
> 고문 : 오상준(현기관장), 정도영(의사원장)[55]

교리 강연부는 창립된 지 반년도 못 되어 전국 각지에 지부가 설치되
는 등 눈부신 발전을 계속했다.[56] 그동안 국내 문화·경제·교육 부문에서

53 조기간, 『천도교청년당소사』, 천도교 청년당 본부, 1935, 130쪽 이하 『소사』로 약함.
54 천도교청년교리강연부의 설립과 교단 차원의 지원은 옥중에 있던 의암 손병희의 뜻이었다. 영
  어중인 의암을 찾아간 사위 현암玄庵 정광조鄭廣朝가 교리강연부 운동을 보고하자 "응 그래!
  그럴 걸 그러리라! 앞으로는 포덕이 더 많이 나리라. 그리고 청년들의 하는 일을 부디 잘 도와
  주어. 그것이 잘 돼야지. 그것이지 다른 것이 아니여. 나도 그것을 위해 그러는 것 아니냐."라고
  했다고 한다. 『소사』, 130쪽.
55 「교리강연부의 第一例會觀」, 『천도교회월보』 110호, 1919년 10월, 63쪽.

도 문화 통치의 결과로 새로운 조류가 형성되고 있었다.[57]

창립된 지 7개월여 만에 이 같은 급속한 성장을 이루자 교리 강연부는 보다 구체적이고 본격적인 청년 문화 운동의 기반을 구축해야 할 필요를 느꼈고, 이에 따라 1920년 4월 25일 간부회의를 개최하여 〈천도교 청년회〉로 이름을 바꾸었다. 청년회는 교리의 연구·선전은 물론 조선문화의 향상·발전을 위한 사업을 전개[58]하는 한편 여섯 가지의 구체적 실천 방안을 구상했다.[59] 첫째는 지식열의 고취다. 전문적인 것보다는 일반 교양을 중요시하여 신문이나 잡지의 구독을 독려하는 것이다. 둘째는, 교육의 보급이다. 적어도 2·3개의 촌에 서당 하나 정도는 있어야 한다는 것을 강조하였다. 셋째는 농촌의 개량이다. 모든 농민을 대상으로 하여 수시로 강연회를 개최하고 도로 정비, 가로수의 식수·서당·회의실·저축조합·잠업 시험장 같은 기구를 단계적으로 설치하는 방법으로 강구하는 것이다. 넷째는 도시 중심의 활동이다. 교회의 각 부문 조직이나 단체 및 각종 강연회의 중심체가 있는 도시를 기점으로 신문화 운동을 전개하는 것이다. 이것은 지역간의 연락 업무·교통 문제와 관계가 있으나 그보다는 전통 사회의 문화적 원천으로서의 도시적 성격에서 연유한 것이라 하겠다. 다섯째는 전문가의 양성이다. 문화 발전의 전제 요건으로 발명이

---

56 교리강연부가 설립된 지 3달 만인 1919년 말까지 지부 설립을 완료한 곳이 진남포지부(51명)·진주군지부(79명)·정평군지부(28명)·박천군지부(20명)·청주군지부(35명)·강동군삼등지부(25명)·강동군지부(154명) 등 7곳이었으며, 부원은 본부(200여 명)와 지부(400여명)를 합해 600여 명이었다.(隱名生,「快히 교리강연부에 응하라」, 『천도교회월보』 112호, 1919년 12월, 41쪽) 이 같은 교리강연부의 급속한 발전은 이미 굳건히 정착되어 있는 기존의 천도교 지방 조직의 힘이 있었기에 가능했다.

57 최동희·유병덕 공저, 『한국종교사상사』 Ⅲ, 연세대출판부, 1993, 94쪽.

58 김병준,「지상천국의 건설자 천도교청년당의 출현」, 『천도교회월보』 157호, 1923년 10월, 8쪽. 정용서 앞의 글 재인용.

59 이돈화,「조선 신문화 건설에 대한 도안」, 『개벽』 4호, 1920년 9월, 9-16쪽, 황선희, 앞의 책, 333-334쪽 재인용.

나 창조의 과정을 중요시하였음을 알 수 있다. 여섯째는 사상의 통일이
다. 이것은 사회 각 분야에서 활동하는 전문가가 현실적으로 상이한 사
상과 이념을 주장하게 될 때 야기되는 사회적 혼란을 우려한 데서 나온
미연의 방지책이라고 할 수 있다. 사상 통일을 신문화 운동의 제1급무로
여겼던 것이다. 이러한 사업 수행을 성공적으로 이루려면 사회적 영향력
이 있는 인물을 길러야 한다고 하여 이돈화는 신인간의 창조를 우선 조
건으로 제기하였다.

　청년회는 편집부, 음악부, 체육부, 소년부 등의 부서를 두고 구체적 운
동을 추진했는데 특히 청년회의 초기 사업은 눈부셨다. 청년회는 기존의
교리 강습회의 지속적인 순회 강연 개최로 신문화 건설을 위한 계몽 운
동을 강화하고 또 편집부 사업으로 1920년 6월에 언론 기관인 〈개벽사〉
를 설립하여 정치 시사 월간 잡지 『개벽』을 발행하였다. 또한 체육부 사
업으로는 야구단을 조직하여 조선 전역에 크게 명성을 떨쳤으며, 이듬해
4월에는 천도교 청년회 소년부를 개편하여 조선 어린이의 정서 함양과
윤리적 대우와 사회적 지위를 인내천주의에 맞도록 향상시키기 위해 김
기전, 방정환 등이 노력하여 〈천도교 소년회〉를 조직하였다. 이 소년회에
서 최초로 1922년에 조선 소년 운동의 정기적 선전 및 훈련을 전 사회적
으로 실행하기 위해 5월 첫 공일을 '어린이의 날'로 제정[60]하기도 했다.

　또한 천도교 청년회는 민족의 물질적 변화를 모색하기 위해 1921년 4
월 제3차 정기총회에서 김기전의 제의로 실업부를 설치하였다.[61] 그리고
그 해 12월 유한 책임 조합인 '무궁사無窮社'를 설립해 사업을 전개하기로
하였다.[62] 이는 천도교의 성신쌍전 논리에 입각하여 정신적 측면뿐 아니

60　어린이 날은 이듬해 1923년에 여러 단체와 협의 5월 첫 일요일에 '합동 어린이 날' 행사를 벌
　였으며 이 행사를 제1회로 하여 오늘에 이르고 있다.
61　『천도교청년회회보』 3호, 3쪽.

라 물질적인 측면에서의 개혁도 필요하다는 것을 나타낸 것이었다.[63]

천도교 청년회는 조직 이후 그 자체의 성장 발전과 시세 환경의 추이 변천으로, 청년 운동의 형태를 벗어 버리고 새로운 비약적 발전을 기하지 않을 수 없게 되었다.[64] 이에 1923년 9월 2일 서울에서 이돈화, 김기전, 박사준, 조기간, 박래홍 등의 발의로 새로이 주의·강령을 세워 〈천도교 청년당〉을 창건하게 되었으며[65] 천도교 청년당은 명실상부하게 천도교의 전위 조직이요, 전위 정당으로 등장하게 된다.

청년당은 재래의 당과 근대의 당을 구분하여 재래의 당은 붕당·당파·당쟁에 쓰이는 사당私黨이자 편당偏黨으로 민중 위에 군림하면서 사욕을 실현시키는 비인도적 당이라고 규정한다. 그러나 근대식 당은 민중을 배경으로 민중 자신이 대의공의大義公意를 위하여 그 구성원들이 그 주의와 목표의 적극적 실현을 도모하는 조직이라 했다. 그리고 그 주의가 다만 신앙이나 관념에 머물러 하등의 현실적 성취를 꾀함이 없는 것은 아무런 의미가 없으며 따라서 단순한 학자나 재래식 종교 신도의 결합은 당이 아니라고 정의하고 있다.[66] 따라서 청년당은 종교적 차원에서 출발하였지만 그 지향하는 방향은 근대식 정당과 일치한다고 평가할 수 있다.

---

62 『동아일보』 1922년 2월 10일.

63 정용서, 앞의 글.

64 당시 국외적으로는 파리 평화회의가 열렸으며, 1921년에는 군비 제한과 극동 및 태평양 문제를 토의하기 위하여 미국 워싱턴에서 일·영·미·불·이 5국에 白, 중, 화란, 포르투칼 등 4개국을 참가시켜 소위 9개국의 워싱톤 회의가 열렸고 1921년 영·화란조약 체결의 결과 동년 12월에 화란은 영국과 분리하여 화란 자유국을 건설하게 되었으며, 국내적으로는 동 5월 19일에 의암의 환원(사망)으로 대외·대내의 모든 정세가 복잡하여 조선사람 특히 천도교 청년들에게 크게 충격을 주고 있었다. 『소사』, 131쪽 참조.

65 이 시기에 천도교 지도자들은 천도교 청년회를 '교리와 문화를 선전'하기 위해 만들어진 '선전적 단체'로 규정하였으며, 청년당을 "새로운 윤리와 새로운 제도로써 지상천국의 새세상을 건설하려고 일어선 일대 주의적 단결"로 보았다. 조기간, 「천도교 청년당」의 과거일년을 회고하면서」, 『천도교회월보』 171호, 1924년 12월, 13쪽-14쪽. 정용서 앞의 글 재인용.

66 조기간, 『천도교청년당소사』, 10-13쪽.

나아가 이들은 당헌黨憲 제1조에서 '천도교의 주의·목적을 사회적으로 달성코자 이에 시종할 동덕으로써 한 개의 유기적 전위체를 조직하고…' 라고 표현해 자신들의 나아갈 바와 성격을 명확히 했다. 즉, 천도교의 주의와 목적이 그대로 청년당의 주의와 목적이라 한 것은 인내천 종지 아래 보국안민, 포덕천하하여 지상천국을 건설하는 것을 궁극의 목적으로 한다는 것을 의미한다. 이를 위해 청년당은 정신 개벽·사회 개벽·민족 개벽의 3대 개벽을 실현해 나간다는 것이다.[67]

청년당 활동을 통해 현실에서 이상적 후천개벽의 세계를 이루겠다는 청년당의 이당개벽以黨開闢 이념은 이 과정에서 출현했다고 볼 수 있다. 따라서 청년당은 후천 개벽, 즉 지상천국 건설을 목표로 해서 신인간의 전위대를 육성하는 당원 훈련과 포덕·교리연구·선전에 힘쓰고, 다시 창생 수준의 대중적 부문 운동으로 농민부·노동부·청년부·학생부·여성부·유소년부·상민부 등 7대 부문 운동을 대대적으로 전개해 나갔다.[68]

특히 1920년 6월 25일부터 발행하기 시작한 『개벽』지는 우리나라 신문화 운동사상 지대한 공헌을 남긴 최초의 근대적 종합잡지로 높이 평가되고 있거니와, 『개벽』지의 역정은 그 자체가 한민족의 역사였고, 그가 일제에 의해서 받은 상처는 그대로가 민족 수난사를 대변해 주는 것이었다.[69] 『개벽』지는 천도교와 천도교 청년당의 기관지적 성격을 가지고 매호마다 인내천 사상을 선전하는 한편으로 휴머니즘과 자유주의, 그리고

---

67 천도교청년회중앙본부, 앞의 책, 114쪽.
68 『소사』, 143-147쪽. 구체적인 청년당의 조직 체계는 후술함.
69 『개벽』지는 통권 72호를 내면서 발행정지 당한 횟수가 34회나 됐다. 많은 비용을 들여 한 번 간행하기도 어려운데 34회나 되풀이 했으니 개벽사의 경영은 보통 어려운 것이 아니었다. 6년 6개월의 기간에 평균 두달에 한 번 꼴로 이런 재간행 소동을 벌였으니 비용손실이 대단했다. 1924년 7월 1일 당시 4년간의 총 발행부수는 434,000부였다. 그 중 압수된 부수는 112,000 부였으므로 39%를 압수 당한 셈이다. 그만큼 『개벽』은 민족의식의 고취와 일제에 대한 저항정신을 굽히지 않았다는 증거로 타의 추종을 불허했다. 김응조, 앞의 글 참조.

사회주의적 새 사조를 풍기는 글을 실어 당시 민족 문화 운동뿐 아니라 사상계의 선도자가 되었다. 『개벽』지의 성격은 발행 3주년 기념호의 권두언에 잘 나타난다.

『개벽』 잡지가 이미 조선 민중의 잡지요, 일 개인 일 단체의 소속물이 아닌 이상은 민중의 향상이 곧『개벽』의 향상이요, 이 잡지의 노력이 곧 민중의 노력인지라, 민중과 한 가지로 흥폐존망을 決하여 민중의 정신으로 정신을 삼으며 민중의 心으로 心을 삼을 것밖에 없음을 단언함이 그 하나이며,『개벽』 잡지의 주의는 개벽이라는 '열림'이 곧 그 주의가 되는 것이니, 물질을 열며 정신을 열며 과거를 열며 현재를 열며 미래를 열며 내지 萬有의 正路를 열어 나아감이 그 주의인지라, 그러므로『개벽』은 어디까지든지 현상을 부인하고 현상 이상의 신현상을 발견하여 신진의 정로를 개척함이 그 둘이며『개벽』의 사업에는 스스로 엄정한 비판을 요하는 것이다. 불편부당·공명엄정한 고찰로 邪를 破하고 正을 顯하여 사회를 정돈하며 신운동을 조장하여 正見과 正思·正立의 도를 진흥함이 그 셋이며,『개벽』은 구체적으로 사회운동·농촌 개발 운동 등의 정면에 立하여 스스로 신사회 건설의 전책임을 부담함이 그 넷이라…[70]

『개벽』은 이처럼 철저히 민중주의에 기초하고 있다. 그것은 동학 창도 이래의 대원칙이었고 천도교와 청년당의 변할 수 없는 진로였다.

그러나 1920년대 천도교단의 분열로부터 청년당이 자유로울 수는 없었다. 이미 1922년 천도교의 급진파인 천도교 연합회[71] 측이 분열해 나

70 『개벽』, 제3주년 기념호(통권 37호)
71 천도교 연합회 측은 동학사상의 이념적 지향을 급진 사회주의 사상으로 해석해 직접적인 행동으로의 표출을 주장한 집단이다. 이들은 1922년 의암 사후 교단의 급진적 개혁을 주장하다 실

갔을 때, 연합회파 측에서는 청년당에 대항하는 '천도교 유신 청년회'를 결성해 지방을 순회·강연토록 하기도 했었다.[72] 그러나 청년당의 가장 심각한 위기는 1925년의 천도교 4세 대도주인 춘암 박인호의 교주직 인정 여부를 놓고 벌인 신·구파의 분열에서 초래되었다.

천도교는 1922년 종헌과 교헌 개정 등을 통하여 이미 전통적인 교주제를 없애고 민주적인 합의제로 교단을 이끌어 가고 있었다. 그러나 교단을 장악한 최린 계열이 1925년 천도교의 기념일[73]을 정비하면서 박인호의 승통 기념일을 제외해 버리자 오영창 등이 강력 반발하면서 교주제 부활을 주장하는 등 최린 계열과 대립했다.[74] 이 일을 계기로 천도교는 1925년 신·구파 두 개의 종리원이 생기는 등 심각한 분열을 맞았다.[75] 천도교의 전위 정당인 청년당도 지지 입장에 따라 분열의 뒤를 따를 수밖에 없었다.

패한 후 그 해 12월 마침내 "주의가 다른 이상, 같이 할 수 없다."며 교단을 이탈했다. 이후 연합회는 1926년 이동휘 등과 함께 고려혁명당을 결성하는 등 한국공산주의 운동에 한 획을 긋는 역할을 하기도 했다. 이들에 대한 연구서로는 최정간, 『해월 최시형가의 사람들』, 웅진출판사, 1994 ; 조규태, 「1920년대 천도교연합회의 변혁운동」, 『한국근현대사연구』 제4집, 한울, 1996 등이 있다.

72 천도교 유신 청년회는 지방강연 등을 통해 천도교연합회의 교리와 주의를 선전해 연합회 측의 활동을 지원했다. 1922년 12월 12일 황해도 서흥에서 김봉국이 '세계적 요구와 종교의 장래', 강인택은 '생존상 2대 욕구'라는 제목의 강연을 한 기록이 있다.(『동아일보』, 1922년 12월 13일자) 그러나 천도교유신청년회는 본 연구의 주제가 아니므로 생략한다.

73 천도교의 4대 기념일은 天日(4월 5일로 수운 최제우가 동학을 창명한 날), 地日(8월 14일로 해월 최시형이 수운으로부터 도통을 승계 받은 날), 人日(12월 24일로 의암 손병희가 해월로부터 도통을 전수 받은 날), 道日(1월 18일로 춘암 박인호가 의암으로부터 대도주의 종통을 전해 받은 날)의 넷이다. 매 기념일에는 수천 명의 지방교인들이 서울로 올라와 성대한 기념식을 치렀다. 천도교 세력의 대 사회 운동들은 이 행사들을 전후해 주로 일어났음이 의미가 있다.

74 이후 천도교인에서 교주제 부활을 인정하는 측을 구파로 그것을 거부하는 측을 신파로 부르기 시작했다.

75 천도교의 신·구파 분열은 이후 분열과 통합을 거듭해 오다 해방 이후에는 천도교 중앙총부로 통합되어 오늘에 이르고 있다. 구파 측의 교주제 부활은 수용되지 않았지만 4세 대도주인 춘암의 위상은 교단내에서 의암의 뒤를 이은 대도주로 확고히 자리잡았다고 할 수 있다.

당시 천도교 청년당의 주류는 최린 계열이었고 또한 그들이 중앙교단의 간부직을 가지고 있었다. 따라서 이들은 '복구 운동방 지단'을 만들어 기존의 개정 제도를 옹호하는 입장을 밝히고 '천도교청년에게 격하노라'라는 유인물을 배포하기도 했다.[76] 그러자 구파 계열의 청년당 간부인 박래홍, 손재기, 조정호 등과 일부 지회에서는 구파 종리원을 지지하며 천도교 청년당을 탈퇴, 1926년 4월 5일 천도교 청년동맹을 만들었다. 청년당의 양분과 활동의 이원화가 발생한 것이다. 이후 구파는 비타협적 민족노선으로 민족 운동을 전개하고 신파는 타협적 민족 노선에 따른 자치론적 민족 운동을 전개해 나갔다.

따라서 구파 측의 운동은 소수 운동가 위주의 적극적인 항일 활동으로 탄압과 그에 따른 희생이 반복되면서 나중에는 활동 자체가 미진해지는 데 비해, 신파 측의 운동은 대중 지향적 민중 계몽의 문화 운동에 치중함으로써 질긴 생명력을 유지할 수 있었다.[77] 신·구 양 파 및 청년당과 청년동맹 등과 관련한 일제의 기록이 이를 증명한다.[78]

구파 청년동맹의 주요 활동은 6·10 만세 운동에서의 활동을 들 수 있다. 당시 제2차 조선공산당을 결성한 책임비서 강달영은 사회주의 계열과 민족주의 계열 간의 제휴를 주장하며 민족주의 계열의 대표라고 할 수 있는 천도교 구파 측과의 연대를 희망했다.[79] 그것은 1926년 3월 10

---

[76] 〈조선일보〉, 1925년 8월 29일자. 〈동아일보〉, 1925년 8월 29일자.
[77] 천도교 신·구파의 활동을 놓고 어느 쪽의 활동이 최선이었는지 판단은 쉽게 내려질 수 없다. 함석헌의 '민족이 바루처럼 쓰러지는데 누굴 탓하랴'라는 말처럼 그 시절 민족의 좌절은 우리의 상상을 초월한다고 봐야 한다. 바로 그 시절 마치 불꽃처럼 열정을 불사르다 산화하는 모습과 들풀처럼 끈질기게 살아 남아 의지를 속으로 승화하는 모습이 신·구 양 파의 비유적 모습이라 생각된다. 그러나 분명한 사실은 이들이 이념적, 사상적 갈등으로 분열된 점이 아니라는 사실이다. 그랬기에 양 진영의 통합은 훨씬 수월했다.
[78] 村山智順, 앞의 책, 62-71쪽.
[79] 강달영의 정치목표는 민족-사회 양 운동가들을 통합하여 국민당을 조직하는 것이었다. 김준엽·김창순 공저, 『한국공사주의운동사』2, 청계연구소, 1986, 456쪽.

〈표1: 천도교 4파의 포교 상황(1927년 분열 직후)〉[80]

구분	항목	경기도	충청북도	충청남도	전남도	전북도	경상남도	경상북도	황해도	평안남도	평안북도	강원도	함경남도	함경북도	합계
신파	교도수 남	496	89		35	213	734	20	663	8,146	15,013	236	14,567	1,060	41,272
	교도수 여	253	74		17	140	308	15	475	6,261	13,605	145	9,945	332	31,570
	교도수 계	749	163		52	353	1,042	35	1,138	14,407	28,618	381	24,512	1,392	72,842
	포교소	7	3		4	7	15	1	18	126	176	7	99	9	472
구파	교도수 남	1,453	348	612	1,433	1,612	76	126	709	32	7,825	71	715		15,012
	교도수 여	855	222	412	1,064	1,213	45	45	482	22	6,402	63	489		11,314
	교도수 계	2,308	570	1,024	2,497	2,825	121	171	1,191	54	14,226	134	1,204		26,326
	포교소	23	14	14	32	29	3	3	25	3	115	4	10		275
시리혁파	교도수 남				105			48	931	331	1,015	26			2,303
	교도수 여				20			40	530	241	847	20			1,638
	교도수 계				125			88	1,461	572	1,861	46			3,941
	포교소				3			1	29	6	19	3			57
연합회파	교도수 남	31	7						61	17		26			297
	교도수 여		5						40	15		18			138
	교도수 계	31	12						103	32		44			435
	포교소	1	1						6	3		2			17
계	교도수 남	1,980	444	612	1,573	1,825	810	194	2,366	8,526	23,853	359	15,282	1,060	58,884
	교도수 여	1,108	301	412	1,101	1,353	353	100	1,527	6,539	20,854	246	10,434	332	44,660
	교도수 계	3,088	745	1,024	2,674	3,178	1,163	294	2,893	15,065	44,707	605	25,716	1,392	103,544
	포교소	31	18	14	39	36	18	5	78	138	310	16	109	9	821

〈표2: 천도교 소속단체 일람 1 - 지부현황〉

천도교 청우당(신파)

본부	대표·부대표·농민부상무위원·청년부상무위원·노동부상무위원·소년부상무위원·여성부상무위원·학생부상무위원	
지방 지부	경기도	경성
	전라북도	전주
	경상북도	영천·경주
	경상남도	진주·사천·남해·창녕
	황해도	황주·신계·곡산·수안
	평안남도	평양·강동·삼등·성천·상원·양덕·맹산·영원·덕천·개천·안주·순천·은산·순안·강서·남포·중화
	평안북도	신의주·의주·용천·철산·선천·곽산·정주·가산·영변·희천·태천·귀성·삭주·창성·벽동·초산·강계
	함경남도	함흥·정평·고원·원산·신흥·동상·북청·이원·단천·풍산·갑산·장진·하갈
	함경북도	경성·명천·길주
	일본	동경·경도
	만주	신빈

천도교 청우당(구파)

본부	대표·부대표	
지방 지부	경기도	경성·시흥·수원·강화·양주
	충청북도	음성
	충청남도	당진·예산
	전라남도	완도
	황해도	은율·옹진·송화·신천·장연·안악
	평안북도	자성·선천·철산·용천
	함경남도	풍산·북청

---

80 사리원파는 구파에서 분열된 세력으로 오영창 등이 황해도 사리원에 천도교 중앙총부를 설립해 독립한 일파이다.

〈표3: 천도교 소속 단체 및 회원수, 1927년〉

구분	도명	경기	충북	충남	전북	전남	경북	경남	황해	평남	평북	강원	함남	함북	합계
청년당·신파	단체수	3		1	1		2	6	4	19	20	1	34	4	96
	단체회원수 남	101		15	23		21	56	74	808	1,661	13	1,376	54	4,202
	단체회원수 여	2							5	7	7		24		49
	단체회원수 계	103		15	23		21	56	79	815	1,668	13	1,400	54	4,247
청년동맹·신파	단체수	4	4	2	3	6		1	7	1	6	1	1		36
	단체회원수 남	148	88	53	104	230		13	123	18	432	43	47		1,299
	단체회원수 여														
	단체회원수 계	148	88	53	104	230		13	123	18	432	43	47		1,299
내수단·구파	단체수	4						1		14	16		39		74
	단체회원수 남														
	단체회원수 여	137						25		568	2,560		1,201		4,491
	단체회원수 계	137						25		568	2,560		1,201		4,491
여성동맹·구파	단체수	1		1		1					3		1		7
	단체회원수 남														
	단체회원수 여	11		38		22					178		25		274
	단체회원수 계	11		38		22					178		25		274
소년회·구파	단체수	2						5	1	7	11		4	2	32
	단체회원수 남	25						93	19	142	281		250	63	873
	단체회원수 여							2							2
	단체회원수 계	25						95	19	142	281		250	63	875
학생회·신파	단체수	2						4		12	16		6	1	41
	단체회원수 남	55						168		233	519		296	32	1,303
	단체회원수 여	26						34		30	68		7		165
	단체회원수 계	81						202		263	587		303	32	1,468

구분	항목	경기	충북	충남	전북	전남	경북	경남	황해	평남	평북	강원	함남	함북	합계
학생회 · 신파	단체수	3								2	2			1	7
	단체원수 남	32								74	33			13	152
	단체원수 여														
	계	32								74	33			13	152
시일학생 · 신파	단체수	2			2			3	1	106	16	6	61		197
	단체원수 남	54			42			428	307	4,415	2,858	225	4,822		13,151
	단체원수 여								3	2	28				33
	계	54			42			428	310	4,417	2,886	225	4,822		13,184
연합학생회 · 연합학생파	단체수	1													1
	단체원수 남	40													40
	단체원수 여														
	계	40													40
포덕회 · 신파	단체수	2													2
	단체원수 남	103													103
	단체원수 여	32													32
	계	135													135
합 계	단체수	23	4	4	5	7	2	20	13	151	90	3	147	7	492
	단체원수 남	558	88	68	169	230	21	758	523	5,690	5,784	281	6,804	149	21,123
	단체원수 여	208		38		22		59	8	607	2,843		1,257		5,042
	계	766	88	106	169	252	21	817	531	6,297	8,627	281	8,061	149	26,165

일 구파 측 지도자 권동진의 집에서 양측이 회동함으로써 실현되었다.[81]
이들의 공통점은 비타협적 민족 운동 노선의 견지에 있었다. 이 자리에
서 6·10 만세 운동을 공동으로 시행하기로 계획하는 합의가 이루어지니
천도교 구파 측의 청년동맹이 적극 참여함은 물론 특히 선언서 인쇄를
책임지기로 했다.

공산당원인 권오설로부터 선언서 인쇄를 제의 받은 조공당원이자 청
년동맹원인 박래원[82]은 청년동맹의 대표위원인 박래홍과 집행위원 손재
기 등을 만나 거사 내용을 토의하고 각 도의 천도교인들이 봉기하기로
약속했다[83] 구파의 원로이자 33인 대표 중의 한 사람이었던 권동진은 자
금 지원을 약속했다. 박래원은 인쇄 기술자로 5종의 인쇄물 10만 장을
인쇄키로 했다.

박래원은 인쇄를 위해 위장 하숙집을 얻는 등 악전고투 속에서 인쇄를
무사히 마쳤다. 그는 인쇄물을 보관할 곳을 물색하다 〈개벽사〉에 숨겼으
나 당시 수시로 수색 당하는 개벽사의 현실로 인해 인쇄물도 함께 발각
되고 말아 대거 검거되는 비극을 맞이해야만 했다.[84] 이로 인하여 천도교
구파의 지도자뿐 아니라 청년동맹의 박래홍 대표위원 등 다수가 연행되
고 많은 수의 요인들이 일제에 의해 처벌받아야 했다.[85] 천도교 구파나

---

81 참석자는 천도교 측의 이종린·오상준·권동진, 조공 측의 강달영, 일반인으로 박동완(33인 대
   표 중 일인), 유억겸(유길준 아들, 연희전문 학감), 조선일보 주필 안재홍, 전무 신석우 등이었
   다. 위의책, 455쪽.
82 박래원은 청년동맹 창립총회의 13명의 집행위원을 선출할 때 5명의 전형위원 중 한 명이었고
   규약기초위원회 3명 중의 한 사람이었다. 『천도교회월보』, 1926년 4월호.
83 박래원, 「六·十만세운동의 회상」, 『신인간』 통권 337호, 1976년 6월.
84 완성된 인쇄물은 살포만을 기다리고 있었다. 그러나 지방 등에 전달하는 데는 적어도 1천원의
   자금이 필요했고 박래원은 이를 공산당과 권동진, 박래홍 등에 부탁해 자금을 어렵게 모으는
   중에 발각되고 만 것이다. 겨우 1천원의 돈이 없어 모든 노력은 물거품이 되었다.
85 천도교의 6·10 만세 운동에서의 활동은 성봉덕, 「六·十만세운동과 천도교」 『한국사상』 제23
   호, 한국사상연구회, 1996; 표영삼, 「6·10 만세와 천도교」, 『신인간』 1992년 11·12월호 참
   조.

청년동맹의 활동이 축소되거나 완전히 지하화될 수밖에 없는 사건이었다. 특히 1928년 10월에 청년동맹의 대표였던 박래홍이 살해됨으로써 단체의 활동이 크게 위축되어 부진을 면치 못했다. 이후 청년동맹의 활동에 관한 기록은 거의 발견되지 않고 있음이 이를 증명한다. 6·10 만세 사건 이후 천도교 구파는 다시 사회주의 세력과의 연합 노선을 지속해 급기야 1927년 민족통일전선체인 신간회의 결성으로 발전했다. 천도교 측에서 구파의 지도자인 권동진, 이종린, 박래홍 등이 신간회 본부의 간부로 참여하였다.[86] 또한 이들은 지방의 구파 천도교인들의 신간회 참여를 위해 지방 순회 강연을 자주 다녔고 다수의 지방 교도가 신간회 지역 지회에 참여해 활동하였다.[87]

한편 천도교 신파 측의 청년당은 당명을 고수한 채 지속적인 활동을 전개했다. 특히 이들은 원로들의 타협적 민족 노선과는 달리 표면적으로는 원로들의 정책을 따르는 듯하면서 내심은 전적으로 비타협적 민족 노선을 지향했다. 이러한 청년당의 성향을 일경도 파악하고 있었다. 즉, 최린 등 천도교의 최고 간부는 친일적이나 중간 간부 이하는 항일 민족정신이 투철했다고 다음과 같이 기록하고 있다.[88]

기독교, 천도교 그 밖의 종교 유사단체 등에 있어서도 표면으로 종교포교의 그늘에 숨어 민족적 반항심의 육성에 힘쓰는 감이 있다. 특히 천도교

---

86 이균영, 『신간회연구』, 역사비평사, 1993, 99쪽.
87 전국적으로 신간회 지회가 설치되었는데 특이하게도 천도교 신파의 강력한 지지기반인 평안도 지역의 지회 설치 비율이 가장 낮다(위의 책, 250쪽 참조). 이 시기의 천도교의 분열이 신간회 결성에도 이렇게 영향을 미칠 정도로 컸다고 해석할 수 있다. 천도교 신파 측의 신간회에 대한 미온적 태도는 천도교의 독특한 개벽관에서 기인한다. 즉, 천도교의 이당개벽(以黨開闢) 이념은 천도교의 당인 청우당을 통해서만이 개벽된 신세계를 열 수 있다는 것으로, 따라서 그들에게 청우당 이외의 정치단체를 통하는 것은 개벽을 이루는 길이 아니었기 때문이다.
88 조선총독부경무국, 『최근에 있어서 조선치안상황』, 1933-38년, 77쪽 참조.

는 표면적으로는 아주 평정한 것 같으나 항상 조선 내 민족 운동의 지도기
관으로 자임하고 과거의 동학당의 난, 독립만세사건 등을 引例하여 은밀히
일대 사건 결행을 구호로 해서 교도의 규합에 힘 쓸 뿐만 아니라, 청년당·
청년동맹·농민사·노동사·내성단·여성동맹·청년회·소년회·학생회 등의
별동단체를 조직하여 조선 내 각 계층에 침투하여 他日에 대비한다고 하
고, 최고간부 등은 극히 온건 평정을 가장하고 때로는 자치운동 혹은 관헌
에 접근하려는 태도로 나오는데도 불구하고 중간간부 이하의 임원 등에 있
어서는 번번히 지방을 편력하며 은어·반어·풍자 등을 써서 민족적 반항심
을 선동하고 혹은 대중적 일대운동의 준비를 시사하여 교세의 확대 강화를
꾀하고 있다.

청년당의 세력은 1925년에 지방당부만 120여 개에 3만 당원을 확보할
정도로 확대되었다.[89] 이를 바탕으로 청년당은 교단의 분열을 겪으면서
도 기존의 7개 부문 운동을 꾸준히 전개해 나갔다. 그러나 일제의 추적은
집요했고 청년당의 활동에는 많은 제약이 뒤따랐다. 이런 일제의 감시와
탄압을 피하기 위해 김기전, 조기간, 박사직 등은 두 개의 지역적인 비밀
지하 핵심당인 불불당不不黨과 오심당吾心黨[90]을 만들었다.

천도교 청년당의 비밀 조직이었던 오심당은 1929년에 조직되어 지하
에서 민족 운동의 재원을 얻기 위해 활약했고 주로 조선 농민사를 통해
핵심당 활동을 전개했다. 오심당의 조직 원칙은 동학혁명 시절의 비밀
점조직으로 하고 당본부는 평양에 두었다. 서울에 본부를 둔 또 하나의
핵심당은 불불당으로 두 조직 중 하나가 발각되어도 연쇄적으로 와해되

---

89 『소사』 참조.
90 불불당은 원래 1924년 신앙 경력 10년 이상의 독실한 교인들로 서울에서 결성되었다. 이 비
밀 조직이 점차 조직을 확대하면서 오심당으로 명칭을 변경한 것이다.

지 않도록 해서 1934년에 발각·체포될 때까지 지하 민족 운동의 맥을 이어 왔던 것이다.

원래 그 구호를 '물망정신구경목표勿忘精神究竟目標'와 '극계자기현실임무克戒自期現實任務'라 해서 활약한 오심당은 '내 마음이 곧 네 마음吾心卽汝心'이라는 교리에 따라 구경 목표와 현실 임무가 자주 독립에 있음을 알고 전개한 비밀 핵심당 운동이었다.[91] 오심당은 특히 1935년과 1936년에 조선 독립 운동의 하나로 3·1 운동과 같은 만세 운동을 계획하고 있었다. 이 계획은 1929년에 비밀 결사를 발족시키면서 세워졌다. 그러나 이 계획은 사전에 일제에 발각되어 전국에 걸쳐 230여 명이 검거, 그 중 71명이 기소됐으며 자금도 2천 3백 원이나 몰수됐다. 결국 천도교 청년당은 1934년의 오심당을 통한 조선 독립 운동 계획의 탄로로 거의 마비 상태에 들어갔다.[92]

한편 이에 앞서 1930년 초 교단의 신·구파가 회동해 통합 문제를 논하기 시작하고 그 해 12월 극적으로 그동안의 갈등을 해소하고 양파가 합동하였다. 이에 따라 천도교 전위 정당인 청년당과 청년동맹도 합동을 결의하고 이듬해 2월 16일 드디어 천도교 청우당天道敎靑友黨으로 재출발한다. 양측의 합의에 의해 청우당의 대표는 구파 측의 손재기가 맡고 청우당의 상징적 존재인 소춘 김기전[93]이 고문으로 위촉되었다. 청우당의 등장은 이처럼 험난한 과정 끝에 이루어졌다. 청우당은 당연히 지금까지의 청년당의 민족 운동을 계승했고 꾸준한 활동을 계속했다. 청우당이

91 신일철, 「천도교의 민족 운동」, 『한국사상』 21집, 1989, 60-62쪽.
92 위의 글 참조.
93 소춘 김기전은 1894년 평북 구성 출신으로 언론인, 교육사상가였으며 청우당을 이끌어 온 민족문화운동의 선구자였다. 그는 청우당의 창당에서부터 실질적인 지도자로 청우당 노선 정립과 활동에 절대적 영향력을 행사해 온 인물로 지적되고 있다(윤해동, 앞의 글 참조). 해방정국에서 월북한 그에게 소련군은 조선임시정부 각료의 예비후보로 선정해 그의 위치를 예우해 주기도 했다. 「단평: 조선임시정부 각료 후보들에 대하여」, 『역사비평』, 1994 봄, 379-380쪽 참조.

우선 주목했던 것은 청년당과 청년동맹의 결합이었다. 그래서 청우당 합동대회에서 각 지방당부에 내려보낸 공문을 통해 민족 운동의 계승을 갈등 없이 지속할 것을 요구하고 있었다.

합당 후 청우당은 첫 번째 활동으로 기관지 『당성黨聲』을 발행하기로 하고 4월 1일부로 창간했다. 『당성』은 신문형 주간지로 매주 1회 발행하였는데, 편집 겸 발행인은 김도현이었다. 당본부는 『당성』의 기관지적 성격에 대해서 "청우당의 이론 및 정책을 천명하고 각 지방 당부 및 부문 단체의 활동 상황은 물론 이 밖에도 당과 관계되는 세상 소식을 알리기 위해 발행한다."고 했다. 매회 4-8면으로 발행된 『당성』은 이후 당원들의 당적 소양과 이론 무장 및 교양 제고에 중요한 역할을 담당하였다.[94]

이 밖에도 청우당은 조선 노동사를 설립하여 식민치하 조선인의 불안한 노동 대우 및 불안정한 고용 조건의 개선에 기여하고자 했다. 특히 청우당은 공생조합共生組合을 설립하여 노동자들의 일상생활 필수품을 실비로 제공하는 등 그들의 생활 안정을 이루고자 하였다.

그러나 교단이 1932년 4월 신·구파로 다시 분열되면서 청우당 역시 다시 청년당과 청년동맹으로 갈라졌다. 천도교 청우당이란 명칭은 1년 10개월 만에 소멸되고 만 것이다. 1930년대 국내의 모든 민족 운동 단체가 존립할 수 없었듯이 7대 부문 운동으로 활동하고 있던 청우당에게도 일제는 활동 영역의 제한을 가하고 있었다.[95]

---

94 천도교청년회중앙본부, 앞의 책, **154-155**쪽. 당시 만주사변 발발, 조선인 동화정책의 실시, 신간회·근우회의 해체, 일본의 국제연맹 탈퇴, 독일 히틀러의 집권 등이 당성을 통해 전달되었고, 이희승의 '조선어 철자법 강화', 김상기의 '조선사 강좌' 등이 연재되어 민족정기 함양에도 크게 기여했다.

95 천도교의 분열이 지도층의 갈등에 일차적 책임이 있다는 것은 부인할 수 없는 사실임에도 불구하고 일제의 계획적인 분열책 역시 크게 작용했다고 보아야 한다. 국내 최대의 민족 운동 단체인 천도교에 대한 일제의 꾸준한 감시와 회유는 익히 알려진 바이다. 청우당의 분열 역시 같은 맥락에서 이해해야 한다.

다시 천도교 청년당이 된 신파 측 청년당은 일제의 많은 제약 속에서
도 특히 『자수대학강의自修大學講義』라는 명칭으로 매월 강의록을 발행하
였다. 이는 일제 식민 치하에서 고등교육의 기회를 박탈당한 우리 민족
의 고등교육에 대한 대중적 열망에 부응하고 높은 지력知力을 습득할 기
회를 제공한 것이었다. 일종의 '대학 수준의 국한문 강의록'이라고 할 수
있는 『자수대학강의』 종교, 철학, 정치, 경제, 사회, 예술, 체육의 7개 과
목으로 구성되었다.[96] 당시 『자수대학강의』는 수강생이 1천 1백 명에 이
르는 성황[97]이었으나 1년 동안 13호까지를 간행하고 1934년 12월 중단
되고 말았다. 이는 당시의 국내 정세의 변화와 무관치 않다.[98]

결국 같은 해 12월 23일 임시 전당대회에서 당본부가 제안한 내용이
수정 없이 통과되었는데 그 내용은 청년당의 위상이 대단히 위축되고 있
음을 보여 주고 있다. 첫째, 당헌을 수정했는데 그 내용이 한마디로 축소
지향적이었다. 우선 당본부와 지방 당부의 부서를 포덕·수도·경리의 3
부로 축소 조정했다. 이것은 바로 8개월 전 제8차 전당대회에서 당세 확
장 계획에 따라 기무·재무·조직·훈련·선전의 5부로 확장했던 사실을 미
루어 볼 때 상당히 위축되어 있을 뿐 아니라 부서의 명칭으로 보아 전위
단체라기보다는 단순 신앙 위주의 조직으로 퇴행하고 있다는 것을 알 수
있다.

둘째, 당두의 선출을 전당대회 직선에 의하지 않고 대회에서 선출한
중앙 집행위원 가운데서 중앙 종리원이 선임하도록 후퇴했다. 이 역시
과거 청년당의 모습과는 거리가 먼 것이다.

---

96 자수대학의 강사는 종교과에 이돈화, 철학과에 김형준, 정치과에 이정섭, 경제과에 이긍종, 사
회과에 공탁(공진항), 예술과에 함대훈, 체육과에 김보영 등이 담당하였다. 천도교 청년회 중
앙본부, 앞의 책, 185쪽.

97 김병준, 「회고교회일년간」, 『신인간』, 1933년 12월호, 18쪽.

98 오심당이 왜경에 탄로나고 대대적인 검거를 당한 것이 1934년 9월 19일이었다.

셋째, 포덕부는 포덕·7부문·출판·조사 통계, 수도부는 수련·당학 및 교양·체육·근로, 경리부는 지방 당부의 설치 및 폐지·당원 명부·서무 및 외교·재산 관리·예결산 및 회계의 직무를 수행하기로 하였다. 이것은 기능의 축소 및 간소화를 의미한다.

넷째, 7부문에 관한 사업은 당 포덕부에서 직접 관리토록 하고, 각 부문 단체의 중앙과 군 기관은 따로 설치하지 않고 동·촌 기관만을 적당히 설치토록 하였다. 아울러 농민사를 제외한 각 부문 단체의 현행 규약은 폐지하고 당본부에서 따로 정한 규제에 의하여 부문 단체의 조직을 정비하도록 하였다. 이 또한 기본 조직의 상당 부분이 축소 지향적으로 재편되고 있는 것이다.

다섯째, 『자수대학강의』는 당분간 발행을 정지하기로 했다. 그러나 『자수대학강의』는 그 전에 이미 13호로 종결된 상태였기 때문에 이 결의는 요식 행위에 불과한 것이다. 이와 아울러 기관지 『당성』은 앞으로 수도·포덕·기술 중심의 편집을 하겠다고 밝혔다.

여섯째, 교회의 방향 전환에 대한 인식을 철저히 하여 '시중회時中會'를 지지한다고 천명했다. 청년당의 변신은 사실상 이 부분과 무관하지 않다고 추정된다. 왜냐하면 청년당의 고문이며 사실상 신파를 이끌고 있던 최린이 1934년 4월 27일에 중추원 참의가 된 후 각계 인사들과 제휴하여 8월 30일에 시중회를 만들었고, 그 후 교중 인사들도 여기에 참여하였기 때문이다. 시중회의 강령이 ① 신생활의 건설 ② 신인생관의 확립 ③ 내선일가의 결성 ④ 근로신성의 체행 ⑤ 성경신의 실행[99]이라는 점을 미루어 볼 때, 점차 강화되는 일제의 침략 정책과 관련하여 이것이 청년당의 차후 진로에 상당한 영향을 미쳤으리라는 추정이 가능하다. 또한 오심당

---

99 『당성』, 제36호(1934. 12. 1일자), 3쪽.

사건 이후 일제의 감시가 강화된 것도 조직 축소 개편의 한 원인이 되었다고 볼 수 있다.[100]

이처럼 당이 축소되자 이제 청우당은 그 설립의 근본 정신이라고 할 수 있는 이당개벽을 실현할 수 없게 되었다. 이에 대해 당두 조기간은 "전 세계적으로 빠져 들어가는 비상적 위기인 객관적 정세가 그리 하게 하는 것이다."라고 실토하면서 임시대회에서의 기구 갱신은 앞으로 당의 진로를 대외적인 활동보다는 대내적인 것으로, 양적인 것보다는 질적인 것으로 전환하여 인간적인 활동으로 노력하기 위한 것이라는[101] 명분을 내세웠다. 이것은 후일 조기간이 청년당의 변신에 대해 종전의 '정선교후 정주교宗政先敎後 政主敎從'에서 '교선정후 교주정宗敎先政後 敎主政從'으로 진로를 전환하고 민족주의에서 인류주의로 전환한다는 논리와 맥을 같이 한다. 이로써 청년당은 자신들의 활동에서 정치의 영역을 스스로 제거한 것이다. 이것은 최린이 이미 선포한 대동방주의大東方主義[102]에 의거한 것이었다.[103] 이것으로 청년당의 입지와 진로는 더욱 제한받을 수밖에 없음을 예고한 것이다.[104]

그리고 마침내 청년당에서는 1936년 4월 4일에 열린 제10차 전당대회에서 당두 조기간이 물러나고 승관하를 신임 당두로 임명했다. 한편 당원의 연령을 20세에서 40세까지로 제한하고, 천도교 청년은 의무적으로 입당하도록 하는 한편, 공식적으로 종래의 대사회적 활동 방침을 포기하

---

100 「천도교 청년당 임시전당대회 의정안」, 『당성』 제37호, 1935. 2. 1일자, 1면.
101 일연, 「당의 기구갱신과 금후행진」, 『당성』 제37호, 1937. 2. 1일자.
102 대동방주의는 1934년 12월에 공식적으로 선언한 것으로 기존의 인류주의·세계일가를 실현하기 위한 조선민족의 자치를 포기함을 말한다. 천도교는 대동방주의 선언은 '용시용활'에 따른 것으로 오직 공을 위한 것이지 사를 위한 것이 아니라 하며, 나아가 서방주의에 대한 대동방주의로 세계 평화를 실현한다는 것을 명분으로 내세우고 있다.
103 조기간, 「신앙의 갱신과 제도의 재건」, 『신인간』, 1935년 1월호, 23-26쪽.
104 천도교청년회중앙본부, 앞의 책, 193-194쪽 참조 및 재인용.

고 청년당을 천도교 청장년의 교양 훈련 기관으로 전환하였다. 즉, 그 해의 활동 계획으로 첫째, 조직의 확대 강화(교중 청년의 입당) 둘째, 교양 훈련(인격적 교양, 교리적 교양, 과학적 교양) 셋째, 유소년 운동의 진작으로 정했다. 이것은 청년당이 천도교의 전위 단체로서의 역할을 완전히 포기하고 하나의 교양 훈련 단체화했음을 증명하고 있다. 그리고 이 시기까지 존속되었던 농민사를 종래의 농민 운동 단체에서 농촌 사업 단체로 전환함으로써 청년당의 부문 운동도 완전히 막을 내렸고[105] 기관지였던 『당성』 역시 폐간되고 말았다.

그러나 1930년대 중반 이후 천도교의 모든 대중 운동이 철저히 봉쇄된 상황에서도 4세 대도주 춘암春菴 박인호朴寅浩[106]는 1936년 비밀리 전교역자에게 민족정신사의 회복과 조국의 독립을 위하여 일제의 패망을 기원하는 기도 운동을 전개하도록 했다. 그는 일제의 패망이 곧 다가올 것이라며 다음과 같은 기도문을 아침·저녁 심고心告할 때 정성껏 기원하라고 했다.

　개 같은 왜적 놈을 한울님께 조화 받아 일야간에 소멸하고 대보단에 맹서하고 한의 원수까지 갚겠습니다.

후일 일제에 의해 멸왜기도 사건이 발각된 후 신문지상에 발표된 당시

---

105 임문호, 「조선 농민사를 금후 주식회사로 변경하면서」, 『신인간』 107호, 1936년 11월, 47-50쪽. 정용서, 앞의 글 재인용.
106 춘암 박인호는 1855년 충남 예산 출신으로 본명은 朴龍浩였다. 그는 29세에 동학에 입도해 의암 밑에서 중앙총부 차도주, 대도주를 역임했고, 3·1 운동 때에는 민족대표 48인으로 활약하다 1년 6개월의 옥고를 치렀다. 의암에 의해 천도교의 도통을 전수받았으나 이를 사임하는 등 의암 사후 끊임없는 신·구파의 내분에 휩쓸려 이전 교조들 같은 카리스마를 발휘할 수 없었다. 말년의 멸왜기도 사건은 그의 민족주의관을 보여 주는 역사적 사건이라고 할 수 있다.

의 기도 내용은 다음과 같은 것이었다.

⟨불온계획 내용⟩

1. 불온주문관계＝김재계·최준모·한순회 등은 일찍이 천도교에 의한 조선의 독립의 의사를 갖고 있었으며 소화 8년 9월 이후 이것을 기원하는 의미의 주문을 만들어 이를 독신교인에게 교수하여 교도의 독립 사상을 선동하고 홍순의는 김재계로부터 이것을 구수받아 황해도 내 예하 교도를 지도선동함.

2. 특별 희사금 모집 관계＝소화 12년 8월 10일 경 최준모·김경함·한순회 등은 모의 결과 지나사변은 천도교 평소의 염원인 주권 회복 실현의 호기를 가져올 수도 있다고 보아 그 경우 소요 자금에 충당하기 위한 특별 희사라 칭하고 전선을 4구로 나누어 교도로부터 324원을 모금했다.(사실은 이보다 몇 십 배 되는 모금을 하여 해외 독립 운동 자금에도 쓰였다고 전한다. - 필자 주)

3. 특별기도 관계＝종래 천도교 구파에서는 특별기도라 칭하고 조선독립의 뜻의 기도를 행하여 왔는데 작년 12월 20일 김재계·최준모·한순회 등은 소화 13년도 특별기도 실시에 있어서는 관헌의 취체 탄압을 피하기 위하여 "동양평화의 기초가 하루빨리 확립되도록 기원한다."는 문구를 위장용으로 부가하고 반면 교도들에게는 이는 관헌을 기만하는 위장에 불과하다고 칭하며 교도들을 지도하였다.[107]

멸왜기도 사건은 이제까지 그 실상과 의의가 세상에 널리 알려지지 않고 역사의 그늘에 가려 있다. 그러나 이 사건은 우리 민족 독립 운동사에

---

[107] 『경성일보』, 1938년 5월 1일자.

일제의 감시와 탄압이 가장 심한 민족 수난기에 3년 여에 걸쳐 불굴의 독립 정신과 의지를 심어 줌으로써 한국 민족주의의 저력을 보인 쾌거였다. 운동의 전 과정에 천도교의 전위 조직인 청우당의 활동은 가히 짐작되고도 남는다 할 것이다.[108]

이 사건을 계기로 일제는 천도교의 모든 활동을 금지시키고 청우당을 비롯한 천도교의 모든 단체를 강제 해산시켰다.[109] 즉, 1939년 4월 3일에 열린 제13차 전당대회에서 신파 측의 청년당을 해체하고,[110] 당시 천도교가 가맹하고 있던 '국민정신총운동연맹'에 합류케 함으로써 일제시대 청우당의 역사도 막을 내렸다.[111]

---

108 생존해 있는 천도교 원로들은 당시 비밀리 진행되었던 멸왜기도 사건의 내용을 기억하면서 특히 젊은 청우당원들이 앞장섰다는 것을 증언하고 있다.

109 해체를 막기 위한 청우당의 몸부림은 처절했다. 1938년 4월 4일에 열린 제12차 전당대회에서 ① 당헌 제1조를 '본당은 천도교회의 전위체가 되며 교중 청소년을 훈련하야 독실한 신성 사도를 양성하기로 목적함'이라고 수정하고, 종래의 주의·강령을 삭제하고, ② 16세에서 36세까지 수양기에 있는 순수 청년은 정당원, 정당원으로서 연령이 초과된 사람은 특별당원으로 하고, ③ 1년에 1원 이상의 순의무만 지닌 유지당원을 두기로 하는 등(임문호, 「전당대회를 마치고」, 『신인간』 123호, 1938년 6월, 15–16쪽: 「청년당의 신진용」, 『신인간』 123호, 1938년 6월, 41쪽) 당의 존립 목적마저도 포기했다. 정용서, 앞의 글, 재인용.

110 구파 측의 청년동맹은 청년회로 명칭을 변경해 유지되어 오다가 역시 같은 날짜로 자진 해산을 결의했다. 각기 분열 해체된 청우당은 1년 뒤 4월 4일 다시 합동했으나 이미 태평양전쟁과 대동아공영권 건설에 광분하고 있던 일제 치하에서 제대로 된 역할은 기대할 수가 없었다. 이들은 해방 공간이라는 시공간적 배경의 등장과 더불어 역사의 전면에 나올 수 있게 됐다.

111 결국 일제의 압력에 의했다 하더라도 대동방주의의 제창은 청년당에서 주장하던 민족주의·민족개념을 포기함을 의미하는 것이었다. 기존에 청년당에서 주장한 민족주의의 개념은 각 민족간의 경쟁·침략을 배제하는 보편적·이상적 가치를 가진 주장이었다. 그러나 대동방주의는 보편적·이상적 가치가 없는 현실적인 주장일 뿐이었다. 즉, 동양과 서양을 구분하는 가운데 조선민족과 일본민족의 결합을 주장한 것으로써, 본질적으로는 현실 타협론의 성격을 띠는 것이었다. 그것은 곧 일제를 인정하는 가운데 조선민족의 생존을 추구하자는 것이며, 일제의 대동아공영론에 부합되어 간 것이었다. 청년당의 존립 근거는 민족주의의 소멸과 함께 소멸했다. 정용서, 앞의 글.

2. 청우당의 일제하 민족 운동

청우당은 일제 치하에서 한국민족의 독립을 위하여 민족 운동, 사회 운동 부문에 큰 업적을 내고서도 지금은 잊혀진 단체가 되어 있다.[112] 특히 암울하고 희망 없던 그 시대에 국내 대부분의 유력자나 단체가 친일 노선을 점점 확대·강화함으로써 민중의 좌절감을 더욱 심화시키고 있던 그 때에, 청우당의 왕성한 활동은 우리 민족에게 큰 힘이 되었다. 당시의 국내 상황이나 국제 여건이 독립을 거의 불가능한 것으로 판단하게 되었을 때, 청우당의 활동은 천도교의 외피 속으로 제한될 수밖에 없었다. 그들의 활동이 특별히 문화 운동 측면에서 두드러지는 이유는 여기에 있다.[113] 그나마 청우당의 운동은 감시와 탄압 속에서 이루어졌음을 간과해서는 안 된다. 물론 여기에는 3·1 운동 이후 일제의 대한 식민지 정책이 무단 헌병 통치에서 문화 정책으로 바뀌었다는 외적 요인이 작용하기는 했지만 일제의 이러한 정책은 어디까지나 회유를 위한 일시적인 변화일 뿐 본질적인 변화를 뜻하는 것은 아니었다. 따라서 국권 회복을 지향하는 제반 문화 운동은 자연 일제의 감시 밑에서 감행될 수밖에 없는 제약을 수반하고 있었다.

1) 『개벽』지와 출판 문화 운동

천도교 청년당의 활동 중 대표적인 것은 『개벽』지를 비롯한 출판 문화 사업이다. 천도교 청년당은 출발과 동시에 문화 운동에 주력하니, 당 운동의 목적을 현실적으로 달성하는 데 있어 문화 운동의 중요성을 강조하

---

112 신용하, 「자료해제-천도교청년당동경부의 문서 '조선 농민에게'」, 『한국학보』 봄호, 일지사, 1993.
113 1920년대 천도교의 문화 운동을 대부분의 연구서들은 '신문화 운동'이라고 부르고 있다.

고 그 대강을 이렇게 밝히고 있다.

> 인간 사회의 일체 승패 득실은 각기 자체의 의식 정도와 문화 정도의 고
> 하를 따라서 생겨지는 성과이다. 사상의 新舊, 시대의 古今, 방법의 憂劣
> 등 관계도 적지는 않으나 인간사회의 근본향상은 蒼生級의 의식적 각성과
> 문화적 향상에 있는 것이다.(『소사』, 132쪽)

다시 말하면 민중 교육을 통한 의식 개혁과 문화적 각성이 장차 자주
독립을 할 수 있는 길이라는 것이다. 천도교의 청년 지도층이 민중 교육
의 방법으로 출판 문화 운동에 역점을 둔 것은 바로 이런 정신에서 출발
하는 것이다. 이러한 문화 운동의 궁극 목표가 독립에 있음은 당연하다.

천도교 청년당이 본격적인 출판 운동을 전개하기 시작한 것은 1920년
6월에 언론 기관 〈개벽사〉를 창설하면서부터이다.[114] 처음에 청년회 편
집부 사업으로 개설된 〈개벽사〉는 사장 최정종, 편집인 이돈화, 발행인
이두성, 주필 김기전, 인쇄인 민영순의 조직에 인쇄소는 최남선이 경영
하던 신문관新文館을 사용했으며 방정환, 차상찬, 박달성 등이 핵심 편집
진으로 참여했다. 이들은 『개벽』을 비롯해서 『신여성』『어린이』『학생』
등 계층별 종합 교양지를 발행, 눈부신 출판 활동을 전개해 나갔다.

신문지법에 의해 발행 허가된 『개벽』은 완전히 인쇄 제본이 된 다음
왜경의 검열을 받았는데, 조금만 비위에 거슬려도 압수와 삭제를 당하곤
했다. 이러한 『개벽』지에 대한 탄압은 창간호부터 시작되었다. 즉, 창간

---

114 '개벽'이란 말이 천도교 언론 문화 운동의 중심어가 된 것은 『천도교경전』에 나오는 '개벽시
국초일開闢時國初日'이니 '십이제국十二諸國 괴질운수怪疾運數 다시 개벽 아닐런가'라는 문
구에서 따온 것이다. 따라서 이 개벽이란 어휘는 천도교의 역사관을 대표하는 상징적 의미를
함축한 것이라 할 수 있다.

호가 발행되자마자 압수를 당하여 다시 '임시호'를 발행했다. 그런데 그 임시호마저 압수되어 또 '호외'를 찍어 첫 호를 낼 수밖에 없었다. 이렇게 역풍을 안고 출발한 『개벽』지는 통권 72호로 폐간되기까지 7년 동안에 발행 금지 34회, 정간 1회, 벌금 1회, 발행 정지 1회 등 수난의 역정을 걸어야만 했다.

일본인 검열관에 의해 가장 악질적인 잡지로 낙인 찍혔던 『개벽』은 마지막 강제 폐간 당할 때 통권 72호(1926년 8월호) 전부를 압수, 인쇄 제본된 책을 일일이 작두로 썰어서 폐기 처분하고 발행 정지 처분을 내렸는데, 이로써 『개벽』지가 일제에 의해 얼마나 미움을 사고 있었는가를 잘 알 수 있다.[115] 전술한 대로 『개벽』지는 1920년 6월에 창간된 후 1924년 7월까지 4년 동안 발행된 총 책수가 434,000여 권에 이르는데, 이 중 압수된 부수가 4분의 1이 넘는 112,000여 권이었다니[116] 가히 탄압의 실상을 짐작할 만하다.

이처럼 『개벽』지는 우리의 신문화 초창기에 있어 여타의 잡지와 비교될 수 없는 여러 가지 크고 깊은 의의를 지니는 종합잡지였다. 실로 『개벽』은 민족의 수난기, 그리고 그 어두운 암흑기에 어려움을 타개하는 선구자로서, 앞길을 밝혀 주는 선각자로서 신문화사 및 독립 운동사상 크나큰 업적을 이룩한 민족의 잡지였다. 그리고 이와 같은 『개벽』의 업적은 동지가 종합지인 관계로 사상·종교·역사·철학·예술·국학 등 문화의 각 부면과 항일 운동·민족 운동에 이르기까지 여러 방면에 걸쳐 빛나고 있는 것이다.[117]

115 한국잡지협회, 『한국잡지총람』 제1편, 잡지발달사, 1972, 75쪽.
116 「개벽운동만세」, 『개벽』 7월호 권두언, 1924년.
117 인권환, 「개벽지의 문학사적 고찰」, 『한국사상』 12집(최수운 연구), 한국사상연구회, 1974, 471쪽.

그리고 이러한 『개벽』의 업적은 다음 창간사의 구절에 보이듯 민족 개벽을 자담한 숭고한 정신의 발로라고 한마디로 말할 수 있다.

> 눈을 뜨라. 귀를 크게 열라. 그리하여 세계를 보라. 세계를 들으라. 세계를 앎이 곧 자기의 죄악을 앎이요, 자기의 장래를 앎이요, 자기의 총명을 도움이요, 자기의 일체를 개벽함이로다.(창간사 「세계를 알라」)

천도교 청년당의 출판 활동은 『개벽』 이외에도 매우 광범위하게 이루어졌다. 청년당이 중심이 되어 간행한 기타 잡지들은 다음과 같다.

① 『별건곤』(1926.11-1934.3, 통권 101호)

② 『혜성』(1931.3-1932.3, 통권 13호)

③ 『제일선』(1932.5-1933.3, 통권 11호)

④ 『부인』(1921.6-1923.9, 통권 16호)

⑤ 『어린이』(1923.3-1934, 통권 123호)

⑥ 『학생』(1929.3-1930.11, 통권 12호)

⑦ 『조선 농민』(1925.12-1930.1, 통권 30호)

⑧ 『농민』(1930.5-1933.12, 통권 42호)

⑨ 『중성』(1928.11-1930.4, 통권 18호)

⑩ 『새벗』(1929.3-1933.3, 통권 49호)[118]

이러한 천도교 청년당의 모든 간행물의 밑바탕에는 새 문화 체제를 실현하기 위한 원대한 동학의 '후천개벽 운동' 정신이 깔려 있었다.

---

118 이재순, 「교회에서 출판된 서적을 소개하면서」, 『신인간』 289호(9월호), 1971, 30-31쪽.

2) 7개 부문 운동

청년당의 활동에서 우리가 주목해 보아야 할 것은 민중 운동 차원에서 그들이 실천한 7개 부문 운동이다. 천도교의 전위 정당인 청년당은 그 존립의 이유가 천도교 이념의 실현에 있으므로 '천도'로써 창생을 제도한다는 교의 목적을 구체적으로 사회에 실현해야 한다는 당위를 가지고 있다. 7개 부문 운동은 동학 창도 이래로 후천개벽한 세상이 도래한다는 동학사상의 실현을 위한 구체적 실천이었다.

우리 도의 목적이 창생을 제도하는 데에 있다 하면 이 도의 전위가 되고 별동이 되는 우리 당의 목적이 역시 창생을 제도하는 데 있을 것은 물론이다. 하물며 우리 도의 주의 목적을 사회적으로 달성할 것을 당헌 제1조에 명언하였음이리오.

그러나 창생은 수에 있어 억으로 산할 수 없고 이해에 있어 일양이 아니니 이를 상대하며 이를 영도하는 묘방이 없을 수 있으랴. 여기에서 스스로 부문운동을 생각하게 된다. 즉 우리의 주위에 사는 창생의 수가 그같이 많고 이해가 그처럼 불일하다 할지라도 그를 이모저모로 같은 것은 같은 데에 다른 것은 다른 데에 유를 갈라서 생각하여 보면 그렇게 복잡해서 보족할 수 없는 것도 아니다. 그래서 우리 당에서는 이를 연령, 성, 직업 등 세 가지의 편으로 유별하여 먼저 연령의 편으로 유소년, 청년을 가르고 성별로 여성을 따로 생각하고 직업별로 상민, 노동자, 농민을 들고 다시 학생이라는 한 편을 생각하여 유소년, 청년, 학생, 여성, 농민, 노동, 상민의 7부를 두고 당본부와 지방부에는 각부에 대한 책임위원을 두어 일반 당원과 한 가지로 부문운동에 노력하게 된 것이다.

여기에서 우리가 분명하게 인식하지 않으면 안 될 것은 우리 당이라 하면 당 자신을 위하여 존재하는 것이 아니요 창생의 이익을 위하여 있는 것이며, 또 당원이라 하면 당원 자신을 위하여 있는 것이 아니라 시시창생의 이익을 위하여 있는 것이다. 그러므로 우리가 당을 조직하고 당원을 훈련하는 것은 오직 이 민중의 이익을 호대, 증진키 위한 수단 방법에 불과한 것이다. 이 점에서 당에는 스스로 주로 당원, 일반만을 관리하는 당무부가 있는 것이다. 만일 당에 당기관이나 당원만 있고 창생이 없다 하면 이는 마치 한 국가에 정청이나 관리만 있고 백성이 없는 것과 한가지이니 아무데도 쓸데없는 것이다.(『소사』, 143–144쪽)

청년당은 부문 운동을 "천도의 주의·목적을 사회적으로 달성함에 당의 목적이 있으므로 당원 각자로 하여금 당의 강령·정책을 가지고 각 편의 민중 속으로 들어가 그들의 이익을 위하여 진력하면서 그들을 조직하고 지도하게 하게 함"을 자신들의 운동이라고 정의하고 있다. 철저한 '민중 속으로'를 주장하는 입장에서 그들은 부문 운동에 참여하는 당원들에 다음의 세 가지 주의 사항을 주었다.

첫째, 각 부문 운동에 있어 기본적으로 민중의 편에 서서 그들의 총심성, 총욕구를 전적으로 반영하고 전체 운동(천도)에 합류함을 인식시킬 것. 둘째, 각 부문의 민중에 향하여 사람이 잘사는 것이란 일면으로 의식주 문제를 해결함에 있는 동시에 사람과 사람, 사람과 우주가 하나인 그 자리 그 방략을 찾아 나아가는 데 있는 것을 알리며 사람은 환경에 따라 변화하는 것인 동시에 그 때, 그 땅의 최첨단을 걷는 진리(인내천)를 파지·수련함에 있는 것임을 인식시킬 것. 셋째, 민중이 차후 천도를 믿고 따라 후천개벽 세상을 앞당길 수 있도록 할 것[119] 등이다. 그리고 부문운동을 보다 구체적으로 실천하는 기본 원칙도 정하였다.

---

119 『소사』, 145–146쪽 참조.

첫째, 당의 정신(우리 도)과 강령, 정책, 표어, 결의 등을 성히 선전하여 관계민중으로 하여금 늘 당의 존재와 기세 또는 우리 당과 자기 생활과에 어떠한 관계가 있는 것을 잘 알릴 것.

둘째, 미조직 민중의 조직화와 기성 단체의 지도로써 널리 당적 실세를 부식할 것.

셋째, 문자 계몽과 사상 계몽에 주력하야 민중의 기초적 각성을 촉진시킬 것.

넷째, 민중의 사회적 경제적 일반 생활상의 당면 이익 획득에 노력할 것.(『소사』, 146쪽)

당원의 주의 사항과 기본 원칙에서 청우당의 목적이 철저한 민중주의에 입각한 민족 운동이라는 것을 알 수 있다. 동학 이래의 전통이 그러하듯 청우당은 민중을 기반으로 한 민족 운동을 추구하는데 그것은 우선 계몽운동적 성격을 강하게 띠고 있었다. 이는 당시의 민도와 여전히 감시의 눈길을 소홀히 하지 않는 일제를 피해야 하는 상황을 고려한 최선의 선택이었다고 보아야 한다. 이어서 청년당은 부문 운동 실제에서의 중점 사업을 각기 제시하니 이를 보면 청년당 운동의 민중 민족적 입장에서의 계몽과 의식 개혁적인 성격을 발견할 수 있다.[120] 즉, 각 부문은 기초적 실천 원칙 이외에 다음과 같은 중점 사업을 제시하고 있다.

〈농민부〉
· 문자 교양과 사상 계몽으로써 그의 의식적 각성을 촉진하는 동시에 그들을 봉건적 내지 근대적 모든 억압에서 벗어나기에 힘쓸 것.

---

120 이하는 『소사』, 146-148쪽 참조.

- 우선 가능한 농민학교 기타의 교학 실시를 통하여 농업기술 또는 농업경영 방법의 향상을 촉진할 것.
- 소비적 생산조합을 조직하여 농민생활의 당면 이익을 도모할 것.
- 경작자로서의 경작권보장을 얻기에 힘쓸 것.

〈노동부〉
- 문자 교양과 사상 교양으로써 그들의 의식적 각성을 촉진하는 동시에 그들을 근대적 생활의 억압을 극복하도록 힘써 줄 것.
- 노동자의 생활을 보장할 만한 최저임금의 설정, 시간의 단축 등 대우의 개선에 힘쓸 것.
- 노동자 자체의 조합을 설하여 상호간의 교류 그리고 일반 이익의 도모에 힘쓸 것.

〈청년부〉
- 문자 교양과 사상 교양으로써 근로청년 대중의 의식적 각성을 촉진할 것.
- 인격적 기초교양을 힘쓰는 동시에 당면의 현실문제에 관심하는 긴장한 교양을 힘쓸 것.
- 모든 운동의 계선에서 늘 선구적, 전위적 임무를 수행하게 할 것.
- 사회적 경제적 모든 청년생활의 유리 조건을 얻도록 할 것.

〈학생부〉
- 입신양명 제일주의의 천박한 이기심을 교정할 것.
- 각기 교내에서 유효한 회합 생활을 영위하여 학생 생활의 일률적 향상을 도하게 할 것.

· 사회생활의 실제를 연구하여 공민으로서의 살아가고 일해 갈 기초수
양을 얻게 할 것.

〈여성부〉

· 문자 교양과 사상 교양으로써 원시적 미신, 봉건적 종속 또는 근대적
금권사상 등을 퇴치하고 인내천주의에 의한 여성의 인간적 본위와 사
회적 사명을 인식케 할 것.
· 법률상 경제상으로 남녀의 지위적 관계의 평등을 얻게 할 것.
· 여성편의 의사를 무시하고 필히 다른 일방의 의사에 의한 부당한 결혼
과 기타 인신매매의 악습을 없애도록 노력할 것.
· 모성보호에 대한 관념, 관례를 사회적으로 환기케 할 것.

〈유소년부〉

· 유소년의 생리적·심리적 발육을 구속하는 모든 폐해의 교정에 힘쓸
것.
· 재래의 봉건적 윤리의 압박과 군자식 교양의 전형을 버리고 유소년으
로의 순결한 정서와 쾌활한 기상의 함양을 힘쓸 것.
· 문자 교양과 평이한 과학 지식의 보급에 힘쓸 것.
· 유소년의 조혼 또는 과로를 방지할 것.
· 단단한 사회생활의 훈련을 익혀 유소년으로서의 자립·자율의 정신을
기르게 할 것.
· 동화, 동요, 가극, 무답, 유희, 경기, 체조, 야유, 등산, 수영 등 유소년
생활에 필요한 소년예술급 체육의 보급에 힘쓸 것.

〈상민부〉

·소상민에게 그의 근대적 운명과 상업의 근대적 의의를 인식케 할 것.
·금융 정책, 경제 정책의 유효한 대책을 수립하여 소상민으로서의 모든
편익을 도모케 할 것.

이런 중점 사업들은 당시의 조선 민중에게는 절대적으로 필요한 급선
무들이었으나, 어느 누구도 돌아보지 않는 이런 부문 운동에 청년당이
나섰다는 것은 그 의의를 아무리 강조해도 지나치지 않다. 이러한 기본
이념을 바탕으로 청년당이 벌인 부문 운동의 구체적 활동과 내용을 보면
다음과 같다.

(1) 천도교 소년회

천도교 청년회 활동 중 가장 주목되는 것은 어린이 운동이었다. 본래
천도교의 만인 평등은 모든 사람이 시천주한 존재, 즉 개개인이 한울님
을 모신 존재이므로 사람 대하기를 한울님 대하듯이 하라는 사인여천의
방법을 통해 실현코자 했다. 그리고 이것은 특별히 여자와 어린이에 대
한 구체적 인간 존중의 이념으로 나타나고 있다.[121] 천도교에서 그 시절
어린이에 대한 남다른 애정을 보인 것은 이런 그들의 이상을 향한 실천
이자 장차 구국 독립에 나설 영재를 양성하자는 의도를 가진 것이었다.
이 운동은 당시 개벽사 편집국장이었던 소춘 김기전과 동경 동양대학에
유학 중이었던 소파 방정환[122]을 중심으로 소년회 운동으로까지 구체화
되었다.

---

[121] 2세 교조 해월 최시형의 삶은 곧 사인여천의 모범 그 자체였다. 지금도 천도교인들은 이것을
그대로 실천하는 것을 신앙의 목표로 삼고 있다.
[122] 일제하 문화 운동의 기수였던 소춘은 청우당의 당두였고 소파는 의암의 사위였다. 일찍이 초
라하고 옹색했던 소파를 보고 의암은 그 재목됨을 파악해 적극적인 후원자가 되어 일본 유학
을 보냈고 나중에는 사위로 맞이하였다. 김응조, 신인간사 주간 증언, 1997. 3. 20.

1921년 4월에는 천도교 청년회에 소년부를 설치토록 하고 5월 1일에 비로소 천도교 소년회를 발족시켰다. 강령은 다음과 같다.

1) 소년 대중의 사회적 새 인격의 향상
2) 수운주의적 교양과 사회생활의 훈련
3) 소년 대중의 공고한 단결로써 전적全的 운동을 기함.

이 강령 중에 '전적 운동'이란 추상적인 낱말이 나온다. 전적 운동이란 '모든 것에 걸친 운동'을 뜻하는데, 당연히 그 중에는 민족의 독립 운동도 포함되어 있고 오히려 거기에 주된 의도가 있었다.

소년회는 7세 이상 16세 미만자로서 누구나 가입할 수 있게 개방되었다. 새로 지은 천도교 대교당과 넓은 마당은 소년들의 집회 장소와 놀이터가 되었다. 1922년 5월 1일에는 우리나라 최초로 '어린이의 날'을 정하고 기념 행사를 벌였다. 소년회 조직은 지방으로 퍼져 1923년에는 군 단위 소년회가 100여 개, 이와 동 조직도 70여 개소에 이르러 5천여 회원을 확보했다. 그것은 3·1 운동으로 와해된 지방 조직의 재건이라는 의미를 포함한다.

천도교 청년당이 어린이 운동에 크게 공헌한 것은 역시 『어린이』 잡지를 간행한 데 있다. 1923년 3월 20일 소파 방정환 등이 주동이 되어 타블로이드 4면으로 이 나라 최초의 『어린이』 잡지를 간행했다. 그 후 4×6판, 국판 등으로 변화를 겪으면서 1934년 7월까지 122호를 간행, 어린이 정서 함양과 민족의식 고양 및 어린이 문학 발전에 기여했다.

(2) 천도교 내수단
1924년 3월 31일 주옥경, 김우경, 손광화 등의 발의로 천도교 여성의 수도 향상, 여자 일꾼 양성과 사회적 지위 향상을 위하여 '천도교 내수단'이 서울에서 창립되었다. 천도교 내수단은 교단의 지도로 창립된 이후 전 교회적으로 크게 발전을 하게 되었다. 내수단은 이후 내성단, 내수회를 거쳐 여성회로 조직을 개편하거나 명칭을 개정해 오면서 한때 군기관이 백여 개소에 달하였으며 단원은 수만 명에 이르는 등 활발한 활동을 전개했다.

내수단은 처음 조직될 당시에는 청년당의 지도에 의해 창단되고 활동하였으나 그 조직체 구성원이 순수 천도교 신자인 것과 그 범위와 대상이 천도교인 전체의 반 이상을 점유하고 있는 여성들인 관계로 여러 해를 두고 청년당과의 관계 문제가 협의되다가 1932년에 이르러서는 청년당과 자매적 관계로 설정되기에 이르렀다.

내수단이 창립기를 지나 신·구파로 분열되었을 당시의 신파 내성단의 중앙과 지방지부는[123] 다음 표와 같다.

〈표4: 내성단(신파)〉

본부	대표·부대표	
지방지부	경기도	경성·시흥·수원·강화·양주
	충청북도	음성
	충청남도	당진·예산
	전라남도	완도
	황해도	은율·옹진·송화·신천·장연·안악
	평안북도	자성·선천·철산·용천
	함경남도	풍산·북청

내수단의 강령은 다음과 같다.

123 村山智順, 앞의 책, 66쪽.

1. 천도교를 믿는 여자로 하여금 천도교의 종지에 맞는 새 세상을 만드
   는 데 있어 한낱 충실한 일꾼이 되게 함.
1. 단결을 굳건히 하여 일반 여자의 지위를 향상케 함.

(3) 천도교 학생회

1924년 6월 8일 천도교적 교양·훈련과 학생 대중의 의식적 각성을 위
하여 경성에서 김동수, 배정도 등의 발의로 천도교 학생회(초명 천도교재경
학생 친목회)로 출발했다. 그 강령은 다음과 같다.

1. 학생 대중의 수운주의적 교양·훈련을 기함.
1. 학생 대중의 공고한 단체로서 전적 운동을 지지함.

기관으로는 군 기관이 20개소이며 인원 총수는 천여 명에 달하고 있
다. 학생회에는 특히 천도교가 경영하는 학교의 학생들이 주로 참여했

〈표5: 천도교경영 부속사업(교육기관)〉

명칭	위치	조직	계통	생도수	비고
신명학원	평남 풍덕면 추동리	서당	〃	13	성적부진, 쇠퇴
보광학교	평남 안주군 안주면 율산리	학교	신파	138	성적부진
정양의숙	평북 의주군 비현면 호남동	〃	〃	42	성적 양호
유초천도교강습소	평북 의주군 광성면 유초동	〃	〃	16	성적부진
일신학원	평북 의주군 고진면 선상동	〃	〃	33	성적 다소 양호
의창학원	평북 의주군 고진면 선상동	〃	〃	35	성적 다소 양호
봉명강습소	평북 정주군 동주면	〃	〃	17	
염장강습소	평북 정주군 관주면	〃	〃	21	
천도교교리강습소	평북 대천군 서면 청계동	〃	〃	22	1928년 10월 설립, 자제에게 교의, 국어(일본어를 뜻하는 듯-역주)를 강습
천내리서당	함남 문천군 도초면 천내리	〃	〃	89	
성일의숙	함남 영흥군 홍인면 남산리	〃	〃	19	
광제학당	함남 단천군 파도면 대성리	〃	〃	50	

다. 당시 일제가 파악한 천도교의 교육기관은 다음 표와 같다.[124]

(4) 조선 농민사

천도교 청년당 지도부는 1925년 9月부터 농민 운동에 관해 논의하기 시작했다. 김기전·박사직 등의 주도로 발의되어 각계 각층의 애국지사들이 모여 10월 29일 〈기독교청년회관〉에서 조선 농민사의 창립대회를 갖게 되었다. 조직의 주된 활동 목표는 '조선 농민의 교양과 훈련'이었다.

특히 발기인 모임에서 "농민사 운동이 제대로 되려면 천도교 청년당이 직접·간접으로 보모 역할을 해야 한다."는 합의가 있었거니와 천도교 청년당은 조선 농민사 활동의 대중화에 전력을 기울였다. 그리하여 조선 농민사는 농민의 교양과 훈련을 위해서 강연회·강습회 등만이 아니라 월간지『조선 농민』을 발행하여 지방에 지부를 두고 사우를 모집, 연 1원씩 납부하면 잡지는 무료로 공급했다. 조선 농민사는 창사 이래 10년 동안에 장족의 발전을 하여 150개소의 군사郡社와 20만 이상의 사원을 포용하게 되어 조선 유일의 농민 단체인 것을 자타가 공인하는 데 이르렀다. 강령은 다음과 같다.

1. 농민 대중의 현실적 불안에 대한 생활권 확보를 기함.
1. 농민 대중의 의식적 훈련을 기함.
1. 농민 대중의 공고한 단결로써 전적운동을 지지함.

조선 농민사의 활동은 이처럼 계몽 운동을 위주로 했으며, 1930년대에 접어들면서 경제 운동으로 전환했다. 그래서 농민협동조합을 운영,

---

〈표6: 천도교경영 부속사업(농민사알선부)〉

명칭	위치	조직	계통	비고
농민사알선부	평북 강계군 강계면	· 1주당 5원으로 하는 유한책임제 · 알선부 사원인 동시에 조선농민사원	신파	· 부원이 필요로 하는 자금을 대부하고 또 저축 편의를 도모 · 간이농업창고 경영 · 필요한 물품을 구입하여 부원에게 판매
맹산군 농민사 알선부	평남 맹산군 옥천면 북창리	· 1구를 1원으로 하여 구수 3,000구 자본금:3,000원	〃	· 부원의 지식 함양 · 조합원에게 생활필수품을 염가로 판매하고 사업에서 생긴 이익을 적의 분배하며, 상호부조에 의해 조합원의 경제적 지위향상을 꾀함
맹산군 농민사 알선부 맹산출장소	평남 맹산군 옥천면 북창리	상동	〃	· 1개월 배급고 500원
영원군 농민사 알선부	평남 영원군 영원면 영녕리	· 현재의 자금 714원 · 조직은 위와 동일	〃	· 1개월 배급고 600원
은산농민상회	평남 순천군 은산면 은산리	· 자본금:2,550원 · 조직은 위와 동일	〃	· 1개월 배급고 2,000원
농민자립상회	평남 덕천 읍내	· 자본금:1,500원 · 조직은 위와 동일	〃	· 1개월 배급고 400원
농민자립상회	평남 덕천읍 송정리	· 자본금:800원 · 조직은 위와 동일	〃	· 1개월 배급고 300원

〈표7: 천도교경영 부속사업(소비조합·기타)〉

명칭	위치	조직	계통	비고
소비조합	평북 정주군 정주면	· 사원 1명이 1원씩 출자하여 총액 8천원으로 조직	신파	· 천으로 가옥 1동을 구입, 점포를 설치하여 일용잡화류를 염가로 판매
소비조합	평북 정주군 정주면	· 교도만의 출자로는 자금이 부족하여 교도 외의 출자도 받아 경영	〃	· 교도에게 일용잡화를 염가로 판매함
고부동 천도교소년회	평북 선천군 군산면 고부동	· 천도교 소년연합회 규칙에 의해 조직	〃	· 농한기를 이용하여 미취학 아동에게 야학을 실시

경제계를 장악하고 있던 일본 상품에 대항해 농민들의 자급자족을 유도했다. 이 운동은 농촌 지역에서 상당한 호응을 얻었고 무엇보다도 조선 농민들에게 자신감을 심어주는 계기가 되었다.

농민사의 운동 중 경제부 사업으로 경제적 당면 이익을 주기 위하여 1928년 4월에 농민공생조합(최초에는 農民社斡旋部)을 설치하게 되었다. 창립 이래 6, 7년 동안 시세에 적응하기 시작하면서 의외의 발전을 하여 군·시 및 면에 있는 기관을 합하여 130여 개의 조합이 설립되었으며, 10만에 가까운 조합원이 가입되어 중앙에는 농민공생조합중앙회를 두어 농민공생조합을 통일하게 되었다.

구체적 사업으로는 내용은 농민사 알선부, 소비조합 등이 있으며[125] 농민공생조합중앙회와 농민공생조합의 강령은 다음과 같다.

1. 농촌의 조합경제 수립과 농민의 협동생활을 기함.
1. 지방 농민공생조합의 편익과 통일적 지도를 기함.(이상 농민공생조합중앙회)
1. 농촌의 조합경제 수립을 기함.
1. 농민생활의 경제적 이익과 협동을 기함.(이상 농민공생조합)

농민공생조합중앙회는 조선 농민의 필수품인 고무신을 농민 사원 및 조합원에게 저렴하고 품질 좋은 제품으로 제공하기 위하여, 생산부 사업으로 1931년 12월 20일에 조선 고무 공업의 중심지인 평양에 농민 고무 공장을 설립하여 매일 수천 족의 고무신을 생산하는 사업을 경영하기도 하였다.

조선 농민사의 기관지는 창사 당시부터 월간잡지 『농민』(처음에는 『조선 농민』)을 계속 간행하다가 1934년 2월부터 제호를 〈농민순보〉로 고쳐 소신문형 8쪽으로 하여 월 3회 발행하기도 했다.

---

125 村山智順, 앞의 책, 70-71쪽.

조선 농민사 운동은 당시 민중의 주류였던 농민 대중의 입장에 서서 농민대중의 당면 이익을 철저히 옹호했다는 점에서 어떤 이데올로기 운동보다 현실적으로 큰 의의를 가진다. 일제 통치하의 극도로 제약된 상황에서 비참한 농민들의 생활을 개선하기 위해 활동한 조선 농민사만큼 큰 업적을 남긴 단체는 없다. 대대적인 야학 운동과 강연회, 잡지 발행으로 기여한 계몽 운동과 자주적 협동 조합 운동을 전개한 '농민공생조합'의 활동들은 일제와 대항하는 천도교 청년당의 철저한 저항 정신에 연유한 것이라 하겠다.

그러나 이 농민사 운동도 1934년에 이르자 점차 쇠퇴일로에 접어들기 시작했다. 그것은 일제의 '농촌 진흥 운동'이 1932년부터 시작되고, 민족 자주적인 농촌 운동에 대해 탄압을 가해왔기 때문이다. 특히 천도교 청년당의 비밀결사였던 오심당이 탄로된 1934년부터는 천도교가 주동이 된 농민 운동에 대한 탄압이 극심했다. 그러나 청우당의 농민 운동은 그들의 기본 원칙인 민중주의적 노선에 충실을 기한 대표적인 사례였다. 당시는 여전히 조선 민중의 대부분이 농민이었으며, 특히 해방 후 이북 지역에서의 엄청난 당원 수 확보와 교세의 신장은 모두 이 시기에 전개된 청년당의 조선 농민사 운동의 노선과 활동의 덕분이라고 해도 과언이 아니었다.[126]

(5) 천도교 청년회

청년당의 청년 부문 운동을 담당해 간 천도교 청년회는 청년당의 지휘 아래 결성된 4월회(평양에서 맨처음 조직된 청년 단체)라는 청년 단체를 모태로 한다. 그 뒤 수년 동안에 여러 지역에서 사월회의 지방 조직들이 설립되

---

126 신일철, 「천도교의 민족 운동」, 앞의 글, 60쪽 참조.

었다. 1928년 4월에 경성에서 사월회 제1차 연합회를 열게 되고, 이때 명칭을 천도교 청년회라 하게 되었다. 이후 7, 8년 동안에 60여 개의 군 연합 기관과 200개 이상의 이·동 청년회가 조직되었으며, 1만여 명의 회원이 가입되어 교양·체육 등의 훈련을 하며 그 활동 폭을 넓혀 갔다. 강령은 다음과 같다.

1. 청년 대중의 사회적 지위 향상을 기함.
1. 청년 대중의 수운주의적 교양과 현실적 훈련을 기함.
1. 청년 대중의 공고한 단결로써 전적운동을 지지함.

(6) 조선 노동사

조선 노동사 운동은 1926년 8월 18일 천도교 청년당 중앙위의 결의에 따른 7부문 운동의 하나로 모색되었다. 이때 노동부 위원을 임명 노동 운동을 계획하다가 1929년 봄 100일 간의 원산 대파업에 자극 받아, 이 해 5월 12일에 서울에서 '노동 대중의 생활권 확보와 의식적 교양'을 위하여 조선 노동사를 조직했다. 이후 약 20개의 도시에 산하 조직을 결성, 3천 명 정도의 노동자를 가입시켜 그들에 대한 계몽 운동에 주력했다. 그러나 이 운동은 점증하는 사회주의 이념의 확산에 불안을 느낀 일제에 의한 대대적인 탄압으로 결실을 보지 못하고 와해되었다. 즉, 조선의 특수한 정세와 공장의 집단 노동자가 적은 관계, 노동자의 생활 의식이 향상되지 못한 관계 등과 천도교 자체의 교세가 주로 농촌 중심으로 분포되어 있는 등의 관계로 인해 다른 부문에 비해 상대적으로 발전이 부진했다. 그럼에도 창립 이후 불과 3, 4년에 20여 개의 도시에 지부와 3천여 명의 사원을 포용, 훈련하게 된 것은 대단한 성과였다고 할 수 있다.

끝으로 청년당이 주관한 출판 문화 운동에서 중요한 것이『자수대학강

의』였다. 전술한 대로 청년당에서 발행한『자수대학강의』는 한국 최초의
대학 수준의 강의록이라는 데 무엇보다 큰 의의가 있다. 이『자수대학강
의』는 1933년 4월 3일 청년당 제7차 전당대회에서 '지식 계급 당원의 전
문가화'와 '사회 일반적으로 중등학과를 마치고 그 이상의 학과를 수득
할 길이 없는 조선의 청년들에게 전문적 지식을 수득'케 하기 위하여 동
년 7월부터 종교·철학·정치·경제·사회·예술·체육 등의 일곱 과목으로
된 대학 정도의 종합 강의록으로 발행된 것이다.[127]

　즉, 청년당은 제7차 전당대회에서 당세 확장 3개년 계획을 설정하였는
데 그 실천 방안의 하나로 '당자학黨自學'을 시행하기로 하고 그 세부 내
용을 준비하는 가운데『자수대학강의』가 간행된 것이다. 이때 결의된 내
용은 다음과 같다.

1. 본당은 인내천주의 문화수립을 위하야 此에 유용할 전문가를 양성할
　 목적으로써 당자학을 설함.

2. 당자학의 과목은 종교, 철학, 정경, 사회, 예술 급 체육의 6부로 함.

3. 당자학의 연한은 3개 년으로 함.

4. 당자학원 자격은 당원 중으로서 중등 정도의 학력과 자학을 堪耐할
　 결심이 유한 자에 한함.

5. 당자학 지망은 일인 일과에 한함.

6. 당자학 지망자는 소정 양식에 의한 지망서를 해지방 당부를 경유 제
　 출하야 당본부의 허가를 요함.

7. 당자학 교재는 당기관지 기타 통신으로써 제시함.

8. 당자학 강사는 당본부에서 지정함.

---

127 조기간, 앞의 책, 63쪽.

9. 당본부는 당자학에 대한 연중 일차 시험을 행하며 소정년한을 수료한
　자에게 수료증서를 수여함.

10. 당본부는 당자학원의 편의를 위하야 자학에 필요한 도서를 비치할
　책임을 유함.[128]

이 『자수대학강의』는 월간으로 13권을 내고 중단되었으나 이는 '조선
문으로 처음 간행된 대학강의'라는 점에서 국문으로 된 대학 수준의 교
재로서 주목을 끌었을 뿐 아니라, 일제가 식민지 교육 정책의 일환으로
조선인에게 고등교육의 기회를 박탈해 온 역경 속에서도 고등교육에 대
한 민족적 열망과 대학 교육을 향한 민족적 염원을 대변하였다는 점에서
그 의의가 크다.[129]

---

128 『당성』 제21호, 1933년 5월 1일 3면.
129 자수대학에 대한 자세한 내용과 분석은 신일철, 「해제-자수대학강의의 의의와 내용에 대하
여」, 『자수대학강의』, 경인문화사, 1972, 영인본 해제; 성주현, 「대학의 교양교육에 관한 시
론적 연구:천도교를 중심으로」, 『종교교육학연구』 제12권, 한국종교교육학회, 2001 참조.

제5장 청우당의 해방 후 민족 통일 운동[1]

일제시대를 그 어떤 항일 단체나 교단敎團보다도 치열하게 보냈던 천도
교가 맞이한 해방은 그들의 보국안민 이념을 달성할 수 있는 절호의 기
회였다. 그러나 한편으로 분단된 국토와 새로운 외세의 개입은 자주·자
립을 기반으로 하는 보국안민 실천의 여지를 앗아가고 있었다.

천도교는 교정쌍전을 추구하는 종교이기에 우선적으로 정치 조직을
만들어 갔다. 천도교 청년당의 후신인 천도교 청우당은 일제에 의해 해
산되었으나 해방 후 바로 재건되어[2] 천도교 이념 실현의 전위 역할을 맡
았다. 그러나 강력한 외세와 그를 배경으로 한 외세 추종주의자들만이

---

1 청우당의 해방 후 활동은 그동안 크게 연구되지 않다가 최근 역사학계부터 관심의 대상이 되고
  있다. 본 연구도 이들 선학의 기초에 바탕하고 있다. 천도교청년중앙본부, 『천도교청년회 80년
  사』, 2000; 성주현, 「해방후 천도교 청우당의 정치이념과 노선」, 경기대학교 사학과, 『경기사
  론』 4, 5호 합본호, 2001; 「해방 후의 천도교 청우당의 통일정부수립운동」, 『문명연지』 제2권
  제1호, 한국문명학회, 2001; 조규태, 「해방 후 천도교 청우당의 조직과 활동」, 한국민족운동사
  학회 발표논문, 2001. 6; 정용서, 「북조선 천도교 청우당의 정치 노선과 활동(1945~1948)」,
  『한국사연구』 제125호, 한국사연구회, 2004. 6.
2 당시 천도교인은 280만 정도였고 그 중 70%가 이북에 있어 북조선 청우당의 세력은 노동당을
  능가했다.

제대로 발언할 수 있었던 해방 정국에서 청우당의 역할은 극히 제한적이었다. 특히 1945년 12월 27일 모스크바 3상회의 결과, 왜곡 전달된 신탁통치안에 대한 찬·반탁의 물결 속에서 천도교나 청우당은 중심 없이 흔들릴 수밖에 없었다.[3] 더욱이 청우당 당세의 분포도 남북으로 확연히 구분되어 있어 단일 정책의 지향에 많은 어려움이 있었다.[4] 그런 가운데 청우당의 정치적 이념과 건국이념을 담은 『천도교정치이념』은 남북 청우당의 합의로 정리되었다. 그러나 해방 정국의 전개는 강대국의 이해득실과 국내 반민족적 세력에 의해 민중의 여망과는 다른 길로 치달았다.

제1절 해방 정국과 천도교 청우당의 부활

해방 후 우리 사회는 최초의 이념적 자유 속에서 다양한 이데올로기에 바탕한 정치 단체들이 저마다의 노선과 주장을 가지고 등장했다. 이런 분위기 속에서 "과거를 참회하고, 현실을 정관하고, 미래에 정진하자."며 자중정관自重靜觀하던[5] 천도교 역시 9월 23일 전국대회[6]를 준비하는 한편, 청년들을 중심으로 당세 부흥과 건국 및 민족 통일 운동을 위해 일제 말기 해체하였던 청우당의 부활을 결의하고 9월 24일 위원장 이응진, 부위원장 마기상, 상임위원 이단, 위원 김기전·최란식·손재기·임문호·이석보·박완·김병순·이석보·나상신·김병제·송중곤·백중빈 등으로 준비위

---

3 '민족자주의 이상적 민주국가건설'이라는 청우당의 강령에도 불구하고 그들의 역량은 외세의 거센 물결을 막기에는 역부족이었다.
4 해방 후 재건될 당시의 청우당원은 50만이었고 북쪽에 42만명, 남쪽에는 8만 명이 분포되어 있었다. B. Weems, 1955, *Reform, Rebellion, and the Heavenly Way*, (University of Arizona Press), p.99. 홍정식 역, 『동학백년사』, 서문당, 1975, 176쪽.
5 『如菴文集』上, 如菴先生文集編纂委員會, 1971, 147-149쪽; 『如菴文集』下, 45-47쪽.
6 〈每日新報〉, 1945.9.23.

원회를 구성하였다.[7] 그리고 일제하 청우당의 활동을 긍정적으로 평가하면서 새롭게 다가온 기회를 맞이하여 당을 부활하고 신국가 건설에 적극 참여하고자 한다는 취지문을 발표하였다. 이는 청우당이 종교 운동적 차원의 정당이 아니라 명백한 정치 활동 단체임을 내외에 천명한 것으로 볼 수 있다.

有史以來 最大慘劇인 第二次 世界大戰도 日·獨 兩國의 敗北로서 終局을 告하게 되어 約 半世紀 동안 日本帝國主義 鐵鎖下에 얽매이며 呻吟하던 우리 三千萬 同胞도 解放의 기쁜 날을 맞게 되었습니다. 敬愛하옵는 男女同胞 여러분. 우리는 祖國의 光復을 告함과 같이 우리 靑友黨의 復活을 宣布하는 기쁨을 갖게 되었습니다. 過去 二十年에 있어서 우리 黨이 그 日本帝國主義 政治의 彈壓 밑에 있으면서도 어떻게 활동하고 어떻게 受難을 하였는가 하는 것은 우리 一般이 다같이 當하고 다같이 아는 바로서 새삼스럽게 더 말할 것도 없거니와 이제 大運이 循環하여 萬機가 更張되는 此際에 우리 黨이 赫然한 復活을 보는 것은 敎內 敎外로 그 意義가 至極重大합니다. 기뻐 이를 仰佈하오니 從來의 男女 黨員諸氏는 勿論이요 우리 同胞諸位도 勇躍 이를 맞이하여서 地方黨部를 迅速히 復活하옵는 同時에 對內對外하여 積極的으로 活動을 하오며 新國家建設에 貢獻이 있기를 바라옵니다.[8]

청우당 부활 준비위원회는 10월 7일 집행위원장 김병순, 집행위원 이종해 외 18인, 감찰위원장 이단, 감찰위원 오일철·손재기로 임시 집행위원회를 구성하고 부활 전당대회를 준비하였다. 청우당 부활 전당대회는

7 〈매일신보〉, 1945년 9월 28일 및 10월 1일.
8 金鍾範·金東雲, 『解放前後의 朝鮮眞相』 第2輯, 朝鮮政經硏究社, 1945, 128쪽.

10월 31일 오후 1시 경운동 천도교 중앙 대교당에서 지방 대표 1천여 명이 참석하여 마기상의 사회와 이응진의 개회사로 진행되어, 민족 통일 기관 결성 촉진, 전재 동포 구제, 실업 대책, 기관지 발행 등을 결의하였다. 임원은 위원장에 김기전, 부위원장 이응진, 총무국장 마기상, 정치국장 승관하, 조직국장 이석보, 문화국장 구중회, 특별국장 마기상 그리고 중앙위원 47인 등을 선임했다.[9]

부활 전당대회에 앞서 청우당은 우선 10월 초에 '민족 국가의 만년대계 설계와 인류문명의 개조'를 위하여 〈개벽사〉를 다시 설립하고 조선적 문화를 창달키로 하고 『개벽』지를 복간하였다.[10] 개벽사의 이사장은 홍순문, 이사는 김기전, 이돈화, 최난식, 이은 등이었고 주간은 김기전이 맡았다. 또한 청우당은 과거의 부문 운동을 회복하기 위해 부문 단체로서의 천도교 청년회를 부활시켰다.[11]

한편 남쪽에서의 청우당 부활에 이어 북쪽에서도 청우당이 부활되었다. 해방 후 이미 상당수의 교세를 자랑하던 북쪽 지역에서는 1946년 2월 8일 평양에서 천도교 청우당 결성대회를 갖고 뒤이어 2월 23일 전당대회를 통해 재건되었다.[12] 재건 당시의 임원으로는 위원장 김달현, 부위원장 박윤길·김정주, 정치위원 김달현·박윤길·김정주·전찬배·김윤걸·백세명·김도현, 상무위원 상기 7명과 김진연·한몽응·이춘배·조기주·장학병·김봉엽 등이 선임되었다. 이어 5월 31일 청우당 함북도당을 결성하였다.[13] 북조선 청우당은 1948년 4월 3일 2차 전당대회에서 강령과 정책

9 〈자유신문〉, 1945.11.5; 〈매일신보〉, 1945.11.6.
10 「復刊辭」, 『開闢』 제73호, 1946, 1-23쪽.
11 청년회는 1945년 11월 25일 부활했는데 첫째, 우리는 사인여천의 교양과 훈련으로 청년 대중의 원기 진작과 인격 향상을 기함. 둘째, 우리는 민족의 자주독립과 근로 대중 해방의 전위대가 됨을 기함. 셋째, 우리는 공고한 단결과 활발한 행동으로써 당 운동을 절대 지지함의 신강령을 발표하였다. 조규태, 앞의 글, 661쪽 참조.
12 정용서, 앞의 글, 228쪽.

을 수정하였는데 수정된 정책은 다음과 같다.

1. 蘇聯 및 諸民主主義 國家와의 積極 親善을 圖謀함
2. 反日反帝的 新民主主義 諸政黨과 友好協助하여 民族統一戰線을 期함
3. 人乃天의 新文化로써 民族元氣의 振作과 新生活의 創造를 期함
4. 勞動者, 農民, 漁民, 小市民, 勤勞知識層의 生活向上을 期함
5. 重要産業의 國家經營과 土地의 國有化를 期함
6. 人民教育의 一切를 國家負擔으로 하여 社會教育의 徹底化를 期함
7. 人格向上과 技術重點의 教育制度 實施를 期함
8. 20歲 以上의 男女에게 選擧權과 被選擧權을 賦與함
9. 鑛工業, 小産業의 急速한 發達과 農業의 科學化, 中農化를 期함
10. 失業防止, 保健, 衛生, 教養, 文化 等 社會政策의 實施를 期함
11. 言論, 集會, 信仰, 結社, 出版의 自由
12. 女性의 政治的, 經濟的, 文化的 平等을 期함[14]

　해방 후 천도교의 첫 번째 정치적 활동은 미군정의 인민공화국 부인에 대한 천도교 총부 핵심간부 정광조의 유감 표명이었다. 이것은 천도교의 인공에 대한 인정 여부를 떠나 우리의 힘으로 수립한 정치 단체에 대한 외세의 간섭에 반대하는 의미를 가지고 있었다고 볼 수 있다. 천도교의 이후 활동이 '자주'라는 점에 가장 주목하고 있음이 그것을 증명한다.

　또한 천도교 총부는 1945년 11월 23일 '임시정부를 받들어 속히 강토를 회복하자'는 성명서를 발표하였다. 이 성명서에서는 "환국한 임시정부 영수들을 중심으로 전민족적 총력을 집중 통일하여 민족 자주의 완전

13 『북한년표』, 국토통일원, 1980, 44쪽.
14 『대한민국정당사』 제1집, 1221쪽.

한 정권을 수립하도록 하자."고 하였다. 그리고 임시정부의 주석이었던 김구 등이 9월 3일 발표한 '임시정부당면정책' 14개조를 찬성한다고 하였다.[15]

이러한 흐름 속에서 청우당은 김기전·이응진 등이 1945년 11월 27일 임시정부의 주석인 김구를 방문하여 환영의 뜻을 표함으로써 임정 지지 의사를 표명했다. 이어 1945년 12월 15일 천도교·기독교·불교·유교·천주교의 각각 100명의 대표들이 기독교 청년회관에서 조선 독립 촉성을 위한 연합 발기대회를 열고 20일 대종교를 포함 총 6개 종교 대표가 천도교 대교당에서 종교 단체 연합대회를 개최하였을 때, 청우당은 천도교의 대표로 이 대회에 참석하였다. 이 연합대회에는 임시정부의 김구 주석도 참석하였는데, 청우당은 "17년간 의로써 싸워 온 임시정부에 대하여 최대의 경의로써 지지를 표명하고, 아울러 민족통일전선을 결성함으로써 조선독립의 완성을 촉진하자는 의미로 기독교·대종교·불교·천도교·유교·천주교의 6개 종교 단체가 '조선독립촉성 종교단체 연합대회'를 조직하였다."고 하였다.[16]

또한, 모스크바 3상회의에서 결정된 한국에 대한 신탁통치를 반대하기 위하여 김구·조소앙·조경한·김약산·유림·김규식·신익희·김붕준·엄항섭·최동오 등의 임시정부 인사들이 12월 28일 '탁치반대국민총동원회'를 조직할 것을 결의하자, 청우당은 이와 행보를 같이하여 12월 28일 "조선민족이 아직 자주·독립할 자격이 없다는 구실로 조선을 신탁통치

15 〈민중일보〉, 1945.12.2. 〈조선일보〉, 1945.11.29: 조규태, 앞의 글, 672쪽.
16 〈서울신문〉, 1945.12.21. 청우당이 이처럼 해방 정국 초기 이승만에 대한 지지보다는 백범의 노선 지지로 기울게 된 이유는 임시정부 시절 다수의 천도교인이 참여했다는 이유도 있지만 무엇보다도 그들의 자주적 민족 통합 운동에 동감했기 때문인 것으로 생각된다. 실제로 해방 정국 기간 동안 남한 내에서는 이승만의 외세 이용 독립 국가 건설론과 백범의 자주적 통일 독립 국가 건설론이 대립하여 경쟁 관계가 지속되었다.

하려는 것은 잘못되었다."는 성명서를 발표하였다.[17] 또한 조선민족이 아직 통일을 이루지 못하는 것은 명백히 미·소 양군의 남북 주둔에 그 원인이 있음을 지적하면서 "신탁통치안을 철회하지 않는 한 우리 당黨은 삼천만 대중의 선두에 서서 자주적 완전 독립을 전취戰取하기까지 결사적 항쟁을 계속하기로 결의한다."는 내용의 강경한 결의문을 발표하였다.[18] 그리고 당 이론가인 이돈화도 담화를 발표하여 "신탁통치위원회가 설치된다 하여도 낙망하지 말고 최후까지 혈전을 하여야 한다."고 하였다.[19]

이어서 청우당은 김구 등이 주도하는 '신탁통치반대 국민총동원위원회'가 조직되자 위원장 김기전, 간부 정광조 등이 위원으로 참여하였다.[20] 또한, 청우당의 산하단체인 천도교 청년회는 조선공산당이 신탁통치를 찬성한 것에 대하여, 1946년 1월 16일 조선공산당을 비판하는 성명서를 발표했다.[21]

제2절 민전 참여와 임시정부 수립 운동

해방 직후부터 혼란기를 거치면서 국내 정치계가 우익은 '비상국민회의', 좌익은 '민주주의민족전선(민전)'을 결성하여 대립하자 청우당은 "민족적 위기를 극복하고 민주주의적 독립 국가를 건설하기 위하여 정치적 기본 노선을 이탈한 편좌 편우의 모든 경향을 포기하고 절대 다수인 민

17 〈중앙신문〉, 1945.12.30.
18 〈자유신문〉, 1945.1.30.
19 〈조선일보〉, 1945.12.29.
20 〈서울신문〉, 1946.1.1. 당시 천도교인으로 이에 참여하였던 사람으로는 위원장 권동진, 위원 오세창·백세명·이군오·이인숙 등이었다.
21 〈서울신문〉, 1946.1.19.

중을 기초로 한 여러 집단과 양심 있는 개인들의 연결로 민족적 대동단
결을 촉성"하는 성명서를 발표하였다.[22] 이와 같이 민족적 대동단결을 촉
성하는 성명서를 발표한 청우당은 2월 15일 오전 10시 중앙 기독교 청년
회관에서 개최된 민전 결성대회에서 10명의 당원이 대표위원으로 선정
되었다. 이를 계기로 청우당은 이승만의 비상국민회의에서 탈퇴하여 민
전과 연대하여 활동하였다. 이승만과의 결별은 청우당의 민족주의적 이
념과 노선에서는 당연한 것이었다.

청우당의 민족주의적 이념과 노선은 청우당의 민전 활동이 일방적인
좌익 편향이 아니었다는 것으로도 증명된다. 우선 모스크바 3상회의 결
과인 제1차 미소공위가 개최에 즈음하여, 청우당은 정치적 자유를 달라
는 취지의 견해를 표명하였다. 여기에서 청우당은 첫째, 38선의 장벽은
과도정부 수립에 의하여 행정상·경제상의 부분적 해소는 가능하지만 실
질적·전반적으로 해소하기 위해서는 오직 미·소 양군의 동시 철군으로
써 가능하다는 것과, 둘째, 과도정부는 남북 통일에 적합한 정권이어야
한다는 점, 셋째, 현재의 민족적 분열과 제정당의 행동 불통일은 연합국
의 남북 분할 점령에 기인한다는 점을 주장하였다. 그리고 결론적으로
"우리에게 정치적 자유를 부여하는 동시에 내정을 간섭하지 말라."고 미
소 양 군정 당국에 요구하였다.[23] 청우당은 민족적 분열이 무엇보다 미소
양군이 우리 국토를 분할하여 점령했기 때문이라고 보았으므로 통일 정
부의 수립을 위해 미소 양군의 철수를 주장했고, 우선적으로 자유로운
정치 활동 보장과 양국의 내정 간섭의 배제를 주장하고 있다. 즉, 미소
군정 당국이 민족 통일과 자주 독립 국가 건설을 방해하고 있다고 인식

22 〈조선일보〉, 1946.2.11.
23 〈조선일보〉, 1946.3.13.

하고 있었다.

특히 남쪽의 청우당은 미군정을 민족 분열과 통일 정부 수립을 방해하는 세력으로 인식하여 미군정 정책을 계속 비판하였다. 그것은 1946년 7월 1일 경 홍수와 매점매석으로 식량난이 심화되자, 매점매석의 중지를 권유하고 미군정에게 일시적으로 양곡 배급량을 늘릴 것을 주장하는 등 식량 정책에 비판을 가하는 것과 국대안 반대(47.8.18), 차관 문제에 대하여 1946년 8월 19일 경 '이천오백만 불 차관 문제에 대하여'라는 담화 발표 등으로 이어졌다.

그리고 1946년 10월 중순, 청우당은 철도 종업원을 위시한 남한 전체의 총파업과 경남·북 일대의 소요가 이어지자, "이것은 전재동포戰災同胞와 실업 대중의 생활고와 행정 당국에 대한 불만에서 폭발된 것이므로 이러한 중대 사건을 야기케 한 책임 소재를 분명히 하여야 할 것"이라고 하였다. 이 사건 책임 규명과 아울러 "이러한 불상사는 인민의 의사를 충분히 반영시키는 데서만 해결될 성질의 것이므로 급속히 행정권을 인민의 손으로 넘겨야 할 것이며 하루바삐 좌우합작 남북 통일의 완전한 민주 정부를 수립하여야 할 것"[24]이라고 하였다.

모스크바 3상회의 결과 소집된 제1차 미소공동위원회는 임시정부 수립에 참여하는 단체의 선정에 따른 미·소간의 의견 충돌[25]로 인해 결국 5월 8일 결렬되었다. 북한 지역의 일사불란한 정치적 의견 통일에 당황한 미군정은 남한 내에서 극우와 극좌파를 배제한 온건 좌·우파인 중간세력

---

24 〈조선일보〉, 1946.10.10.
25 의견 충돌의 핵심은 모스크바 결의문에 담겨 있는 '민주주의'의 해석 다툼이었다. 즉, 조선의 임시정부 수립을 위해 조선 내의 민주주의적 단체와 협의한다는 내용을 가지고 협의 대상이 되는 민주주의적 단체가 누구인가를 놓고 대립한 것이다. 소련은 모스크바 결의문에 동의한 단체만이 민주주의적 단체라는 주장이었고, 미국은 민주주의는 반대의 자유도 포함하는 것이므로 결의문에 반대한 단체도 협의대상에 넣어야 한다는 것이었다.

으로 임시정부를 수립하려는 의도에서 좌우 합작 운동을 추진하였다. 청
우당은 7월 '좌우합작통일촉진회'를 구성하고 이 운동에 참가하였다.

 이어서 그 후속 작업으로 "현하의 국제 정세의 미묘한 동향과 국내적
으로는 반민주주의자, 제국주의적 파쇼 분자가 외력 의존으로 하여금 그
들의 반동성을 정면으로 노골화하여 진정한 민주적 발전에 일대 암초가
되고 있는 이때 민주 진영의 확대·강화"를 위해 재미한족연합회·신한민
주당·조선혁명당·신한민족당·삼우구락부와 무소속 유지 등으로 '8당합
당준비위원회'를 구성하였으며, 9월 3일에는 신당 창당을 추진하였다.
이어 9월 15일 천도교 중앙 대교당에서 신진당 결성 대회를 갖고 "자주
독립 국가의 완성과 민주주의 정치의 실현을 기함, 국민의 평등 생활을
기본으로 하는 경제 제도의 확립을 기함, 민족 문화의 건전한 발양으로
서 인류 문화에 공헌함을 기함"을 강령으로 채택하고[26] 천도교인인 유동
열을 위원장으로 추대하였다. 이로써 청우당은 한편으로 독자적인 활동
을 전개하면서 다른 한편으로 신진당과 정책적 연대를 통해 민족 해방과
계급 해방의 정치 이념 아래 좌우 합작 운동을 추진하였다. 이 외에도 청
우당원이었던 강순은 이 해 11월 7일 '근로대중당'을 창당하고 좌우 합
작 운동에 동참하였다.

 1946년 7월 중순 들어 우익의 김규식·원세훈·김붕준·최동오·안재홍
과 좌익의 여운형·허헌·정노식·이각국·성주식 등 각각 5명으로 '좌우
합작위원회'를 구성하였고 이어서 민전에서는 좌우 합작 5원칙을, 우익
에서는 8대 기본 대책을 각각 제시하여 의견 대립 끝에 10월 7일 좌익의
5원칙과 우익의 8원칙을 절충하여 김규식과 여운형이 좌우 합작 7원칙
을 합의하기에 이르렀다. 이에 청우당은 남북 통일·좌우 합작은 자주적

---

26 〈조선일보〉, 1946.9.17.

임시정부 수립상 민족적 사명이므로 이를 지지한다고 발표하였다.[27] 그러나 이처럼 좌우 합작 7원칙은 초기에는 일부 극우·극좌를 제외한 대부분의 정당·사회단체로부터 지지를 받았으나, 결국 결실을 맺는 데까지 나아가지 못하였다.

좌우 합작 운동이 7원칙 합의에도 불구하고 부진하자 청우당은 그동안 정책적 연대를 모색하였던 조선인민당·남조선신민당·조선공산당·신진당·사회민주당·민족혁명당·한국독립당·독립노농당·재미한족연합회 등 9개 정당·사회 단체와 11월 13일 간담회를 개최하고 미소공위 속개 촉진, 입법의원 문제 등 당면한 제반 정치 문제에 관하여 의견을 교환하고 행동 통일을 하기로 하였다. 그리고 다음 날에는 동당 회의실에서 청우당의 송중곤·이종태, 사회노동당 대표 이여성 외 1명, 사회민주당 남경우 외 1명과 옵서버로 참석한 한독당 김일청·백남신, 신진당 김병순(천도교인) 등과 연석회의를 개최하고 미소공위를 의제로 토론한 끝에 '미소공위촉진위원회'를 구성하기로 하고 회장에 김규식과 여운형을 추대하였다.[28] 그리고 이날 오후 3시 청우당 사무실에서 여운형과 각 당 대표자 간담회를 갖고 미소공위 재개 민중 대회 개최 등 4개 항을 결의하였다.

이들은 임시 사무소를 청우당 본부에 설치하고, 11월 24일 '미소공위촉진민중대회'를 서울운동장에서 개최한 후 각 지방에서 연쇄적으로 민중 대회를 개최하기로 결정하였다. 이어 11월 19일에는 "우리 당은 정당·사회 단체는 물론 거족적 위력을 이 민주 통일 합작 운동에 집중하여 적극 추진시키는 동시에 합작위원회에서도 정당·사회 단체의 협력을 얻어 이 운동을 남북 합작 운동에까지 발전시킬 것을 주장하며 협력과 합

---

27 《서울신문》, 1946.10.18.
28 《서울신문》, 1946.11.16.

작을 불사한다."[29]고 하였다.

미군정은 '좌우합작위원회'의 건의대로 10월 12일 '조선 과도입법의원의 창설에 관한 법령'을 통과시켰다. 법령에 따라, 12월 7일 임명된 관선의원 45명과 선출된 민선의원 45명이 발표되었는데, 청우당에서는 이응진이 관선의원으로 임명되었다. 그리고 최동오와 정광조가 각각 '좌우합작위원회'와 천도교를 대표하여 관선의원으로 임명되었다. 12월 12일 '남조선과도입법의원' 개원식이 열려 이응진은 청우당의 대표로 참석하였다.[30] 그러나 중간파 세력에 의해 구성될 것으로 예상되었던 과도입법의원은 당초의 의도와는 달리 이승만의 독립촉성국민회와 한민당 출신의 의원이 대거 진출함으로써 우경화되었다. 결국 이승만의 독촉과 한민당 출신의 의원들은 1947년 1월 13일과 20일 신탁통치 반대안을 가결해 미소공위는 물론 모스크바 3상회의 결과 자체를 부정하였다. 이로써 중간파에 의한 미소공위 재개를 통한 통일 임시정부 수립 운동은 극우파의 단독정부 수립 추진이라는 강력한 도전에 직면하게 되었다.

여기에 대해 청우당은 1947년 1월 24일 '탈선한 현 입법의원을 단연 해체하라'는 성명서를 발표하였다. 이 성명을 통하여 청우당은 "우리 동포의 간절한 희망은 남북 통일의 임시정부 수립과 민생 문제 해결에 있음에도 불구하고 국제 정세에 암매한 일부 애국자와 허명에 급급한 완고한 분자와 불순분자들이 연합하여 가지고서 순진한 민중을 기만하여 입법의원을 한 개의 정치 브로커들의 정쟁 도구같이 악용하는 점은 진정한 애국자로서는 도저히 용서할 수 없는 바이다. 이에 우리는 민중과 함께 이 남북을 분리시키며 군정을 연장시키는 불순한 운동을 배격하는 동시

29 〈조선일보〉, 1946.11.20.
30 〈조선일보〉, 1946.12.12.

에 그들이 입법의원을 통하여 임정 수립을 방해하며 사회 논란을 조장하는 행위를 방지하기 위하여 조속히 현 입법의원을 해체하고 진정한 애국자 본위의 새로운 의원 재조직을 주장하는 바이다."[31]라고 하였다.

이제 군정 연장 내지는 한반도에서의 기득권을 유지하고자 하는 미소 양국의 의도와, 이에 편승해 단독 정부를 수립코자 한 매국 세력을 확실히 파악한 청우당이 택할 수 있는 길은 자주적 민족 통합에 의한 통일 정부 수립 운동이었다. 따라서 이후 청우당의 주요 활동은 이러한 노선에 동의하는 절대적 민족주의 운동 세력과의 연대, 그리고 분열된 제 정치 세력들의 통일 전선 결성 운동을 주도해 나가는 것으로 귀결되었다.

제3절 단정 수립 반대 운동과 청우당의 해체

단독 정부의 수립을 저지하고 통일 정부를 수립하기 위해 청우당은 우선 민전과 연대하여 활동하였다. 청우당은 1947년 1월 29일, 30일 이틀간 열린 민전의 확대 중앙위원회를 통해 민전 의장단에 김기전, 상임위원에 나상신, 김현국을 진출시켰다. 청우당의 민전과의 연대 활동은 3·1절 기념 행사로 이어졌다. 지난해에 이어 또다시 좌·우익의 충돌설이 나돌자 청우당은 2월 19일 좌·우익 간의 충돌은 민족의 생활 기초 파괴와 임정 수립의 지연, 자주독립의 길을 방해하는 결과가 될 것이라고 경고하였다. 그러나 결국 좌·우익이 별도로 3·1절 기념행사를 갖자 민전에서 개최하는 '3·1 기념 시민대회'에 참여하였으며 김기전은 허헌, 박헌영, 김원봉, 여운형, 김창준 등과 함께 명예의장으로 선임되었다. 이에

---

31 〈조선일보〉, 1947.1.25; 〈동아일보〉, 1947.1.25.

앞서 김기전은 2월 16일 민전의 지방선거 대책위원회의 실무위원으로 선임되었다. 또한 4월 초 남원을 비롯하여 경향 각지에서 테러 행위가 잇따르는 가운데 24시간 총파업 사주 혐의를 받은 박문규, 인기성 등 민전 산하 인사를 비공개 군사 재판에 회부하자 청우당은 비민주적 암흑 재판이라고 비난하였다.

한편 청우당은 신탁 문제와 미소공위 재개로 좌·우익 대립이 다시 첨예화되자 남북 통일 정부 수립을 위한 협동전선의 결성을 촉구하였다. 즉 민주주의에 의한 남북 통일 정부의 수립이 우리 민족의 최대 급무임에도 불구하고 우익 진영의 경우 소위 비국·민의·민통·독촉·반탁 등 통일체라는 단체가 다수 난립되어 자체 혼란을 거듭하고 있었으며, 좌익 진영에서는 3당 합당 운동이 도리어 좌익 분열과 알력을 야기시킴으로써 그 주동체가 반발적으로 종파적으로 나아가게 되어 민전을 더욱 약화시키고 일반의 기대가 미약하게 되었다고 지적하였다. 그러므로 좌우 양 진영은 과거의 과오를 과감히 청산하고 민족 자주 정신으로 돌아가야 할 뿐만 아니라, 우익은 봉건적 매판적 성격을 청산하고 일보 전진하여야 하며 좌익은 민족 혁명 본진에 환귀할 것을 제시하였다.

따라서 자주 독립 민족 혁명을 완수하기 위해서는 좌·우 양 진영에 가담치 아니하고 활약하는 집단까지 흔연 집결하여 우리 민족의 현 단계 최대의 역사적 사명인 남북 통일의 민주 정부를 수립하여야 한다고 촉구하고 있다.[32] 그리고 거족적 민족 협동 전선을 위해서는 상대방의 과오를 용서해야 할 것이라고 하였다.

1947년 10월 들어 미소공위에서의 임시정부 수립에 대한 진전이 없자 한국 문제는 유엔으로 넘어갔다. 한국 문제의 이관에 대해 우익은 환영

---

32 〈조선일보〉, 1947.2.4.

일색이었지만 민족주의 세력으로서는 분단의 가능성에 대한 우려를 금할 수 없는 것이었다. 10월 28일 '유엔정치안전보장위원회'는 한국 문제를 상정·토의하고 11월 14일 신탁통치를 거치지 않는 한국 독립과 유엔 감시하의 남북 총선거를 통한 한국 통일안을 결의하였다. 이에 대해 청우당은 "국제적 관련성을 가진 조선 독립 문제가 유엔총회에서 남북 총선거로서 통일 정부를 수립케 된 결의안에 대하여 절대 찬성하나 유엔 조선 위원단의 사업이 여의치 못할 경우 적절한 대응을 할 것이다."라고 논평하였다.[33]

그러나 1948년 들어 시작된 조선위원단의 활동은 소련의 반대로 북한 입경이 거부되면서 난관에 부딪쳤다. 남북 총선거를 통한 통일 정부 수립이 소련 측의 반대로 무산되자 청우당은 앞서 발표한 바와 같이 현실적 대응으로 남북한 천도교인이 합심하여 남북 분열을 저지하고 통일 정부를 수립하기 위해 3월 1일을 기해 총궐기하기로 하였다.

곡절 끝에 결국 북조선 청우당은 독자적으로 남북한 자유 총선거 지지 운동을 계획했다. 그것이 소위 '3·1 재현 운동'이다. 이들은 서울 천도교 중앙 총부의 지시에 따라 200만 재북한 천도교인이 1948년 3월 1일을 기해 통일 선언문을 발표하고 군정 수립 반대 및 남북한 자유 총선거를 주장하는 군중 시위를 전개하기로 했다. 이때의 통일 선언문 중 통일 공약 5장은 다음과 같다.

1. 우리는 우리의 자유의사에 의거치 않는 어떤 정치체제 어떤 경제구조도 단호히 이를 배격한다.

2. 우리는 국내외를 막론하고 국토 통일과 민족 단결을 저해하는 모든

세력의 준동을 봉쇄한다.

3. 우리는 유엔의 결의를 성실히 준수하여 유엔 한국위원단 입국을 환영한다.

4. 우리는 남북 통일 정부가 수립되기 최후 일각까지 이 운동을 계속한다.

5. 우리는 이 운동을 비폭력·무저항주의로 일관한다.[34]

공약 5장은 당시 천도교의 통일 운동의 뚜렷한 기본 방향과 원칙의 제시로 볼 수 있다. 이 공약은 민족 자결, 민주, 평화, 국제 협력 등 통일의 기본 원칙을 나타내고 있는데 특히 4, 5항은 기미년 3·1 운동 당시의 그것과 흡사하다. 이와 같은 자유 총선거를 주장하는 '민주 원칙'과 외세 개입 반대와 민족 단결을 내세운 '자결 원칙' 그리고 비폭력의 '평화 원칙' 등은 오늘의 평화 통일 3대 원칙과도 일치한 면을 보여 주고 있다.

그러나 이 운동은 사전에 발각되어 남한에서는 성명서 발표로 끝났으며, 북한에서는 맹산·양덕·덕천·순천·영변 등 평안도 일부 지역에서만 전개되었다. 이 사건으로 북한에서는 평양의 김명희·김덕린·김일대·승관하·김도현 등 천도교 및 청우당 주요 인사와 1만 7천여 명의 교역자·교인이 체포되고 187명이 처형되는 등의 피해를 입고 운동은 실패로 끝나고 말았다. 그럼에도 이 운동은 영변 등지에서 시위 행렬이 30리나 되는 등 북한 민중들의 가슴에 통일 의지와 민족의식을 심어 주기에 충분했고 이후 영우회라는 비밀 조직으로 이어져 점차 관제화되는 청우당[35]의 역할을 대신했다.[36]

34 오익제 편, 앞의 책, 211-212쪽.
35 청우당은 현재 공식적으로 북한에 존재하는 제1야당이다. 그러나 노동당의 위성정당으로서 청우당 본래의 의미는 사라졌음이 주지의 사실이다.

한편 소련의 유엔 조선위원단에 대한 북한 입국 거부로 유엔은 다시 가능한 지역으로 선거 영역을 축소하자, 이승만 등은 5월 남한 단독 선거를 통한 단정 수립을 주장하고 김구는 남한 단독 선거 반대 의사를 표명하였다. 그리고 5월 5월 선거를 반대하는 각 정당·사회 단체를 대표하여 엄항섭, 홍명희 등 5인의 발의로 '통일독립운동자협의회'를 결성하자 청우당도 한독·민독·근민·독로·신진·민중동맹·민주한독·사민·건민 등과 함께 이에 참여하였다. 이 협의회의 강령은 '첫째, 통일 독립 운동자의 총역량 결집을 기함. 둘째, 민족 문제의 자주적 해결을 도함. 셋째, 민족 강토의 일체 분열 공작을 방지함' 등이었다.[37] 또한 청우당의 부문 단체인 청년회도 단선을 반대하는 성명을 발표하였다.[38]

결국 남북 총선거가 불가능하게 되자 김구와 김규식은 통일 정부 수립을 위한 남북 요인 회담을 시도하였다. 북한은 이를 받아들여 4월 14일부터 평양에서 '전조선정당·사회단체대표자연석회의'를 갖자고 제의하고 3월 28일 김구·김규식 등 개인 15명과 한국독립당·민주독립당·민주한독당·민중동맹·청우당·사회민주당·독립노농당·신진당·근로인민당·남로당·인민공화당·전평·전농·민주여성동맹·유교연맹·기독민동협조 등 17개 정당 단체에 초청 서한을 발송하였다. 이에 청우당은 6명, 북조선 청우당에서 9명이 각각 참석하여[39] 조선의 내외 정세에 대한 정확한 규정, 국토와 민족을 분열하는 단선을 반대하는 전국적 통일 방략, 정치와 민생의 혼란을 방지하고 자주 통일 독립을 하기 위하여 양군 철퇴를

---

36 해방 후 북한지역에서 벌어진 3·1 재현운동에 관해서는 신인간사 편, 『남북분열저지투쟁 삼일 재현 운동』(천도교중앙총부 출판부, 1969)에 그리고 영우당에 대해서는 영우회비사편찬위원회 편, 『영우회비사』(동학영우회, 1989) 참조 바람.

37 〈서울신문〉, 1948.5.4, 〈조선일보〉, 1948.5.4; 조규태, 앞의 글, 685쪽.

38 〈조선일보〉, 1948.5.8.

39 〈조선일보〉, 1948.4.21 및 4.28. 그러나 자격심사에서 4명만 통과되었다. 이외에도 천도교인으로는 최동오, 신숙이 참여하였다.

촉진하는 방략 등을 논의 및 합의하였다. 그리고 6월 29일부터 7월 5일까지 평양에서 개최한 제2차 남북 제정당·사회 단체 지도자 협의회에 참석하였다.[40]

이 같은 해방 정국에서의 청우당의 민전과의 연대, 미군정 정책의 비판과 남한 단독 정부 수립 반대 운동은 미군정과 이승만의 독촉, 한민당 등 극우 세력으로부터 탄압을 받는 계기가 되기도 하였다. 남한 내에서의 탄압은 47년 북조선 청우당에서 6월 말경 남한의 미군정에 대하여 '민주개혁을 실시하라'라는 선전문을 발표하면서 본격화되었다.

즉, 선전문에서 북조선 청우당은 "첫째 모스크바 3상회의 결정 위에서 조선을 외국의 간섭을 받지 않는 자주 독립 국가로 발전할 수 있는 보장을 두어야 할 것, 둘째 임시정부는 국제 공약을 충실히 이행하고 민주주의 국가와의 안전과 평화를 공고화하는 데 공헌할 수 있는 보장을 주어야 할 것, 셋째 인민 자기 자신이 모든 주권을 장악하는 민주주의적 인민의 국가를 세워야 할 것, 넷째 임시정부는 조선의 노동 사무원 농민 여성을 진정으로 해방하는 제 민주 개혁을 실시해야 할 것"을 주장하였다.[41]

이런 선언문에 자극된 남한의 단정주의자들은 7월 15일 천도교에서 운영하는 보성사를 김성건 등 20여 명이 습격해 활자를 전복하고 인쇄기에 모래를 뿌리는 등 테러를 가했다.[42] 또 8월 11일에는 수도경찰청에서 좌익계 인사에 대한 검거령이 내려 민전·전평·전농 등 좌익계 단체 외 협동조합·근로인민당·청우당·반일투쟁위원회 등의 사무실을 수색하고 3, 4백 명을 검거하였다. 이때 청우당 관계자는 박우천·김병제·계연집 등 수명이 피검되었다.[43] 이후에도 자주적 통일 정부 수립 운동을 전개한

---

40 〈조선일보〉, 1948.7.13; 송남헌, 앞의 책, 473면.
41 〈문화일보〉, 1947.7.2.
42 〈자유신문〉, 1947.7.17. 〈중앙신문〉, 1947.7.17.

청우당의 행적은 남한 단정 수립주의자들에게는 집요한 공격의 대상이
되기에 충분했다.

결국 단독 정부가 수립된 후인 1949년 8월 10일 육군에 의해 김병순
등 청우당원 30여 명은 '북로당과 북조선 천도교 청우당의 지령을 받아
천도교 내에서 남조선 천도교의 중심 세력을 분리시키고 북한 청우당의
세력을 부식시키며, 파괴·암살을 위한 지하당원'이라고 하여 검거되었
다. 그리고 12월 26일 청우당은 '정당에 관한 규칙'에 의거하여 정리·해
체되었다.

이로써 해방 후 완전 독립과 자주 통일 국가 건설을 표방하여 민족 해
방과 계급 해방을 추구하던 청우당은 이승만 정권하에서 간첩이라는 누
명을 쓰고 결국 해체되고 말았다. 일제와 해방 공간을 거치면서 민족의
진로를 제시하고 그것을 위한 치열한 활동을 전개했던 청우당의 자주적
민족 통일 운동이라는 민족주의적 실천은 그로써 종말을 맞고 말았다.

해방 정국이 분단의 고착화로 귀결되자 청우당의 노선은 민족 통일 운
동으로 전환되어야 했다. 그래서 이후 남북 통일 운동에 진력했으나 일
제와 해방 정국을 거치면서 크게 축소된 교세의 사회적 세력과 외세 및
극우 분자들의 책동으로 소기의 성과를 거둘 수 없었다.[44] 그들은 남에서
는 중간좌파로 몰려 제거되고[45] 북에서는 활동이 크게 제약되고 6, 70년
대 이후로 점차 잊혀져 가는 정당이 되었다.[46] 결국 그들의 남북 통일 운

---

43 〈조선일보〉, 1947.8.13.

44 천도교의 문화운동은 지금도 다방면에서 계속되고 있으나 교세를 반영하듯 크게 축소되었다.
그럼에도 천도교는 통일운동에 관한 한 앞장서고 있다. 〈동학민족통일회〉에서 통일과 관련된
교류를 주도하고 있다.

45 이승만 정권의 천도교 탄압은 상상을 초월했다고 한다. 이 정권은 심지어 3·1 운동마저도 기
독교 신자인 월남 이상재의 주도로 일어난 운동이었다고 우겼다 한다. 지금 탑골공원에 있는
의암 손병희 선생의 동상자리에 처음에는 이승만의 동상이 있었다는 점이 역사의 진실은 숨길
수 없다는 교훈을 우리에게 주는 것이 아닌가 보아진다. 천도교 상주선도사 임운길 선생 증언,
1997년 7월 16일.

동은 교세 회복이라는 또 하나의 임무와 맞물릴 수밖에 없었고 아직까지는 어느 것 하나 만족할 수준에 도달하지는 못했다. 그럼에도 천도교는 오늘도 활발히 움직이고 있다. 수운의 보국안민과 포덕천하는 단 한 명의 교인만이 남더라도, 단 한 명의 민족이 남더라도 추구해야 할 천도교의 이념적 원형이기 때문이다.

---

46 B. Weems, *op. cit.* 그럼에도 불구하고 북조선 청우당파의 접촉은 계속되어야 한다. 민주주의는 다양한 제세력들간의 대화를 전제로 성립될 수 있기 때문이다. 북조선 청우당파의 접촉 창구는 북한 노동당 이외의 정치 세력, 그것도 순수 민족주의 이념을 바탕으로 하고 있는 집단과의 대화 모색이라는 점에서 또 다른 통일 운동의 시발점이 될 수 있다고 본다. 그런 의미에서 남한의 천도교는 비록 정당은 아니지만 북한과의 정치적 대화 창구를 가지고 있는 순수 민간 단체라고 할 수 있다.

제6장 천도교 청우당의 정치사상

제1절 청우당 정치사상의 토대

1. 인내천 사상의 형성

1) 전기 인내천 사상[1]

천도교 초기의 교리 발전에 크게 영향을 미친 인물은 지강 양한묵(芝江 梁漢默, 1862-1919)이다. 그는 의암과 일본에서 생활을 함께 하며 그의 사상 형성에 영향을 미침은 물론 동학 교리를 연구해, 귀국 후 새롭게 시작한 천도교의 교리 체계화를 뒷받침하였다.[2] 그는 조선 유교와 불교에 대한

---

[1] 인내천 사상의 전·후기 분할은 최동희의 구분에 의거한다. 구분은 3·1운동을 전후로 전기와 후기로 한다. 최동희, 『동학의 사상과 운동』, 성균관대 출판부, 1980, 197-198쪽.

[2] 그가 일본에서 보고 듣고 읽은 것이 이 시기의 새로운 교리 전개에 결정적인 영향을 미쳤다. 지강이 일본으로 건너간 것은 1898년이므로 이른바 명치시대의 계몽사상가들이 아직 살아있을 때다. 예를 들면 "천은 사람 위에 사람을 만들지 않고 사람 밑에 사람을 만들지 않는다고 말했다."로 시작되는 저서를 낸 후꾸자와(福澤諭吉, 1835-1901) 같은 계몽철학자들을 말한다. 또한 일본에는 그 당시 이미 20여 년 전에 영국철학이 소개되었고, 그로부터 10년 후에는 독일 철학이

교양을 바탕으로 서양철학을 이해해 천도교 교리를 철학적으로 체계화
하였다. 특히 그는 수운 사상의 요지를 인내천이라고 규정하여 천도교
교리의 원리를 제시하였다.[3] 그리고 이러한 방향에서 천도교 교리의 원
리를 논증하려고 노력하였다. 그의 노력은 이후 의암에 의한 천도교 교
리 전개와, 인내천을 종지로 삼는 데 큰 영향을 주었다.

지강의 도움 하에서 인내천의 종지를 마련한 의암은 우선 해월의 범신
관을 그대로 받아들였기 때문에 천과 만물을 동일한 것으로 보았다. 의
암은 해월과 마찬가지로 천이 세상에 내재하고 있다는 사실을 강조한다.
나아가 의암의 경우 천과 세상은 동일한 것으로 간주된다. 즉, 의암은 천
과 세상에 있는 만물을 동일한 것으로 파악하고 있다. 그런데 그는 만물
중에서도 인간을 가장 중시한다. 의암은 인간이 만물 중에서 가장 신령
한 존재이고 다른 존재들과는 달리 모든 이치를 갖추고 있다고 보았기
때문이다.[4] 이런 이유에서 의암은 천과 만물을 동일시하면서도 특히 천
과 인간이 동일하다는 사실에 주목한다. 이러한 의암의 주목은 그의 법
설에서 '천이 곧 인간이며 인간이 곧 천'이라고 정리된다.

> 천과 우리 神師[5]는 다만 형상이 있고 형상이 없는 구별이 있을 뿐이오,
> 그 靈性의 契機로 보면 전혀 같은 범위에서 동일한 활동이 동일하게 표현

소개되어 철학의 주류를 이루고 있었다. 1889년에 출판된 『哲學涓滴』(三宅雄二郎 저)은 일본에
서 나온 최초의 철학개론서라고 볼 수 있는데, 그 반 이상을 독일관념론을 소개하는 데 배당하고
있다. 이 시기에 이미 일본에서는 독일관념론이 철학으로 널리 퍼지게 되었음을 알 수 있다. 또
한 1884년에 동경대학에 철학회가 마련되었고, 1887년부터는 『철학잡지』를 내고 있었다. 이러
한 일본의 학계를 통해 지강도 철학에 대한 관심을 가지게 되었다고 볼 수 있다. 위의 책, 200쪽.
3 지강은 『동경연의(東經演義)』 등을 통하여 초기 천도교 시절 교리의 체계화에 기여했는데 특히
  그의 저술로 추정되는 『대종정의(大宗正義)』에서는 인내천을 수운사상의 요지로 제시하고 있다.
4 人是萬物中最靈者 萬機萬相之理總俱體者也(「性靈出世說」): 物之其中 曰 有最靈萬物之首 書契
  始造之初名之曰人也(「明理傳」, 「創世原因章」).
5 여기서 神師는 大神師 수운 최제우와 神師 해월 최시형을 아울러 일컫는 존칭사이다.

되는 것이니 이것은 '하늘이 곧 사람(天卽人)'이오 '사람이 곧 하늘(人卽天)'
인 관계이다.[6]

> 天이 있고 천이 있는 천이면 我가 있고 아가 있는 천이오
> 天이 없고 천이 없는 천이면 我가 없고 아가 없는 천이라.[7]

이처럼 천이 있으면 내가 없을 수 없고 천이 없으면 내가 있을 수 없다
는 사실을 강조하고 있다. 그러나 의암은 인간과 천이 동일하다는 사실
을 지적하는 것에 머무르지 않는다. 그는 이런 사실을 지적함과 아울러
어떻게 해서 인간이 곧 천일 수 있느냐 하는 것을 논증하였던 것이다. 이
러한 논증을 함에 있어 의암은 우선 천을 비인격화非人格化시킨다.[8]
1899년 7월에 간행된 「각세진경覺世眞經」에서 의암은 비로소 시천주 개
념의 변화를 모색한다.

> 하늘보다 더 높은 것은 없고 땅보다 더 두터운 것은 없고 사람보다 더 낮
> 은 것은 없다. 그런데 '사람이 하늘을 모신다〔人以侍天〕'고 하는 것은 무슨
> 까닭일까? 만물이 각기 그 性을 갖추고 있으며 만물이 각기 그 마음을 지
> 니고 있는데 그 성과 마음이 하늘에서 나왔기 때문에 하늘을 모신다고 말
> 한다.(『의암성사법설』「각세진경」)

수운은 "한울님을 모셔야 한다〔侍天主〕."고 가르쳤다. 2세 교조인 해월

---

6 天與吾神師 但有有形無形之別 觀其靈性的契機則 全爲同一範圍同一活動同一表顯也 是天卽人 人
  卽天之所由來(『의암성사법설』「性靈出世說」).
7 天有天有天 我有我有天 天無天無天 我無我無天(『의암성사법설』「百五日祈禱 吟」).
8 이혁배, 「천도교의 신관에 관한 연구」, 서울대대학원 종교학과 석사논문, 1988.

은 "사람은 누구나 한울님을 봉양해야 한다(養天主)."고 가르쳤다. 의암은 사람이 하늘을 모시고 있는 까닭을 설명하고 있다. 그런데 여기에 몇 가지 주목되는 사상적인 경향의 변화가 엿보인다. 의암은 '시천주'라는 수운의 표현을 굳이 '시천'이라고 고쳤다. 수운은 분명히 "한울님을 모신다면 그 조화가 체득될 것이다(侍天主(則)造化定)."라고 표현하였다.[9]

그러나 의암은 수운이나 해월이 말하는 '시천주'를 '시천'으로 고쳐 표현하고 있다. 이에 앞서 열거된 인용문들에서도 그가 '천주'라는 말 대신에 '천'이라는 말을 사용하고 있음을 발견할 수 있으며, 이런 현상은 그의 법설집의 내용 전체에 걸쳐 두루 찾을 수 있다.[10] 그는 '천주'라는 용어 대신에 '천'이라는 용어를 일관되게 사용하고 있는 것이다.

의암이 천주라는 명칭 대신에 천이라는 명칭을 사용하였다는 사실은 의암이 천주, 즉 한울님으로부터 인격적 존재라는 특성과 의지적 성격을 제거하려는 의도를 지니고 있었다는 것을 뜻한다. 수운이 말하는 천주는 글자 그대로 '한울님'이며 이 한울님은 어떤 인격적인 신을 뜻하고 있었다. 그런데 의암은 인격성을 함축하고 있는 '주主'자를 삭제하고 '천天'으로 자신의 신관을 규정했던 것이다. 따라서 의암의 천은 결코 인격적 존재일 수 없다. 오히려 그것은 우주의 이법 내지 원리에 가깝다고 할 수 있다.

이렇게 한울님의 의지적인 성격을 부정한다면 '모신다(侍)'는 말도 그 뜻이 달라진다. 즉, 수운에 있어서는 '모신다'는 말이 정성을 다하여 받든다는 것을 뜻하였다. 그런데 의암은 만물의 성과 마음(心)이 하늘에서 나왔기 때문에 하늘을 모신다고 한 것이다. 따라서 만물이 저마다 고유

---

9 최동희·유병덕 공저, 『한국종교사상사』, Ⅲ, 연세대 출판부, 1993, 80쪽.
10 그의 법설집을 모두 살펴보아도 '천주天主'라는 용어는 거의 발견되지 않는다.

한 본성을 갖추고 있다는 뜻이다.[11]

특히 의암은 인간이 지닌 성과 심이 천에서 유래한 것이라고 주장하고 있다. 즉 사람이 태어날 때 보유하게 되는 성과 심이 천으로부터 나왔다는 것이다. 의암의 이러한 주장은 우주의 원리로서의 천이 성과 심으로 인간에 내재한다는 사실을 의미한다. 그러므로 의암에게 있어서 성과 심은 동일한 것이 된다.

> 나의 性은 본래의 천이요, 나의 심은 몸 뒤에 있는 천이다.[12]

> 심과 천은 본래 두 물건이 아니니 심이 곧 천이오, 천이 곧 심이다.[13]

> 萬法萬相이 일체 心에 갖추어져 사리가 엇갈리지 않으면 나와 천이 둘이 아니오 性과 心이 둘이 아니다.[14]

성과 심이 같은 것이라는 세 인용문들을 볼 때 의암에 있어서 성은 천이고 심도 천이라는 결론에 이르게 된다. 이것은 '천즉리天卽理' '성즉리性卽理'를 주장하는 성리학을 연상시키는데, 결국 그는 기존의 성리학적 논법을 사용하여 자신의 신관을 체계화시켰던 것이다.[15]

하늘로부터 성·심이 나왔다는 것은 하늘의 뜻은 사람의 성과 심을 떠나서 따로 존재하지 않는다는 것을 뜻한다. 이것을 거꾸로 말하면 사람

---

11 의암은 수운이 가르친 한울님(천주)으로부터 의지적인 성격을 제거하려는 의도에서 '하늘(천)'이라고 표현하였다고 볼 수 있다. 최동희, 앞의 책, 207쪽.
12 我性本來天 我心身後天(『의암성사법설』「後經」).
13 心與天 本無二物 心卽天 天卽心(『의암성사법설』「講論經義」).
14 萬法萬相 一切具心 事理不錯 我天不二 性心不二(『의암성사법설』「무체법경」「眞心不染」).
15 이혁배, 앞의 글, 34-39쪽.

의 성과 심은 이미 하늘의 뜻에 의해 그 방향이 결정되어 있다는 뜻이다. 그래서 사람이 하늘을 모신다고 말하기보다 오히려 하늘이 사람을 거느린다고 보아야 한다. 의암의 이러한 신관·인간관은 이후에 나온 여러 교리에도 자주 등장해 급기야 인내천 교리로 발전한다.[16]

사람이 하늘을 모시지 않고 하늘이 사람을 거느린다. 입이 말을 하지 않고 말이 입을 가르친다.(『의암성사법설』「강시」)

사람은 곧 天人이고 도는 곧 天道다. 천도의 본성을 지킬 수 있는 사람이면 때가 다르고 도가 달라도 지모가 서로 비치고 의사가 서로 같아 서로 하나의 이치에 도달한다.(『의암성사법설』「明理傳」)

이와 같이 의암은 인간의 성과 심이 모두 천과 동일하다면 성과 심을 소유한 인간은 곧 천이 아닐 수 없다고 본 것이다. 마침내 의암은 천도교의 종지를 '인내천'으로 확정한다.

수운대신사는 천도교 원조라 其思想이 博으로 從하여 約히 윤리적 요점

---

16 여기서 특히 주목되는 것은 사람과 하늘의 관계에 대한 당시 의암을 비롯한 지식인들의 견해다. 그들은 "사람은 하늘을 모시고 있다(人以侍天)."는 표현을 썼다. 이 표현의 뜻은 "사람의 본성과 마음이 하늘에서 나왔다."는 의미로 풀이하였다. 또 그들은 "사람은 곧 천인이다(人是天人)."라는 표현을 쓰면서 이것을 "사람은 하늘의 뜻을 맡아가지고 태어났다."는 뜻으로 풀이하였다. 이 '인시천인'은 거의 표어로 된 듯하다. 이 무렵에 이렇게 새로운 표현을 쓰게 된 것은 인간의 본성과 마음을 떠나 따로 한울님과 같은 어떤 의지적인 신이 존재하지 않는다는 것을 밝히려고 했기 때문이다. 여기에는 특히 성리학적인 해석이 엿보인다. 따라서 굳이 천주라는 표현을 피하고 천이라는 표현을 쓰고 있다. 그리고 그 천을 음양 변화의 근원인 일기一氣와 같은 것이라고 풀이하였다. 따라서 그 천은 결국 천지만물의 생성을 설명하기 위한 원리 혹은 근원으로서 생각되는 것이다. 곧 철학적인 만물의 근원일 뿐이고 종교적인 공경의 대상은 아니다. 최동희, 앞의 책, 208-209쪽.

에 臻하니 其要旨는 인내천이라 인내천으로 교의 객체를 成하며 인내천으로 認하는 心이 其主體의 位를 점하여 自心自拜하는 敎體로 천의 眞素的 極岸에 立하니 此는 人界上 초발명한 大宗正義라 謂함이 족하도다.(『의암 성사법설』「대종정의」)

여기서 의암은 천도교의 원조는 바로 수운이라고 밝혔다. 그리고 그의 사상의 요지는 바로 인내천이라는 것이다. 이것으로 말미암아 뒷날 천도교의 종지가 바로 인내천이라고 풀이하게 되었고, 여기서 인내천이 천도교의 중심 사상으로 확정되었다.[17]

그럼에도 불구하고 전기 인내천 사상은 아직 사상적으로나 철학적으로 체계를 갖춘 것이 아니었다. 그저 막연히 새로운 종지로서의 인내천이라는 개념에 고래의 성리학적 입장으로 급조하고 있는 듯하기도 하다. 인내천 사상의 철학화는 곧 이은 서구 철학의 수용을 통해 완결되었다고 볼 수 있다.

2) 후기 인내천 사상

성리학적 차원으로 인내천 교리를 합리적으로 정립하는 것은 완벽한 방법이 되지 못하였다. 우선 무신론적으로 흐르기 쉬운 취약점이 있기 때문이다. 그리하여 이에 대한 보완으로 1920년대에는 야뢰夜雷 이돈화李敦化[18]가 중심이 되어 서구의 근대 철학을 주체적으로 수용함으로써 진화

---

17 의암의 인내천관은 해월의 범신관을 체계화하여 천도교의 종지로 '인내천'을 정착시키는 데 어느 정도 성공적이라고 판단할 수 있다. 그는 성리학적 논법을 사용하여 "어떻게 해서 만물, 특히 인간이 천과 동일하다고 할 수 있는가."라는 문제에 대해 비교적 설득력 있게 대답해 주었기 때문이다. 위의 책, 222-225쪽 참조.

18 야뢰 이돈화는 1884년 함남 고원 출신으로 당시 천도교의 최고 이론가이자 정치사상가였다. 야뢰는 일제시대 천도교와 청우당의 간부를 역임하면서 그 시절의 천도교 교리를 정리해 몇 권의 중요한 저작을 남겼다. 그의 논리는 종교성의 지나친 강조라는 한계를 가지고 있음에도 천

론에 근거한 인내천 교리를 정립하기 시작했다.

> 사람이 한울님의 창조를 받은 것이 아니요 한울님 스스로가 자기 창조의
> 힘으로서 표현된 것임을 알아야 할 것이다. 곧 사람은 한울님 스스로가 進
> 化의 理法에 의하여 나타난 것임을 알아야 할 것이다. 예로부터 사람의 출
> 생 원인에 대하여 사람은 조물주의 피제조자와 같이 생각하여 온 것은 오
> 해될 점이니 사람과 신은 결코 二元의 대상이 아니요…[19]

이 같은 진화론을 바탕으로 야뢰는 인내천 교리를 대략 일곱 가지로
요약 정리하고 있다.[20]

첫째, 현실 신비주의 입장에서 인내천을 합리화하였다. 둘째, 인내천
을 실재론적 관점에서 해석하였다. 셋째, 인내천의 원리를 범신론으로
이끌었다. 넷째, 인내천을 생명의 본질 및 근원과 관련하여 논증하였다.
다섯째, 의식의 소재를 규명함으로써 인내천을 전 우주와 개체, '한울'과
인간의 관계로 규정하였다. 여섯째, 영혼의 존재를 확인함으로써 인내천
의 진리를 강조하였다. 일곱째, 우주 발생의 원인을 진화론적으로 분석
함으로써 인내천을 합리화하였다.

이것은 '한울'을 지기의 힘으로 파악하고 이 힘은 생명력으로서 부단
히 진화한다는 최제우의 진화관을 핵심으로 하되, 무위이화의 설명에서
무신론으로 흐르기 쉬운 난점을 극복하기 위하여 베르그송의 사상을 수
용한 것으로 볼 수 있다.[21] 여기서 그의 인내천 논리는 1910년대의 그것

도교 사상의 철학적, 정치 이념적 기반을 제공했다는 점에서 평가될 수 있다. 해방 후 월북해
행방불명되었다.
19 이돈화, 『인내천 요의』, 천도교중앙총부, 1968, 35쪽.
20 위의 책, 48-82쪽 참조.
21 황문수, 「야뢰에 있어서의 인내천 사상의 전개」, 『한국사상총서』 Ⅳ, 한국사상연구회, 1982,

보다 발전하고 있다.[22] 이돈화의 진화론에 입각한 인내천관은 『개벽』지
의 창간사 후반부에서도 그대로 나타나고 있다.

　　신은 無何有의 일물로부터 진화를 시작하였도다. 無有를 肇判하고 태양
　　계를 조직하고 만물을 내었나니 이 곧 우주의 개벽이며 사람은 신의 진화
　　한 자로 만물을 대표하여 漁獵을 始하며 농업을 영하며 상공업을 起하여
　　진화에 진화를 가하는 중 오늘날 이 세계 대개조라 하는 혁신의 기운을 맛
　　보게 되었나니 이 곧 개벽의 개벽이었도다. 개벽하는 차제에 … 인민의 소
　　리는 이 개벽에 말미암아 더욱 커지고 넓어지고 철저하여지리라. 오호라
　　인류의 출생 수십만 년의 오늘날 처음으로 이 개벽 잡지가 나게 됨에 어찌
　　우연이랴.[23]

여기에는 모든 것을 진화로 설명하려는 사고 방식이 잘 나타나 있다.
비로소 서구의 진화론적 사고가 천도교의 이념에 영향을 미치고 있음을
발견할 수 있는 것이다. 즉, 우주도 사람도 세계도 진화를 거듭하여 왔다
는 주장이 그것이다. 이 진화는 곧 개벽이다. 이 개벽은 천도교의 교리와
직접적으로 연결된다.

모든 나라를 휩쓸고 있는 나쁜 운수가 다시 개벽되어 태평한 세상이
온다고 『천도교경전』 곳곳에 지적되고 있다. 앞서의 『개벽』 창간사에 드
러난 정신은 이 '다시 개벽'의 사상을 서구의 진화론과 결부시킨 것이다.
이것은 그 당시의 천도교회가 진화론 같은 서양 사상으로 교리를 새로
발전시키려고 시도했다는 것을 뜻한다. 따라서 위의 창간사는 동시에 천

　　413쪽 참조.
22　자세한 인내천 논증은 황선희, 『한국 근대사상과 민족 운동』 I, 혜안, 1996, 235-239쪽 참조.
23　『개벽』 제1호, 1920.6.25.

도교 교리의 새로운 표현이기도 하다. 즉, "사람은 신의 진화한 자로 만물을 대표하여 어렵漁獵을 시施하며 농업을 영營하며 상공업을 기起하여 진화에 진화를 가하는 중 이 세계 대개조라 하는 혁신의 기운을 맛보게 되었나니"라고 하는 대목은 경전의 "십이제국 괴질 운수 다시 개벽 아닐런가 태평성세 다시 정해 국태민안할 것이니"라는 대목을 근대적으로 표현한 것이라 할 수 있다.

인내천 사상은 이 같은 서구 사상을 수용함으로써 의암 시대 이래의 숙원인 근대 문물의 사상적 수용과 적용에 성공하고 있다. 이를 바탕으로 천도교는 그 종지에 따른 근대화(modernization)에 박차를 가하고 그 운동의 핵심에 청우당이 위치하고 있었다. 소위 인내천주의의 완성은 이렇게 야뢰 이돈화의 작업의 결과로 이루어졌다고 해도 과언이 아니다. 우선 그는 청우당의 중심에 선 문화 운동에 있어서의 입장을 다음과 같이 밝혔다.

> 그러나 내가 이제 쓰고자 하는 새 사람은 원한 과거에 묻혀 있는 그들의 새 사람이 아니며 따라서 정치 문예 학술 군략으로의 새 사람도 아니오, 가장 근하고 가장 위대하고 그리하여 종교적 사상으로 조선의 독창인, 아니 동양의 독창인, 광의로 말하면 세계적 독창인, 인내천주의 창도자 최수운 선생의 사상을 한 말로 널리 세계에 소개코저 함에 있다.(『개벽』 창간호, 41쪽)

동학을 처음으로 세운 수운 최제우가 인내천주의를 부르짖었다는 것이 이돈화의 새로운 관점이다.[24] 나아가 그는 인내천주의를 조선의 독창

---

24 인내천을 수운 사상의 요지라고 처음으로 주장한 사람은 지강 양한묵이다. 그러나 그것을 넘

일 뿐만 아니라 세계적 독창이라고까지 서슴지 않고 말한다.

야뢰를 중심으로 한 후기 인내천 사상은 『인내천요의』(1924)에서 중점적으로 연구되고 있다. 이 저술의 논지에 의하면 천도교는 '인내천주의'를 바탕으로 하는 종교다. 우선 인내천주의에서의 신관은 다음과 같다.

> 인내천주의는 신을 사람성 無窮과 일치한 것이라 하니 사람성 무궁이라 함은 위에서 屢述함과 같이 사람성과 신성이 일치됨을 이르는 말인데 이 점에서 인내천은 범신관과 일신관의 통일한 境涯를 발견할 수 있는 것이다.[25]

여기서 야뢰는 신을 사람의 무궁성이라고 규정하고 있다. 이는 신을 우주 만유를 관류하고 있는 무궁성으로 보는 점에서 범신관이라고 볼 수 있다. 그리고 신의 무궁성은 인간성 속에 가장 순수하게 포용되어 있다는 점에서 신성과 인간성은 일치한다고 본다. 또 우주 만유를 관류하는 무궁성이 인간성이라는 구체적인 개체로 집약된다고 보는 점에서는 일신관과 같다고 본다.

전기 인내천 사상에서는 천을 천지 만물의 理라고 보는 동시에 천을 인간의 본원이라고 보았다. 그러나 후기 인내천 사상은 神을 천지 만물의 이라고 보는 점에서 범신론적이며 신을 인간의 본원이라고 보는 점에서 일신론적이라고 해석하고 있다. 이것은 서구 철학을 주체적으로 수용하는 과정이었다. 다음으로 인간 또는 인성人性을 보는 관점은 다음과 같이 기술된다.

어 수운 자신이 인내천주의를 부르짖었다는 것이 이돈화의 새로운 해석이다. 최동희, 앞의 책, 247쪽.
25 이돈화, 『인내천요의』, 150쪽.

인내천의 신에 대한 관념은 절대로 보는 고로 절대에는 선이라 하며 악이라 하는 상대관념을 용납할 여지가 없는 것이며, 그리하여 사람성 무궁, 즉 사람의 天良의 본심은 이 절대무궁의 神性의 표현인 고로 이에 선악을 붙여 말할 수 없는 것이다. 단 선악이라 함은 신성이 人의 개성으로 표현함에 由하여 상대적 向背起想을 이룬 것뿐이다.[26]

인성은 악이니 선이니 하는 따위의 상대적인 관념을 용납하지 않는다는 것이다. 이 인성이라는 것을 인간의 본성이라고 규정하기 때문이다. 그리고 이 인간의 본성은 곧 절대 무궁의 신성이 나타난 것이라고 본다. 여기서는 인간의 본성이 곧 신성이 아니고 오직 신성이 나타난 것이라고 말하였다. 그렇다면 신성은 전체이고 인성은 부분의 표현과 같다.

우리의 생활 상태가 외적 내적으로 원만한 이상향에 달하고 보면 신과 인의 대립은 곧 개성과 보편성의 대립으로 볼 수 있을 것이다.[27]

여기서는 인성과 신성의 대립을 '개성과 보편성의 대립'으로 해석하고 있다.[28] 이러한 신성과 인성의 결합을 목표로 하는 것이 인내천주의라 할 수 있다. 즉, 인내천주의를 통해 우주 만물과 절대성이 결합될 수 있다고 본다.

然하면 현대적 신앙이라 함은 종교에 問하여 교리에 不悖하며 과학에 문하여 과학에 不違하며 철학에 質하여 철학에 적합한 신앙이겠다. 현대의

---

26 위의 책, 151쪽.
27 위의 책, 88쪽.
28 유병덕, 『동학·천도교』, 교문사, 1987, 347-348쪽 참조.

요구는 실로 이러한 신앙이겠다. 그리하여 그들은 신 신앙으로서 종교의 통일을 도모코자 함은 확실히 현대사상이겠다.(『개벽』제2호, 66-67쪽)

현대적인 신앙은 종교·철학·과학을 동시에 만족시킬 수 있는 진리를 갖추어야 한다. 천도교가 적어도 1907년 이후에 부르짖어 온 인내천이 바로 이러한 진리라고 이돈화는 확신한다. 야뢰는 우선 천도교의 종교적인 기본 관념을 다음과 같이 공식화하였다.

> (가) 천의 관념 : 범신관상에 입각한 인내천주의
> (나) 도의 관념 : 만 진리를 인내천주의에 귀납하여 총합 조화한 유불선 합일주의.
> (다) 인의 관념 : 인내천관에 입각한 영육일치주의
> (라) 종교의 최후 목적 : 인내천 관념에 입각한 천인합일주의

이 가운데서 처음 세 가지 기본 관념을 기초로 하여 넷째의 천인합일의 극치에 이르게 된다. 이 극치에 이르는 '일정한 통로'가 곧 '종교적 수련 방식'이고 그것의 원칙에 인내천주의가 있다.

인내천주의를 구분해서 '인내천의 근본 원리', '종교상으로 본 인내천주의' 그리고 '철학상에 나타난 인내천주의'로 나누어 볼 수 있다. 먼저, 인내천의 근본 원리를 야뢰는 '범신관상에 입각한 유신주의'라고 말했다.

> 人乃天이라 하면 우주의 정신적 대주재인 신의 관념을 파괴한 무신론자라 오해하는 者 有할지나 此는 결코 不然하니 대신사는 영히 有神論을 주창하여 일체의 우주의 만물이 신의 정신 하에서 생성하였다 論하였나니…
> (『개벽』제4호, 48쪽)

"사람이 곧 하늘이다."는 무신론을 의미하지는 않는다. 야뢰는 이것이 범신관적인 유신론이라고 말하고 있다. 내용상으로는 대우주의 대정신이 곧 신(하늘)인데, 이 대정신은 소우주인 인간의 정신과 '근본에서 같은 하나의 실재'라는 것이다. 그러므로 인내천이라고 한다. 다음으로 우주의 대정신인 천주와 인간의 정신의 동일성을 야뢰는 다음과 같이 설명하고 있다.

> 우주는 곧 일체물인데 일체물은 곧 신이며, 인은 일체물 중 일동물인데 동물은 일체물의 최진화한 자이며, 결국 인은 동물 중 최진화한 자로 즉 신의 최진화한 자며 만물의 영장이며 천지의 주인공될 만한 자격이 玆에 표현하였도다.(『개벽』 제4호 48쪽)

여기서 사람과 신(천주)이 같은 실재라는 것을 논증하는 데 진화론이 이용되었다. 이는 1910년대 후반의 인내천의 논증과 비슷하다고 볼 수 있다. 다만 이돈화는 진화론을 적용하려고 하였는데, 큰 실효를 거두었다고 보기 어렵다. 주목되는 점은 인내천을 분명히 "사람이 곧 천주(神)다."라고 해석하는 것이다. 그리고 굳이 '무신론이 아니고 유신론'이라고 밝혔다는 점이다.[29]

둘째, 종교상으로 인내천주의는 대단히 포괄적이다.

> … 무엇이든지 皆 天道의 발휘로 思함과 동시에 무엇이든지 皆 진리의 표현으로 용인하였도다.(『개벽』 50쪽)

---

[29] 최동희, 앞의 책, 249-251 참조.

온갖 사물이 모두 천도가 나타난 것이므로 그것이 모두 진리의 표현이라는 것이다. 이렇게 인내천주의는 모든 것을 천도가 나타난 것이라고 보기 때문에 세상의 모든 종교를 모두 같은 진리의 여러 가지 표현이라고 주장한다. 따라서 모든 종교를 통일할 수 있는 최후 종교가 바로 인내천주의라고 본다.

이돈화는 우리 인간의 실재의 일부인 영성을 신이라고 보자는 것이다. 그리고 이 영성은 곧 대우주의 실재의 표현이라고 본다. 이렇게 봄으로써 신의 숭배를 자기의 영성에 대한 숭배로부터 시작하게 된다는 것이다. 여기서 이돈화는 인내천을 "인간의 영성이 곧 대우주의 실재의 표현이다."라고 풀이하고 있다. 그러나 우리 인간의 영성이란 과연 무엇일까? 설사 영성이라는 특별한 요소가 있다고 하더라도 범신론에 의한다면 그것만을 신이라고 할 수는 없다. '무엇이든지 신이라 말하는' 것이 범신론이기 때문이다. 이렇게 인내천을 범신론으로 해석할 때 종교의 의의를 설명하기 어렵게 된다. 그러므로 이돈화는 그 인내천주의를 설명하기 위해 범신론과 아울러 진화론을 은근히 전제하고 있다. 물론 여기서 말하는 진화론은 '사회 다위니즘(Social Darwinism)'을 뜻한다. 이를테면 진화상으로 인류에게만 영성이라는 특별한 것이 있고, 이것으로부터 종교의 의의가 성립하는 것이라고 생각하는 듯하다.[30]

세 번째로는 철학상으로 나타난 인내천주의란 다음과 같다.

> 결국 인간 만사로 始하여 모든 不思議한 異蹟 神啓일지라도 다같이 인의 의식적 작용됨에 불과하리라 논단함에 지하리니, 이 실로 의식의 문제가 직접 철학상 인내천의 문제가 되지 아니치 못할지로다.(『개벽』 제7호, 73쪽)

---

30 위의 책, 251-254쪽 참조.

오인은 여하히 사고할지라도 人世의 모든 사실은 인 자기의 의식으로 창조치 아니한 자 바이 없고 인 자기의 의식으로 건설치 아니한 자 하나도 없다 단언하리라.(『개벽』 제7호, 73쪽)

이돈화는 의식의 문제가 곧 철학상 인내천의 문제가 된다고 생각했다. 우리 인간의 의식이 세상의 모든 사실을 창조하고 건설했다는 것은 바로 관념론의 입장이다. 그러나 그는 인간뿐만 아니라 만물이 다 의식을 가진다고 봄으로써 적어도 칸트적인 의식과는 다른 의식을 생각하고 있다. 결국 인간을 포함한 만물의 본질 같은 것을 의식이라고 말하고 있다. 그러므로 대우주의 대의식과 인간의 소의식을 맞세우고 소의식이 대의식에 화합하는 것이 인내천주의의 마지막 교화라고 말한다. 여기서도 인내천이란 인간의 의식이 곧 대우주의 의식이 개체화된 것이라고 해석하고 있다.[31]

후기에 있어서 특히 주목되는 것은 교리를 철학화하려는 노력이다.[32] 그리고 이때의 철학화는 곧 무신론적이거나 범신론적인 것을 뜻한다. 대체로 천도교회 안에서는 범신론적인 사상을 은근히 지지하는 방향이 점점 뚜렷하게 되었다. 이 사상은 과학과의 마찰도 어느 정도 피할 수 있고 또 신을 믿으려는 심정도 어느 정도 충족시킬 수 있다고 믿었기 때문이다. 또한 우리의 전통 사상의 하나인 성리학과도 크게 대치되지 않았기 때문이다.[33]

---

31 위의 책, 254-255쪽 참조.
32 위의 책, 350쪽.
33 인내천 사상의 진화는 전기에 주장된 '인내천'이 후기에 '인내천주의'로 발전했다고 요약할 수 있다. 이것은 다시 동학사상이 서양의 근대철학에 의해서 풀이되는 과정이라고 볼 수 있다. 인내천 사상은 뒤에 천도교의 종지로 채택된다. 이때 인내천 사상은 보다 체계적 완성을 이룬다. 내용은 6장-3에서 정리함. 위의 책, 106쪽.

2. 후천개벽 사상

1) 후천개벽과 지상천국

동학의 창도자 수운 최제우가 읽은 조선말의 상황은 한마디로 참혹함 그 자체였다. 삼강오륜은 무너지고, 수령들이 탐학하고, 백성들이 분수를 잃어버린 사회, 도와 덕을 따르지 않는 사회가 되어 버렸다. 사람들이 도탄 중에 빠져 있고, 죽을 땅에 빠져 있었다. 한 마디로 군불군君不君 신불신臣不臣 부불부父不父 자부자子不子하는 유교적 인륜이 붕괴된 세상이다. 여기에 다가 서양인들이 천하를 공격하여 취하려고 하고, 머지않아 조선에까지 그 화가 미칠 염려가 있어 세상이 어지럽고 민심이 효박하게 되었다. 마치 임진왜란과 같은 난리가 일어날 듯했다. 이러한 혼란과 위기는 조선에만 해당하는 것이 아니었다. 온 세상 모두가 '괴질운수'에 빠져 이러하였다. 세상 사람들은 각자위심하여 천리를 따르지 않고 천명을 쳐다보지 않아 세상이 어지러워졌다. 이러한 세상을 이끌어 가기에는 유·불·도의 운도 다하였다. 요순의 다스림과 공맹의 덕도 부족한 시대이다. 그렇다고 서학으로 몰려가는 것도 각자위심에 불과할 따름이며, 괴이한 참서에 따라 궁궁촌으로 찾아가는 것도 마찬가지이다. 결국 현실 세계는 십이제국이고 조선이고 망한 것과 다름이 없다는 것이다.[34]

이 같은 상황에서 동학의 출현은 필연적이었다. 수운은 구도 단계에서 현실의 과제 상황을 극복하려는 데 시점을 맞추고 있었다. "한계에 이른 현 문화 체제를 다시 개벽하자."는 것이 바로 구도의 과제였다.[35] '다시

---

34 장영민, 「동학사상과 민중신앙」, 『동학연구』 제2집, 한국동학학회, 1998.4, 114-115쪽.

35 수운은 21세(1844년)부터 31세(1854년)까지 세상을 살핀 끝에 당시 사람들은 지금까지의 문화 체제가 병들어 해체되고 있다는 사실조차 모르고 있는 것을 안타깝게 여겼다. 그리하여 자신이 병들은 이 문화 체제를 '다시 개벽'하는 길을 찾아 나섰다.

'개벽'이란 "문화의 틀을 다시 열자."는 뜻이다. 수운의 표현대로 '개벽 후 5만년'과 "십이 제국 괴질 운수 다시 개벽 아닐런가."라는 두 말을 연이어 보면 '개벽'했던 것을 '다시 개벽'하자는 말이다. 즉 "처음 열었던 문화를 다시 새롭게 열자."는 것으로 앨빈 토플러의 제3의 물결과, K·볼딩의 문명 전 사회→문명사회→문명 후 사회의 개념과 유사하다. 동학이 지향하려는 것은 바로 낡은 문화의 틀을 새로운 문화의 틀로 '다시 개벽'하자는 데 있다.[36]

　수운은 낡은 문화 체제를 '다시 개벽'하는 길을 찾아 나서 십수 년간 고행한 끝에 36세인 1860년 4월 5일에 새로운 신념 체계를 득도했다. 종교 체험을 통해 얻어낸 신념 체계의 핵심은 바로 시천주 신관념이었다.[37] "천상에 상제님이 옥경대 계시다고 보는 듯이 말을 하니 음양 이치 고사하고 허무 지설 아닐런가."[38] "날로 믿고 그러하냐 나는 도시 믿지 말고 한울님만 믿었어라. 네 몸에 모셨으니 사근취원한단 말가."[39]라는 말로 시천주 신관념을 표현했다. 후천개벽은 이런 시천주, 즉 인내천에 바탕한 이상사회를 향하는 과정이다.

---

36 특히 표영삼 천도교 선도사는 문화의 틀을 ① 규범의 틀 ② 기술의 틀 ③ 언어 정보의 틀 ④ 관념의 틀로 규정하고, "이 네 가지 틀로 문화가 이루어지는데 문화의 틀에는 씨앗 역할을 하는 관념의 틀이 으뜸이다. 이 관념의 틀을 바탕에 깔고 규범의 틀, 기술의 틀, 언어 정보의 틀이 형성되게 마련이다. 새로운 문화를 다시 개벽하자면 가장 중요한 것은 새로운 관념의 틀을 창조해 내는 일이다. 지금까지 우리들의 관념은 초감성적인 세계와 감성적인 세계로 이분화한 바탕 위에 놓여져 왔다. 즉 초감성계는 최고 가치 체계(신·절대 정신 등등)가 있는 높고 성스러운 영역으로 생각해 온 반면, 감성계는 낮고 속된 일상적인 것이 있는 영역이라 생각했다. 이것이 지금까지의 전래된 문화 체제의 관념이다. 이 관념의 틀은 기본적으로 초감성계는 높고 감성계는 낮다는 수직 관계를 바탕에 깔고 있다. 그리하여 귀족과 천민을 인위적으로 구분하여 봉건 신분제를 만들었고 통치자와 피통치자의 지배 관계를 만들어 이분적인 사회가 형성됐다."고 지적하며 동학의 후천개벽의 당위성을 제기하고 있다. 표영삼, 「동학과 민주사회주의」, 『한국민족주의와 국제주의』 민족문제연구 제3집, 민족문제연구소, 1995, 333쪽.
37 『東經大全』「論學文」에는 "侍者 內有神靈 外有氣化 一世之人 各知 不移者也"라 했다.
38 『龍潭諭詞』「道德歌」.
39 『龍潭諭詞』「敎訓歌」.

개벽의 첫 발자국은 동학의 출발이었다.[40] 이는 한울님을 만나기 전의
모든 질병으로부터 벗어나 '다시 태어나는 삶', '군자 사람'의 삶을 살아
가는 것을 의미한다. 즉, '군자 사람'의 삶이란 한울님의 가르침을 받아
가면서 한울님의 은혜로 살아가는 삶을 말한다. 수운은 이것을 무위이화
라고 했다. 이러한 무위이화의 삶에서 그 주체는 개개 인간이었다. 시천
주 신앙으로 개벽된 인간들이 모여 지상천국의 이상 사회 건설이 수운의
최종 목표였다고 할 수 있다.

인간 개개인을 삶과 의식을 사회의 중심에 두고 있기에 수운에게 있어
서 개벽의 대상은 민족이나 국가 또는 어떤 특정 단체일 수 없다. 한울님
을 모신 개개인이 경외지심으로 한울님을 모시면 누구나 한울님의 조화
를 받을 수 있게 된다. 그 조화가 실현된 사회를 수운은 '춘삼월 호시절'[41]
이라고 하여 주로 봄으로 표현했다.

> 하루에 한 송이 꽃이 피고, 이틀에 두 송이 꽃이 피네. 삼백예순날이 되
> 면 삼백 예순 송이가 피네, 한몸이 모두 꽃이요, 온 세상이 모두 봄일세.[42]

수운이 선포한 후천개벽을 온 몸으로 실천해 세상에 개벽의 희망을 제
시한 인물이 해월 최시형이다. 그는 수운의 높은 이념성을 낮은 생활 세
계로 구체화시키는 작업으로 실제 동학의 사회화에 기여한 인물이었다.
즉, 수운의 영적 합리주의를 동학적 생활 세계의 형성으로 구체화하였으
며 보편적 공공성을 접포 조직과 민중의 집회를 통한 동학적 공공 영역

---

40 수운 자신이 1860년 4월 5일 한울님을 접한 날을 '開闢時 國初日'이라고 말하고 있다. 『용담
유사』 「용담가」.
41 『용담유사』 「도수사」
42 『동경대전』 「詩文」

창건으로 현실화하였다. 해월은 생활을 성화聖化하여 인간 완성을 지향했으며 생활을 정치화하여 인간 가치가 실현된 정치 사회를 형성코자 하였다.[43] 동학은 해월을 통해서 비로소 종교를 넘어선 구체적 현실성을 확보했다고 할 수 있다. 동학의 후천개벽관은 두 사람의 사상과 행동의 결합이었다.

동학은 무엇보다도 봉건적 국가 사회의 대내외적인 위기 속에서 자기 갱생의 한계를 절감한 가운데서 태어났다. 정치 사회의 억압적 지배 질서라는 현실이 바로 동학의 모태였다면 이를 떠받치고 있던 지배 계급의 이념을 극복하고자 했던 동학의 민중적 이념의 기반은 철저한 현세 부정의 염원에서 비롯되었다. 민중적 삶과 현실은 기본적으로 생존조차 보장되지 않는 물질적인 궁핍 속에서 헤매고 있었다. 더욱이 양반 지배 계급의 억압적 타락과 신분 질서로부터의 끝없는 질곡은 현실 세계에 대한 비타협적이고 전면적인 부정의 논리를 발견하지 않을 수 없게 했다.

궁핍과 억압의 현실은 마땅히 타개되어야 했다. 궁핍은 우선 풍요에 대한 동경으로 되면서 오히려 부에 대한 열망과 물질 세계에 대한 강렬한 집착으로 나타났다. 이와 함께 인간에 의한 억압과 차등적 질서는 계급 사회의 타파라는 숙명적인 염원으로 되었다. 동학은 현실에 대한 철저한 부정과 동시에 현세적 삶을 통해 이러한 염원을 송두리채 실현시킬 수 있는 사회를 바라고 있었다. 이러한 미래상은 누구도 포기할 수 없었으며, 또한 이러한 미래상에 도달할 수 있는 가능성을 회의하기엔 그들의 열망은 너무나 강렬했다. 바로 이 점이, 즉 비타협적인 현실 부정과 동시에 강렬한 현세적 열망이 동학사상이 당대의 민중적 변혁의 실천적 힘으로 전화될 수 있는 계기로 가능케 했던 것이다.

---

43 오문환, 「해월 최시형의 생활정치연구」, 연세대 정치학과 박사학위논문, 1995.

이러한 민중의 갈망을 대변한 것이 동학의 개벽사상이라고 했을 때 그것은 '지상천국'의 이상과 '후천개벽'의 이념으로 보다 구체적인 접근을 할 수 있다.[44]

지상천국의 이상은 현실적 고뇌가 온전히 해소되고 인간 상호간의 반계급주의적인 평등주의가 구현되는 인간 해방의 원초적 상태를 제시하고 있다. 극복의 대상으로서의 현세는 궁핍과 질병과 억압의 세계인 '선천'이라면, 이와 달리 현세의 모순이 극복된 세상은 '후천'이다. 동학은 내세보다는 현세를 위주로 하고 사후의 천당이나 극락이 아니라 한울 사람으로 자아를 완성하고 지상신선 지상천국건설을 목표로 하는 종교이기 때문에 누구보다도 현실을 바르게 보고해야 할 일을 바르게 하여 적극적인 생활을 하도록 하고 있다. 그렇기에 후천은 죽은 다음의 사후의 세계가 결코 아니다.[45]

　　입도한 세상사람 그날부터 군자되어 무위이화될 것이니 지상신선 네아
　　니냐.(『용담유사』「교훈가」)

개벽된 후천의 세계는 이처럼 군자와 지상 신선의 세계로 그것은 당시의 도탄에 빠진 민중에게 동학의 입도와 함께 도달할 수 있는 세계로 제시된 지극히 현실적인 모습이다.

　　遊衣遊食 귀공자를 欽羨해서 하는 말이 신선인가 사람인가.(『용담유사』
　　「안심가」)

---

44 조민, 「한국근대변혁운동의 정치사상」, 고려대정치외교학과 박사학위논문, 1991, 이하는
　　118-127쪽 참조.
45 위의 책, 제3장 〈개벽사상〉 참조.

여기서 그리는 현실에서의 후천의 모습은 인간의 기본적 욕망을 충족시킬 수 있는 물질적 욕구와 현세적 염원이 그대로 관통되는 '살아서 만날 수 있는' 그런 곳이다. 이런 점에서 지상천국은 영원한 동경의 대상인 피안의 세계가 아니라 지극히 실현 가능한 세계로 인식될 수 있었다. 현실 세계의 고통이 심할수록 이를 벗어나고자 하는 민중적 열망을 대변하는 희망찬 미래상은 단순한 환상으로만 존재하는 것은 아니다. 동학의 후천개벽의 세계가 짧은 시간에 그토록 급속도로 확산될 수 있었던 요인은 이러한 희망의 싹을 먼 피안의 세계가 아닌 현실의 영역에서 설계하고 있었기 때문이다.

한편 물질적 욕망의 해결은 현세적 가치관 속에서 소위 '잘 먹고 잘 입는' 풍족한 삶이 보장되는 그러한 세계였다면, 인간 상호간의 차별과 불평등은 "부하고 귀한 사람 이전 시절 빈천이요, 빈하고 천한 사람 오는 시절 부귀로세"[46]라고 하여 빈부의 계급 관계와 귀천의 신분 관계를 전환시킨다.

또한 동학에서는 성리학적 신분 질서에 입각한 계급 관계를 "부귀자는 공경이요 빈천자는 백성이라."[47]고 하여 양자를 대립적으로 파악하고 있지만 궁극적으로는 이러한 계급 대립조차 모두가 군자되는 동귀일체[48]의 상태로 해소되고 만다. 이것은 물질적 궁핍과 차별적 인간관계가 극복된 사회 상태에서 대립적 인간관계 자체가 스스로 해소된 모습을 설계하고 있다.[49] 오랜 세월 동안 신분적 질서의 사회를 거치면서 점철된 모순이

---

46 『용담유사』「교훈가」
47 『용담유사』「안심가」
48 『용담유사』「교훈가」「권학가」「도덕가」
49 물론 이러한 신분 질서의 비대립적 해소를 바라는 논리는 어느 면에서는 비록 몰락의 지경에 처했지만 양반 계급의 후예로서 그리고 지식인으로서의 수운 자신의 계급적 한계를 반영하는 점일 수도 있다. 조민, 앞의 글.

수운의 개벽 세상에서는 일거에 해결되는 것이다.

한편, 개벽은 또한 이상 세계를 향하는 과정이다. 즉 지상천국의 이상 세계는 지상 신선의 세계이다. 이는 궁극적으로는 후천개벽의 세계이기도 하지만, 이에 도달하는 과정은 또한 선천이 전면적으로 부정되는 '개벽'의 단계를 거쳐야 한다. 이런 점에서 개벽은 현실 변혁의 원리로서, 즉 혁명의 논리로 이해되기도 한다. 그런데 동학은 이러한 개벽을 지극히 가까운 데에서 찾는다는 데 큰 특징이 있다.

후천개벽은 인문 개벽을 뜻한다. 즉, 오만년 전에 열린 인문, 삶의 틀이 병들어 버렸으니 다시 새로운 삶의 틀이 열려야 한다는 것이다. 수운은 조선뿐 아니라 세계가 불안과 악질로 가득 차서 혼돈에 빠져 암흑 속에서 헤어나지 못하기 때문에 개벽과 같은 새로운 큰 변혁을 통하여 건져지게 된다는 것이다. 결국 수운은 후천개벽을 통한 새 세상인 지상천국의 건설을 목표하고 있다. 지상천국의 건설자는 인간이다. 선천개벽이 천지가 열리는 우주의 탄생이라면 후천개벽은 인간의 노력에 의하여 새로운 질서가 수립되는 개벽이기에 여기서의 주인공은 인간이다. 그렇기에 후천개벽은 인간의 노력에 의한 인위적 질서의 형성을 의미한다.

개벽은 지배 계급에게 있어서는 곧 도덕적 각성 그 자체를 뜻한다. 그리고 바로 이러한 도덕적 각성을 통해서 인간은 누구나 지상천국의 주인인 지상 신선이 될 수 있다는 것이다. 이런 점에서 지상천국은 도덕적 인간의 공동체라 할 수 있다. 이 경우 도덕적 존재는 유가적 언술 체계에서 이념화된 '군자'이다. 따라서 후천개벽으로 도달한 지상천국은 도덕적 존재의 공동체, 달리 말해 군자 공동체라 할 것이다.[50] 이러한 지상 신선과 군자는 동학이 이상화하고 있는 인간관이라 할 수 있고 그들이 살아

---

[50] 신일철, 「동학사상」, 『한국사상대계』 III, 대동문화연구원, 1979.

가는 세상을 군자 공동체라 할 수 있다.

이처럼 동학의 대중적 확산을 가능케 했던 점은 민중의 현세 부정의 강렬한 열망을 후천개벽의 필연에 대한 신앙적 차원으로 끌어올릴 수 있었다는 데에서 찾을 수 있다. 이런 점에서 동학사상의 논리적 전환과 발전은 이처럼 이 시대의 민중적 요청에 적극적으로 부응하고 그들과 호흡을 함께 했다고 이해해야 한다. 오히려 이런 점에서 동학은 고정된 교리를 강제적으로 주입하던 기존의 종교들과 차별화될 수 있었다. 그리고 포교의 대상이 당시 가장 소외되었던 민중들이었다는 점에서 그들의 역동성을 발견하고 그 힘을 바탕으로 기존의 모순을 극복하는 새세상의 이상 사회를 구상했던 것이다.

동학사상에서의 개벽관은 이처럼 지상천국의 이상 사회를 실천하는 방법으로서 조선 봉건 사회의 변혁 필요성과 민중 운동의 지향성을 결합시킨 진보적 사회 개혁 이념이었다. 이와 관련하여 개인적인 차원에서 구체적인 실천 목표로 제시된 것이 동학도 각자 자기의 자각과 수련을 통해 도달하고자 하는 상태인 도성덕립이다.

동양적 인간관과 마찬가지로 동학에서의 인간 발전의 최고 형태는 천인합일의 상태이다. 동양적 전통에서 '천天'은 비인격적인 실체로서 자연의 운행과 만물이 생육하는 그 속에 내재되어 있다는 것이다. 이런 점에서 "하늘은 말하지 않는다. 사시를 행하고 만물을 낳는다."고 했다.[51] 요컨대 천은 사계절의 순환이나 생멸 과정 안에 있는 법칙으로 그것은 곧 도道이다. 이처럼 비인격적인 도라고 하는 천은 또한 이理로서 규정된다.[52] 따라서 천은 천도나 천리라고 하는 법칙적인 존재로 정립된다. 그

---

51 "子曰 天何言哉 四時 行焉 百物生焉 天何言哉"(『論語』 卷之十七 「陽貨」).
52 理法體系로 파악되는 천은 남송의 주자(1130-1200)에 와서 나타난다.

러므로 인간 존재는 천도 또는 천리를 거스르지 않는 상태가 가장 바람
직한 것이다. 그러므로 하늘의 이치와 인간의 욕망 사이의 싸움이야말로
인간 존재의 근거였으며, 궁극적으로는 인간의 욕망을 억제하고 천리에
따르는 이른바 '거인욕去人欲 존천리存天理'의 도덕주의를 요청하게 되는
것이었다. 여기서 인간의 이상적 존재 양식으로 천인합일의 상태가 제시
된다.

동학의 인간관 또한 이와 같은 사유 체계의 고유한 발현을 바탕으로
하고 있는 것을 알 수 있다. 동학에서는 인간의 당위적인 존재 양식을 경
천명敬天命 순천리順天理로 파악하고 있다.[53] 그러나 인간의 현실적인 존재
양식은 현실의 세계인 선천에서는 왜곡되고 도착될 수밖에 없는 것이었
다. 경천 순천의 상태를 회복하기 위해서는 반드시 천의 존재를 인식하
고 삼가고 공경하며 그야말로 '참'되게 존재해야 한다. 이러한 상태를 동
학에서는 '도성덕립'[54]으로 규정하며 이는 또한 후천의 사회 상태를 뜻
하는 것이 되기도 한다. 그러므로 개개인의 도덕성과 인격적 성품의 확
립으로 동학적 이상 사회, 즉 지상천국은 완성되는 것이다.

결국 동학적 후천개벽의 이상 사회는 그것을 구성하는 주체로서의 인
간의 각성을 전제로 성립하는 것이다. 실제로 어떠한 이상적 정치 체제
의 등장도 그것의 실질적인 구현은 개별 인간의 실천에 의하여 이루어진
다고 했을 때, 어떤 유형의 인간이 그 공동체의 주인인가는 중요한 문제
로 부각될 수밖에 없다. 동학이 미래 세계의 주인을 '신인간新人間'으로
규정한 이유는 여기에 있다.

---

53 『용담유사』 「권학가」 『동경대전』 「포덕문」
54 『용담유사』 「교훈가」 「도수사」 「도덕가」 및 『동경대전』 「수덕문」

2) 도성덕립

동학사상에서 추구하는 후천개벽의 이상국가는 신인간의 세상이다. 그리고 개벽 세상의 주인인 신인간은 도성덕립으로 완성된다. 동학에서 신인간의 도성덕립은 성誠·경敬·신信을 통하여 이루어진다고 본다. 즉 성·경·신은 인격 완성의 길인 것이다. 동학사상에서는 성·경·신이라는 유학 개념을 나름대로 재해석하여 후천개벽의 주체인 인간 교육의 목표로 사용한다.[55]

성·경·신은 한울님에 대한 정성·공경·믿음을 말하며 일상생활 속에서의 실천 덕목을 의미한다. 사람은 정성과 공경 그리고 믿음을 모두 갖추도록 노력해야 한다. 정성만으로도 안 되고 공경만으로도 안 되고 믿음만으로도 안 되고 세 가지 모두를 도야함으로써 인격 완성을 이룬다고 본다. 성·경·신을 신인간 교육의 목표로 설정하는 것은 그것이 천도가 제시하는 후천개벽의 지상천국을 이루고 이상적 인간, 즉 지상신선이 되는 첩경이기 때문이다. 각 개인의 도성덕립은 성·경·신 수양을 통한 인격 완성으로서 이루어지고 그러한 도성덕립을 이룬 인간들의 공동체가 바로 지상천국인 것이다.

첫째, 성誠은 생활의 여러 방면에서 모든 사람들이 자신이 맡은 바 일을 하늘처럼 쉼 없이 수행하는 것을 말한다. 자신의 맡은 바 임무만 수행하는 데 그치는 것이 아니라 하늘처럼 순수하고 쉼이 없어야 성이라 할

---

55 수운은 동학이 공자의 도와 대동소이하다고 말하며, 해월도 동학의 요체는 성·경·신 석자에 있다고 단언한다. 동학은 유학의 핵심 개념인 성·경·신을 통하여 동학이 지향하는 성인의 경지에 쉽게 이를 수 있다고 한다. 그러나 성인에 이르는 도라는 점은 같지만 이치를 풀이하는 개념과 접근법에서는 차이가 있다. 성이 한울의 도라면, 경은 만물을 대하는 사람의 도이고, 신은 구체적 자연의 도이다. 외면적으로 볼 때는 셋이 다르지만 내면은 상통한다. 상통하는 것은 한울님이다. 한울이 순일하고 쉼 없이 덕을 베푸는 것이 성이고, 모든 존재와 만물을 한울님의 표현으로 대접하는 것이 경이고, 한울님에 대한 변함없는 믿음이 신이다. 오문환, 「해월의 삼경사상」, 부산예술문화대학 동학연구소 엮음, 『해월 최시형과 동학사상』, 예문서원, 1999, 110-111쪽 참조.

수 있다. 해월이 가장 많이 사용한 개념 중의 하나가 바로 정성이다. 정성은 모든 도덕 규범의 주체가 되는 덕목으로 참된 본래의 마음을 잃지 않고 쉬지 아니하며, 꾸준하게 사명을 관철해 나가는 성실함을 말한다. 지극하게 성을 다할 때 찾아오는 것이 지성이다. 그러므로 지성을 다하면 성인이 된다. 동학의 궁극적 목적이 성인에 있음은 재론을 요하지 않는다. 정성을 다하여 한울의 성과 차이가 없어질 때 인간은 성인으로 다시 태어난다. 순수하고 하나된 마음으로 쉬지 않고 정성을 다할 때 얻어지는 결과가 바로 지상신선과 군자의 경지이다.

둘째, 경敬은 일상생활 속에서 성을 실현하는 구체적 행위 규범이다. 경은 구체적 인간 행동의 길잡이이다. 공경은 서로 어울리는 관계의 도덕 규범이다. 이 세상의 모든 것이 서로 관계 없이 홀로 존재하는 것은 있을 수 없다. 특히 사람은 공경으로 서로 존중하는 데서 상호 협력과 번영과 창조를 이루어 나간다. 공경은 마음가짐을 거스르거나 어둡지 않도록 맑고 깨끗하게 가지며 상대편을 우러러 존중하여 서로 돕고 협력하는 자세이다.

해월은 공경을 세 가지 방향에서 이야기하고 그 효과를 이야기한다.[56] 첫째로 자신의 마음을 공경하는 것이다. 마음을 한울님으로 여겨 공경하면 기와 혈이 조화로워 마음에 평화가 깃든다고 한다. 요동하는 마음이 가라앉으면서 평화를 느끼게 되는 것이다. 둘째로 다른 사람을 공경하는 것이다. 다른 사람을 한울님으로 여겨 공경한다면 좋아하지 않을 사람이 없을 것이므로 두루 화목하게 된다. 셋째로 사물을 공경하는 것이다. 사물을 한울님의 표현으로 공경하는데 사물이 나에게 해로움을 끼칠 수 있겠는가? 해월은 이처럼 일상생활 전반을 세 차원으로 분석하여 각 부분

---

56 『해월신사법설』「성·경·신」.

에서 경을 실천하도록 한다. 해월은 자신의 경험을 근거로 왜 이처럼 해야 하는가를 설명한다.

해월은 한 어린아이가 나막신을 끌고서 딱딱거리며 지나갈 때 자신의 가슴을 쓸어내리며, 나막신이 땅을 부딪는 것이 가슴을 때리는 것처럼 아팠다고 고백한다. 우주는 하나의 기로 연결된 전체이므로 땅에 아픔을 주는 것이 곧 사람에게 아픔을 주는 것이라는 사실을 느껴 말한 것이다. 그러므로 해월은 우주간에 존재하는 모든 것들을 오직 공경하여 한울님으로 모시도록 가르친다. 매사에 한울님을 공경하고 어려워할 줄 아는 마음을 가지는 것이 곧 경의 길이다.[57]

셋째, 신信은 실천이자 결과이다. 현실 생활에 뿌리를 내리는 것이 신이다. 해월은 유학의 기본 강령인 인의예지신仁義禮智信과 다섯 가지 원소인 금목수화토金木水火土를 들어, 신은 곧 토와 같아 신이 아니면 나머지 네 가지가 이루어질 수 없음을 강조한다. 그리하여 신은 바퀴의 축이며 성과 경의 토대임을 강조한다. 신은 수행의 출발점이라는 것이다. 신은 물론 한울님에 대한 믿음이다. 순일하고 쉼 없이 일하는 한울님을 매사에 공경하는 생활의 구체화이다. 한울님은 천지 만물을 성출成出하고 만물 속에 있으며 모든 일을 간섭하고 명령한다는 것을 믿으며, 천도의 진리에 대한 확고부동한 신념과 대인 관계에서의 신의를 지니는 것이다.

동학에서는 수운이 성·경·신의 극치에 이르러 한울에 통했기 때문에 성인이 되었다고 한다. 정성이 한울의 성과 일치하였기에 천명을 받고, 공경이 한울에 부합하였기에 한울의 말을 듣고, 생활 속의 한울님에 대한 의심이 없었기에 대성인이 되었다는 것이다.[58] 셋 중 둘이나 하나만으로는 성인에 이를 수 없으며 이상적 인간이 될 수 없다. 이른바 삼각형적

57 오문환, 「해월의 삼경사상」, 앞의 책, 113-114쪽 참조.
58 『해월신사법설』, 「성경신」.

조화를 통해서만 완성에 이를 수 있다는 것이 동학적 사고의 기본 특성이다. 성·경·신의 수양을 통해 후천개벽의 주인인 신인간을 교육시키고자 한 것이다.

동학에서 성·경·신을 보다 구체적 실생활에 적용시킨 것이 삼경三敬 사상이다. 즉, 삼경의 실현을 통해 천도를 생활 속에서 구현시키고 있다. 따라서 삼경의 체현은 구체적 실현 목표인 생활의 도이다. 삼경이란 경천敬天·경인敬人·경물敬物을 말하는 것으로 이는 한울님을 공경하고 사람을 공경하고 만물을 공경한다는 뜻이다.

삼경 사상은 주로 해월의 법설로서 구체화된 것이다. 해월은 "사람마다 모시고 있는 본래의 마음을 공경하게 되면 기운과 혈맥 정신이 잘 조화를 이루게 되고, 사람마다 사람을 공경하면 만백성이 와서 기꺼이 모이게 되고, 사람마다 물건을 공경하게 되면 만상이 거동하나니 거룩하다 공경함이여."[59]라고 하였다.

이처럼 삼경 사상은 동학이 추구하는 신인간의 인생관이요 윤리관이요 도덕관이다. 과거의 윤리는 사람과 사람의 관계만을 윤리로 규정하였으나 신인간의 윤리는 한울님과 사람과의 관계, 사람과 사람과의 관계, 사람과 만물과의 관계를 모두 윤리의 대상으로 삼는 것이다. 윤리란 인간으로서 지켜야 할 도리이니 천도의 이치가 사람과 사람 사이만이 아니라 하늘과 만물에까지 미치는 것은 당연한 귀결이다.

첫째, 경천 즉 한울님을 공경한다는 것은 신령한 한울님을 모시고 있는 인간으로서 본래의 마음을 스스로 공경하는 것을 말하는 것이다. 항상 경외지심을 갖고 천심을 지키고 기운을 바르게 하여 대인접물에 있어 한울님의 뜻에 맞는 행동을 할 때 경천이 되는 것이며 그렇게 함으로써

59 『해월신사법설』「성경신」.

한울님은 기뻐하시고 이는 곧 한울님의 감응과 복을 누리게 되는 것이다. 해월은 "내게 모시고 있는 본래의 내 마음을 공경치 않는 것은 천지부모에 불경하는 것이요, 내 마음이 불안한 것은 천지부모가 불안하게 되는 것이니 내 마음을 공경치 아니하고 내 마음을 편안치 못하게 하는 것은 천지부모에게 언제나 순종치 않는 것이니 이는 불효와 다름이 없는 일이다. 천지부모의 뜻을 거스리는 것이 불효가 이에서 더 큰 것이 없으니 경계하고 삼가라."고 하였다.

나아가 해월은 수운의 도가 바로 경천에 있다고 했다. 동학의 도는 다른 곳에 있는 것이 아니라 한울님에게 지극 정성을 다하여 공경하는 것이다. 이것이 동학의 도는 효에 있다고 말하는 이유이다. 공자는 몸을 낳아 주신 부모님께 대한 효만 이야기했지만, 수운은 몸과 마음을 포함한 우주 만물을 낳아주신 부모님인 한울님에 대한 효를 이야기했다.

둘째, 경인은 사람을 공경한다는 사상으로 천도교의 종지에서만 찾아볼 수 있는 윤리의 규범이다. 사람은 신령한 한울님을 모시고 있는 존재이므로 한울님이 존엄한 것과 같이 사람도 존엄한 것이다. 이에서 천도교의 사인여천의 윤리가 나오게 된다는 것은 쉽게 알 수 있는 일이다.

수운이 각도覺道 후 두 사람의 여자종을 해방시켜 한 사람은 양딸로, 또 한 사람은 며느리로 삼았다는 것은 그 당시로는 도저히 상상조차 할 수 없는 파격적인 일이었다. 동시에 봉건 사회에 있어서 가장 천한 신분 관계에 얽매어 버림받고 있던 종을 이처럼 존엄하게 대했다는 것은 경인 사상을 직접 행동으로 옮긴 좋은 본보기였다.

해월도 「내수도문」에서 "며느리를 극진히 사랑하라."고 하였고, "하인을 내 자식같이 아끼라."고 했으며 "어린아이도 한울님을 모셨으니 어린이를 욕하고 치는 것은 곧 한울님을 욕하고 치는 것"이라고 교훈하여 경인 사상을 강조하고 실행하였다. 해월은 "경천만 있고 경인이 없으면 이는 농사의 이치는 알되 실지로 종자를 땅에 뿌리지 않는 행위와 같다"[60]
하였고 "수행하는 사람의 집에 사람이 오면, 사람이 왔다고 이르지 말고
'한울님이 강림하였다'고 말하라."고 일렀다. 이처럼 경천은 창공을 숭배
하는 것이 아니라 눈앞에서 전개되는 현실 속의 사람을 공경하는 데서
실현되는 것임을 명확하게 한 것이다.

끝으로 경물 사상은 해월의 독특한 법설로, 경천만 할 줄 알고 경인을
할 줄 모르면 이는 종자를 두고도 땅에 심지 않는 것과 같고 경천·경인만
할 줄 알고 경물을 할 줄 모르면 이는 도에 닿지 못한 것이라고 하여 경
물은 도의 극치라고 하였다.

> 사람이 사람을 공경함으로써 도덕의 극치가 되지 못하고, 나아가 물건을
> 공경함에까지 이르러야 덕에 합일될 수 있나니라.[61]

해월은 "사람을 대하는 곳에서 세상을 기화할 수 있고 물건을 접하는
곳에서 천지 자연의 이치를 깨달을 수 있으므로, 도를 구하는 자는 이 두
가지 길에 충실해야 할 것"[62]이라고 했다. 세상으로부터 온갖 억압을 받
으면서도 해월은 동학의 도가 세상 속에 있음을 분명히 밝히고 있는 것
이다.

동학은 사람과 자연 만물을 떠난 곳에 있는 것이 아니라, 경인하여 세
상을 하나의 가족으로 만들고 경물하여 천지 자연의 이치를 깨닫는 데
있다는 사실을 명확히 한다. 동학의 길은 자연 생태계에 반하는 길이 아
니라 자연 생태계의 질서와 법칙을 터득하여 깨닫는 길이라고 할 수 있

---

60 『해월신사법설』「성경신」.
61 『천도교창건사』 2편, 78쪽.
62 『천도교백년약사』, 128쪽.

다. 다시 말해서 인간의 이기적 욕망에 따라서 자연 생태계를 이용하는 것이 아니라 자연 생태계의 도를 깨달아 거기에 어긋나지 않는 삶을 사는 것이다. 동학을 생명의 길이라고 하는 이유가 여기에 있다. 경인이 인간을 숭배하는 것이 아니듯이 경물도 물질을 숭배하는 것이 아니다. 경물은 자연 생태계를 한울님의 표현대로 공경하는 것이다. 이것이 자연 생태계와 인간을 하나의 동포라고 보는 동학의 물오동포物吾同胞 사상이다.

인간과 자연은 한 알의 씨앗에서 나온 두 개의 떡잎이다. 두 개의 떡잎은 다르지만 그 뿌리는 하나이다. 경물은 이 점을 강조한다. 그리하여 자연 생태계를 깊이 들여다 볼 때 그곳에서 우리는 내 안에 흐르는 우주 생명의 고동을 느끼게 된다. 자연 생태계의 가장 깊은 곳에서 우리는 내 안의 가장 깊은 곳에 존재하는 한울님을 만나게 되는 것이다. 이때 우리 마음은 '우주 한 마음(한울님)'이 되고 '우주 한 기운'을 느낀다. 그렇기 때문에 스스로 자연 생태계를 공경하고 존중하지 않을 수 없게 된다. 그러므로 경물에 이르러 인간은 완전함에 이른다.[63] 동학적 이상 세계의 주인공인 신인간은 이처럼 도성덕립을 통해 삼경을 실천함으로써 지상신선이자 군자로서 이상적 공동체의 주인이 되는 것이다. 후천개벽의 새 세상은 이러한 과정을 거쳐 이루어진다.

이러한 철학적 배경 아래서 동학은 당시 가장 소외되었던 민중들의 역동성을 바탕으로 기존의 모순을 극복하고 새로운 이상 사회 건설을 추구했던 것이다.[64] 또한 이것이 시대적인 흐름 속에서 보다 구체적 실천으로 나타난 것이 천도교 차원에서 만든 이념 정당인 청우당이었다. 청우당은 동학사상을 현실에 적용시키고자 노력했다. 그들의 이런 실천적 자세는

---

63 오문환, 앞의 글, 125-130쪽 참조.
64 조민, 앞의 글, 126-127쪽 참조.

야뢰 이돈화의 수운주의와 삼대 개벽론으로 구체화·현실화되었다.

3) 수운주의와 삼대 개벽론

야뢰가 보기에 수운은 이상주의자인 동시에 현실주의자이다. 수운이 보국안민에 대해 깊이 관심을 보인 것은 당시에 있어 최대 급무라고 생각한 현실 문제였기 때문이고, 그가 천명한 포덕천하·광제창생·지상신선·후천개벽 등의 사상은 세계를 대상으로 한 이상이며 과제이다.[65] 수운은 현실을 구제하고 이 이상을 세계에 구현하기 위하여 우선 사상, 철학, 종교적 신념으로 근거를 세우고자 그의 주의를 정립하였다. 그리하여 민중의 세력을 수운주의에 집중시키기 위해 노력하였다.[66] 수운은 당시의 상류 계급이라는 것은 이미 죽은 송장과 같이 아무 인류의 혼이 없는 자들이므로 오직 태어난 그대로인 농민층과 함께 현실 문제인 보국안민의 방침을 세웠다. 야뢰에 의해 정리된 수운주의의 이상과 계획은 〈표1〉과 같다.[67]

주의에는 사상·신념·역량 세 가지 요소가 있다. 사상에는 종지·강령·목적이 있는데 종지의 원리상 인내천이란 것은 수운 사상의 본체론이 되었고 응용상 인내천이란 것은 현실상 활용 문제[68]이며, 강령은 인간격 중심주의하에서 유심·유물의 통일을 꾀하는 지기일원적 활용을 말한 것이다. 목적은 현실과 이상을 합한 것인데 정신 개벽은 사상 개조를 말하며

---

65 동학사상의 민족주의와 국제주의는 여기서 조화됨을 알 수 있다. 즉, 전자의 현실주의와 후자의 이상주의는 불가분의 관계를 형성하고 있는 것이다.

66 이돈화, 『신인철학』, 천도교중앙총부출판부, 145-146쪽 참조.

67 위의 책, 146쪽.

68 이돈화는 여기서 특히 '사람性자연'이란 말을 사용하고 있다. 사람성자연이란 인간사회를 자연히 이루어진 일종의 유기체로 보는 데서 나온 것으로 이른바 無爲而化 개념을 말한다고 할 수 있다. 또 이것이 곧 현실세계 응용상의 인내천 사상이라고 주장한다. 위의 책, 103, 108-110쪽 참조.

<表1: 수운주의의 이상과 계획>

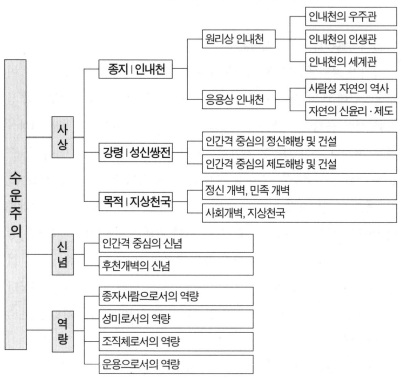

민족 개벽·사회 개벽은 현실 개조를 말한다. 그리하여 지상천국은 그의 이상주의에 속한 것이다. 다음 신념에 있어 인간격 중심의 신념이란 것은 우주 생활의 최고 이상을 말하는 것이요, 후천개벽은 현실 개조의 신념을 말한다. 마지막으로 역량이란 것은 이상과 같은 사상과 신념을 가진 청우당의 목적하에 동귀일체하여 단체의 실력을 기르는 것을 의미한다.[69]

이처럼 이돈화가 주장하는 수운주의는 사상·신념·역량을 바탕으로 삼대 개벽을 통한 지상천국 건설을 목표로 한다.

---

69 위의 책, 147-148쪽.

여기서 수운주의는 종교이면서도 동시에 비종교인 특성을 노출하는
데, 무엇보다 지극히 현실적인 이상주의를 추구하고 있기 때문이다. 즉,
수운주의는 당대의 모든 문화를 혁신하기 위한 일종의 생활 혁신 운동으
로서의 종교이다. 모든 문화를 통일하여 조화하며 지도하고 나아가, 그
를 인간격 중심주의에 귀납케 하여 일대 신생활의 활로를 개척하여 주는
종교이다. 마치 과거 일신교가 원시 종교를 혁명한 것이 그 당시의 생활
혁신이었던 것처럼 수운주의는 당대의 생활을 혁신하는 것으로 이를 후
천개벽이라 명명한다. 후천은 신사회이고 개벽은 문화의 개조를 말하는
것이므로 후천개벽은 곧 신사회 건설을 말한다고 할 수 있다.[70] 야뢰는
수운주의가 후천개벽의 첫 걸음을 개인의 '한울아(我)'를 회복하는 데서
출발한다고 말한다.

> 인간의 개체는 천태의 형상, 만상의 심법을 가졌다 할지라도 全人間의
> 본원이요, 인간격의 중심인 '한울我'는 全然同一할 것이니 사람의 현상적
> 個我는 시시각각으로 환경여하에 따라 마음이 변한다 할 지라도 그 본원되
> 는 '한울我'는 결코 피아가 없을 것이며 갑을이 없을 것이요, 그는 어디까
> 지든지 全的이며 唯一이며 자존이며 자율이니 사람은 당연히 이 '한울我'
> 의 체에 합일되어 인간격의 대생명을 체득함으로써 인간이 인간되는 지위
> 에 올라갈 것을 말함이다. 그런데 현대의 인간은 그 형체상에서는 인간의
> 형체를 가졌으나 인간격으로 당연히 발견할 만한, 다만 인간격이라야 소유
> 할 만한 '全的我(한울我)'를 전연 망각한 상태로 사는 것이니 이것이 인간으
> 로 생명을 잃은 자이며 영혼의식을 잃은 자라 볼 수 있다.[71]

---

70 위의 책, 137-139쪽 참조.
71 위의 책, 126쪽.

　이를 위해 수운주의는 우선 우리들이 가지고 있는 각자위심各自爲心을 극복해야 한다고 주장한다. 내 몸에 모신 한울, 이른바 '한울아'는 아의 '전일全一의 아'이며 소아小我에 대한 대아大我이며 개체아個體我에 대한 보편아普遍我를 말하는데 이것이 '오심즉여심吾心卽汝心'의 경지를 의미한다. 이것을 체득하는 날이 곧 개개인의 속된 마음인 각자위심을 극복하는 날이다. 이를 통해 수운주의는 인간격 중심의 생활, 즉 인간격의 정신 해방 및 건설, 인간격 중심의 제도 해방 및 건설을 할 수 있다는 것이다.

　한편 수운은 지극히 이상주의자이면서 철저한 현실 분석에 바탕한 현실주의자였기에 그의 개벽은 단계를 거쳐 완성된다. 포덕천하, 지상신선, 후천개벽의 이상 사회는 세계를 대상으로 한 최후의 이상 사회 건설 이념이었다면, 보국안민은 당시 최고의 급선무였고 당장에 실천하여 우리 민중들이 획득해야 할 이념이었다. 보국안민의 실현을 위해 수운주의에서 야뢰 이돈화는 특히 인간 개조를 중시해 그것의 우선 조건으로 사상개벽을 강조하고 있다. 그것은 그의 삼대 개벽론으로 나타나고 있다.[72]

　이돈화의 삼대 개벽론은 정신 개벽인 인간 개조와 민족 개벽과 사회 개벽인 사회 개조를 포함한다. 즉, 정신 개벽은 '선천시대에 역사적·사회적으로 이루어진 현재 인간의 의식을 개벽하여 후천 사회 창설의 새 의식으로 전환'하자는 것이고, 민족 개벽은 '민족 문화의 발전·향상과 민족 지위의 향상'을 의미하는 것이다. 그리고 사회 개벽은 "사회 기구의 물질문화 및 정신문화의 체제를 인간 본위의 표준으로서 건설해야 한다."는 것이다.[73]

　수운은 그의 개벽의 주역이 민중임을 이미 수차에 걸쳐 명확히 제시하

---

72 야뢰의 삼대 개벽론은 『신인철학』과 황선희, 『한국근대사상과 민족 운동』Ⅰ, 혜안, 1996, 255-281쪽을 주로 참조함.
73 「사회상식술어 제일집」, 『당성』 12호, 1932.6.

고 있었다. 그리고 그들로 하여금 사회 변혁의 선두에 서게 했다고 본다. 이돈화가 주장하는 수운주의에서도 민중에 대한 수운의 애정과 자애심을 말하고 있다.

　… 인내천을 창조하였다. 그리하여 민중의 세력을 동 주의 하에 집중시키기로 노력하였다. 그러나 민심, 더욱이 당시의 이씨 조선 민심은 그의 이상과 대조하여 너무도 정도가 유치하였다. 수운의 노력은 이곳에 있었다. 장래를 위하여 우주 인생의 신 근본의 원리를 세워 만대자손에게 신 인생관의 세례를 주고저 하는 그의 이상과 또는 보국안민으로 현실을 타개코저 하면 당시 우매한 민중과 직접 악수하지 않고서는 안 될 사실에 당면한 것이 그것이다.[74]

야뢰 이돈화는 수운 최제우가 '보국안민', '포덕천하'의 사상과 아울러 먼저 개인의 정신 개벽을 고조시켰다고 주장한다. 즉, 정신 개벽이라 함은 일종의 사상 개조를 의미한 말인데 수운이 한울님으로부터 들었다는 "나에게서 영부를 받아 사람을 질병에서 건지라(受我靈符 濟人疾病)."고 한 어구야말로 정신 개벽을 철저히 고조한 것으로 해석하고 있다.[75]

정신 개벽에 있어 강조되는 것이 환경과 인간 정신과의 관계이다. 그는 정신 개벽은 모든 개벽의 준비 행위라면 환경 개조와 정신 개조와의 불가분 관계를 이렇게 설명하고 있다.

　대체 우리의 의식이 환경에 의하여 생겼다는 것은 부인치 못할 것이다.

---

74 『신인철학』, 앞의 책, 146쪽.
75 위의 책, 148쪽.

우리의 정신이 환경의 지배를 받음으로써 악한 환경의 지배에서는 악한 정
신이 움직이고 선한 환경의 지배에서는 선한 정신이 움직일 것은 사실이
다. …(중략)… 그러나 바깥 환경도 역시 사람이 고쳐 놓기 전에는 환경 스
스로가 고쳐질 리는 만무하다. 사람이 환경을 개조한다는 데는 반드시 의
식문제가 따라가는 것이다. 의식으로 먼저 환경의 결함을 알고 환경의 부
조화를 고찰한 후에 그것이 사상으로 변하며 양심의 고통으로 화하여 필경
은 이것이 사회화되며 사상화되는 데서 처음으로 개조문제의 현판이 나서
게 되는 것이다. 그러므로 정신 개벽은 모든 개벽의 준비 행위가 된다 할
수 있다. 그러나 정신 개조와 환경의 개조는 절대로 분립되어 정신 개조가
끝나는 날에야 환경 개조가 시작되느냐 하면 그는 결코 그렇지 아니하다.
정신 개조에도 여러 정도가 있고 환경 개조에도 여러 정도가 있다. 정신 개
조가 되니만치 환경 개조를 재촉하고 또한 환경 개조가 되면 되는 만큼 내
적 정신 개조를 재촉함으로써 이 양자는 서로 색인하며 포함하며 연쇄가
되어 사회 개조에 나아가는 것이다. 마치 노동의 양이 커지면 커지는 만큼
생산 행정이 커지고 생산 행정이 커지면 커지는 만큼 노동의 양을 요하는
것과 같이 정신과 환경은 필경 일이면서 이요 이이면서 일이다.[76]

그는 정신 개벽의 구체적 방법으로 기성 사회의 도덕적·제도적 부조
리에 저항하는 반항 도덕을 제시하였다.[77] 반항 도덕은 기성의 윤리·도
덕 및 제반 제도의 결함을 알아내고 감정과 의지로써 그 부자연에 대하
여 반항하는 것을 말하는데 정신 개벽에 있어 반항 도덕이 얼마나 중요
한 역할을 하는가를 야뢰는 역사적 사실에 비추어 논증하고 있다.

---

76 위의 책, 149–150쪽.
77 위의 책, 150쪽.

즉, 이스라엘 신화의 아담과 이브의 이야기는 인류에게 최초로 반항심이 있다는 것을 암시한 것이고[78] 나아가 인류의 역사는 원시시대로부터 자연에 반항을 시작하였다. 맹수를 퇴치하며 홍수를 다스리며 풍우상설 등 대자연의 횡포에 대하여 방어와 투쟁을 계속하였다. 역사는 인류 대 자연의 전쟁사이다. 그리하여 자연에 반항하는 일면으로 자연을 제어·이용하기에 노력하였다. 불의 이용, 동철의 발명, 농업 목축의 발달 등을 통해 자연의 이용을 시작하였다. 자연의 이용은 일면으로 자연에 대한 반항이다. 반항이 없는 이용이 없고 이용이 없는 반항이 없다. 농부는 곡초를 이용하기 위하여 잡초를 제거하며, 광부는 금을 얻기 위하여 토석을 제거하는 것이다. 이용은 일면에서 반항이 되는 것이다. 그러므로 인류의 최초 반항은 자연에 대한 반항으로 시작된 것이다. 여기에서 자연에 대한 지식이 생겼다. 오늘날 자연과학은 실로 원시인류의 자연지식에서 발생한 것이다. 그러므로 자연과학은 반항에서 생겼다.[79]

또한 계급투쟁 역시 인류의 반항성이고, 문예부흥 운동은 교권에 대한 사상적 반항 운동이며, 종교개혁 운동은 종교 제도에 대한 교리적 반항 운동이며, 프랑스혁명은 정치적 반항 운동이었다. 그러는 동안에 인류는 해방을 얻고 모든 과학적 지식과 신문화가 전개되었다. 이것은 말할 것도 없이 현대의 신지식이 반항에서 나왔다는 증거로 볼 수 있다.[80] 이처럼 정신 개벽은 기득권자에 대한 반항 도덕을 전제로 하고 있다. 이들 정신 개벽자야말로 시대 모순에 대항하는 자이자 시대 변화의 동력이 된다

---

78 위의 책, 150쪽 참조. 물론 이 무상의 진보인 지식이 반항에서 생겼느냐 복종에서 생겼느냐 하는 문제에 이견이 있을 수 있는데, 이스라엘 신화는 반항에서 나왔다는 것으로 설명하고 있다. 즉 아담이 신의 계명을 반항하고 지식의 열매를 먹은 결과가 지식을 탄생한 원인이라는 것이다. 인류에게 지식이 생긴 것이 죄일는지 선일는지 그는 별문제로 하고 어쨌든 지식이 반항에서 나온 것은 명백하다. 이는 신화뿐 아니라 역사적 사실에 의해서도 여실히 증명되고 있다.
79 위의 책, 151쪽.
80 위의 책, 151쪽.

는 것이다.

그런 의미에서 보자면 예수, 공자 그리고 수운이야말로 진정한 정신 개벽자였다. 시대의 아픔을 읽고 그것을 가장 먼저 알리는 자가 바로 정신 개벽자이다. 특히 수운은 경신(庚申, 1860)년 4월 5일에 정신 개벽의 표어를 세우고 '나는 후천 천황씨後天天皇氏'라 하였다. 후천 천황씨는 곧 후천 시대의 시조라는 말이다. 정신으로서 먼저 열린 개벽자라는 말이다. 썩은 관습을 벗어 버리고 새 이상과 새 주의로 새 혼을 갖게 되었다는 말이다.[81]

민족 개벽은 민족의 문화와 생활 정도를 향상·발전시키고자 하는 개벽으로 모든 이상주의의 과도기의 최대의 준비라고 할 수 있다. 본시 인류는 한 민족으로 동일한 인격과 동포애를 가지고 있었는데 분화되어 네 민족, 내 민족을 따지고 갈등하는 이유는 계급의 발생과 압제 탓이라고 한다.[82]

따라서 민족 개벽은 우선 민족간의 차이를 인정하는 것을 전제로 한다. 그러한 차별성을 인정한 뒤에 융화케 하여 상호 행복을 도모해야 한다고 본다. 둘째, 오늘의 민족 문제는 약소민족의 문제를 의미하므로 개별 민족의 평등성을 강조한다. 이를 통해 이돈화는 압제하의 조선 민족의 지위 회복의 당위성을 암시하고 있다.[83] 즉, 과거의 민족주의가 인류간의 차별과 배제를 의미하는 민족주의라면 민족 개벽은 인류의 평화와 평등의 인도주의적 민족주의를 말하고 있다. 이것은 자연스럽게 민족 지위 향상 요구로 이어진다.[84]

---

81 위의 책, 같은 쪽.
82 위의 책, 153쪽.
83 이러한 야뢰의 모습은 식민지 하의 독립을 위한 다른 수단을 강구하지 못한 지식인의 전형적인 모습과 일치한다.
84 『신인철학』, 153-154쪽 참조.

야뢰에 따르면 수운은 당시 뇌사 상태에 처한 위기의 조선을 구제하기 위해 민족 개벽을 외쳤다. 즉, 수운은 유교로부터 얻은 민족성을 숭고 사상崇古思想, 의타 사상依他思想, 숭문배무 사상崇文排武思想, 숭례계급적崇禮階級的 사상이라 규정하고, 만사를 유교로 표준함으로써 우리 민족이 장래가 없는 민족이 되게 하였다고 비판하였다. 따라서 수운은 자신의 득도일을 선천과 후천의 분기점으로 삼고 '오도吾道는 후천개벽의 운運을 받고 난 것'이라고 선언했다. 그리고 유교적 병폐를 극복하기 위해 한국혼을 부식扶植하는, 강령법으로 영가무용靈歌舞踊[85]을 실시했고, 사인여천을 주장함으로써 봉건적 신분 질서에 일대 혁명적 바람을 일으켰다.

한편 오랫동안 조선 민중이 영향받고 민족성화된 불교의 폐해로는 퇴보 사상, 출세간 사상을 들고 이를 극복하기 위해 수운은 "너희라 무슨 팔자 불로자득不勞自得하단 말가 함지사지陷地死地 출생出生들아 보국안민 어찌할고."라고 하여 공적 도덕을 강조하였다.[86] 이 같은 수운의 민족 개벽 운동은 그 뒤 그의 제자들에 의해 계승되고 있다. 이돈화가 정리한 이러한 수운주의 민족 개벽을 선도하고 있는 것이 청우당이었다.

지상천국이라는 수운주의의 마지막 목표를 위한 단계로 민족 개벽과 함께 진행되어야 하는 것이 사회 개벽이다. 이 양자는 함께 가는 것으로 실제로 청우당의 부문운동을 보면 민족성 개조를 위한 민족 개벽과 사회 진보를 위한 사회 개벽 운동은 동시에 실천되고 있음을 알 수 있다. 특히 수운주의의 사회 개벽은 경제적 충족만을 목표로 하는 사회주의 변혁과는 차별화되고 있다. 수운주의의 사회 개벽은 유물적 경제 문제의 만족

---

85 남원 은적암에서 수운이 홀로 목검을 들고 검가를 부르며 검무를 추었다는 점은 유약한 조선 민중에 강인함을 불어주기 위한 수단이었다. 수운은 뒤에 이 검가와 검무로 인해 역모죄로 몰려 순도한다.

86 『신인철학』, 156-157쪽 참조.

을 넘어선 인간격 중심문제에 집중한다. 즉, 사회주의는 경제 문제 해결을 최고의 이상으로 삼는 데 대하여 수운주의의 중심은 인간격 향상을 최고의 이상을 삼는 것이다. 경제 문제는 인간격 생활에 대한 한 단계적 문제요 국부적 문제이다. 그러나 인간격 중심주의의 문제는 인간 이상의 최고 우주적 생활의 표현이라고 수운주의는 보고 있다.[87]

다시 말해 수운주의는 경제 문제의 중요성을 인정하면서도 그보다 더 우선되는 것은 인간성의 문제라고 하였다. 경제 문제는 인간격 중심의 생활에서 볼 때 국부적인 문제로 인간성 회복의 과정 중 한 단계라는 것이다. 즉 유물론자들이 사회개혁의 이상 실현을 위하여 물질적 조건에만 집착하였던 것에 반하여 수운사상은 인간격 중심주의 입장에서 도덕적 사회 진화를 최고 이상으로 하기 때문에 무엇보다 인간성 회복이 우선이어야 한다고 하였다. 수운주의는 이 점을 중심으로 한 이념이기에 성신 쌍전性身雙全을 말하며 이를 통할 때 비로소 완전한 이상 사회가 가능하다고 주장한다.

즉, 인간격 중심주의 속에서 인간의 소유 투쟁이 창조 투쟁으로 전환될 수 있을 때야말로 진정한 사회 개벽이 이루어지는 것으로 보는 것이다. 청우당의 활동과 노선 역시 창조 투쟁에 진력하고 있음을 알 수 있는데 이것 모두가 사회 개벽의 일환이었다고 평가해도 무방할 것이다.

이처럼 수운주의는 삼대 개벽이라는 구체적 실천을 통하여 후천개벽의 목적인 지상천국 건설을 목표로 하고 있다. 이때의 수운주의는 인간격 중심에 모든 사상, 모든 주의를 귀납하여 그들을 통일케 하여 그에게 생명을 부여하는 주의를 말한다. 그것은 인간의 생명처럼 이목구비의 오관의 작용과 사지백체의 운동을 조절하며 또는 통일하는 것과 같은 인간

---

87 위의 책. 158쪽.

격 중심주의이다. 그러므로 수운주의는 부분이 아니요 전체이며, 기관이
아니요 생명을 의미한다. 이 점에서 수운주의는 만화귀일萬化歸一을 도모
하는 주의이기도 하다.[88] 이 같은 과정을 통해 수운주의는 지상천국이라
는 신사회 건설을 지향하는 것이고 일제하 청우당의 운동은 이와 같은
수운주의의 원칙에 충실했다고 볼 수 있다. 결국 야뢰 이돈화의 수운주
의와 삼대 개벽론은 천도교의 위상을 종교에서 근대사상으로 확장하는
데 이바지했고 이러한 그의 사상은 청우당의 정치 이념으로 실생활에서
구체적인 실천으로 이어졌다.

제2절 일제시대 청우당의 정치 이념

1. 천도교와 청우당

동학사상은 '후천개벽·오심즉여심·인내천·동귀일체·사해일가·만족
일인萬族一人'이라는 원리와 목표를 표방하여 그 구체적 강령으로 나타난
것이 '보국안민·포덕천하·광제창생'이다. 그리고 이것들의 총괄적 이름
은 이 원리와 강령의 탄생이 동쪽에서 이루어진 까닭에 '동학'이라 한 것
이요, 오늘의 이름은 '천도교'인 것이다. 이 원리와 목표의 실현은 지상
천국의 건설이고 그 실천을 위한 전위 조직으로 결성된 것이 청우당이
다.[89]

---

88 이돈화는 보국안민에서 보국은 민족 개벽을 의미하는 것이고, 안민은 사회개벽을 의미하는 것
이며, 포덕천하 광제창생은 지상천국을 의미한다고 했다. 보국안민을 추구하는 것이 현실주의
라면 지상천국은 이상주의의 추구이므로 수운주의는 현실이상주의, 삼단사상(三段思想)이라
고 이름할 수 있다고 한다. 위의 책, **162**쪽 참조.
89 동학은 기본적으로 政과 敎를 분리하여 보지 않는다. 인내천 생활의 표현 중 그것이 제도로서

청우당의 출현은 앞에서도 보았듯이 많은 난관을 거쳐 이루어진 것이다. 즉, 3·1 운동의 결과 천도교의 존립 자체가 위협 받는 최악의 위기 상황 속에서 태어나게 된 것이다.[90] 천도교는 위기를 오히려 기회로 삼았다. 즉 후천개벽의 주역이 될 청년들에게 앞장설 기회를 준 것이다.[91] '천도교청년교리강연부'의 태동이 그것이었고, 그 구성원들은 의암이 일찍이 유학을 통해서 또는 운영중이던 학교 및 교리강습소 등을 통해 양성한 청년들이었다. 교리 강연부는 청년회로 나아가 청년당으로 발전하며 그 성격을 보다 확고히 해 나갔다.

청우당의 대강은 그들의 지향이 어디에 있는지를 보여 주고 있다. 청우당은 기본적으로 후천개벽 즉 지상천국 건설 운동을 직접 목표로 하고, 그것에 현실적으로 도달키 위하여 스스로 다음과 같은 운동으로 자체의 힘을 확대하여 운동을 발전시킨다고 했다.

첫째, 당원 훈련이니 인간사회의 일체 일은 사람을 중심으로 하고 생기여지는 것이다. 사람을 떠난 일은 없다. 이 원칙에서 천도교는 인간사회의 생활을 유지 존속시키는 일체의 생활 기구(윤리 도덕과 정치경제)를 변혁시킴이 필요함은 물론이나 보다 급선을 삼는 것은 인간 자체의 변혁이다. 인간

나타날 때는 정으로 되고 그것이 교화로서 나타날 때는 교로서 되는 것이다. 따라서 천도교는 세상을 새로이 하는 일에서 정신 교화를 존중함과 동시에 물질적 제도를 또한 중시하여 그 두 가지를 병행하려 한다. 이것이 천도교의 교정쌍전이고 청우당을 건설한 이유가 되는 것이다.

90 3·1 운동을 주도한 천도교에 대한 일제의 탄압은 가혹하기 이를 데 없었다. 많은 교도의 연행과 구속은 물론 재산 압수, 전교실 폐쇄 등이 잇따랐다. 뿐만 아니라 천도교를 분열시키기 위하여 靑林敎, 濟愚敎 등 친일적 사이비 동학 계열의 종단을 건설했다. 오지영은 이때의 상황을 이렇게 말하고 있다. "조선 독립 운동에 타 사회보다 천도교는 일층 곤란을 밧엇섯고 乃終에는 천도교 간판 문제까지도 흔늬여 가장 위험한 상태에 빠졌섯다." 오지영, 『동학사』 四, 신창서관 발행(아세아문화사 영인본, 1973).

91 옥중의 의암도 이것이 가장 중요하고 지금의 희생도 청년들을 위한 것이라고 훈시했다. 제4장 주 51 참조.

의 자체 개벽을 선결 조건으로 하는 운동이다. 따라서 천도교의 전위대인 청년당은 후천개벽의 현역 전사인 당원 자체의 훈련을 제1로 힘쓰게 되는 것이며.

둘째, 포덕 운동이니 대신사께서 '무궁조화 받아 지고 포덕천하 아닐런 가' 하시고 또 '쇠운이 지극하면 성운이 오지만은 현숙한 모든 군자 동귀일 체 하였던가' 하시었다. 후천개벽은 후천의 새 힘이 아니면 생각할 것 없고 새 힘은 후천의 새 혼을 가진 사람들로써 조직된 이 포덕 조직을 떠나서 다 시 없다는 것을 명언하심이다. 그러므로 새 힘 결성에 제1방법이오 직접 방책인 이 포덕을 힘쓰게 되는 것이다.

셋째, 교리의 研究 闡明 及 내외 선전이니 인간 사회의 모든 운동은 어떤 주의사상―즉 지도원리를 중심으로 하여 생기며 발전되는 것임으로 후천개 벽의 유일원리인 천도교리를 더욱 밝히어 당원 자체가 후천혼―개벽혼을 깊 이 파악하게 하며 우리의 주위에 있는 사람에게 선전하여 그 혼을 생기게 하는 것이다.

넷째, 창생조직이니 물은 언제든지 아래로 흐름과 같이 사람 사회의 새 힘은 어느 때에든지 모든 형편으로 눌리움을 받게 되는 창생급을 통하여서 만 흘러가게 되는 것이다. 후천개벽의 지상천국 건설을 직접 목표로 하는 청년당은 스스로 창생급과 이해를 같이하게 되며 창생 자체의 가진 새 힘 을 집중 확대키 위하여 창생 자체의 조직적 결성을 도모하게 되는 것이다. 창생조직의 구체적 방법으로는 성별, 연령별, 직업별로써 여성, 소년, 청 년, 학생, 농민, 노동, 상민 등 7개 부문에 구분하여 조직하는 부문 운동이 그것이다.

다섯째, 문화 운동이니 인간 사회의 일체 승패 득실은 각기 자체의 의식 정도와 문화 정도의 고하를 따라서 생기여지는 성과이다. 사상의 신구, 시 대의 고금, 방법의 우열 등 관계도 적지는 않으나 인간 사회의 근본적 향상은 창생급의 의식적 각성과 문화적 향상에 있는 것이다.

여섯째, 체육 운동이니 여하한 주의, 사상일지라도 그 주의, 사상 자체가 스스로 실현되지 못하고 오직 사람을 통하여서만 발현되는 법이요, 발현된 그 주의, 사상은 역시 사람을 통하여 실현되는 법이다. 물론 사람이라 하면 과거 사회에 있어는 사람의 정신적 가치를 거의 전체로 보았으나 천도교의 영육일체(성신쌍전)주의로 보면 사람의 가치는 정신과 육체를 동일하게 보는 것이다. 이런 의미에서 정신적 수련과 육체적 훈련을 동일한 수련 과목으로 삼아 당원 자체의 신체를 催全하게 단련하는 동시에 일반 민중에게 이것을 보급시키며 창생보건을 도모하는 것이다.

일곱째, 정세 연구와 통속 운동이니 대신사 16세시에 집을 떠나 팔도강산 다 밟아서 인심풍속 살피시며 또 어렸을 때에 만권시서 외워내어 유·불·선·기를 연구하는 등은 이것이 다 정형 연구를 실행한 것이며 문서에 의한 정형 연구라 볼 수 있는 것이다. 병인이 병을 다스림에는 먼저 그 병이 무슨 병인지를 명확히 알아야 그 병에 맞는 약 처방을 낼 수 있는 것과 같이 대신사 말씀에 '일천하의 괴질운수 다시 개벽 아닐런가' 하신 이 사회적 질병을 자세히 진단하는 유일한 방법이 즉 정형 연구라 하는 것이다.

조기간은 통속 운동이 청년당의 본체적 운동은 아니지만 능히 우리 당의 기분을 창생에게 전하고, 창생의 호흡을 청년당 당원에게 통하여 간접으로 당이 나아갈 길에 침목을 펴는 것이며 당의 수레바퀴에 기름을 치는 것이라 했다. 이런 의미에서 정세 연구와 통속 운동은 계몽 운동과 아울러 청년당의 주요한 운동의 하나로 설정하게 된 것이다.[92]

구체적으로 청년당의 의의는 청년당헌 제1조에 '천도교의 주의·목적

---

92 조기간, 『천도교청년당소사』, 천도교 청년당 본부, 1935, 131-133쪽. 이하 『소사』로 표현함.

을 사회적으로 달성코저 이에 시종할 동덕으로써 한 개의 유기체를 조직하여 그 명칭을 천도교 청년당이라 한다.'고 하였다.

첫째, '천도교의 주의·목적'을 그대로 당의 주의·목적으로 하는 것이니 천도교의 주의·목적은 오심즉여심과 인내천의 원리하에서 보국안민 포덕천하하여 지상천국을 건설하는 것인 바 이것이 곧 당의 주의·목적이라는 말이다.

둘째, '사회적으로 달성코저'라는 것으로, 사회적이라는 의미는 일반적 현실적이라고도 할 수 있는 천도교의 주의·목적이니, 이것을 단지 머릿속에 담아두고 생각만 하는 데에서 그치는 것이 아니라 그것을 일반 창생을 통하여 현실적으로 성취하려는 것이다. 그러므로 현실적·구체적 노력과 운동을 요하게 되는 것이다.

셋째, '이에 시종할 동덕'을 결합하는 것이라 함은 당헌에 있는 것과 같이 천도교의 역사적 사명을 의식하는 동덕으로 당의 주의·목적을 직업적으로 시종할 사람은 이념과 사상이 일치되어 천도교와 자기가 둘이 아닌 사람이어야 한다는 것을 말한다.

넷째, '한 개의 유기체를 조직'하는 것은 유기적 조직으로 부분을 결합하여 하나의 커다란 전적全的 기관을 조성하는 것을 말한다. 즉, 아주 긴밀하게 체계가 있는 유기적 조직을 갖자는 것으로 당의 위대한 생명은 여기에서 발전되고 유지된다.

청우당의 의의라 해서 일반적인 정당의 의의와 크게 다를 것은 없으나 천도교의 당이란 점을 이해한다면 제한적이나마 종교성과 현실성의 결합을 발견할 수 있다. 동시에 청우당은 개벽적 당, 획기적 당으로서 평상적 대중적의 의의를 가진 당임을 기억할 필요가 있다. 따라서 청년당이라고 해서 명칭처럼 청년 운동에 국한되는 것이 아닌 천도교의 이상을 실현하는 혁명적 전위 정당이라는 의미이다.

이러한 청년당과 천도교의 관계는 어떠한가. 교와 당은 일체 양면이며 이위일체이다. 교는 광원과 같다 하면 당은 광선과 같다 할 수 있다. 이 진리는 천도교와 그의 신자로 조직된 청우당과의 관계에서 특별히 그렇다. 『소사』는 이렇게 기술하고 있다.

> 천도교 자체가 한 개의 당이어늘 또 천도교 청년당이라는 별개의 기관을 가지는 것은 무슨 뜻이냐. 물론 이렇게 생각할 수 있다. 그러므로 천도교 청년당이라 함은 추호라도 천도교 그 자체의 당적 의의를 慊然함이 아니요 철두철미 일원적 체계임을 물론인 바 이를 한층 더 적극적 구체적으로 진전 발휘키 위한 천도교 자체의 일종 전위조직이다. '水不離波波是水'라는 말과 같이 천도교를 떠나서는 청년당이 있을 수 없는 것이며 청년당의 운동은 곧 천도교 운동의 하나이다. (중략) 요컨대 이와같은 청년당은 우리 교내에 언제든지 있을 것이다. 있어야 될 것이다. 더구나 지금과 같은 과도기에 있어 일층 중요한 의의를 가지는 것이 사실이며 이리하던지 저리하던지 불구하고 당의 일체가 천도교의 전적 의지 내지 범주를 벗어나서 있지 못할 것은 물론이다.(『소사』, 135쪽)

천도교와 청년당은 이런 관계 속에서 유기적 연결과 체계적인 시스템을 유지하며 활동해 왔다. 청년당 동경부의 문서에서도 그 관계는 여실히 증명되고 있다. 즉, 이 문서는 일제의 식민지 수탈 정책으로 말미암아 한민족과 민중의 생활 상태는 참담한 몰락과 파멸의 총파산 상태에 있으니 이를 타개하려면 전 민족의 적극적 행동이 절실히 필요한 결정적 실천기에 임했다고 지적하고 있다. 따라서 청년당은 "모든 것은 '힘'의 문제이니 먼저 '민족적 힘의 결성'이 있어야 하며, 이를 이루려면 민족 운동을 지도할 수 있는 큰 집단적 힘을 구심점으로 하여 이를 이루어야 한다."고 주장한다. 나아가 그러한 구심점이 되는 집단은 세 가지의 조건을 갖추어야 한다며 "첫째, 그 집단이 가진 이론·정책이 우리의 현실에 적합하며 또 직면한 운동을 지도할 수 있는 것이라야 할 것. 둘째, 그 집단의 조직 역량이 강대 또는 건실하고 그 성원들이 '확호불발確乎不拔'한 훈련을 받아야 할 것. 셋째, 그 집단은 과거 우리나라의 현실에서 역사적으로 많은 경험을 쌓았고 또 금후에도 주저없이 나아갈 희생심·용단력을 가져야 할 것이라고 말하며 이러한 조건을 충족하는 조선 내 유일한 집단은 천도교뿐이라고 주장한다.[93]

청우당의 구체적 실천은 7개의 부문 운동으로 구체화되었다. 그러나 청우당은 그 운동에 임하는 데 있어서도 당과의 관계에 관한 몇 가지의 명심 사항을 제시하고 있다. 즉, "① 운동이 독립적으로 당과 대립하여 존재하지 못하게 할 것. 이는 이당개벽以黨開闢의 우리 단일 정신에 위배되는 것이며, ② 일반 창생을 상대로 하는 부문 운동에서도 당이 관계하는 일에는 반드시 당적 관계와 통일이 있어야 할 것이고, ③ 교외敎外의 일반 창생을 상대로 하는 것과 교내敎內에 하는 것이 있으니 이는 다른 것임을 알 것"이라고 하여 부문 운동이 청년당의 통제 아래 있어야 함을 명확히 하고 있다. 교외의 경우도 굳이 교문을 강조할 필요가 없을 시는 지도자의 재량에 맡겨 두는 민주적인 리더십을 보이고 있다.[94]

즉, 청우당의 운동에서 운동과 교리가 배치될 경우 청우당은 운동을 선택하라는 암시를 주고 있는 것이다. 이는 교단에서는 어려운 일일지라고 당을 통해서는 교를 극복하는 대승적 결론을 유도하는 천도교 민족주의의 한 단면에 불과하다. 종교와 민족이 겹칠 때 과감히 민족을 택하라

93 신용하, 「자료해제-천도교 청년당 동경부의 문서 '조선농민의게'」, 『한국학보』 봄호, 일지사, 1993, 243쪽.
94 『소사』, 148-149쪽 참조.

는 주장은 청우당 노선을 종교 운동이 아닌 민족 운동으로 평가하게 하는 대목이다. 그러나 이러한 민족 운동 우선론은 동학 창도 이래의 현실 비판과 참여를 통한 현실 개혁 지향의 전통이기도 하다.[95]

이런 이념과 원리 그리고 자세에서 실천한 청년당 7개 부문 운동의 10년 운동의 성과를 『소사』는 높이 평가했다.[96] 그것은 포덕 운동과 선전 운동, 조직 운동, 교양과 훈련, 경제 운동, 체육 운동 그리고 통속 운동으로서 그들의 운동은 주로 민족 계몽 운동에 주력하고 있었다. 이 운동에서도 청우당 스스로가 가장 높이 평가하는 것은 문화 운동이었다. 문화는 자유를 상실한 우리 민족이 내세울 수 있는 마지막 자존심이었는지도 모른다. 청우당은 문화를 인간력의 총화, 사회력의 총화라고 했다. 따라서 어떤 민족 사회를 막론하고 그 민족 사회의 총노력의 결정은 그 민족 사회의 문화로 표현된다고 본다. 그러므로 문화란 것은 민족 사회의 문명과 야만의 척도라고 할 수 있는 것이다.

사상은 문화의 중심이다. 사상 없는 곳에 역사가 없다는 말처럼 사상 없는 곳에는 문화가 돋아날 리가 없는 것이다. 이는 결국 천도교의 인내천 운동은 후천개벽 운동인 동시에 인문 개벽 운동, 즉 인류의 신문화를 창조하는 운동이라는 뜻이다. 다시 말하면 지상천국 건설 운동이란 말은 후천 신문화 건설 운동이라 해도 틀림이 없을 것이다. 그렇기 때문에 천도교의 인내천주의로 먼저 인간의 사상을 개벽하려고 했던 정신 개벽은 후천 신문화 창조의 전제가 된다는 점에서 큰 의의를 갖는 것이다. 따라서 천도교 운동 중에는 이 신문화 운동이란 것이 가장 중대한 임무를 갖

---

95 동학의 이 같은 현실 위주의 사고는 한국 전통종교가 가지고 있는 공통점이기도 하다. 실제로 원효의 화쟁사상이나 보조국사의 교관겸수론 그리고 실학 사상 등은 종교 위주가 아닌 현실 개혁 위주였다. 그래서 한국 전통종교는 종교로 접근하기보다는 하나의 사상으로 접근해야만 그 내면의 본질을 발견할 수 있다고 생각된다.

96 부문운동의 자체 평가에 대해서는 『소사』, 153–162쪽 참고 바람.

는 것이라고 주장한다. 특히 청우당이 공들인 몇 가지 문화 운동을 개략해 보면 다음과 같다.

① 개벽사 창립

② 신문화 선전: 1919년 9월 2일 천도교청년교리강연부 성립 직후 당시 조선의 최초 순강대를 조직하여 조선 전역을 순방하며 강연하기 시작하였다. 그 이후 청년회, 청년당, 청우당 시대에 이르기까지 15, 6년 간 계속하여 연 1, 2차의 순강에서 강연·강도·강좌·강습 등의 형식으로 천도교의 인내천 진리와 그에 상응하는 후천 신문화를 선전하였다.

③ 조선정형연구회 조직: 1927년 12월 26일 청년당 확대중앙집행위원회에서 조선 문화와 기타 내외 일체 정형을 알기 위하여 당부 있는 곳에는 필히 조선정형연구회를 두기로 결정하고 그대로 실시하니 그 뚜렷한 성과 여부보다 중요한 것은 조선의 현실에 입각한 운동을 전개하겠다는 문제의식과 그에 걸맞는 실천이 뒤따랐다는 점이다.

④ 신인간자학 창설: 1926년 5월 21일 청년당 당위원회에서 일반 당원의 지식 향상과 의식적 교양을 위하여 연1차 이상의 자수·자학 공부를 모든 개인 당원에게 여행시키는 제도로 '신인간자학제도'를 창설하여 당원들의 자질 향상에 깊은 관심을 기울였다.

⑤ 시일학교 창설.

⑥ 당기관지『黨聲』발행: 1931년 4월 1일부터 당의 활동을 내외에 알리며 당원의 의식 교양 및 지식 향상을 위하여 월1회 발행으로 기관지 당성을 간행하게 되었다.

⑦ 간행물 출판.

⑧『자수대학강의』발행: 1933년 4월 3일 제7차 전당대회에서 지식 계급 당원의 전문가화와 사회 일반적으로 중등학과를 마치고 그 이상 학과를

수득할 길이 없는 처지의 조선 청년에게 전문적 지식을 수득케 하기 위하여 자수대학강의를 발행하기로 결정, 그 해 7월부터 종교, 철학, 정치, 경제, 사회, 예술, 체육 등의 7개 과목으로 된 대학 정도의 종합강의록『자수대학강의』를 발행하게 되었다.

⑨ 당학 창설: 1932년 5월 이후 전당적으로 실시해 오던 신인간자학제도가 막연하고 비구체적인 관계로 적극적 실효를 거두기 어려움을 느끼게 되어 1933년 12월 20일 청년당 중앙집행위원회의 결의로 당학제도를 창설하여 당원은 이 몇 가지 과목의 학과는 반드시 알아야 된다는 뜻에서 당학을 세우게 되었다. 정신, 민족, 생활, 건강의 사대 방면에서 1. 교리·교사 2. 조선어 3. 조선사 4. 농학, 5. 체육 등 5대 학과를 선택하여 필수학과로 한 바 이를 당학이라 명칭하여 1934년 1월부터 기관지 당성을 통하여 통신 교수 방법으로 실시하게 되었다.(『소사』, 157-178쪽 참조)

동학을 뒤이은 천도교는 후천개벽의 지상천국 건설을 목표로 한 종교 집단이었다. 그러나 높은 이념성 못지않게 현실적 실천성이 강했던 것이 이들 집단의 가장 큰 특징이다. 이는 여느 종교 단체의 행태行態를 뛰어넘는 것으로 우리 사회의 근대를 연 원동력이기도 했다. 초창기 동학시대와 3·1 운동까지 끊임없이 전개한 민족 운동 과정에서 이들이 얻은 것은 종교를 넘어서는 운동의 전위 역할을 해 줄 사회 세력이었다. 그 결과 나온 것이 청우당이었고 청우당은 그 전성기 내내 그 역할에 충실했다고 볼 수 있다. 물론 이는 천도교 특유의 교정쌍전, 교정조화라는 독특한 교리가 있었기에 가능한 선택이었다.

천도교의 교정쌍전론은 천도는 기본체에서 현현영묘의 무궁성을 가졌으나 활용의 방면으로 보면 다음의 두 가지로 나눌 수 있다는 전제에서 출발한다. 즉, 하나는 영적이며 하나는 물적이다. 전자는 성심 등을 수련하는 종교적 방면을 가리키는 말이요, 후자는 '수신제가치국평천하'를 요리하는 정치적 방면이다.

그러므로 천도교를 교리적 술어로 논할 때는 영육일치, 물심쌍전, 성신쌍수, 교정합치 등으로 표현된다. 이것은 인간의 지식이나 지혜로 이루어진 것이 아니라 하늘의 도인 천도의 원융혼일圓融渾一한 무위자연의 본성을 그대로 표현한 것이다. 따라서 천도는 천지 만물의 현상에서 나타나지 않는 곳이 없다.[97] 말하자면 천도가 안으로 성性을 지향하고 수양을 쌓는 것을 목적으로 하는 것이 교라 할 수 있고, 밖으로 나타난 것은 수신제가치국평천하를 추구하는 정치라 할 수 있다. 이런 논리 속에서 천도교의 현실 지향은 유사 이래의 전통이었으며 말하자면 그 결정판이 청우당이라 할 수 있다. 청우당은 천도를 실현하는 전위 조직이고 전위 정당이라는 이유는 여기에 있다. 이러한 전위의 역할은 일제시대를 관통하면서 그들의 활동에서 철저히 실현되었다. 물론 제한된 영역이었지만 그들의 7대 부문 운동 등은 당시의 민중에 큰 힘이 되었을 것이다.

2. 청우당의 운동 목표

청우당이 생기게 된 의의는 당헌 제1조 "천도교의 주의·목적을 사회적으로 달성코자 이에 시종할 동덕으로써 한 개의 유기체를 조직하여 그 명칭을 천도교 청우당이라 한다."고 한 부분에서 명확하게 드러난다.

즉, 첫째, '천도교의 주의·목적' 그대로가 당의 주의 목적이 된다는 것, 둘째, '사회적으로 달성코자'라 함은 현실적 정치적 의미를 표시한

---

97 물론 이 만물에서 가장 완전하게 천도가 나타나는 것이 사람이고 이것이 인내천 논리의 출발점이다.

것, 셋째, '시종할 동덕으로써 조직한다' 함은 천도교인 중에도 특히 천도교의 주의 목적을 사회적 정치적으로 실현하고자 하는 활동가만을 재조직한다는 것이다. 이것으로 보아 천도교 청우당은 천도교의 전위대, 별동체로서 천도교인 중 정치 운동가의 재조직이라고 정의할 수 있다. 그러므로 청우당은 그 자체 성격이 정치 운동을 주로 하는 천도교적 정치 단체라고 할 수 있는 것으로 청년 운동을 하는 단체와는 구별되는 것이다.[98]

청우당의 목표는 당의 주의·강령·정책에 제시되고 있다. 『소사』는 이 부분을 다음과 같이 적고 있다.

1. 주의

지상천국 건설이 우리 당의 주의이다. 이 주의를 달성키 위하여 다음과 같은 강령을 세운 것이다.

2. 강령

그물에 벼리가 있고 옷에 옷깃이 있는 것과 같이 당에도 그와 같은, 그것만 잡아 처들면 당 전체가 쑥 들리워짐과 같을 강령이(요항) 있을 것은 물론이다.

그런데 강령에는 단순하게 원칙만을 제시함에 그치는 원칙 강령과 그 원칙을 줄여서 일층 행동화시킨 행동강령의 2종이 있다고 할 수 있는데 우리 당이 가진 강령은 원칙 강령이다. 이 강령을 실행하는 순서와 수단에 대한 대체의 책이 없지 못할 지니 이것을 이른바 정책이라 하는 것이다. 당헌에 '본당의 주의 강령을 실현코저 정신 개벽을 기한다' 함은 정책의 극대체를

---

98 교리 강연부에서 청년회로 다시 청년당 그리고 최종적으로 청우당으로의 변천해 온 의미가 이를 증명한다.

의명한 것이다.

　· 사람성 자연에 맞는 실현!

　· 사인여천정신에 맞는 새 윤리의 수립![99]

　청우당의 주의와 강령과 정책은 당시 시국 관계로 그 표현이 막연하고 추상적 문구이지만 그 내용의 의미는 짚어 볼 수 있다. 첫째, 당의 주의를 지상천국 건설이라 하였으니, 지상천국의 내용을 순수 정치적 견지에서만 추상한다면 무침략·무압박·무착취·무차별의 진정한 평등 자유의 세계를 이룩하는 것이라고 하였다. 둘째, 당의 강령은 새 제도의 실현과 새 윤리의 수립을 내세웠으나 그 역시 이상적인 미래상을 말한다. 셋째 당의 정책으로서 정신 개벽·민족 개벽·사회 개벽을 기한다 하였으니, 이 정책에 와서야 비로소 당의 정치적 기본 이념이 표시되었다고 볼 수 있다.[100] 기실 청우당의 활동 목적은 이 민족 개벽과 사회 개벽 두 가지에 중점을 두었던 것이 사실이다. 민족 개벽이란 당시로서는 일본 제국주의 치하에서 우리 민족이 해방을 얻자는 것이 제일의 목적이었고, 사회 개벽이란 자본 사회의 제도를 개혁하여 무산 계급을 해방하자는 것이다.[101]

　이상 세 가지를 종합해 보면 청우당의 현실적인 정치 이념과 운동은 민족 해방과 계급 해방이었던 것은 분명히 알 수 있다. 원래 보국안민은 천도교의 신조이자 염원이니만큼 천도교의 그것은 곧 당의 이념이 된다. 그런데 해석상 보국은 민족 해방이 되고 안민은 계급 해방이 되는 점에

99 이어서 『소사』는 청우당의 삼대 개벽을 설명하고 있으나 정신 개벽 부분만 서술하고 민족 개벽과 사회 개벽 부분은 기술하지 않고 있다. 일제시대의 한계를 발견할 수 있는 대목이다. 『소사』, 136-137쪽.

100 이돈화의 삼대 개벽론 참조.

101 당시 우리 민족은 이중적 착취의 구조 속에 있었다. 이러한 이중적 착취의 논리는 일제하 조소앙에게서도 발견할 수 있다. 三均學會, 『素昂先生文集』下卷, 횃불사, 1976.

서 다시 의심할 여지가 없다.[102] 청우당의 이념적 논리를 체계적으로 정리해 놓은 청우당 최고의 이론서라고 할 수 있는 『당지黨志』[103]에서는 보국안민의 계책은 이미 수운대신사가 제시해 놓았다며 이를 세 가지로 구분해 설명하고 있다.

"輔國安民之策 計將安出乎?" 그러면 선생의 소신하는 보국안민의 책이란 과연 어떠한 것인가. 선생의 저서 중에서 其 大義를 추출하여 보면 선생의 보국안민의 책은 대체 삼대 요령으로 나누어 볼 수 있다. 一曰 신인간 창조 二曰 조선魂 把持 三曰 동귀일체 운동이 이것이다.

선생은 신인간 창조를 비유로 말하여 가로되 여기에 敵國을 향하여 출진하는 良將이 있어 자편의 군세를 조사하여 보았더니 군기, 군량, 군병이 다 질병 상태에 있다. 이러할 때에 諸君은 무엇으로부터 먼저 개조할 필요를 느끼겠는가 물론 군기 군량도 필요하리라. 그러나 그것보다도 급무는 군병의 질병일 것이다. 이와 한 가지로 우리 조선의 현상은 정치·경제·교육·종교·도덕·군사 모든 것이 질병 상태에 있다. 그러나 그보다도 급무중 급무는 인간의 질병 상태가 그것이다. 우리 조선인민은 人間 其者의 본질로서 무서운 질병 상태에 빠져 있다. 그러므로 보국안민에 대한 최선 급무가 인간개조이었다. 인간개조란 말은 인민을 정신적 질병 상태에서 구출하자는 것이라고 절규하였다. 이것이 우리교의 정신 개벽 운동이었다.

---

102 청우당이 가장 근원적인 민족주의 이념에 근거하고 있음은 보국안민 사상에서 발견된다.
103 『당지』는 청우당의 정치사상을 집대성한 것으로 야뢰 이돈화가 정리했으며 특히 북조선 청우당의 당원 훈련용 교재였다고 한다.(당시 북한에서 청우당원이었던 임운길 선생은 평양 역전 에 있었던 중앙당학교 강습에서 야뢰에게 이 교재로 직접 강의를 들었다 한다. 청우당의 교재는 이 밖에도 許文一씨가 썼다는 『黨論』이 있었다고 하나 전해지지 않고 있다.) 『당지』는 북의 청우당 중앙당 선전부에서 1947년 간행된 것으로 월남자인 노재극씨가 한 부를 가져와 재야 정치학인 임중산 선생에게 전함으로써 남한에서도 햇빛을 볼 수 있게 되었다. 연구자도 북한에서 출간된 낡은 『당지』를 임중산 선생에게서 구해 볼 수 있었다. 본 연구의 『당지』 참고도 1차 자료에 의존한다.

다음은 조선혼의 把持인데 조선인은 조선인이면서 조선혼을 망실한 민족이었다. 조선혼이란 대체 무엇인가. 조선혼이란 조선의 시조이신 단군 사상에서 찾아보면 천주 사상이 곧 조선혼이었다. 단군신화에 의하면 단군의 조는 곧 환인 천주이시므로 조선민족의 시조는 곧 천주이시다. 이 천주 사상은 수천년간 동방 문화의 원천이 되어 원시 덕치 생활을 계속케 하였다.

중국으로부터 유불선 사상이 들어오자 동방 천주 사상은 쇠퇴하였다. 수운 선생은 이 사상을 계승하여 천주 사상을 부활시켰다. 그러므로 수운 선생의 천주 사상은 서양으로부터 들어온 서도의 신교적 천주 사상이 아니요, 조선 고대 문화를 일으킨 동방 범신교적 천주 사상이었다. 수운 선생의 천주 사상은 종교적으로 보면 우주신인 범신적 천주신이며 정치적으로 보면 민족신인 조선혼이다. 민족신적 조선혼이 종교적 우주신으로 직관되면서 조선민족은 조선혼을 파지하게 되었다. 이 의미의 조선혼의 파지는 곧 천도교 신앙도 되며 보국적 혼백도 되어진다. 이것이 천도교 팔십칠년래의 보국사상이며 민족 개벽 운동이었다. 해방 이후 청우당이 다시 일어섰다. 청우당의 명사는 어찌 되었든지 그는 팔십칠년래 천도교의 정치 역사를 質로 하고 隨機表顯된 천도교 정치 운동이었다. 그러므로 청우당은 순수한 현실적 정치에만 관여하는 보통 정당이 아니요 윤리적으로 인간 개량을 의미하는 당이며 민족적으로는 혼을 파지하는 당이다. 정치적으로는 민족 통일을 목적하는 당이다. 그리하여 종교적으로 지상천국을 세계 만국의 위에 건설코저 하는 당이다.

셋째로 동귀일체 운동인데 현재 조선은 무엇보다도 민족 통일을 절규하고 있다. 그러나 알고 보면 이것은 일세기 전에 부르짖던 동귀일체 사상에 不外하는 것이다. 수운 선생의 동귀일체 사상은 조선민족은 조선혼인 천주 사상으로 一以貫之하라는 사상이었다. 민족 통일을 민족혼으로 일관하는 데는 누구나 이의가 없을 듯하나 만일 민족 통일을 정치적 압력으로 한다

든지 외래사상으로 한다든지 미신부패한 도덕으로 한다면 거기에는 누구
든지 이의를 가질 수 있다. 민족 통일을 민족혼으로 통일한다고 하여서 민
족이 제국주의의 침략 행동 배타 사상으로 전화하리라는 우려는 어느덧 구
식 사상이었다. 금일 이후 민족주의는 '민족은 세계공화의 단위가 된다는
입장'에서 각 민족이 세계공화의 일원으로 세계 행복을 공유하게 한다는
민족주의었다. 加之而 수운 선생의 천주 사상은 인내천적 세계관이 낳은
신인합일 사상인 점에서 이는 조선민족뿐을 통일할 사상이 아니요 세계 억
조를 오심즉여심의 至氣一元의 下에 총친화 총단결할 세계 일가 사상이었
다. 이러한 사상을 정치적 현실에 활용하여 지상에 이상적 천국을 실현하
고자 하는 것이 청우당의 사명이요 우리 교의 사회개벽운동이었다.(『당지』
12-19쪽 참조)

　인용문에서 알 수 있듯이 청우당의 운동 목표는 우선적으로 신인간 창
조를 통한 인간 개조에 있다. 이를 통해 근대적 난제를 해결하자는 것이
다. 그것이 일제시대에는 국권 회복의 민족 해방 운동이었다면 해방 후
에는 주권 회복의 민족 해방 운동으로서의 통일 운동으로 이어져야 한다
는 의미를 담고 있다. 이러한 민족 해방 운동, 즉 통일 운동에 신인간화
된 청우당원이 앞장서자고 강조하고 있음을 알 수 있다. 나아가 청우당
의 두 번째 운동은 그러한 운동의 바탕에는 민족혼이 담겨 있어야 하므
로 조선혼을 추구한다고 주장한다. 여기까지만을 강조하면 청우당 운동
은 다분히 국수주의적인 한계를 드러내는 것이 된다.
　그러나 한국 전통 사상 모두에서 발견되듯이 한국 사상은 그렇게 지엽
적이지 않다. 동학사상도 같다. 청우당이 주장하는 세 번째 운동이 동귀
일체 운동이다. 이것이 동학사상을 세계적 정치사상으로 발전시킬 수 있
는 근원이다. 즉, 조선인의 통일과 아울러 전 인류의 해방과 통일을 지향

하는 사상적 지향을 강조한다.[104] 여기에는 자유와 평등의 이념도, 자유
주의와 사회주의 사상도 모두 동귀일체되어 하나의 원대한 사상을 추구
하자는 사상적 통일의 달성을 통해 사회개조를 이룩하는 것이 청우당 운
동의 최종점이라는 것이다.

　결국 청우당 운동이 지향하는 정치 이념은 일제를 넘어서는 공간을 필
요로 했고, 그것의 구체적 정치 이념은 해방이라는 새로운 공간에서 제
시될 수 있었다.

제3절 해방 후 청우당의 정치 이념

　청우당은 1927년 8월의 제1차 대표대회까지는 그 주의와 목표가 명확
히 제시되지 못하고 있었으나, 제1차 대회를 계기로 당헌이 제정되면서
본격적인 이념 정당의 노선에 맞는 주의·주장 및 정강 정책이 성립되었
다. 그러나 청우당이 제시한 이념이나 주의는 일제라는 시대적·공간적
제약으로 인해 그 근본적 목표가 실현되기는 불가능했다. 결국 청우당
활동은 1937년 이후 지하화되어 갔고 1939년 4월 공식적으로 해체를 선
언했다.[105] 그러나 해방 정국은 지하화했던 청우당의 재출현을 가능케 하
는 충분한 공간이었으며 그 부활은 필연이었다. 비로소 청우당의 이념과

---

104 수운의 **布德天下**도 같은 의미이다. 그 덕을 우리 민족에게만 전하자는 것이 아니라 천하에 펴
자는 뜻이다.

105 국내에 있던 여느 단체들처럼 청우당도 일제의 침략 행위에 선전대 역할을 해야만 했던 아픈
기록도 이때 있었다. 즉 **1937년 7월** 일제는 천도교나 청우당 같은 전국 조직을 갖춘 단체에
전시 동원령을 내려 일제에 충성 명령을 강요하고, 일제 침략 행위를 정당화하는 내용의 시국
선언을 결의케 했으며 당 간부들에게는 당원들에 대한 지방 순회 강연을 강제했다. 이런 행위
를 끝으로 청우당은 해체되고 만다. 이는 아마도 일제의 강요뿐 아니라 그들 스스로의 최선의
선택이었는지도 모른다. 임종국, 『친일문학론』, 평화출판사, **1966**, **23**쪽 참조.

주의는 햇볕을 볼 수 있었고 새로운 시대에 적합한 정강 정책의 제시가 가능해졌다. 그러나 전술한 대로 청우당은 뜻밖의 분단으로 말미암아 남북한으로 이원화되어야 했다. 그럼에도 남북한 청우당 양자의 차이는 존재하지 않았다.

여기에서는 청우당의 정치 이념과 노선을 특히 해방 이후를 중심으로 살펴보고자 한다.[106] 청우당은 근본적으로 민족정신을 바탕한 민족 종교로 출발해 나름의 정치노선을 추구했기에 그 속에는 민족의식과 민족정신이 깃들어 있다. 따라서 그 근본의 의미는 변할 수 없는 민족 고유의 의식이 존재하고 있다. 해방 이후의 청우당 노선이 일제시대와 다르지 않은 이유도 여기에 있다.[107]

1. 청우당의 종지와 강령 그리고 목적[108]

1) 종지 : 인내천[109]

청우당의 종지는 인내천 사상으로서 그것은 구체적으로 본체상 인내

---

106 청우당의 정치 이념이 본격적으로 제시될 수 있었던 것은 역시 해방 이후일 수밖에 없다. 물론 청우당이 일제시대에 등장했지만 그것은 제한된 활동 영역이었다. 그러나 해방은 청우당을 공개 영역화했다. 비로소 청우당 아니 동학이념의 구체화가 가능할 수 있었다. 따라서 청우당의 진정한 이념을 규명하기에는 그들의 모든 것이 공개적일 수 있었던 해방 이후의 문건들을 주목해야 한다. 이러한 주목은 부족한 대로 일제의 제한된 자료를 극복할 수 있고, 청우당 스스로도 이념적 완숙을 달성한 뒤라는 장점을 가지고 있다.
107 이러한 주장은 다소 일제시대 정치 노선에 대한 규명을 도외시하는 무책임으로 들릴 수도 있다. 실제로 청우당 노선을 확인할 그 시절의 자료가 부족한 것도 사실이다. 그럼에도 전통성의 흐름이 존재하고 그것은 우리나라의 건국 이래로 계승되고 있다는 확신이 본 논문의 주제이니만치 청우당 노선의 변함없는 추구도 같다고 본다. 실질적으로도 청우당의 정치 노선은 해방 공간에서 발표된 문건들과 활동의 완성도를 평가해야 한다.
108 이하는 『당지』의 이론을 주로 참조함. 19-53쪽.
109 청우당의 종지로서의 인내천은 동학과 천도교의 중심 사상인 인내천주의의 정당적 표현이다. 특히 청우당 종지인 인내천은 지금까지의 인내천 사상을 최종적으로 본질과 실제의 측면에서 종합 정리하고 있다.

천과 응용상 인내천으로 나눌 수 있다. 본체상 인내천은 다시 종교적·사상적 방면의 양방으로 구별할 수 있다. 그것을 표로 나타내면 다음의 〈표2〉와 같다.

〈표2: 인내천의 의의〉

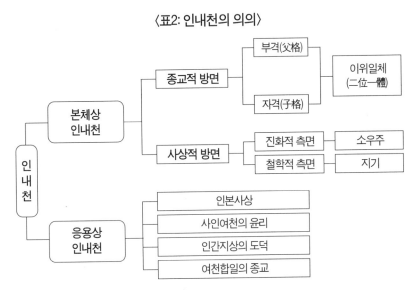

첫째, 종교적 방면의 인내천을 살펴보면,[110] 종교에서는 우주 본체를 인격화하여 천주 혹은 우주신이라 부른다. 그리하여 천지 만물은 다같이 우주 본체인 천주 혹은 신령의 조화적·자율적 화생으로 본다. 이런 의미에서 천지 만물은 자격子格이 되고 본체인 천주는 부격父格이 된다. 그러므로 본체(천주)와 현상(만유)은 일체이위一體二位이다. 범신관적 관점에서 주체는 만유의 내재적 본능이 된다. 그리하여 내재적 본능은 각자 고립적 실재가 아니요 영성으로 일이관지한 전일적 영묘불가사의의 무궁체

---

110 굳이 종교적 차원의 문제가 가장 먼저 제기되는 이유는 그만큼 종교의 역할이 크다는 의미이기도 하고 청우당이 천도교라는 종교를 바탕으로 하고 있기 때문일 것이다. 즉, 문화의 발생사로 보면 모든 진리보다 먼저 난 것이 종교이다. 종교는 사람이 날 시초에 사람성과 같이 난 것이다. 그것은 육체에 의식주가 필요한 것과 같이 정신 생활에는 종교가 필요한 까닭이다.

이다. 그 중에도 인간은 본체의 전일 성격을 비교적 구체적으로 품부하
였다고 본다. 다만 인간은 자유 의지의 작용에 의하여 본체의 본능을 현
상 생활에 전적으로 표현하지 못할 뿐이다. 그러므로서 인간을 본질로
볼 때에는 진실로 신의 자子, 즉 신의 분신이다. 다만 본체는 전일적이며
인간은 부분적 개체를 가진 구별이 있을 뿐이다. 인내천이란 이름은 이
러한 원리에서 생긴 것이다.

즉, 종교적 차원에서의 하늘과 인간의 관계는 일체이위로서 하늘은 천
주로 표현되는 본체를 의미하고 인간은 만유로서 현상을 나타낸다. 따라
서 이들의 관계는 부모와 자식의 관계이며 인간의 본질은 신의 분신이라
는 것이다. 그런데 여기서 인간이 신의 자, 즉 분신이면서도 신의 지인지
자至仁至慈의 성능과 전지전능의 행능을 표현하지 못하는 이유는 무엇인
가 하는 의문이 제기된다. 이는 인간 개체의 성능이 무명無明에 가까운 까
닭이다. 즉, 인간은 개성을 보호하고자 하는 물욕·번뇌·미망·악념 등에
빠지기 쉬운 동물인 까닭에 그 본체인 전능전명全能全明을 발휘하지 못하
고 스스로 번뇌 미망을 자작하여 자승자박의 무명의 고해에 빠져 천과
인의 구별을 짓게 된다. 그러므로 인간이 능히 천도를 수행하여 무명을
해탈하면 인내천의 본래 풍광을 얻게 되는 것이다. 이것이 종교적으로
본 인내천이다.[111]

둘째로는 사상적 차원에서의 인내천이다. 이는 다시 진화 사상의 측면

---

111 청우당의 모체인 천도교가 다른 종교와 다른 점은 여기에서 발견된다. 즉, 원래 종교의 목적
은 타계의 내세 생활에 있다. 예를 들면 불교의 서방 극락정토에 왕생한다는, 즉 사후의 영혼
이 육도 윤회를 벗어남과 같은 것이며 기독교의 내세 영생설과 천당이라는 다른 세계에서의
생활의 이상으로 말함과 같다. 그러므로 서구의 종교 이념으로 본다면 타계 내생의 교리가 없
으면 완전한 종교라 할 수 없다. 그러나 천도교의 특징은 내생과 현생을 같은 생의 계속적 현
실로 보며 다른 세계와 현실을 동일한 인생의 영토로 본다. 즉, 천도교의 특징은 통일 진리라
는 것이다. 마치 유불선에서 유는 身의 윤리를, 불은 性邊修鍊을, 仙은 氣邊養生을 목적으로
하되 천도교는 유불선·性身氣의 원리를 통일하여 교리를 삼은 것이다. 그러므로 천도교의 교
리 중에는 진리의 無所不在한 全的 원리가 들어 있다. 이것이 無極大道大德이다.

과 철학 상의 측면으로 구분된다. 우선 진화 사상으로 보면 진화 사상은 불완전이 완전으로 나간다는 의미에서 천지 만물은 일시의 창조 행동에서 된 것이 아니요, 일원적 우주 진화력이 도도한 자율적 조화에 의하여 지금의 우주와 같은 삼라만상을 만들어 낸 것이다. 그러므로 우주 진화는 전계단이 후계단보다 비교적 불완전하다. 즉, 후단이 전단보다 비교적 완전한 것이며 그리하여 인간은 우주 최후 계단에서 생성한 동물인 까닭에 인간성 중에는 우주의 전 성격을 구비한 측면이 있는 것이다.[112] 이것이 진화상으로 본 인내천이다. 진화를 다시 우주 진화·생물 진화·인간 진화의 3부로 대별하면, 우주 진화는 기초적 진화인 까닭에 풍수화토 시대의 무기적인 물리화학적 본능화라 할 수 있고, 생물진화는 곧 생명 진화이므로 동식물의 진화를 이름이며, 인간진화는 영성의 진화를 말하는 것이다.

그러므로 인간은 그 자체에서 물리화학적 본능, 생명·생리적 본능, 영성 본능의 3대 본능을 구비하였다. 즉 우주 자체의 전지전능의 본능이 무기물계 단계에서는 생명의 본능으로 표현되었으며 인간의 단계에서는 영생의 본능으로 나타난 것이니 이 영생의 본능이야말로 우주 본체의 참 성격을 구현한 것이었다. 이 점에서 인간은 소우주이며 소분천小分天이며 신령의 자격子格이라는 것이다.

다음으로는 철학 사상에서 본 인내천은 인간은 유심·유물의 본체인 지기적 본질을 구비하였다. 그러므로 인간은 정신과 육체에서 지기의 능력을 가지고 우주의 객관적 진리와 인간의 주관적 진리를 통일시킬 수 있다.

---

112 인간이 우주의 과실이라는 야뢰의 평소 주장은 이를 근거로 한 말이다.

사람은 한 개의 갈대다. 그러나 생각하는 갈대다. 사람은 一點의 火, 一滴의 水로도 그 생명을 파괴할 수 있다. 사람의 육체는 그만치 연약한 동물이다. 그러나 생각은 어떠한가. 천문, 지문, 인문, 천지인 삼재의 진리를 발명하고 만유의 본성을 탐구한다. 진리는 본래 객관적 존재인 동시에 주관적 존재이었다. 즉, 우주의 객관적 존재의 진리와 인간의 주관적 존재의 진리는 사고에서 합치되는 것이다. 인간 迷妄中에, 한 가지 예를 든다면 인간은 우주의 子이며 동시에 宇宙其者의 化生物이면서 우주 기자와 인간 자기와를 분리하여 가지고 우주와 자기와는 아무 관계 없는 객관물로 인정하는 것이다. 이것이 인간에게 迷妄이 생긴 원인이었다. 그리하여 인간의 사고, 그것도 우주와 분리하여 자기는 우주 밖에 존재하면서 우주를 사고하는 것처럼 생각하는 것이다. 그것이 인간과 우주를 분리하게 하는 원인이다. 인간의 肉的 及 靈的 존재는 다같이 우주의 원리에서 所産한 것이라 하면 인간이 생각한 모든 진리는 우주간의 고유자재한 것일 때 분명한 것이다. 그러므로 인간의 문화란 것도 기실에 있어서 宇宙其者의 문화인 것이다. 인간의 발명, 창조, 창작, 창건이라는 것도 우주간의 先存的 진리를 각오한데 지나지 않는 것이다. 그러므로 주관과 객관은 동일한 존재인 동시에 동일한 근원이었다. 이 점에서 인간은 이 지상에서 능히 우주의 주인공이 되어 만유의 영장이 된 것이다. 이 역시 인내천의 본체의 하나이다.[113]

본체상의 인내천은 이처럼 인간 본질이 하늘과 하나임을 자각해 모든 우주 만물의 현상을 이해할 때 인간이 만물의 주역이자 가장 위대한 존재라는 점을 역설하고 있다. 따라서 이러한 기본 인식을 바탕으로 이를 응용한 실제로서의 인내천 사상을 『당지』는 정리하고 있다. 즉 응용상 인

---

113 『당지』, 22-26쪽.

내천은 위에서 지적한 본체상 인내천의 진리를 실생활에서 응용하는 것을 나타내는 것으로, 인내천은 인본 사상도 되며 사인여천의 윤리도 되며 인간 지상의 도덕도 되며 여천합일의 종교도 되며 평등·자유의 제도도 될 수 있다는 것이다. 하늘과 합치된 인간이고 보면 그것은 당연한 결론일 수 있다. 보다 구체적으로 먼저 인본 사상으로의 응용은 다음 인용구에서 여실히 드러난다.

> 인본 사상은 인간을 본위로 하고 모든 인문을 건설하자는 것이니 과거 神 본위, 心 본위, 物 본위사상 등은 다같이 인간 본위를 망각한 문화이었다. 과거의 모든 종교는 인간성의 실재를 망각하고 唯神만을 실재 본위로 하여 문화를 건설한 것이라든지 심본위 사상이 唯心 본위로 하여 유심 편재의 문화를 주장한 것이라든지 자본주의 사상이 황금만능을 본위로 하여 인간을 노예로 한 것과 唯物 본위가 인간의 지위를 墜落하게 함과 같음은 다 인간 본위를 망각한 것이다. 그러므로 금일 이후의 인간 문화는 살아 있는 인간 그대로의 인간격을 실재 본위로 하고 모든 문화를 건설하자는 것이다. 인본위 사상은 자아의 발견이며 인간 자기의 발견이었다. 인간은 원시 존재 이래 인간 이외의 타물을 실재 본위로 하고 생활 문화를 창건하였던 것을 이제는 인간 자기야말로 실재 본위라는 것을 각오하고 모든 제도와 문화를 인간 본위 위에 건설하자는 것이다.[114]

지금까지의 신·심·물 중심에서 벗어나 인간 중심의 문화를 건설하자는 것이다. 즉, 중세의 신본위시대와 자유주의의 물본위시대 그리고 공산주의의 물본위시대를 이제는 모두 통합해 인간 자신의 문제로 돌아오

---

114 『당지』, 27-28쪽.

는 인간 본위의 문화를 창조하자는 것이 인내천 사상의 첫 번째 응용이다. 좀더 나아간 실생활에서의 응용은 정치에 있어 이상적 민주주의, 경제에 있어 공동 생산·공동분배주의, 문화에 있어 대중문화주의, 교육에 있어 보편타당주의, 도덕에 있어 평등자유주의 같은 것을 의미한다고 할수 있다.

두 번째, 사인여천의 윤리라는 것은 인간은 그 본질이 천주의 자구이므로 천주에게 경의를 표하는 마음으로 인간에게도 사인여천의 경의를 표하는 만인 평등의 윤리를 창건하자는 것이다. 즉, 전근대적인 존비귀천의 차별을 철폐하는 것은 물론 부자형제·장유 간에도 질서의 차별을 정연하게 하는 동시에 인간격의 본질의 평등을 인내천의 원칙에서 인정함과 같은 것이다.

세 번째, 인간 지상의 도덕이라 함은 스스로가 인내천, 즉 천주의 아들인 것을 확인하고 인간격의 존엄을 인식하는 동시에 경천·경인·경물의 원리를 활용하는 것이다. 즉, 강도와 같은 악인이라도 그 행위는 어디까지든지 미워할 수 있으나 그 천부의 본성에는 경의를 표하여 대하며 초목과 생물을 이용후생할지라도 그 생물의 본질을 학대하지 않는 것을 말한다.[115]

네 번째, 여천합일與天合一의 종교는 곧 인내천의 종교를 의미하며 평등·자유의 제도는 악평등·악자유를 제재하는 반대로 평등 중에서 차별적 조화가 있고 차별 중에서 평등적 조화가 있고 차별 중에서 평등적 동귀일체가 되는 제도를 건설하는 것이다.

---

115 이러한 의미에서 김지하가 주장하는 대로 '만물에서 오로지 인간만을 중심으로 생각하는 환경운동이 아닌 만물의 존재 그 자체를 존중하는 생명운동으로의 전환'은 매우 의미 있는 것이라고 평가된다.

2) 강령 : 물심일원, 성신쌍전, 교정일치

청우당의 강령은 천도교 교리의 철학적 측면을 바탕으로 한다. 특히 천도교의 핵심적 사상이라 할 수 있는 물심일원物心一元, 성신쌍전性身雙全, 교정일치敎政一致는 그대로 청우당의 강령이 된다.[116]

(1) 물심일원

천도교는 기본적으로 유심론도 유물론도 아니다. 유심론이며 동시에 유물론이다. 이러한 비물비심非物非心 즉물즉심卽物卽心의 원리를 파악하기 위해서는 천도교의 우주 본체론인 지기 일원론을 이해할 필요가 있다.[117]

천도교에서 말하는 신은 범신관적 일신관이다. 천주의 신력이 靈妙不思議의 體인 至氣로 표현되고 지기 자신이 자율적 조화로 能心能物의 만상의 본능과 형상으로 화한 것이다. 그러나 천주와 지기의 본체는 동시에 만상을 초월하여 恒久 自存 自律이었다. 이것이 범신관적 일신이었다. 지기는 물과 심을 창조할 만한 영표의 체로 만유를 스사로 표현하게 하고 자율 자존적 본능으로 만유의 중에 존재하면서 동시에 만유를 초월하였다. 만유 중에 존재한 지기는 생로병사의 무상 변화를 가진 동시에 항구불변의 靈妙를 지속하는 만유의 본체가 되는 것이다. 지기는 우주의 본체가 되는 동시에 유심과 유물은 우주의 作用的 良能이 된다. 본체는 불변이며 작용은 常變이었다. 그러므로 지기일원론은 지기는 우주의 본체가 되며 유물과 유심

---

116 종교에서 강령을 분명히 표시할 것은 없다 할지라도 천도교와 같은 교정쌍전의 종교에 있어 는 강령을 표시하여 당의 이념적 기초를 제공한다. 『당지』, 31-36쪽 참조. 이 강령은 청우당 의 4대 강령에 비해 훨씬 포괄적 의미를 담고 있기에 '대강령'이라고 할 수 있다.

117 천도교의 우주 본체론은 天主와 至氣를 들 수 있다. 천주와 지기는 이위일체이다. 천주는 광 원이라 하면 지기는 광선과 같다. 천주는 물이라 하면 지기는 물의 유동이다. 그러므로 천주 지기 萬有는 천도교 우주관을 구성한 3대 본질이며 동시에 삼위일체의 묘능을 가졌다. 즉, 천 주와 지기는 만유로 형상화되어 우리 앞에 나타나는 것이다.(제3장 참조)

은 지기의 작용에 불과한 것이다. 물심은 지기의 작용이 되고 지기는 물심의 본체가 된다. 心은 지기의 내적 존재이며 物은 지기의 외적 표현이다. 외적 표현은 변화를 의미하고 내적 존재는 항구 상존을 의미한다. 고로 지기는 變·不變과 常·不常의 조화적 모순을 가진 靈妙의 體이었다.[118]

청우당 강령의 물심일원은 동학사상에서도 누누이 강조하는 유심론과 유물론의 진보적 결합이다.[119] 이것은 동양적 사유 체계에서도 지속적으로 추구되는 이념으로서 청우당은 그것을 당 강령에까지 제시했다는 점에서 의의가 크다고 할 수 있다.

지기를 통해 발현되는 물과 심이니만큼 만유에 이것은 공존하는 것이고 특히 만유의 최상위인 인간에게서 물·심은 더욱이 분리될 수 없는 존재들이다. 물은 만유의 본체이고 심은 만유의 작용이며, 전자가 만유의 외적 표현이면 후자는 만유의 내적 존재이다. 따라서 심은 항구불변의 존재라면 물은 변화의 존재이다. 결국 청우당에서는 물심일원을 통해 서구 사상의 근본적 난점을 해결하고 있다.

(2) 성신쌍전

성性은 개성을 말하는 것이며, 신身은 사회적 생활을 의미하고 전全은 해방으로부터 완전함으로 가는 것을 말한다. 인내천주의에서 성신쌍전은 개성의 완전 해방과 사회적 생활의 완전 해방을 의미한다. 인간지상주의로 보면 인간은 역사적 과정에서 성적 속박과 신적 속박을 받아 왔다. 인내천주의는 그 양쪽을 모두 해방하는 목표를 가진 것으로 이것이 성신쌍전이다. 인간의 존재도 지기의 무사불섭無事不涉 무사불명無事不命의

---

118 『당지』, 34-35쪽.
119 동학사상의 동귀일체론도 같은 의미로 해석될 수 있다.

본성에서 화생된 존재이다. 심心은 지기의 내적 존재이고 육체는 지기의
외적 표현이다. 외적 표현인 오관五官은 자연 율법인 시공의 약속과 제재
를 받게 되고 내적 존재인 심心은 절대 자유인 자유 의지로 나타난다. 이
러한 지기의 양면 작용은 인간을 우주 본능의 표현으로 나타나게 한 것
이다. 절대 자유와 절대 제약은 우주 구성의 두 가지 능력이다. 수운은
이러한 모순적 조화를 "형체는 있는 듯하나 특별한 상이라고 할 수 없고
볼 수 있는 듯하나 보기 어려운 것(如形難像 如聞難見)"이라 하여 인간의 지
식이나 문화로 추측하지 못한다고 하였다. 인간의 성과 신은 이처럼 지
기의 물심 양능의 조화로 출현하였다.

그러므로 인간은 지기 성능을 구체적으로 가지고 나왔다. 이 점에서
인간의 도는 성신쌍전에 있다. 일찍이 동학이 유·불·선 합일이라 한 것
도 성신의 원리를 유불로 나타내고 선으로 양자를 조화했다는 의미이다.
즉, 성신쌍전은 '유儒는 신身을 상징한 것이요, 불佛은 성性을 상징한 것이
며, 선仙은 기氣를 상징한 것이다.'[120]

(3) 교정일치

성신쌍전의 이치에 의해 천도교는 전적 생활을 사람에게 교시하고, 그
이치에 의해 정치와 도덕의 문제는 인간에게 있어 결코 분리할 수 없는
것이 된다. 그러므로 인내천 생활에서는 그것이 제도로 나타날 때는 정
이 되고 교화로 나타날 때는 교가 된다. 따라서 천도교에서는 세상을 새
롭게 함에 있어 정신 교화를 존중하는 동시에 물질적 제도도 중시하여
그 양자를 병행하는 교정일치를 주장한다.[121] 교정일치는 성신쌍전의 원

---

[120] 유교가 인간의 신체 규범을 가장 준수하고, 불교는 인간의 본성론에 치중하며, 선교는 기력
에 집중함이 같은 이치로 해석될 수 있다.
[121] 그러나 천도교와 청우당의 관계는 교정일치라기보다는 교정쌍전이고 교정 조화에 더 가깝다

리에서 발생한다.

> 教는 率性의 도를 이름이요 政은 齊家治國의 책을 이름이다. 솔성에 修
> 道齊家를 말함도 교정일치이며 제가치국에 率性修身을 本으로 하는 것도
> 교정일치의 필요이었다. 성신쌍전의 원리에 있어 유물유심의 敎化는 鳥의
> 兩翼과 같다. 유심이 유물을 勝하면 인간세계를 文弱空寂에 빠지게 하는
> 폐가 있게 되고 유물이 유심을 승하면 인간은 野卑低劣의 지위에 수락하게
> 한다. 그러므로 교정일치의 도에서 心的 精神文化와 身的 物質文明을 평형
> 으로 保持하게 하여 靈肉合一의 治平을 圖하게 하는 것이다.[122]

원래 동학과 천도교의 역사는 교정조화의 역사였다. 교와 당은 일체양
면이며 이위일체였다. 교는 광원과 같다 하면 당은 광선과 같다고 할 수
있다. 이 진리는 천도교 및 그의 신자로 조직된 청우당과의 관계에서 더
욱 그렇다. 천도는 기본체에서 현현영묘의 무궁성을 가졌으나 활용의 방
면으로 보면 영적인 측면과 물적인 측면을 아울러 포용하고 있다. 영적
인 측면이 성심 등을 수련하는 종교적 방면이요, 물적인 측면은 이상세
계를 구상하고 실천하는 정치적 방면을 말한다고 할 수 있다. 그러므로
천도교를 교리적 술어로 논할 때는 영육일치, 물심쌍전, 성신쌍수, 교정
합치 등의 전일교체全一敎體로 표현하는 것이다.

말하자면 천도가 안으로 나타난 것을 솔성지위도率性之謂道 수도지위교
修道之謂敎라 하는 교라 할 수 있고, 밖으로 나타난 것을 수신제가치국평천
하라 하는 정치政治라고 할 수 있다. 이러한 논리로 천도교의 역사가 교정

고 할 수 있다. 이돈화, 『천도교창건사』 제3편, 1933, 67쪽 참조.
122 『당지』, 35-36쪽.

쌍전과 교정조화의 역사로 일관되었음이 주지의 사실이다.[123]

3) 목적 : 보국안민, 포덕천하(지상천국)

천도교의 목적은 교정일치하에서 보국안민·포덕천하이다. 보국과 안민은 단계적 목적이 되고 포덕천하(지상천국)는 이상적 목적이 된다. 즉, 보국 이후에 안민이요, 안민 이후에 지상천국에 달하는 것이다.

(1) 보국안민

보국은 민족주의의 출발 단계라고 청우당은 인식하고 있다. 따라서 일제시대는 그 시대에 적합한 보국의 노력이 필요했다. 그리하여 청우당은 일제시대 내내 조선 독립과 민족 해방을 위한 줄기찬 투쟁과 문화 운동을 통해 조선혼의 회복과 보존을 계속해 왔다. 즉, 보국을 "민족을 왜적의 속박에서 해방케 하며, 민족의 완전 독립을 기하여 문화생활 수준을 세계 각 민족과 일치케 하며, 그리하야 민족으로서 세계 공화에 적합되도록 향상·진화"[124]를 목적으로 추구했다는 것이다.

그 결과 수운의 예언대로 '개 같은 왜적놈을 한울님께 조화 받아 일야

---

123 신미년(1871) 이필제의 난에서부터 계사년(1893)의 교조신원운동, 갑오년(1894)의 동학혁명, 갑진년(1904)의 개화운동, 기미년(1919)의 만세운동, 신문화 운동, 멸왜기도 운동 등 등 동학과 천도교의 역사는 종교의 자유만을 갈구하는 종교적 차원의 운동으로 머물지 않았음을 우리는 주목해야 한다. 왜 동학교도는 약 40여만 명의 순도자를 내면서도 끝임없는 저항의 열기를 이어가고 있는가의 이유는 바로 교정쌍전의 이념에 있다. 그러나 특기할 점은 우리 전래의 전통적 통치 형태는 단군 이래로 제사장이 통치하는 교정일치였다는 점이다. 우리에게 그러한 전통이 언제 단절되었는지는 알 수 없으나 지금도 전통적 농어촌의 마을 어른은 마을의 제사를 모두 주관하고 있다. 그런 마을일수록 더욱 단결하고 있음은 무엇을 의미하는가. 또한 교정일치를 원시적인 형태로 치부해 그런 주장 자체가 웃음거리인 듯한 것이 오늘의 풍토이나 그렇다면 과연 이슬람국가나 티벳, 영국 같은 국왕이 국교의 수장이 되는 통치 형태는 어떻게 설명되어야 하는지, 성급히 우리의 전통적 사고를 고려없이 방기해 버리는 것은 아닌지 돌이켜 보아야 할 것이다.

124 『당지』, 36-37쪽.

간에 소멸'[125]하였다. 그러나 해방 후의 사태 또한 수운은 예언하고 있다. 즉, "무병지란 지난 후에 살아나는 인생들은 한울님께 복록 받아 수명을랑 내게 비네."[126]라고 한 것이 그것이다. 왜적은 소멸되었으나 완전 보전은 되지 않았다는 것이며 또한 '무병지란은 계속된다'고 하였다. 즉, 무병지란이 지난 후에야 완전 해방이 된다는 의미이다. "무병지란이 그치고 만국병마가 자퇴할 방책은 무엇이냐." 이것에 대한 대답을 청우당은 신인간으로 극복하자고 한다. 조선혼을 가지고 신인간으로 동귀일체가 되는 것이 청우당의 보국 방책이다.

보국의 다음 단계는 안민이다. 안민은 민주적 정권과 민주적 생활권을 말한다. 보국이 완전 독립을 말한다고 했을 때 일시의 타율에 의한 독립과 같은 것은 도리어 멸망의 길로 들어가는 퇴보의 길이다. 그러면 완전 독립으로 항구 안민을 도모하는 방책은 무엇인가. 여기에는 세 가지 기초 방책이 있어야 한다고 『당지』에서 지적한다.

첫째가 경제 기초의 확립이다. 경제 기초가 없는 독립을 완전 보국이 될 수 없는 동시에 백성을 빈궁의 질병에 빠지게 하는 것이다. 경제 기초라 하는 것은 국내에 있는 幾個人의 大富라든가 또는 일시 투기적으로 저축된 국민의 금전을 말하는 것이 아니다. 그러한 부력은 지상의 潢潦와 같아서 시간적으로 고갈하는 것이다. 그러므로 완전한 경제 기초는 국민의 노력에 있는 것이다. 國民全體皆勞의 정신에 의하여 직업에 취하지 않으면 안 된다. 금일의 조선과 같이 국민의 직업적 의욕이 쇠퇴하고 또는 직업에 취할 직장이 없으며 국민의 대부분이 遊衣遊食을 꾀하는 경우에는 완전 독립이

---

125 『용담유사』 「안심가」.
126 위의 글.

있을 수 없고 더구나 안민의 방책이 있어질 수 없는 일이다. 국체와 정체는 무엇으로 되든지 그것은 둘째 문제이다. 조선의 금일의 현상은 생산 제일 주의로 나가지 않으면 안 된다. 衣食足而知禮節이란 말은 고래 유명 격언이 되어 왔다. 문화의 향상도 좋고 도덕의 발달도 좋고 교육 종교도 좋다. 더구나 독립국 체면을 유지하는 모든 외교 치례도 있어야 하리라. 그러나 그것이 다 족하다 할지라도 경제 기초가 서지 못하면 모든 것이 따라서 멸망할 것이다. 경제 기초래야 뉘가 당장 없든 부를 만들자는 것이 아니다. 국민 전체의 의식과 실행력만 바루 선다면 즉 國民皆勞의 정신과 실행력만 있다면 경제 기초는 그날로 성립되는 것이다. 그러한 실행이 십년만 계속된다면 조선의 천지에는 萬挽不拔의 이상적 국가가 수립될 수 있다.

둘째는 자치적 치안 유지다. 안민과 치안은 이위일체다. 치안이 없는 곳에 안민이 없는 동시에 안민이 되랴면 치안의 기초가 확보되어야 한다. 치안을 권력으로 유지하는 것은 水亂을 策防으로 막는 것과 같이 소위 道高一尺에 魔高一丈이 된다. 그러므로 自古治安의 道는 법으로 한울님보다 인민 자체의 도덕률에 의하는 것이 원칙이다. 民無恒産이면 無恒心이란 말이 있거던 치안에는 먼저 인민의 항심을 養하여야 하고 항심을 양하는 도는 인민에게 항산을 주어야 한다. 이상에 말한 경제 기초의 확립은 치안의 도에도 선결 문제가 된다. 치안은 항산적 항심 문제에만 있는 것이 아니다. 항산에 의하여 치안을 유지하게 하는 것은 외적이요 내적이 아니다. 내적 치안은 인민에게 敎化를 주어야만 한다. 종교의 신앙 자유를 주는 것은 물론이거니와 사회도덕을 고취하는 사회교육도 필요하고 氣化運動을 일으키는 예술적 교화도 필요하다. 치안의 극치는 경찰권이 없어도 인민이 능히 자치 생활을 할 만한 후에야 자립자주의 독립을 할 민족이 된다. 적어도 십에 반은 그러하여야 된다.

셋째는 정치 훈련이다. 민주 국가란 말은 인민 자체가 정치의 주권이 된다는 말이다. 그러므로 민주 국가 건설에는 인민 전체가 정치훈련과 정치에 참여할 자격을 가져야 한다.[127]

보국 뒤의 안민의 단계는 완전 독립과 항구적인 안민의 방책을 말한다. 보국을 통한 민족주의의 실현은 하나의 국가가 설립될 수 있는 가장 기본적인 토대이다. 따라서 하나의 국가와 민족이 존재하는 한 민족주의의 실현인 보국의 추구는 당연한 것이다. 보국의 실현이 이루어지면 그 독립된 국가의 발전과 보존의 문제가 제기된다. 이는 안민으로 실현된다. 안민은 국민의 노력으로 실현되는 경제적 기초의 성립과 자치적 치안의 유지 그리고 끝으로 그러한 정치적 독립체가 유지되는 데 가장 중요한 국민 개개인의 정치적 능력 함양을 위한 정치 훈련을 통해 이루어진다. 그러나 지나친 보국안민의 강조는 퇴행적 민족주의에 다름 아니다. 동학사상의 경우처럼 청우당은 민족주의를 뛰어 넘는 인류주의, 세계주의를 제시하니 그것이 포덕천하이다.

(2) 포덕천하

포덕천하(지상천국)는 천도교의 이상이다. 청우당은 엄정한 이 현실을 개척하면서 지상천국의 위대한 이상에 나아가자는 것이다. 원대한 국민은 원대한 이상을 가져야 한다. 원대한 이상을 가질수록 엄정한 현실을 쉽게 개척한다. "사슴을 쫓는 자 태산을 보지 못한다."는 말이 있다. 사슴이 현실이라 하면 태산은 이상이다. 사슴이라는 현실에 희망의 세력이 집중하고 보면 태산 같은 높은 곳도 부지중에 답파한다는 뜻이다. 청우당은 그러한 이상[128]을 현실 세계에서 추구하는 이념 정당이다.

---

127 『당지』, 39-44쪽.
128 『당지』는 이 이상을 美人이라고 표현하고 있다. 즉, 지상천국의 이상은 우리 신앙자의 가장

청우당의 모든 논리가 그러하듯이 포덕천하도 수운의 지적으로부터 시작한다. 즉, 수운은 이상천국이 가까워 옴을 예언하며 그것을 맞을 준비가 필요하니 우선 만연하고 있는 갖가지 질병을 치료해야 한다고 지적한다.

인류 출생 이래 幾萬年 동경하면서 거러오던 彼岸이요 萬古 名人 水雲先生이 指點讚美하던 지상신선의 이상이다. 선생은 왈 '春來消息應有知 地上神仙聞爲近'이라 하였다. 춘래소식이란 것은 세상이 지상천국에 가까워 오는 진화적 소식을 이름이다. 그리하여 선생은 지상천국을 맞이하는 준비로 濟人疾病의 원리를 가르쳐 주었다. 선생은 災禍의 존재를 질병상태로 상징하였다. 정신의 번뇌를 정신적 질병이라 하였고 육체의 고통을 육체적 질병, 사회제도의 결함을 사회적 질병이라 하였다. 이상 삼대 질병 중에 영과 육의 질병은 개인의 수도력에 의하여 능히 勿藥自效되는 원리를 설파할 뿐 아니라 선생 자신이 직접으로 체험하고 또는 사람에게 실행하였다. … (中略) … 영육의 정신을 물약자효하는 원리는 오직 수도력 여하에 달렸다. … (中略) … 사회적 질병은 사회제도의 결함으로부터 생하는 질병 상태이므로 그는 일개인의 힘으로 되는 것이 아니요 億兆一心의 노력에 의하지 않으면 안 된다. 억조일심의 力이라는 것은 이상에서 개술한 동귀일체의 心力을 이름이며 동귀일체는 偶然 又는 僥倖投合으로 되는 것은 아니요 億兆本有의 천주 혼 즉 인내천의 혼이 아니면 안 된다. 예하면 만일 조선인이 인내천을 믿고 각기 자아 고유의 천주혼을 환기하게 한다면 동귀일체는 一朝의 事이며 신국가 건설과 보국안민도 如反掌의 일이 될 것이다. 그리하

동경하고 연애하는 이상적 미인이다. 望美人兮天一方이라는 古詩처럼 미인은 이상을 대표한 것이다. 같은 의미로 『당지』는 콜롬버스의 미국 발견 역시 원대한 이상을 가진 자의 실행이 이룬 쾌거라고 지적하고 있다. 『당지』, 45쪽.

여 지상천국의 건설도 영원의 이상이 아니요 한 개의 작은 교량을 隔하여 있는 피안의 세계에 지나지 아니 하리라.[129]

즉, 포덕천하의 세상을 맞기 위한 준비를 위해 질병의 제거가 필요하니, 우선 정신적 질병과 육체적 질병은 개인의 수도력으로 치유가 가능하나 사회적 질병은 개인 차원이 아닌 사회적 차원의 해법이 필요함을 지적하고 있다. 이는 바로 청우당원의 임무라고 할 수도 있는데 사회 전체에 동귀일체의 심력으로 인내천의 혼을 불어넣어 주어야 한다는 것이다. 동학적 세계주의라고 할 수 있는 포덕천하의 달성은 사회적 질병이 극복되는 순간이고 그 시기는 청우당원의 노력 여하에 달렸다고 말하고 있는 것이다.

그러면 청우당에서 주장하는 포덕천하의 이상 사회는 구체적으로 어떤 사회를 지향하는 것인가. 이를 『당지』에서는 '덕치의 세계'라고 지적하고 있다. 동양적 전래의 '이상국가론'이 청우당의 이념에서도 여전함은 여기서도 발견할 수 있는데 법치와 인치를 초월하는 덕치의 이상론을 청우당의 이상으로 삼고 있는 것이다. 그러나 같은 덕치라 해도 청우당의 덕치 세계는 과거의 덕치와 구분된다.

즉, 청우당의 덕치는 후천 덕치를 이름이고 과거의 덕치는 원시 덕치를 말한다. 원시 덕치시대는 역사 이전(동학적 표현으로는 후천에 대비되는 선천을 의미함)의 덕치로 동양의 노장 사상이나 서구의 바쿠닌, 크로푸트킨 등이 거론했던 원시 공산 사회이다. 이 시대는 인간이 천연·자연의 본능에 순응하는 것으로 인류 성장의 유년시대에 비유될 수 있다.[130] 후천 덕치에

---

129 『당지』, 45-48쪽.
130 이 세계는 자연스럽고 순박한 생활의 세계이다. 구성원들은 신조가 강하고 약속을 잘 지키고 상호부조의 본능이 강하고 생존 경쟁의 악투쟁이 없고 소유제도가 없으며 소유욕이 없었다.

대해서는 다음과 같은 설명이 이어진다.

> 그러면 후천의 덕치시대는 어떤 세계일까. 선천의 덕치시대는 赤子的 德
> 治임과 반대로 후천덕치시대는 老成的 德治이었다. 赤子가 청년 장년의 慾
> 嗜的 經驗을 지낸 후 인간성 자연의 수련으로 從心所欲不逾規矩라 하는 道
> 成德立의 德治이었다. 선천 덕치시대를 種子的 덕치시대라 하면 후천의 덕
> 치시대는 果實的 덕치시대이었다. 지하의 종자가 根, 莖, 枝, 葉, 花 등의
> 계단을 지나 과실로 화함과 같이 태고의 덕치생활이 분열로 과학적 경험을
> 쌓아 가지고 그를 다시 종합 통일하는 과실적 덕치시대이었다. 이러한 덕
> 치시대에는 이상에 말한 삼대 질병 상태가 소멸되고 만다. 이것이 천인합
> 일의 인내천의 생활이다. 수운 선생은 이 시대가 필연적으로 도래할 것을
> 예고하여 "一天之下의 變復運數 다시 개벽 아닐런가 요순성세 다시와서 國
> 泰民安 될 것이다." 云云 요순성세라는 것은 덕치를 의미한 시대이었다. 변
> 복운수는 왔다. 다시 개벽은 어느덧 기정사실로 나타났다. 요순성세는 다
> 시 지상에 윤회한다. 그러나 이 윤회의 결과는 분열에서 통일로 나아가는
> 최고 진화의 윤회이었다. 신세계는 온다. 신세계는 온다.[131]

2. 청우당 강령 해석

청우당의 강령은 일제시대인 청년당 시절[132]에는 2대 강령으로, 해방
후 재창당된 초기에는 4대 강령으로 되어 있었지만 1948년 2차 전당대

이것은 그들의 지식에서 나온 것이 아니요 사람성 자연으로 자재한 도덕이었다. 그러므로 그
들에게 국가적 권력과 법률적 제재가 없어도 능히 행복의 생활을 하였다. 『당지』, 50쪽.

131 『당지』, 51-53쪽.

132 『소사』에 의하면 청년당 시절의 강령은 '사람성 자연에 맞는 지상천국의 실현', '사인여천에
맞는 새 윤리의 수립'의 두 가지였다. 『소사』, 136쪽.

회를 통해 3대 강령으로 정착되었다. 이는 제4강령의 의미가 제3강령에 포함된다고 보기 때문이었다.[133] 아래의 『당지』에는 4개 항으로 되어 있다.

일. 民族自主의 이상적 민주국가건설을 期함.

이. 事人如天의 정신에 맞는 새 윤리 수립을 기함.

삼. 同歸一體의 신생활에 基한 신경제 제도의 실현을 기함.

사. 國民皆勞制를 실시하여 日常輔國의 철저를 기함.

으로 되어 있다. 청우당의 정치 노선은 강령을 통해 보다 구체화되고 그의 지향하는 주의가 실생활에의 적용성을 검증받을 수 있게 된다.

1) 민족 자주의 이상적 민주 국가의 건설을 기함

천도교는 천도의 진리를 세계관으로 요약하여 인내천으로 종지를 삼았다. 인내천은 세계 각국의 사상을 통일하여 내포하고 있을 뿐 아니라 시기상으로도 인간 소외와 올바른 가치관이 붕괴되는 인류사적 위기인 오늘에 등장해 그 활용의 가능성이 더욱 풍부해지고 있다. 청우당의 강령은 이러한 원대한 입장에서 출발한다. 우선 세계적 차원에서의 인내천 활용은 민족이라는 기초 단위에 대한 바른 이해를 바탕으로 한다. 먼저 청우당의 민족관은 어떠했는지를 살펴보자.

청우당의 민족관은 천도교 정적政的 영역의 핵심이다. 국가는 민족으로 구성된 권력 단체다. 단일 민족으로 구성된 국가도 있고 복수 민족으로 구성된 것도 있다. 단일 민족은 혈통이 같고 역사가 같고 언어·문자·풍

---

133 임운길 천도교 상주선도사(전 청우당원) 증언. 여기서는 『당지』의 해석에 따라 4강령을 포함시켰다.

속·습관이 같고 문화가 같고 경제적 조건이 같고 최종으로 공통 숙명을 가졌다. 단일 민족이라 할지라도 선천적 혈통이 전일한 것은 아니다. 어느 민족이든지 이민족 혈통이 다소간 혼합한 것은 사실이다. 그러므로 민족의 개념을 신비적으로 규정할 것은 아니다. 아무리 혼혈적 민족이라 할지라도 이해관계가 공통되면 공동의 숙명을 향유하게 되는 것이다. 민족은 공통 이해의 숙명을 가진 점에서 생존 경쟁의 단위가 될 가능성을 가졌다. 여기서 민족주의는 국가적으로 볼 때 침략적 제국주의로 변할 가능성을 가졌다. 한 개의 민족이 번영하여 본래의 영토로서 자기 민족의 무한 발전을 수용할 수 없게 되면 민족은 세력을 확대하기 위해 이민족을 침략하여 병탄하게 된다. 여기에서 구민족주의의 폐해가 나타난다. 따라서 새롭고 근대적으로 진보된 사상으로의 민족주의를 필요로 한다.

왜냐하면 제국주의적 침략 행위를 내포한 구민족주의는 보편타당한 진리가 결핍되었기 때문이다. 비교적 강한 갑 민족이 비교적 약한 을 민족을 침략하는 행위는 장래 갑 민족보다 강한 병 민족이 갑 민족을 침략해도 좋다는 묵약을 해준 것과 같이 폭력은 폭력을 부른다는 악순환 행위가 되며 그리하여 이것은 침략을 불문법으로 모두가 공인하는 행위가 된다. 따라서 선의의 민족주의를 위한 새로운 해석이 요구된다.

청우당이 지향하고자 하는 민족주의는 야뢰의 『신인철학』에서도 제기되고 있다. 즉, 그는 민족이란 인류주의의 의미로 보든지 사회주의의 의미로 본다면 거론할 필요가 없는 것이라고 한다. 각자 자기의 민족만을 표준하고 타 민족은 배제 또는 무시한다면 군국주의의 폐해가 그칠 날이 없고, 세계의 평화는 기대할 수 없을 것이기 때문이다. 그런데 민족 개벽을 주장하는 이유는 민족 개벽은 민족의 문화와 생활 정도를 향상시키고자 하는 개벽이니, 이는 이상주의의 과도기에 있어 최대의 준비 기초가 된다는 것이다.[134]

인류주의에서 세계 일가의 해방을 얻고자 하면 먼저 이론적 보조를 민족에 표준을 두어야 한다. 우선 민족적 평등과 점차 민족과 민족의 차별을 융화케 하여 상호의 행복을 도모케 하는 것이 세계일가주의의 순서이기 때문이다. 또한 오늘의 민족 문제란 약소민족을 의미한 것이고, 민족주의란 말도 약소민족을 의미한 것이기 때문에 성질상 민족과 민족상 평등을 요구하는 민족주의요, 자기 민족만 표준하고 타 민족을 배제하는 민족주의가 아니라 인류의 평화를 요구하는 민족주의이고, 적어도 인도주의에 근거를 둔 민족주의이다.

따라서 민족상 평등의 요구는 약소민족 그 자신에만 행복이 되는 것이 아니라, 세계평화상에 행복이 되는 것으로 이는 세계 대중이 한창 자각하는 중이라고 한다. 나아가 민족 지위의 향상, 세계 평화를 도모하는 표준에서도 국가가 아니라 민족이 표준이 되어야 한다고 한다. 민족은 언어·역사·경제 이해·관습·도덕이 동일하여 국가보다 표준 단위의 공평을 기하기가 쉽고, 세계 평화상 인도적 표준을 얻기가 쉬우며, 각 민족의 이해를 균평히 보장할 수 있기 때문이다.[135] 이러한 청우당의 민족주의관은 『당지』에서 소위 신민족주의로 불린다.

민족이 자기민족의 발전을 위한다는 것뿐으로는 별로 이의가 없으리라. 다못 자기를 키우기 위하여 남을 침략하는 행위 그것이 보편 존재의 진리에 위반된 행위일 것이다. 여기서 於是乎 世界主義의 필요가 생기게 된다. 세계를 一家로 하고 각 민족이 공통으로 공존공영의 생활을 圖할 것이라 함은 실로 我生彼生의 보편타당의 진리가 되는 것이다. 이 경우에 세계주

134 이돈화, 『신인철학』, 천도교중앙총부출판부, 1924.
135 위의 책 참조.

의를 주장한다 하여 민족주의는 그저 무용의 존재이냐 하면 그는 결코 그러하지 아니하다. 세계주의로 보면 민족관념은 세계주의를 실행하는 好個의 단위가 된다. 즉 세계주의를 실행함에 있어 개인으로 단위를 삼는 이보다 민족으로 단위를 삼는 것이 가장 좋은 첩경이 되는 것이다. 이것이 신민족주의의 발생 동기가 된다. 신민족주의는 橫으로 발전하는 주의가 아니요, 縱으로 향상하는 주의였다. 세계 각 민족이 세계공화를 위하여 자기 민족을 종으로 향상하게 하는 주의가 된다.[136]

청우당의 노선이 보국안민 차원의 1차원적 민족주의를 넘어선 포덕천하의 국제주의를 지향하는 차원 높은 민족주의임을 신민족주의가 확인해 주고 있다. 신민족주의는 세계 각 민족이 세계 공화를 위해 자기 민족을 종으로 향상하게 하는 주의이다. 어차피 세계는 민족이 기본 단위가 된다. 따라서 민족주의는 피해갈 수 없는 인류의 과제가 된다. 청우당의 신민족주의도 이 점을 잘 알기에 보국안민을 통한 각국의 민족주의를 바탕으로 삼아 각 국의 공존공생하는 길의 각성에 호소하는 것이다. 이렇게 될 때 신민족주의는 세계 최고의 이상을 달성하는 것이자 세계 공화국을 실현하는 것이 된다는 이상론을 가지고 있는 것이다.[137]

---

136 『당지』, 55-57쪽.
137 청우당 노선에는 상당 부분이 비현실적 이상론이 포함되어 있다. 그 중 하나가 세계 공화국론이다. 이런 안이한 인식은 그들의 영토론에서 여실히 나타나고 있다. 『당지』의 신민족주의론에서도 그런 인식은 변함없이 나타난다. 여기서 의문은 영토 문제이다. 인구 번식으로 인한 영토의 대소 문제가 생긴다는 그것이다. 이것은 전술한 구민족주의의 전제인 침략으로 해결할 것이 아니라 세계공화의 세력이 민족을 초월하여 식민지의 평균 분배를 단행하여야 한다고 주장한다. 세계국은 영토를 따로이 가질 것이 아니라 세계 전 영토를 추상적 세계국 영토로 하여 각민족이 공동관리할 책임을 지게 하자는 것이 그것이다. "… 세계국은 彼此 利害關係로 볼지라도 當爲할 이상이 된다. 이때에 세계국의 단위는 당연히 각 민족이 되어야 하고 각 민족은 세계국을 위하여 소정의 의무와 권리를 가지게 될 것이다. 그러므로 신민족주의 국가는 세계 최고의 이상을 달하게 하는 이상적 단체가 될 것이다. 즉 세계국은 어느 한 민족의 국가가 아닌 동시에 어느 민족의 국가도 되는 점에서 세계 민족은 세계 공화국을 각

한편 자주의 문제에 대해서 청우당은 자주가 고립이 아님을 강조한다. 즉, 자주는 좌로는 고립을 제거하고 우로는 의타를 배제한 행동 관념이라고 지적한다. "자주란 상호부조의 자연적 원리를 활용하여 자주·자유의 독립적인 존재를 의미한다."[138]고 할 수 있다. 주목할 점은 청우당의 이러한 자주적 민족 국가 건설의 노선이 정립되어 있을 당시는 해방 정국의 시기였다는 것이다. 이 시기는 우후죽순처럼 수많은 정당들이 등장하는 때였으나 중경의 임정 세력이었던 한독당을 제외한 거의 모든 정당들이 신생국인 한국에 대해 강력한 영향력을 행사하고 있던 미·소 등 외세에 크게 의존해 그들에게 거슬리는 '자주'라는 표현을 거의 쓰지 않던 시절이었다. 이런 '비자주'적 분위기가 만연하고 있던 시기에 청우당은 당 강령의 1호로서 '자주'를 강조하고 있다는 점은 청우당을 전형적인 민족주의적 정당으로 자리매김하기에 충분하다.[139]

민주 국가에 대해서도 청우당의 입장은 '민주 국가란 것은 문자 그대로 인민이 직접 국가의 주권을 가진다는 말'로 해석한다. 즉 주권이 군주에게 있는 것은 군주 국가라 하고 주권이 귀족에게 있는 것을 귀족 정치라 하며 주권이 자본가에게 있는 것을 자본주의 국가라 하는 것과 같이 주권이 인민 전체에게 있을 때에 이를 민주 국가라 한다는 근대적 정치체제를 말하고 있다.[140] 청우당이 지향하는 민주 정치는 신민주주의이다.

기 자기 국가로 알게 된다. 여기서 각 민족은 세계 공화의 단위가 되어야 하고 또한 자기 민족을 세계 공화의 이상에 맞도록 교화하는 책임을 져야 한다. 그러므로 앞으로 오는 세계에는 민족 그것이 더욱 **强味**를 가지게 된다." 『당지』, 57-58쪽.

138 자주를 유지하기에 조선의 지정학적 위치가 유리하다는 점을 지적하고도 있다.

139 청우당의 자주 노선은 동학의 사상과 운동에 연유한다. 동학의 역사가 곧 민족 자주를 향한 역사였기 때문이다. 이는 독립 선언서의 첫머리에서도 '자유민'이 아닌 '자주민'임을 선포하는 대목에서도 동학의 역사가 얼마나 자주를 향한 투쟁의 역사였는가를 증명하고 있다. 김철, 「동학의 정치사상-청우당의 삼대강령을 중심으로」, 『東學精義』, 동선사, 1989, 359-360쪽 참조.

140 『당지』는 고대 이래의 국가 형태를 논하며 오늘날에는 진정한 민주 국가가 없다고 지적하고 있다. "지금 와서 세계가 다 민주적이라고 칭하기는 하되 아직 완전한 민주라고 볼 수 없는

이는 당시의 우리 현실을 반영한 것으로 노동자와 농민이 절대 다수인 사회인 만큼 그들이 중심이 되고 국가의 직접적인 주권을 가진 국가가 진정한 민주 국가라는 주장이다.[141] 그리고 이러한 민주 국가는 세계가 모두 진보하여 이루어지게 될 수순이라고 지적하고 있다.

과거 급 현재는 이러하거니와 장래할 민주 국가의 이상은 어떠한가.

勞農民主政治는 노농이 국민의 절대다수인 것과 노농의 소질이 국가생활 기초가 되는 점에서 당연히 신민주주의라는 이름을 부칠 수 있다. 그리하여 세계를 경제적 이상으로 인도할 필요에 의하여 당연한 계단을 걷고 있다. 장래 어떠한 민주주의가 나올지라도 이 계단을 밟지 않고는 타 진보 계단에 나갈 수 없다. 장래의 민주주의의 이상이라는 것은 민주주의의 본체 문제라기보다 활용문제 여하에 있다. 아무리 좋은 민주주의라 할지라도 활용이 불완전하게 되면 절대의 영양 가치를 가진 음식물이라도 악용으로 인하여 인체에 손해를 입힐 수 있는 것과 같은 역효과가 나게 된다. 천도교 청우당은 보국안민 지상천국의 건설이라는 모체인 천도교의 책임 목적을 지고 나선 정당이다. 그리하여 민족 자주의 이상적 민주 국가의 건설을 제1 강령으로 한 점에서 가장 훌륭한 이념을 가졌다. 그러나 요는 금일 이후 활

여러 가지 흔적이 있어 보인다. 독일과 같은 파쇼 국가는 이미 멸망하였으나 어제까지도 인민 중 우수한 분자로 당을 지어 가지고 내려 왔으니 이것은 인민 중 우수한 분자의 소수가 국가를 전휭한 것이 되고, 일본은 군벌 정치로 망하였으니 이것은 협잡 입헌 정치라 할 수 있다. 입헌 정치는 국권의 일부가 인민에 있음에도 불구하고 일본은 군벌 전제로 하여 망국한 것이다. 미국과 같은 나라는 민주 정치의 국가라 할 수 있으나 아직도 자본가가 직접 간접으로 자본의 세력을 이용하여 국권을 행사하니 자본 민주 국가라 할 수밖에 없으며 특히 소련은 모든 국가와 달리하여 노동 계급을 중심으로 하고 민주 정치를 실행하는 나라이므로 이는 노동 민주 국가 볼 수 있다." 『당지』, 61-62쪽.

141 이러한 주장은 당시 자본가 중심의 사회를 지향하는 남쪽과 노동자 중심의 사회를 지향하는 북쪽 모두로부터 소외되는 청우당의 운명을 예고해 주는 것이나 다름 없었다. 김철, 앞의 책, 364쪽 참조.

용 여하에 있다.[142]

이 같은 기초적 이해를 바탕으로 하면 청우당의 제1강령인 민족 자주
의 이상적 민주 국가는 다음과 같이 정의될 수 있다. "신민족주의에 입각
한 고립과 의타가 아닌 자주적 '노농 민주 국가'의 건설에 청우당의 당력
을 집중한다."[143] 즉, 구민족주의가 국수적, 침략적 또는 폐쇄적 민족주
의라면 신민족주의는 횡으로 발전하는 주의가 아니라 세계 공화를 위하
여 자기 민족을 종으로 향상하게 하는 주의이다. 따라서 민족은 세계 공
화에 기여하는 단위 민족으로서의 의무와 역할을 분담하게 된다.[144] 이러
한 신민족주의에 맞는 자주란 고립과 의타를 배제[145]하면서도 상호 부조
의 자연의 원리에 따르는 것으로, 결국 세계 공화에 이바지하는 민주적
국가를 건설하자는 것이다.

2) 사인여천의 정신에 맞는 새 윤리 수립을 기함

대체적으로 정치 집단인 정당의 강령에 도덕성을 강조하는 경우는 매
우 드물다. 그럼에도 청우당은 강령으로 사인여천의 윤리적·도덕적 측면
을 강조하고 있으니 이는 청우당이 동학사상을 바탕으로 하고 있기 때문

---

142 『당지』, 62-64쪽.
143 『당지』는 이것을 이렇게 철학적으로 정의하고 있다. "이상적 국가라는 것은 장래할 세계 공
  화에 맞는 민족 단위의 국가로서 인내천 종지를 본지로 하고 **物心雙全**을 강령으로 하며 **氣化
  意識**을 원칙으로 하는 동시에 계급 의식을 방편으로 삼는 국가를 이름이다. 기화 의식은 기
  화 생활을 목적으로 한 의식이다. 그리하여 계급 의식은 기화 생활을 전적으로 통일하기 위
  하여 방편으로 활용하는 의식이다. 비하여 말하면 한 개의 신체에 병적 고장이 있어 가지고
  전 신체에 치명상적 최악의 장면에 이를 때에 병적 일부분을 수술하는 의식과 같은 것이다.
  이러한 의식은 영구히 사용하는 의식이 아니요 국내 又는 세계 생활에서 기화가 끊어지게 될
  때에 방편으로 사용하는 의식이다." 『당지』, 64쪽.
144 김철, 앞의 책, 366쪽.
145 고립은 자살을 의미하고 의타는 타살을 의미하므로 자립을 하고 독립은 하되 다른 나라와 더
  불어 평화적 공존과 협동체제의 중요성이 제기된다는 의미이다.

이다.[146] 즉, 도덕성을 상실한 조선에 도덕성 회복을 외치며 등장한 것이
동학이었기에 도덕성이야말로 국가 기강의 근본이 된다는 것으로, 청우
당은 사인여천의 정신으로 새로운 윤리관을 세우자는 것이다.[147]

그러면 이러한 세상은 어떻게 성립하는가. 청우당은 이것을 "인내천을
종지로 하는 생활에 있어 사인여천의 윤리가 성립될 것은 자연의 순서이
다. 사인여천의 윤리란 것은 인본위 사상에 맞는 새 윤리 제도를 이름이
다."[148]라며 자연의 진화로 인본위 시대가 오는 것은 필연적이라고 주장
한다.[149] 인본위 시대의 사인여천의 윤리는 무엇을 말하는가.

사인여천의 윤리는 인간 전체를 평등으로 경애하는 것이다. 인간의 선의
의 자유 의지를 자유로 존경하여 일면에서 평등, 일면에서 자유를 가지게
하는 윤리를 이름이다. 평등 관념과 자유 관념에는 모순성이 있게 된다. 그
러나 이것은 악평등 악자유에서뿐 일어나는 현상이다. 평등이라 하여 천륜
관계(부자 부부 장유 등)의 질서를 문란하게 하는 평등이라든가 자유라 하여
사회도덕을 파괴하는 행위 같은 것은 사인여천의 윤리에 어그러지는 것이
다. 사인여천의 윤리에는 평등과 질서가 상호조화되며 자유와 제한이 피차

---

146 이러한 주장은 생존하는 청우당 관계자들 모두의 거의 공통된 증언이기도 하다.
147 실제로 개인이든 사회든 윤리 도덕이 확립되어야만 국가가 부패하지 않는다. 세계사의 흥망
성쇠를 보더라도 순수한 외침에 의해서 나라가 망한 예보다도 대내적인 부패와 도덕적 타락
에 의해서 내우외환을 자초하여 국가를 멸망으로 몰고 간 경우가 허다하며, 특히 정치 지도
자의 부패와 타락은 나라의 존망과 직접적인 관계에 있어 더욱 경계의 대상이 된다. 김철, 앞
의 책, 367쪽.
148 『당지』, 65쪽.
149 "인본위시대가 도래하기 위해서는 먼저 신본위시대를 거쳐야 한다. 신본위 사상시대에는 신
본위의 윤리가 수립된다. 과거 신본위시대에 같은 인간 중에도 승려계급이 최고 특권을 가진
것이다. 군주 일인만을 천자라 칭하여 신을 대표하여 인민을 통치한다고 생각함과 같은 것이
다. 다음으로는 물본위시대이다. 물본위시대에는 금권으로 인격을 척도하고 금권이 인격을
능가함과 같은 것이다. 그러나 세계는 이제 인본위시대로 돌아왔다. 따라 윤리적 이념도 인
본위사상을 기초로 하고 일어나질 것이다. 인본위 사상의 윤리는 사인여천을 종지로 삼는
다." 『당지』 참조.

융통됨을 원칙으로 한다. 예하면 父子의 관계에서 父慈子孝는 질서에서 차별이 되어야 하고 인간격에서는 동일한 평등을 인정하여야 함과 같이 인사만반에 대하여도 평등과 질서가 활용조화되는 것을 주로 한다.[150]

사인여천이란 본시 인간의 존엄성을 모든 가치의 척도로 삼는 것이다. 따라서 인간은 하늘과 같은 대우를 받아야 하는 대표적 존재이다.[151] 이처럼 인간 존엄을 최고 가치로 했을 때 권위주의나 독재란 존재할 수 없다. 즉, 사인여천의 윤리가 없는 순간은 권력의 남용과 비민주가 횡행하는 시기이며 이것이 존중되는 순간부터가 민주의 시작이라고 할 수 있는 것이다.[152]

사인여천의 윤리는 평등만을 강조하는 듯하나 인간의 선의의 자유 의지를 자유로 존중하기에 일면에서는 평등이고 일면에서는 자유롭다. 사실 자유와 평등은 그 모순성으로 인해 민주주의의 발전과 더불어 숙제로 지금껏 남아 있다. 자유의 강조는 평등에 치명적 폐를 끼치며 평등의 강조는 자유의 억압으로 이어지기 때문이다. 이것을 풀기 위해 민주주의는 이 둘 모두를 묶을 수 있는 이념으로 '인간의 존엄'을 들고 있다. 즉, 자유와 평등은 모두 인간의 존엄을 실현하기 위한 하위 이념에 불과하다는 것이다. 이런 민주주의를 가장 완벽하게 실현시킬 수 있는 정신이 있다면 그것이 바로 사인여천이다. 사인여천 그 자체가 인간의 존엄을 최고로 강조할 뿐 아니라 자유와 평등의 모순성을 자연스러운 질서와 제한으

---

150 『당지』, 66-67쪽.
151 해월 최시형의 "人是天이니 事人如天하라"는 말에서 기원하는 사인여천은 "사람 섬기기를 한울님 섬기듯하라"는 동학사상의 실천론이다. 사인여천이 있음으로 해서 동학사상의 시천주는 민중 속으로 들어와 민중 하나 하나가 주인되는 세상을 건설해야 한다는 당위를 주게 되었다. 즉, 동학이 수운의 관념성을 뛰어 넘어 구체적 실천성을 부여 받는 계기가 된 것이 바로 사인여천이다.
152 정당에서도 윤리와 도덕의 철학이 반드시 있어야 하는 이유는 여기에 있다.

로 조화시킬 수 있기 때문이다.[153] 나아가 청우당은 개인과 전체의 조화를 위한 사회 윤리로서 천도교의 삼경 윤리를 제시하며 사인여천의 윤리를 구체화하고 있다.

개인과 전체의 관계에서 전체는 아무쪼록 각개인의 자유와 평등을 용인하는 동시에 개인은 어디까지던지 전체 의사에 복종하여야 한다. 가정윤리에 있어서는 心을 주로 하고 物을 종으로 하여야 한다. 가정생활을 공리적으로 판정하면 가정윤리는 즉시 파괴된다. 자본주의사회에서 부자의 윤리질서가 빈자의 윤리보다 일층 惡性的 亂倫行爲가 일어나는 것은 가정의 윤리를 물질로 척도하는 까닭이다. 사회적 윤리에 있어서는 物心을 균형을 조화하여야 한다. 요컨대 사회적 윤리는 氣化를 원칙으로 하고 계급의식을 방편으로 하여야 한다. 계급사회에서 계급윤리가 유행되는 것은 제도가 究竟倫理觀念을 생하게 하는 까닭이다. 그러므로 선한 제도에서는 선한 윤리가 출래한다. 사인여천의 윤리에는 동귀일체의 교화와 동귀일체의 제도를 요구한다. 그리하여 동귀일체의 윤리를 건설하게 된다. 敬天 敬人 敬物의 삼경윤리는 천도교의 새 윤리제도의 근간이 된다.[154]

3) 동귀일체의 신생활 이념에 기한 신경제 제도의 실현을 기함

동귀일체는 생리적 신체에서 상징한 이념이다. 생리적 신체는 그 자율적 본능으로 백체百體를 기화작용의 평등으로 통일한다. 자유 의지를 자유로 조화하는 것이다. 영양을 평균으로 분배하고 혈액을 자유로 평등

---

153 사인여천은 분화의 개념이 아니라 통합의 개념이기에 더욱 그러하다는 지적도 있다. 김철, 앞의 책, 371쪽.

154 『당지』, 67-68쪽. 특히 해월은 그의 사인여천의 사상을 '경'의 개념과 결부시켜서 敬天·敬人·敬物을 주장함으로써 그것을 인간에게뿐만 아니라 사물에까지 확대하였다. 신용하, 『한국근대사회사상사연구』, 앞의 책, 159쪽.

순환하게 하며, 행동을 격에 맞추어 조절하고 원기를 내외 백체에 충족하게 하는 등 실로 자연의 영묘라 할 수 있다. 이것은 전적으로 유기체의 본능이다. 인간 사회를 유기체로 보는 견해와 무기체로 보는 견해의 구별이 있으나 어떻게든 사회 조직을 유기화하여 인체의 생존 원리에 들어맞도록 하는 것이 동귀일체의 생활이다.

즉, 신체와 사회는 밀접한 상관관계를 가지니 신체가 세포라는 개체로 조직되어 있다면 사회는 개인이란 개체로 조직되어 있으며, 신체가 오장육부·사지백체·이목구비의 기관으로 형성되어 있다면 사회는 각종의 공공 기관과 임의단체들로 구성되어 있다. 이 밖에도 신체는 신경의 상부 지휘와 하부 전달 기관을 가지고 있으며, 그것을 총괄하는 정신이 있고 혈맥이라는 교통 수단을 가진다.

사회는 중앙이라는 상층부와 이들의 지시를 실천하는 지방 조직이 있으며, 그것들을 통합시키는 그 사회의 통일 사상이 존재하고, 교통·통신 등 커뮤니케이션으로 그 전달이 이루어진다. 이처럼 신체와 사회는 유기체로서의 기능을 거의 비슷하게 공유하고 있다. 특히 신체가 동식물의 섭취로 신체라는 유기체를 유지하듯이 사회라는 유기체가 유지되기 위해서는 올바른 경제 제도가 있어야 한다.

인간의 신체 발달을 강제할 수 없듯이 사회진화도 인위적 강제로 강행시킬 수 없다. 즉, 사회 진화 역시 불가항력에 의한 무위이화로 발전해야 한다.[155] 인간이나 사회나 유기체이기에 무위이화의 자연적 진화야말로 가장 이상적인 진화이다. 무위이화가 실현되는 것이 동귀일체이다. 동귀일체의 신생활이란 무엇보다도 강제하지 않는 것이다. 따라서 청우당은 사회생활에 가장 큰 불편을 주는 것 중 하나인 소유 제도는 강제를 통해

---

155 『당지』, 70-71쪽 참조.

이루어지니 무엇보다도 이것이 유기체를 파괴하는 만악의 근원이라고 지적한다.

> 동귀일체의 이념 아래서 天地公理와 相容되지 못하는 것은 토지사유제
> 도이었다. 여하한 이유로 변명할지라도 天賦之公을 금전으로 사점하는 것
> 과 사유제도로서 신의 자인 인간에게 일부러 기한을 주게 한다는 것은 천
> 심을 가진 위정자는 참아 하지 못할 일이다. 이 점으로 보면 원시덕치 이후
> 사유 제도를 설한 이삼천년 간은 위대한 양심적 영웅 정치가가 한 사람도
> 없었다. 근대에 와서 토지의 소유 제도를 폐지하자는 민중적 여론과 학자
> 의 연구로 시비의 조상에 오르고 칼 맑스와 같은 학자는 경제원리로 부의
> 소유까지 부인하였다. 소유 제도는 만악을 낳는 원천이 된다. 소유 제도가
> 있는 고로 인간의 소유욕이 생겼고 소유욕이 생김으로써 부의 독점과 빈부
> 차별이 나올 뿐 아니라 인간적 약육강식 악성의 知巧發達, 虛榮挾雜, 惡法
> 律, 惡官吏, 徒食者의 존재, 사기술의 발달 등 이루 형용할 수 없는 죄악이
> 직접 간접으로 나타나게 된다. 혼인이 있자 사돈이 생기고 사돈이 있자 사
> 돈의 팔촌까지 생기는 것과 같이 죄의 직접 원인인 소유 제도를 법률로 공
> 인함으로써 연달아 간접의 죄가 생겨 가지고 인간은 逐一所有 투쟁의 악마
> 굴로 화한 것이다.[156]

이로써 청우당의 경제 원칙은 대단히 진보적임을 알 수 있다.[157] 소유
제에 대한 부정적 인식은 토지 문제에 와서는 더욱 신랄해진다.

---

[156] 『당지』, 72-73쪽.
[157] 마르크스의 소유제 부정론과 같은 인식적 기초가 청우당 경제론의 토대이다. 마르크스가 소
유제가 없어진 사회를 공산 사회라고 했다면 이들은 동귀일체사회라고 명명했다.

그러므로 토지는 국유로 하는 것이 도덕상 又는 天地公道에 부합되는 제도이었다. 그리하여 공장도 자본주의화한 공장은 토지와 같은 소질을 가졌음으로 당연히 국유로 할 것이다. 말하면 동귀일체의 경제 제도는 소유 제도를 폐지함으로써 天理에 맞는 경제 행위가 생긴다는 것이다. 동일신체에 어떤 부분뿐이 비둔하였다 하면 이는 곧 질병의 신체라 판단되는 것과 같이 동일한 사회에서 부의 사적 독점은 곧 그 사회의 질병 상태를 말하는 것이다. 자본주의 사회에서 이 질병 상태를 고치지 않으면 자본주의 역시 위기의 境에 도달할 것을 예상하고 自作農 創定의 이상으로 각국에서 屢屢兒戲와 같은 실험을 하였다. 하나 성공은 없었다. 그러므로 토지와 공장 사유를 폐하고 국유로 하는 것은 금일과 같은 대변동의 시기가 아니면 도저히 감행할 능력이 없겠다.[158]

청우당은 소유 문제에 왜 이렇게 부정적일까. 당시는 아직 우리나라에서 자본주의의 폐해가 두드러진 시기도 아니었음에도 불구하고 청우당은 이미 한국 사회에서 자본주의가 크게 성할 것을 예상이라도 한 듯이 거침없이 소유 문제를 비판하고 있다. 이는 아마도 동학의 출현이 그러했듯이 청우당도 민중에 기초한 정당이기에 그러했을 것이다. 동학 이래로 그 추종자들은 한국 사회의 전형적인 민중 그 자체였다. 조선 말이나, 일제 그리고 해방 후에도 가난하고 무지한 무지랭이들이 그들이었다. 그들은 역사의 주체요 주인공이라면서도 어느 시대, 어느 순간 한번 실제로 자신들이 신바람난 주체가 되어 보지 못했던 사람들이었다. 당연히 그들의 소유란 이 땅 어디에도 존재하지 않았다. 청우당은 민중주의를 대변하는 정당이었기에 가장 그들의 염원을 들어서 정책화해야 할 의무

---

158 『당지』, 73쪽.

가 있는 정당이었다. 그들의 소유제 폐지, 토지 국유화 등은 당시 민중의 염원 그 자체였다.[159] 그리고 그 폐를 시정하는 역사는 지금의 대변동 시대에 가능하다며 시급성을 말하고 있다.

청우당 역시 무조건적인 소유제의 폐지가 능사가 아님을 지적하고 있다. 그리고 그것을 극복하는 소위 창조 충동의 역할에 자신들의 의무가 부여되어 있다고 보고 이것들을 동귀일체의 경제관으로 연결하고 있다.[160]

소유제가 폐지되면 소유욕이 축소되고 소유욕이 축소되면 인민의 기업심과 사업력이 위축되면서 생산량이 감축될 우려가 있다는 학자들이 있다. 그러나 이 우려는 所有衝動을 創造衝動으로 전환하게 하는 인간심리의 敎訓과 국가적 활용시설의 적당과 인간의 동귀일체 정신 충동의 진화와 종교와 사회교육 등의 개선이 잘 된다면 幾個年이 지나지 않아서 능히 소멸되리라 한다. 충동이란 말은 인간의 신체와 생리작용을 표준하고 나온 술어이다. 이것은 인간을 단순히 동물학적으로 취급하는 유물적 이념이었다. 인간을 만일 인내천의 이념에서 해석하고 인간격을 인내천의 고도 이념으로 지도하고 계발하는 사회가 이루어진다면 인간은 가히 천부의 성, 경, 신을 본능적으로 실행에 옮길 가능성이 있다. 이것은 과거 원시덕치 생활을 보아도 알 수 있고 인내천이라는 인간의 본질로 보아도 알 수 있다. 요컨대 인간은 아직 인내천의 시련을 받아 본 적이 없다. 그러므로 이를 다못 이상

159 특히 해방 정국에서 농민들의 땅에 대한 염원은 우리들의 상상을 초월한다. 전 인구의 대부분이 농민이었던 그 시절 농민의 **90%**가 소작농이었다. 그 시절을 탁월하게 묘사하고 있는 조정래의 『태백산맥』은 바로 이 부분에서부터 민중의 소리를 출발시키고 있다.
160 인간의 소유 충동은 항상 인류 부패의 원인이 된 데 비하여 창조 충동은 과거의 불완전에서 탈피하여 미래의 완전을 향하여 발전하는 계기가 되므로 정신 개벽의 요체는 창조 충동에 있다. 황선희, 앞의 책, **262**쪽 참조.

이라는 輕斷에 맡기는 폐가 있다. 만일 인간으로 可能力을 가진 이상적 동물이라면 천리에 합일되는 진리를 실현하지 못할 이유는 조금도 없다. 여기에 특히 유의할 것은 신사회 동귀일체의 경제 분배는 부의 평등적 향상 분배를 의미하는 것이요, 부의 경제 저하 분배를 말하는 것은 아니다. 그러므로 동귀일체의 경제생활에는 고도의 경제생활을 전제로 한 동귀일체의 경제분배가 아니면 안 된다.[161]

결국 동귀일체 경제는 자본주의니 사회주의니 하는 말을 쓰지 않으면서 인간 개체의 윤리 의식을 바탕으로 하고 있다. 인내천 사상으로 사람들을 동귀일체시켜 인간의 원초적인 소유 충동을 창조 충동으로 변환시킴으로써 경제 문제를 해결하자는 것이다. 그것은 분배에 보다 치중하는 사회주의 경제론을 지향하면서도 부의 저하 분배가 아닌 평등적 향상 분배를 추구하는 사회 민주주의적 지향성을 동시에 담아내고 있고, 한편으로는 국가의 개입을 철저하게 배제하는 자유주의적 시장 질서를 아우르고 있다고 할 수 있다.

나아가 청우당이 지적하는 사실은 경제 문제라는 것이 독립된 변수로 홀로 설 수는 없다는 점이다. 경제는 분명 정치와 깊은 상관관계를 맺고 있으며 사회적 여건도 고려되어야 한다. 그리고 특히 경제 운영의 주체가 인간인 이상 인간의 심성과 자질 등이 결정적 역할을 한다.[162] 결국 경제 문제는 인내천 사상으로 무장하고 동귀일체한 인간이 운영해야 한다는 것이다.

---

161 『당지』, 74-76쪽.
162 김철, 앞의 글, 379쪽.

4) 국민 개로제를 실시하여 일상 보국의 철저를 기함

국민 개로란 말은 놀고 먹는 사람들을 없애자는 뜻이 아니라 한 걸음 깊이 들어가 천도공리天道公理에 입각한 성誠의 표현을 가르치는 말이다. 즉 『중용』의 '성자誠者는 천지도天之道요 성지자誠之者는 인지도人之道'라는 말처럼 천도가 성으로써 존재의 원리로 삼았다 하면 천의 자인 인간도 성으로 존재 가치를 표현해야 한다는 것이다.

구체적으로 국민 개로란 말은 '성誠'을 의미한다. 성은 자강불식自彊不息을 의미하며 보편타당의 진리 표현을 말한다. 국민 전체가 의타를 끊고 고립을 버린 후 자주 자립 정신에 의하여 자율적 생활을 영위하는 것을 자강이라 하고, 보편타당한 것은 누구에게나 행복이 되고 누구나 가능한 사실을 의미한다. 예를 들면 근검과 같은 것은 누구에게나 행복이 될 수 있으며 또한 가능한 일이다. 그러므로 보국의 길은 누구나 근검자강하여 정진 또 정진하는 곳에 자기를 위하고 국가를 위하는 행복이 만들어지는 것이다.

따라서 한편으로 보국의 방편으로 제시되는 것이 국민 개로제이다. 즉, 천불생무록지인天不生無祿之人이란 말과 천생만민필수기직天生萬民必授其職이란 말처럼 녹祿과 직職이라는 하늘로부터 타고난 일거리가 있으므로 인간은 누구나 그것을 갖고 행하여야 할 의무를 가진 존재가 된다.[163] 그러나 녹과 직이 평균으로 만인에게 균형 있게 나눠지지 못하는 것은 사회 제도가 불완전하다는 점과 본인에게 자강불식의 성이 없는 데 그 이유가 있다.

특히 이 강령에서 청우당이 강조하고자 하는 것은 국민으로서의 자각이다. 사회 제도의 불완전을 고칠 수 있는 것도 인간이라 했을 때 인간의

---

163 동학사상의 경제적 평등관이 그것이다. 제3장 동학의 민주주의적 요소 참조.

자세는 모든 것에 우선하기 때문이다. 그러나 불행히도 인간들간에 부족한 성誠 인식이 만인에게서 녹과 직을 불균등하게 한다. 이것은 실질적 삶이 이루어지는 생활 세계의 문제이기에 대단히 중요한 지적이다. 인간이 인간다움을 누리기 위해서는 우선 생활의 바탕이 되는 직업의 안정이 이루어져야 한다. 그 직업은 다음으로 나누어진다.

직은 기본직·사역직·문화직의 세 개로 나눌 수 있다. 기본직은 생활의 기본이 되는 농공의 직을 이름이며 사역직은 생활의 편리와 조화를 도모하는 직을 이름인데 관리와 사무에 사역되는 직을 말하는 것이며 문화직은 종교·교육·도덕·예술의 직을 말한다.

첫째, 기본직에는 육체 노동을 수반한다. 육체 노동은 결코 몰취미의 고통스러움을 의미하는 것은 아니다. 노동의 예술화란 말이 있듯 적당한 노동과 조화된 노동, 창작적 성장을 의미하는 노동은 노동 자체의 예술미가 생기는 것이다. 기술은 기본직에 속한 정신직이다. 그는 인간의 창작성 발동으로 생하는 직이므로 기술 자체가 곧 예술인 것이다.

둘째, 문화직은 정신의 양식을 제공하는 순수 정신직을 말한다. 문화직은 인간 일반의 정신적 위안과 마음의 영역 개발, 물심의 희열을 준다는 점에서 기본직과 겸할 가능성이 충분히 있다. 그러므로 사회가 고도로 발달하면 인간은 일개인으로 기본직과 문화직을 겸할 수 있다.

셋째, 사역직은 공복의 직이다. 그러므로 사역직에는 사회 봉공이라는 도덕률을 요한다.[164]

이러한 국민 개로는 한국인인 이상 필수적이며 청우당원이 앞장서야 한다는 것이다. 실제로 청우당원은 직업적인 정치인이 아닌 국민 개로에 입각한 나름대로의 녹과 직을 가지고 활동한 사람들이 대부분이었다. 정

---

164 『당지』, 77-79쪽 참조.

치도 일상 보국의 한 방편임에 틀림없으나 그렇다고 마치 건달처럼 정치판만 기웃거리는 것은 옳지 못하다는 것이다.[165]

청우당이 자신들의 모범으로 받드는 스승이 해월 최시형이다. 그는 조선에서 개로의 정신으로 일상 보국을 체행한 인물로 평가되고 있다. 그는 종교가이며 혁명가로서 관리의 지목을 피하여 일 개월 이상을 한 곳에 머물지 못하고 이곳 저곳으로 이주하는 중에도 어디를 가든지 새끼를 꼬거나 혹은 짚신을 삼거나 멍석을 내었다. 할 일이 없으면 꼬았던 새끼를 다시 풀어 꼬는 일도 마다하지 않았다. 제자들이 그 이유를 물으면 "한울님도 쉬지 않는데 사람은 일시도 손을 쉬어서는 안 된다."하고 노동의 의미를 강조하였다. 그는 어느 곳을 가든 유실수를 심었고 절구를 파고 방아를 놓는 등 쉬임없이 일했다.[166]

국민 개로는 성誠 자의 의미를 되새겨 국민된 도리로 국가에 당연히 보국함을 말하는 것으로 그것은 놀지 않는데 있다는 지극히 평범한, 그러나 진리를 담고 있는 강령이다. 청우당원들은 특히 해월이 그러했듯이 노동을 앞장서 실천함으로써 모범을 보여야 한다는 원칙을 의미하기도 하는 것이다. 국민 개로를 말하는 성의 정치를 실현하는 것은 곧 정치를 인간들의 구체적 삶 속에 돌려주는 생활 정치의 회복이자 실현을 의미한다.[167] 국민 개로가 실현되지 않는 국가는 이미 그 존재 의미를 상실한 것이다. 이 부분은 청우당이 종교적 교리의 수준을 극복하고 정치적 강령

---

[165] 앞의 책, 81쪽.
[166] 한번은 쫓기는 와중에도 이삿짐은 쌓지 않고 쉬임없이 나무를 심으므로 부인이 "영감 내일이라도 또 이사를 갈 터인데 그런 이 없는 일은 왜 하십니까." 하자 해월이 웃으며 말하길 "이런 일을 하는 것이 내게 직접 이될 것은 없으되 또 해될 것도 없지 않소. 그러나 사람마다 다 나와 같이 일을 하면 이사 다닐 때에 짐을 일부러 가지고 다닐 필요가 없지 않소." 하고 夫妻가 웃었다 한다.
[167] 생활 정치의 문제는 포스트 모더니즘 논쟁의 주제이기도 하다. 특히 하버마스의 생활 정치논리는 가장 대표적인 이론이라 할 수 있다.

을 제시하는 대표적 표현이라 할 수 있다. 불로소득에 대한 철저한 거부, 이것이 청우당의 생활관이요 정치적 입장이라는 것이다.

3. 건국이념

청우당의 건국이념은 해방 정국에서 1946년부터 미소공동위원회가 열리고 미소 양국은 조선의 정당 및 사회단체의 참여를 보장하는 가운데 청우당이 참가를 희망하며 제출한 나름대로의 건국의 청사진이다.[168] 따라서 건국이념을 통해 청우당 정치 노선의 보다 구체적인 모습들을 발견할 수 있다.

우선 건국이념에서는 천도교의 정치사상을 정의한다. 그것은 "수운이 그 당시 국내적 결함과 국제적 위기에서 깊이 자극되어 보국안민의 도를 구함으로써 출발하여 가지고 마침내 그의 대각에 의하여 인내천 원리에 입각한 이론적 근거와 지상천국 건설의 이상을 확립하게 된 것이다. 그리하여 갑오·갑진·기미의 삼대 운동을 통하여 민주 혁명에 의한 봉건 제도 타파, 민주 정치 실현, 약소민족 해방 및 제국주의 타도의 구체적인 실천 행위에 옮기게 되었고,…"[169] 그리고 이러한 전통을 이어 받아 운동을 지속시키는 것이 청우당으로서, 청우당은 정신 개벽·민족 개벽·사회 개벽이란 기본적인 이념을 표명하고 있다.

제2차 세계 대전에서 연합국이 승리함으로써 조선은 이제 건국이란 커다란 과업을 앞에 놓게 되었다. 이 중대한 단계에 있어서 천도교에서

---

[168] 이 이념을 근간으로 다시 이듬해 남북의 천도교 대표들이 모여 약 3개월간의 회의를 거듭해 『천도교정치이념』이란 소책자로 만들었다. 그 중 건국이념은 종교 단체 차원에서 다룰 문제가 아니므로 당연히 천도교의 전위정당인 청우당의 이념이 반영된 것으로 보인다.
[169] 김병제 대표집필, 『천도교정치이념』, 천도교 총본부 知道觀, 1947, 78쪽.

는 그 정치적 기본 이념과 역사적 사명을 과연 어떻게 구현하며 어떻게 수행할 것인가. 건국, 즉 독립 국가 건설이란 것은 한 개의 관념이 아니요 구체적·현실적 사실이다. 마치 집을 짓는다 하면 집을 짓겠다는 관념이나 말로만 되는 것이 아니고, 구체적인 설계와 현실적인 건축 자재를 준비해 실제로 손을 대어서 건축을 해야 집이 되는 것과 같은 이치이다.

당시 조선민족에게 부여된 정치적 사명은 두 가지가 있으니, 첫째는 민족 해방이요, 둘째는 사회 해방이다. 연합군의 전승으로 인하여 우리의 민족 해방이 대행된 것은 사실이나 자주 독립을 완성하지 못한 만큼 아직도 이 이중적인 정치 과업은 그대로 남아 있는 것이 또한 사실이었다. 따라서 조선에게 지워진 과업인 민족 해방이나 사회 해방이나 그 둘 중의 어느 하나만이라면 문제는 간단하겠으나, 두 가지의 과업을 동시에 수행하지 않으면 안 되게 된 것이 당시 조선의 특수 사정이었다.

여기서 청우당은 조선은 어디까지 조선민족의 조선이니만큼 정치도 우리의 힘으로 수립해야 한다는 민족주의 의식을 표명한다. 즉, 국제 민주주의 원칙에 의하여 우리 민족의 절대 다수가 요망하는 진정한 민주주의 국가 사회를 건설하는 것은 물론 연합군의 원조도 우리의 주권이 손상됨이 없이 자력의 부족을 보충하는 정도로서 민족적 우호 관계를 돈독히 하는 데 한정해야 할 것이요, 그 이상의 타력 신뢰, 외세 의존은 배제하지 않을 수 없다. 신뢰는 자주가 아니요, 의존은 독립이 아니기 때문이다. 여기서 청우당이 제시하는 것이 조선적 신민주주의이다.

조선적 신민주주의는 이미 경험한 전통적인 자본주의의 한계와 공산주의의 한계를 극복하려는 정치 노선이며 동학이 이루고자 했던 보국안민을 실현하려는 정치 노선이기도 하다.[170] 조선민족이 요망하는 정치·

---

[170] 보국안민이란 곧 자유와 평등과 인간의 존엄성을 바탕으로 한 정의로운 국가, 공정 배분이

경제·문화는 연합군의 지도자들보다도 민주주의를 이해하는 조선의 평민이 더 잘 안다. 그러므로 조선은 미국형인 자본가 중심의 자유 민주주의를 원치 않는다는 것이 청우당의 기본 시각이다. 이는 자본주의 제도가 내포한 모순과 폐해뿐 아니라 동시에 소련식의 무산자 독재의 프로민주주의도 적합치 않음을 파악하고 있었던 것으로 해석할 수 있다.

즉, 조선적 신민주주의란 민족 해방과 계급 해방을 차별 없이 동일한 목적으로 취급하는 민주주의이다. 조선의 독립과 아울러 조선 민족 사회에 맞는 민주 정치, 민주 경제, 민주 문화, 민주 도덕을 동시에 실현하려는 민주주의인 것이다.

당시 미소 양군이 진주한 정치 상황하에서 국내 정치계는 친소 세력과 친미 세력 그리고 민족주의 세력으로 3분되어 있었는데, 친소 세력은 소련 세력을 배경으로 공산주의를 실현하려 했고, 친미 세력은 미국을 배경으로 자유 민주주의를 실현하려 했다. 두 정치 세력은 계급 혁명이 아니면 자유 민주주의의 실현을 위해 극단적으로 대립했다.

천도교는 이때 '친미 반소, 혹은 친소 반미'라는 극단적인 경향까지 드러내며 정치적 대결이 확대·강화'되어 가고 있다고 지적하는 동시에 "진정 민족의 장래를 위한다면 자주독립의 수행은 물론이요, 계급 해방, 즉 민주 경제의 건설도 동시에 실현해야 한다."고 주장했다. 이것은 수렴이론으로 볼 수도 있으나 동학의 입장에서 보면 동학 본연의 신념 체계에 의한 제3의 대안을 모색하려는 시도였던 것이다.

전통적으로 동학이 이상하는 사회는 '동귀일체의 신생활 이념'에 맞는 민주주의 체제였다. 동귀일체의 신생활이란 자연과 사회를 하나의 생명

이루어지는 사회, 최소한의 문화생활이 보장되는 더불어 살아가는 사회를 말한다. 이런 가치들을 가장 잘 보장해줄 수 있는 정치 이념이 청우당의 조선적 신민주주의라는 것이다.

공동체로 보고 상부상조하며 더불어 살아가는 사회 체제를 말한다.[171] 청우당은 이를 구체적으로 "생산수단은 어떤 형태로든지 인민 전체가 공유토록 하여 계급적인 대립이 없이 서로 어울려 풍요로운 민족 사회를 실현하자."는 것이라 했다. 다분히 사회 민주주의적 색채가 농후한데, 건국 초기부터 평등 사회를 마련하자는 의욕이 앞섰던 것이 청우당의 이념이었다.

즉, 청우당은 조선민족의 역사적, 문화적 긍지와 자존을 확보하는 동시에 나아가 세계 진보에 동참하며 세계 문화에 기여하자는 민족적 양심으로 민족 국가의 완성을 극력 주장한다. 청우당의 조선 건국의 내용인 민주 정치, 민주 경제, 민주 문화, 민주 윤리는 다음과 같다.

1) 민주 정치[172]

청우당이 제시하는 건국이념에서 정치는 민주 정치이다. 즉, 조선의 현단계에서 민주 정치란 자본가 전횡의 자유 민주주의도 아니요, 무산자 독재의 프로레타리아 민주주의도 아니고, 조선에 적응한 조선적 신민주주의에 기초한 민주 정치이다.

근대 민주주의는 개인의 독자성을 존중하며, 자유를 존중하며, 평등을 주장한다. 그리하여 그 성원은 누구나 일 대 일의 자격을 갖고 참여하게 되며, 토론과 협의로 결론을 도출한다. 민주주의의 원칙 중 하나인 '다수결의 원칙'도 이러한 합의에 의한 결론을 도출하기 위한 수단이다. 즉, 다수결의 원칙이란 주장하는 내용의 '질적 우위'가 토론을 통해 '양적 우

---

171 수운은 『용담유사』에서 이기주의적인 各自爲心의 반대 개념으로 同歸一體라는 용어를 썼다. 여기서의 동귀일체는 이기주의를 버리고 생명 공동체와 하나되어 어울리는 생활로 돌아가자는 뜻이다.

172 『천도교정치이념』, 위의 책, 126-134쪽 참조.

위'를 확보해 가는 것이라고 할 수 있다.

당시 천도교 지도자들은 개인의 자유를 철저히 외면한 소련식 프롤레타리아 독재 제도를 반대하게 됐고 동시에 평등성을 외면한 자유 민주주의도 비판하게 됐다. 즉, "민주주의 체제에서는 형식상 자유와 평등의 민주주의를 한다고 하나 실지로 자본주의 국가의 민주주의는 인간의 머리 수에 의하지 않고, 경제력의 다과, 즉 주식의 양에 의해 결정하는 주식회사식 결정"이라고 규정했다.

진정한 민주 정치를 실현하자면 "전 인민이 정치적·경제적·사회적으로 자유와 평등을 향유할 수 있는 진정한 민주주의라야 한다."는 것이며, 민주 정치의 실현을 위해 우선 평등과 자유를 보장하는 인민의 기본권을 확립하는 동시에 입법 기관의 민주화와 행정 및 사법 기관의 민주화가 이루어져야 한다는 것이다. 청우당이 제시하는 인민의 기본권은 다음과 같다.

1. 인민은 법률상 일률 평등으로 할 것.
2. 인민은 법률에 의하여 권리와 자유를 상실한 자를 제외하고는 일률로 정치·경제·문화·사회생활의 전 영역에 참여할 권리를 가질 것.
3. 만 이십세 이상의 인민은 평등한 선거권, 피선거권을 향유할 것.
4. 인민은 언론, 출판, 집회, 결사, 신앙, 연구, 시위, 파업의 자유를 가질 것.
5. 인민은 신체의 자유를 가질 것. 즉 법률에 의함이 아니면 체포, 구금, 심문 또는 처벌을 받는 일이 없을 것.
6. 인민은 거주의 자유를 가질 것. 그 거주의 장소는 법률에 의함이 아니면 침입 수색 또는 봉쇄함을 부득할 것.
7. 인민은 이전의 자유를 가질 것. 법률에 의함이 아니면 이것을 제한함

을 부득할 것.

8. 인민은 서신 비밀의 자유를 가질 것.

9. 인민은 법률이 허하는 한도에 재산사유의 권리를 가질 것.

10. 인민은 육체적 내지 정신적 노동력의 보호를 받을 권리를 가질 것.

11. 인민은 국가의 부담으로 최소한도의 초등교육을 받을 권리를 가질 것.

12. 인민은 청원, 소원, 소송을 제기할 권리를 가질 것.

13. 인민은 기타 자유 내지 권리는 사회의 질서, 공공의 이익을 방해하지 않는 한 균일한 국가의 보호를 받을 권리를 가질 것.

14. 인민의 자유 내지 권리를 제한하는 법률은 국가안정의 보장, 긴급 위난의 방비, 사회질서의 유지 또는 공공이익의 증진을 위하여 필요한 것에 한함.

진정한 민주 정치를 실현하기 위하여 이상과 같은 인민의 기본적 권리를 주장하는 한편 중앙·지방을 통하여 입법 기관에서 인민의 의사를 대변하는 대의원이나 행정 기관에서 인민의 공무를 대행하는 행정관이나 사법 기관에서 인민의 양심적 명령을 실현시키는 사법관을 막론하고 다 같이 인민의 일반적·평등적·직접적 선거에 의하여 이를 선출하는 동시에 그들의 실제 행동이 인민의 본의에서 월권 또는 탈선할 경우에 그에 대한 정정 또는 파면하는 권한도 인민이 가져야 한다고 주장한다.

그러므로 인민은 진정한 인민 정치의 주권자가 되고 관리는 진정한 인민의 공복이 될 것이요, 비로소 진실로 인민을 위한 법률을 제정하고 경제를 건설하고 교육을 실시하게 될 것이며, 또는 그렇게 하는 데서야 비로소 다수가 소수의 무리한 지배와 압박을 받지 아니하며 선이 악에게 억울한 굴종을 면하게 될 것이라고 말하며 민주 정치 실현의 선결 과제를 다음의 네 가지로 정리했다.

첫째, 봉건적 제관계를 청산하여야 한다. 우리는 일찍이 근대적 민주주의도 경험하지 못하였을 뿐 아니라 봉건적 제관계는 지금도 의연히 강력하게 우리를 지배하고 있다. 봉건적 제관계를 타파한 뒤에야 비로소 민주주의는 제대로 성장할 수 있는 것이다. 그러므로 봉건 유제인 토지 관계와 봉건적 특권 유습을 완전히 개혁하고 남녀평등을 구체적으로 실현하여야만 민주주의적 건설이 가능할 것이요,

둘째, 식민지적 성격을 제거하여야 한다. 우리 조선은 일제의 식민지로서 경제 기구 정치 체제가 의존적이며 또는 편기되어 있기 때문에 이것을 급속히 청산하고 자주적인 체제를 정비해야 한다. 조선의 토착자본은 자주적으로 성장하지 못하고 영원히 지주적 성격을 탈각하지 못하였을 뿐 아니라 잉여가치 외에 이득을 구하는 소위 매판적 성격을 가졌기 때문에 민족 자본 본래의 반제적 성격을 나타내지 못하고 도리어 외국의존적인 점에서 식민지화의 위험을 다분히 내포하고 있다. 제국주의는 자국 내의 근로 대중을 노예화하며 타국의 민중을 예속시킴으로써 국제적으로 민주주의를 파괴하는 것이다. 그러므로 제국주의로부터 민족을 해방하지 않고는 민주주의는 건설할 수 없는 것이며,

셋째, 반동적 파쇼를 타도하여야 한다. 파시즘은 자유 민주주의를 파괴하였을 뿐 아니라 세계 인류 문화를 총파괴에로 유입하려다가 국제 민주주의 앞에 굴복하고 말았다. 그런데 조선의 지주나 토착자본가들은 민주주의적 방법으로는 지배계급으로서 민중을 지배할 만한 능력을 가지지 못하였던 만큼 그들은 운명적으로 파쇼화할 성격을 함유하고 있으며 더욱이 과거 일제시대의 관료와 기타 일제 협력자는 일제의 군벌적·관료적 파쇼에 중독되어 있고, 또는 조선의 진정한 애국자의 세력에 대해서 자기 공포를 느

끼는 동시에 그의 연명책으로 파쇼 세력을 조성하고 있는 것이 조선의 현실이다. 그러니만큼 우리는 언론, 출판, 집회, 결사, 시위, 파업 등 자유를 구체적으로 보장하고 연탈 당하지 않도록 인민의 기본적 권리를 확보하여 인민의 위력으로써 이를 제어하여야만 비로소 민주주의의 육성을 볼 것이다.

넷째, 노동 대중의 단결로써 영도적 세력을 지어야 한다. 조선의 노동계급은 비록 어리고 약하나 조선에 있어서는 유일한 혁명 세력이며 애국 세력이다. 산업 자본이 자주적으로 성장하여 주권을 장악하고 외래의 제국주의에 반항하지 못하는 조선에서는 민족의 선두에서 해방과 자주 독립을 전취할 자는 오직 노동계급뿐이다. 선진 자본주의 국가는 물론이요 중국의 그것과도 다르다. 지주·자본가 계급이 제국주의와 결탁하고 타협하여 자신을 유지 발전시키는 동안 근로 계급만은 자초지종 제국주의 자본과 토착 지주 자본가에게 착취당하고 억압당하였다.

당시 인구의 8할 이상이 되는 노동 대중의 해방 없이는 진정한 민족 해방은 없을 것이다. 따라서 청우당의 건국이념의 민주 정치도 근로 계급의 완전한 해방과 민주주의적 발전을 위해서는 그들의 총역량을 결집하여 정치적 중심 세력을 이루는 데서만이 진정한 민주 정치가 건설될 것으로 생각했다.

2) 민주 경제[173]

청우당은 "민주 경제라 함은 동귀일체의 신생활 이념에 기한 민주주의 경제 제도를 이름한다."고 규정하고 있다. 즉, 과거 봉건시대는 봉건적

---

173 위의 책, 135–140쪽 참조.

특권 계급이 경제적 실권을 가졌고, 현대 자본주의 사회의 경제 제도는 다수의 자본가 계급이 경제적 실권을 잡은 것과는 근본적으로 다르게 근로층에 속한 인민 대중이 민주주의적으로 경제적 실권을 가질 수 있는 경제 제도를 말한다.

지금까지 생산 수단(토지, 광산, 공장, 교통기관, 기계 등)과 분리되어 있던 생산력 담당자(농민, 노동자, 기술자 등 근로층)에게 생산 수단을 법적으로 재분배 또는 장악하게 하여 사회적 생산의 정당한 토대를 부여하는 동시에 경제권을 소수의 지주·자본가로부터 인민 전체에 옮겨 놓자는 것이요, 계급적 대립이 없는 단일성인 민족 경제를 실현하자는 것이다. 청우당은 이러한 내용을 가진 민주 경제만이 조선민족이 재생할 유일한 방도이며, 이 민주 경제 방향으로 발전되어 가는 것이 조선 경제 사회의 역사적 순로이며, 이 민주 경제 제도의 실현을 담당할 수 있는 정권만이 진정한 민주주의 정권이며, 이러한 민주 경제 제도를 실현할 수 있는 정치만이 진정한 민주주의 정치라고 규정하고 있다.[174]

원래 '민주 정치'와 '민주 경제'는 불가분의 표리관계를 가진 것이다. 정치를 표면적·형식적이라 하면 경제는 이면적·실질적이라는 점에서 민주 경제를 떠난 민주 정치는 존립할 수 없으며, 민주적 신경제가 명목에만 그치면 민주 정치도 명목에만 그치고 말 것이다. 그러나 당시 일부 정치가들은 정치적 독립이 된 뒤에 경제 건설을 논의해도 늦지 않다고 주장했다. 그것은 정치와 경제의 표리 관계를 이해하지 못하는 정치가의 무식이 아니라면 반드시 자본제 연장의 의도를 포함한 괴변이다. 요컨대 민주 정치와 민주 경제는 건국 당초에 동시 해결해야 할 연결성과 필요

---

174 청우당은 그렇다고 해서 중소 상공업의 자유 기업을 금지하자든가 또는 어느 정도의 개인사유권을 일체 부인하는 것은 아니다.

성을 가진 것이었다.[175]

청우당이 민주 경제를 실현하고자 한 이유는 다음의 두 가지이다. 첫째로는 인구의 증가요, 둘째는 계급 구성의 관계이다. 인구는 일제시대의 통계에 의하면 국내만으로도 매년 25만 내지 28만 명이 증가하고 있었으므로 민주 경제 정책에 의하여 경제적 생산 방법을 새로운 방면으로 전환시켜 경제적 생산 역량을 증가시켜야 할 것으로 보았던 것이다.

또한 빈부 대립의 계급 구성은 약 10만 명에 달하는 국내의 지주군이 250여만 호의 빈농민을 지배·착취하고 있어, 심각한 계급 대립의 현상을 보이고 있으므로 하루바삐 개혁하지 않으면 안 된다고 본 것이다.

이 밖에도 농토의 협소, 농업 기술의 미발달, 농업 생산액의 빈약 등 여러 가지 관계로 보아서 향후 조선에는 농업입국이 불가능한 만큼 농공병진책을 써야 된다고 지적한다. 현대 국가의 경제란 완전·자작 자급을 할 수 없으므로 유무 상통하는 국제적 통상을 요하지 않을 수 없게 된다. 따라서 수입·수출의 균형 문제가 제기되는데 이때 수출입의 균형을 얻자면 공업 생산이 아니면 안 된다는 논리다.[176]

공업 발전의 공업 경제에 있어서도 '민주 경제' 체제에 의하여 중요 산업 기관은 국유로 하고 그 경영은 국영 반 공영 반으로 하여 자본가적 이윤 착취 방지를 원칙으로 하는 동시에 토지 제도를 개혁하고 농업 정책, 즉 농업 생산 양식을 근대화하여 적은 노동력으로 많은 경작과 많은 수확을 얻도록 하며 그 잉여 노동력을 공업 노동력으로 전환하는 것을 그 방략으로 제시하고 있다.

---

175 특히 해방 정국 최대 현안인 토지 문제는 민주 경제의 기본 조건이니만큼 민주 정권이 수립된 직후에 바로 해결할 것을 주장하고 있다. 이는 청우당의 민중 생활에 기초한 민족주의적 성격을 보여 주는 또 하나의 대목이다.

176 청우당은 공산액과 농산액을 17대 1로 계산해 농민 17명의 몫을 공업인 1인이 해내고 있다고 지적한다.

3) 민주 문화[177]

청우당이 건국이념에서 제시하는 민주 문화란 '동귀일체의 신사회생활에 적응한 민주주의 문화'를 말한다. 이것은 봉건 사회 또는 자본주의계급 문화의 기형적 문화에 대비되는 표현이다. 즉, 우리 민족은 유구한 민족사와 더불어 찬연한 문화를 자랑하고 있지만 신시대 신생활에 적응한 민주적 신문화를 재수립하지 않으면 안 된다는 것이다. 왜냐하면 과거의 문화는 부하고 귀한 특권 계급만이 향유할 수 있고 번화한 도시에서만 향락할 수 있는 계급적·기형적인 문화이기 때문이라고 지적한다.

청우당은 그 사례로 교육을 들고 있다. 과거 봉건 사회의 교육은 물론 현대적 교육제도도 중등 이상의 교육기관은 대부분 도시로만 편입되었으니 멀리 농·산·어촌의 자제들은 취학의 기회를 얻기가 힘들 것이요, 학비도 스스로 마련하지 않으면 안 되게 되었으니, 도시에 거주하면서도 노동자 내지 일반 무산자의 자제는 역시 입학할 도리가 없다는 것이다. 그러므로 도시 부유층 자녀는 둔재라도 전문대학의 졸업생 행세를 하지마는 무산자의 자녀는 아무리 천재라도 초목과 한 가지로 그저 썩고 만다고 했다. 즉, 청우당은 교육의 문제도 경제와 밀접하니, 경제 기관이 도시로 집중되므로 교육 기관도 도시 집중이 안 될 수 없다는 점을 지적하고 있는 것이다.

또한 교육의 정신, 즉 교육의 이념은 과거 조선의 소위 서당 교육이란 것은 실생활에서 떠난 형식적 윤리의 교육이요, 출세를 꿈꾸는 가문의 교육이요, 조선 자체를 망각한 사대 사상의 교육이었다. 그러나 현대 교육의 결점 역시 자본주의 경제 제도의 유지와 자본주의 정치 제도의 합리화를 목표로 한 개인주의·이기주의에 중점을 둔 것이다. 이러한 교육

---

177 『천도교의정치이념』, 앞의 책, 140-146쪽 참조.

제도와 이러한 교육 이념으로는 아무리 해도 인간의 성능을 최대한으로 발휘시킬 수 없고 인간의 생활을 최고도로 향상시킬 수 없다. 따라서 이러한 교육 이념은 새로운 국가의 교육 이념이 될 수 없다는 것이 청우당의 주장이다.

나아가 청우당은 교육 제도의 사회화, 교육 기관의 대중화, 교육 정신의 민주화를 주장하는 동시에 당면의 급선무로는 문맹 퇴치, 초등 교육의 의무제 확충을 철저히 할 것과, 경제 건설의 기본이 되는 기술자의 양성, 노동자와 농민의 교양, 부인 계몽 등을 제안한다.[178]

청우당은 문화에 대해서도 민중 중심의 문화가 신국가의 이념이 되어야 한다고 본다. 그래서 과거의 양반 중심적 음악, 양반 지향적 문학을 비판하며 민중의 소리, 민중주의적 민주주의 문학을 강조한다. 원래 문화란 것은 시대적·사회적 산물이니만큼 구시대·구사회의 기성 문화가 그대로 신시대·신사회에 적용될 수 없다. 그러므로 현존한 문화의 각 부문에 있어서 봉건적·일제적 모든 잔재를 청산하는 동시에 대중 생활을 향상시키고 대중 정서를 함양시킬 수 있는 민주주의에 입각한 신문화를 건설해야 한다고 지적한다. 물론 신문화를 수립하자면 먼저 새로운 정치·경제 제도가 실현되어야 한다. 그러나 조선의 오늘과 같은 건국 초창기에 있어서 신문화 운동이 신정치·신경제의 건설을 추진시키는 데에 유력한 보조역이 되므로 이 문화 운동을 적극적으로 전개하는 것이 역시 건국 사업의 일익이 된다는 것을 잊지 말아야 한다고 주장한다.

---

178 청우당의 교육 이념은 대중 교육 지향적이면서도 영재 교육을 강조하고 있다. 특히 조선의 산천과 기후가 수려해 천재적 인물이 많이 나올 상이라며 최치원, 원효, 솔거, 율곡, 수운 등이 한국을 빛낸 천재들이고 이들의 후손들에서 민족과 인류에 기여하는 역할을 해야 할 천재가 많이 양성되어야 한다고 지적하고 있다. 그러나 영재 교육과 대중 교육을 어떻게 조화시킬지에 대해서는 언급이 없다.

4) 민주 윤리[179]

새로이 개벽되는 세상으로 맞이해야 할 신국가의 윤리적 토대는 새로운 윤리이어야 한다는 것이 청우당의 기본입장이다. 이는 동학의 개벽관과 같은 것으로 민주 윤리야말로 청우당이 주장하는 새로운 국가의 건국 이념이다. 이 새로운 국가는 육신적 자아의 성숙으로 그치는 것이 아니라 정신적 자아의 성숙까지를 요구하는 것이다. 민주 윤리란 사인여천 정신에 맞는 새 윤리, 즉 민주주의의 윤리를 의미하고 봉건적인 계급 윤리와 자본사회의 개인적·이기적 윤리를 극복하는 윤리를 말한다.

과거의 우리 민족은 동방예의지국이니 군자지국이니 하여 윤리·도덕에 있어서는 세계에서 우리가 제일이거니 자긍 자처하여 왔다. 그러나 청우당은 우선 과거의 그 윤리, 그 도덕의 내용 비판이 선결 과제라고 주장한다. 과거 삼국시대와 고려시대는 물론 조선 왕조에 와서는 특히 유학이 국교로 된 관계상 그때의 표준 도덕은 오로지 유교식인 삼강오륜이었다. 그런데 삼강오륜은 어디까지나 계급적이었다. 군주·아버지·남자·어른·양반·관리 중심의 도덕인 반면에 신민·자녀·아내·어린이·상민·서민은 아랫사람이라 하여 무조건 순종하고 윗사람에게 복종하면 그것을 선으로, 다소라도 불복불순하면 악으로 판정하는 계급 윤리였다.[180]

그러나 분명한 사실은 윤리·도덕도 고정불변하는 것이 아니라 사회가 변천함에 따라 변천한다는 것이다. 민주주의의 신사회·신시대의 윤리는 인간 상호간 평등적 입장에서 인격을 표준하고 공동 사회 공동 생활을 기준하여, 거기에 상응하는 도덕으로 재정립되어야 한다는 것이 청우당

---

179 『천도교의 정치이념』, 앞의 책. 146-153쪽 참조.
180 "임금은 비록 어질지 못할지라도 신하는 반드시 충성을 다해야 하고, 아버지는 비록 헤아리지 못할지라도 아들은 반드시 효도를 다해야 하고, 남편은 비록 방탕할지라도 아내는 반드시 정조를 지켜야 한다."고 한 삼강을 보아도 과거의 윤리가 철저히 계급적이었음을 알 수 있다.

의 주장이다. 그러므로 동양 전래의 예도 개념화한 형식적인 허례를 강조해 다시 진흥시킨다면, 그것은 봉건적인 계급 의례의 반복에 불과한 것이지 결코 민주 사회의 창조 과정을 정화시키는 것이 아니다.

민주적 예란 생활 양식에 있어서 인격적으로 평등화하려는 규범이며, 타인에게 불쾌감을 주지 않는 사회적 약속인 것이다. 그뿐 아니라 타인의 의견과 인격을 존중할 줄 알아야 한다. 만일 민주 정치를 논하면서 타인의 의견과 인격을 무시한다면 민주 정치의 본질을 몰각한 것이며, 민주공덕을 말하면서 타인의 면전에서 불쾌한 언동을 자행하는 것은 민주도덕을 모르는 까닭이다. 즉, 신윤리는 인격과 공동 생활을 척도로 하고 표준으로 하여 거기에 부합되는 인간의 행위를 말한다.

특히 천도교는 최고의 윤리적 실천 방안으로 사인여천을 가르치고 그 실천 덕행으로 성·경·신을 제시하였다. 사인여천은 인간성의 평등을 원칙으로 한다. 과거 사회에서는 동일한 인간격에 귀천의 차별을 인정하고 동일한 인간성에 선악의 차별을 시인해 왔지마는 이것은 실로 천작天作이 아니라 인작人作이었고 선천적이 아니라 후천적이었다.

그러나 이제 개벽된 세상이 열려 사회가 정치와 경제적으로 완전한 민주주의 영역에 들어서기만 하면[181] 그때에는 귀천선악의 차별도 완전히 소멸될 것이다.[182] 여기서 청우당은 구체적으로 사인여천의 실천 덕행인 성·경·신을 해설하고 있다.

성誠은 진실과 근면과 근기 세 가지 내용을 가진 것이니, 대인접물에 있어서 진실이 없으면 성이 아니요, 근면이 없으면 성이 아니요, 근기가

---

[181] 여기서 청우당은 마치 마르크스가 상정한 원시 공산 사회처럼 그 사회가 귀천 차별이 없는 평등 세상이었다고 지적하고 있다.

[182] "얻기 어려운 재물을 귀히 여기기 때문에 백성으로 하여금 서로 다투게 하였다."는 노자의 말과 "도적이 나쁜 것이 아니라 도적이 생기게 한 사회가 나쁘다."한 최수운의 말이 다 같이 이상과 같은 내용을 증명한다.

없으면 성이 아니다. 가령 어떤 정치가가 있어서 말로는 민족 사회를 위하여 노력한다고 하면서 내심으로는 정치욕에만 급급한다면 그는 성의 있는 정치가라고 말할 수 없을 것이요, 설사 마음만은 진실하다 할지라도 자기의 임무를 위하여 부지런히 활동하지 못하거나 또는 한때는 부지런히 활동을 하다가도 그것을 끝까지 끈기 있게 계속하지 못한다면 그것 역시 성의 있는 정치가라고 할 수 없을 것이다.[183] 정치가뿐 아니라 어떤 사람을 막론하고 이상 세 가지 표준에 들어맞는 사람은 정성 있는 사람이 될 것이요, 정성 있는 사람은 신시대를 창건하고 신윤리를 수립할 만한 선구자라고 할 것이다.

경敬은 경천敬天·경인敬人·경물敬物 삼경을 구체적인 내용으로 한다. 그런데 경천은 종교적 의미 외에도 여러 가지 의미의 경천이 있으니 진리를 사랑하는 것도 경천이요, 시대를 순응하는 것도 경천이며, 약소민족을 위하여 해방 운동을 하는 것도 경천이 되고, 근로 계급을 위하여 해방 투쟁을 하는 것도 경천이 된다. 그러므로 이에 반하여 진리를 무시하거나 시대에 역행하거나 약소민족을 침해하거나 근로 민중을 억압하는 행위는 역행이 되며 경천자는 흥하고 역천자는 망한다는 인과 법칙이 여기에 적용된다는 것이다.

경인은 사인여천 원칙에 의하여 귀천선악의 차별이 없는 평등적 입장에서 만인의 인격을 동일하게 존경하는 행위를 말하는데 중요한 것은 단순한 관념만으로 만인의 인격을 평등시하는 데 그치는 것이 아니라, 대중에게 평등 의식을 심어 주고 평등 사회를 건설하고 평등 생활을 실현케 하는 모든 행동이 진정한 경인이라는 것을 인식하고 실천해야 한다고

---

[183] 오늘의 한국 정치의 난맥상을 보면서 진실로 민족적 지도자의 공백을 안타까워 한다면 청우당의 50여 년 전 정치 지도자에 대한 지적이 지금도 변함없이 우리의 가슴에 와 닿는다.

주장한다.

경물은 도덕적 경물과 경제적 경물 두 가지가 있는데 모든 자연물을 사랑하고 보호하는 일이 그 하나이요, 소극적으로는 모든 물품을 절약하고 적극적으로는 모든 경제적 생산을 충실히 하는 일이 그 둘째이다. 우리의 터전인 이 국토 안에 독산(禿山-민둥산)이 많고 황무지가 있는 것도 우리들이 경물의 도덕을 몰랐다는 증거요, 해방된 우리 땅이 불결하고 파손이 많은 것도 우리들이 경물의 도덕을 모른다는 실증이다. 도덕은 사람과 사람 사이에만 있는 것이 아니라 사람과 물건 사이에도 있다는 것을 알아야 한다.

그 다음 신信은 정직과 충실이 겸비된 행위를 이름이니 언행이 정직하고 임무에 충실한 사람은 스스로 신념이 강화될 뿐 아니라 타인의 신임을 받게 된다. 그러나 동일한 신일지라도 구시대의 신과 신시대의 신이 그 실제에서 다른 것을 알아야 한다. 봉건시대의 신은 주로 지배자와 지배자 간에 상호신뢰를 약속한 것이요, 지배자가 피지배자에게 약속한 신은 아니다. 말하자면 양반이 타 양반과는 신을 지켰으나 상민에게는 지키지 않았으며, 지주가 타 지주에게는 신을 지켰으나 소작인에게는 지키지 않았다.

그러나 오늘의 신은 평등적 신이요 민주적 신이라야 할 것이다. 그리하여 동지에게 신을 지키고 민중에게 신을 지켜야 한다. 그러한 신이라야 비로소 사회 도덕이 되고 정치 도덕이 될 것이다.

청우당은 민주 윤리로서 성·경·신이 민족 전체의 표준 도덕이 되고 이것이 신사회 건설의 추진력이 되어야 한다고 주장한다. 나아가 건국에 있어서 이 민주윤리는 민주 경제 민주 문화와 한가지로 절대 필요하다고 말한다.

물론 청우당의 건국이념은 실현되지 못했다. 해방 공간 자체가 자주와 자립 그리고 민족의식을 강조하는 민족주의 세력을 수용할 수 있는 공간이 아니었다. 그 시절 청우당과 비슷한 민족주의적 자주 노선을 걸었던 백범 김구의 한독당 세력이 몰락하는 과정을 기억한다면 청우당의 실패와 몰락은 충분히 이해될 수 있다. 그러나 정치가 현실주의만이 아닌 이상주의를 그래도 지향해야 하는 당위에 생명이 있다고 인정한다면 일제 시대와 해방 공간에서 민족의 이상적 지상천국을 건설하고자 시도했던 청우당의 민족주의적 정치 노선은 그 역사적 의의와 가치가 충분했다고 평가되어야 한다.

제7장 결 론

　오늘날 대부분의 학자들은 민족주의가 점차 지양되어야 한다는 입장을 취하고 있다. 이것은 민족주의가 비정상적이고 배타적인 형태로 발전함에 따라 위기가 앞으로도 초래되었으며(1·2차 세계대전), 초래될 우려가 있기 때문이다. 또한 경제적 교류 역시 민족 국가의 영역을 넘어서고 있고, 교통·통신의 발달로 민족 국가의 경계 역시 불명확해지고 있음을 그들은 지적하고 있다.

　분명히 민족주의는 국민의 통합이라는 긍정적인 면이 있는 반면에 인류라는 전체의 통합을 저해하는 부정적인 면이 상존해 있다. 이와 같은 민족주의의 이중성에 대해서 차기벽 교수는 이렇게 지적하고 있다.

　"민족이 존재하는 한 민족 문제 내지 민족주의는 존재하게 마련이고, 민족주의가 존속하는 한 부정적·긍정적 두 기능을 아울러 가지고 있는 민족주의의 속성도 그대로 남을 수밖에 없다. 흔히 말해지고 있듯이 '양쪽에 날을 가진 칼'로서의 민족주의는 자칫하면 안으로는 자국인(개인)을 해치고, 밖으로는 다른 민족(세계)을 해치기 쉽다."[1]

혼자만의 유아독존적인 민족 국가는 이 세계에서 지탱될 수 없다. 그 같은 국가들은 점차 경제적·정치적 필요를 충분히 충족시켜주지 못하고 있음이 오늘의 사실이다. 같은 입장에서 민족주의는 배타주의로 갈 우려가 많은 까닭에 궁극적으로 극복되어야 한다. 여기서 어떠한 방법으로 민족주의를 극복할 것인가가 과제로 떠오르게 되는 것이다. 위의 지적처럼 민족이 있는 한 민족 문제 내지 민족주의는 반드시 존재하게 되어 있다. 따라서 지금과 같이 '민족을 덮어 둔 무조건적인 세계주의, 인류주의'만을 강조하는 것은 문제에 대한 지나치게 안이한 자세로 그 근본 문제를 해결할 수 없다. 여기서 이 같은 세속적 민족주의와 그것에 대항하는 제3세계 민족주의로서의 종교 민족주의를 극복하는, 그래서 특수성과 보편성의 문제가 해결될 수 있는 문화 민족주의의 필요성이 제기된다.

즉, 문화민족주의는 각 개별 민족의 특수성이 인정되고 또한 그것의 긍정적인 측면이 살아나 강조될 때, 보편성의 확보가 가능하다는 것이다. 다시 말하면 각 민족마다의 특수성이 강조되고 인정되자면 자연히 각 민족의 부정적인 측면들보다는 긍정적이고 자랑하고픈 모습들만이 전면에 등장하게 된다는 것이다. 따라서 인류주의라는 것은 그 같은 개별 민족의 장점들만이 모여서 보편성을 확보해 가는 과정 속에서 저절로 형성된다고 본다. 이것이 바로 특수성과 보편성의 논리이며, 곧 조화이고 화합인 것이다.

이 같은 조화와 화합의 사상을 우리의 전통 사상에서 발견해 보자는 것이 본 연구의 출발점이었다. 이념이라는 것은 특정 개인의 창안일 수 없다. 또한 이것 저것의 혼합으로 완성되는 것도 아니다. 이념과 사상은 민족적 전통과 풍속 그리고 문화 속에서 우러난, 다시 말해 조상의 피와

---

1 차기벽, 『한국민족주의의 이념과 실태』, 까치, 1978, 21쪽.

땅이 밴 풍토 속에서 우러난 정신이 뿌리가 되어야 한다. 이것이 진정한 한국 민족주의이고, 한국 사상이다.

한국 민족주의의 강조가 곧 한국의 특수성의 강조이며 이 특수성이 보편성을 획득해 가는 과정이다. 또한 한국의 특수성인 한국의 전통 사상에서는 범인류주의가 제시되고 있으니 이것이 바로 우리 사상의 핵심인 조화와 화합이다.

따라서 동양의 위대한 정신문화를 계승·발전·승화시켜 온 우리 민족의 전통 사상을 이제부터라도 더욱더 새롭게 조명해 감으로써, 우리 민족의 역사 이래 숙원이었던 홍익인간·재세이화의 이상 국가 건설의 건국 이념을 펼쳐, 이제 '세계 속의 한국'에서 '한국 속의 세계'로 웅비해 갈 수 있도록 계기를 마련해야 한다.[2]

그러나 불행하게도 한국 민족주의는 지금 안팎의 시련과 위기에 직면해 있다. 소위 '지구 가족', '세계화', '국제화' 등의 허울이 한국 민족주의의 이론적 토대를 공허한, 전근대적 국수주의 논리로 만들고 있다. 특히 최근의 서구 민족주의 연구자들은 이를 과거의 통치 이데올로기의 일종으로 전제하고 민족주의론의 사망 선고와 장례를 서두르고 있다. 세계화의 바람이 일고 있는 국내에서도 이미 오래 전부터 민족주의는 세계 시민론자들[3]로부터 이념적으로 공격의 주대상이었다.[4]

---

2 이것을 노태구 교수는 Creative Nationalism이자 Koreanism으로 표현하고자 주장한다.

3 혹 이들이 학문적 패배주의와 열등감의 발로로 세계주의자가 된 것은 아닌지 모르겠다. 물론 이들이 서구 문화의 맹신도는 아닐 것이다. 그들도 서구 것의 주체적 수용을 한결같이 말하고 있으니까. 그러나 그 주체를 말하면서 누천년에 걸쳐 형성된 우리 민족 고유의 사유 체계를 무시한다면 그것은 또 다른 서구 사대주의요, 패배주의라 아니할 수 없다.

4 이러한 경향은 우리 사회의 진보적 민중 운동에 대한 공격으로도 이어지고 있다. 민중 운동의 비현실적·비합리적인 민족 공동체 논리가 그러했다는 것이다. 나아가 민족주의론이 남북한의 현실을 직시하지 않고 환상적인 통일논리를 주장한다면 오히려 남북한 체제의 공고화에만 기여한다는 지적도 있다. 특히 사회학자 이종오의 주장은 이런 측면에서 문제제기를 하고 있다. 이종오, 「분단과 통일을 다시 생각하며」, 『창작과 비평』 제21권 제2호, 1993년 여름호.

그러나 전통의 존중과 계승 못지않게 우리에게 필요한 것은 현실에 대한 올바른 인식이다. 즉 한국 사회는 서구적 민족주의론으로 담아낼 수 없는 한계를 너무나 많이 가지고 있다. 즉, 지나치게 특수적이라는 것이다. 이 특수성을 무시한 보편주의의 주장은 공허함이고 때로는 그것 자체가 하나의 통치 이데올로기 역할을 할 수 있다. 한국의 민족주의는 그 존재론적 기반에 있어 서구와는 너무도 상이하다. 구체적으로 권력이 미치는 영역 내에서 국가라는 정치적 권위의 제도화가 이미 고대 시기에서부터 지속되어 왔다. 단군시절의 교정일치적 통치 구조는 장기간에 걸쳐 계승되었다.[5]

또한 서구에서는 발견할 수 없는 그 지배 영역이 장구한 기간에 고도의 정치적 안정성을 유지해 왔다. 이러한 안정적 정치 공동체 안에서 한 국민은 민족 언어를 갖게 되고 정치적 통치의 그물망을 통하여 샤머니즘적 재래 종교, 불교 또는 유교라는 종교 의식과 그에 기반한 문화확산을 통하여 작은 단위의 마을 공동체를 자연스럽게 형성했고 이것이 확대되어 민족 공동체로 발전해 왔다.[6] 더욱이 이웃한 나라들인 중국이나 일본과의 간헐적인 투쟁과 갈등은 민족 공동체를 운명 공동체로 일원화시킨 역할마저 했다고 볼 수 있다.

이러한 기본 인식하에 볼 때 우리의 현실은 여전히 대내외적으로 우리에게 많은 민족주의의 역할을 요구하고 있다. 정치적으로는 분단의 평화

---

5 동서양을 막론하고 통치와 종교는 필수적 함수관계를 유지해 왔다. 이러한 구조는 이제 세계의 어느 곳에서나 인간에 내재적인 각인화하여 지도자의 종교적 윤리·도덕성이 통치 능력 이상의 선택 기준이 되고 있다. 하물며 고대 이래로 교정일치적 성격이 강했던 우리 사회에서의 지도자의 도덕적 덕목 강조는 전통 사유 체계와 무관하지 않다.

6 이런 차원에서 한국은 서구의 인위적인 민족 형성과는 큰 차이를 갖는다. 또한 오랜 기간에 걸친 동질적 국가사회를 형성했다는 점에서 중국, 일본과도 비슷할 수 있으나 여전히 그들 국가보다 더욱 오랜 기간 동안의 단일한 국가를 유지함으로써 민족 공동체와 정치적 단위가 일치하는 단일 민족 의식이 지나치게 강한 차이가 있다고 할 수 있다.

적 극복의 지혜를, 사회·문화적으로는 전통 가치의 장점 회복과 민족 문화의 정체성을 유지·발전, 국가 간의 무한 경쟁 논리에 슬기로운 민족 경제의 운용 등 우리 앞에 놓인 난제는 수없이 많다. 난관이 많을수록 역사의 가치는 빛난다고 했을 때 본 고의 동학사상 연구도 그 한 역할을 할 수 있다고 본다.

지금보다 더욱 혼란스럽고 난제가 많았던 19세기 중엽에 창도된 동학은 필연적으로 민족주의적 성격을 기본적으로 갖추고 있었다. 더욱이 동학 창도에는 대외적 위기뿐 아니라 대내적 봉건제 모순의 극한 상황이 결부되어 있어 그것의 민족주의는 대내적·대외적 민족주의를 모두 실현시켜야 하는 이중의 과제가 부과되어 있었다. 당시 이 역할에 동학은 너무도 충실했던 한국 민족주의의 전형이었다.

즉, 동학은 국내외 여건으로 실의·방황·좌절·혼미 속에 방향 감각을 잡지 못하고 있던 수많은 한국 민중에게 용기를 주고, 그 진로를 제시해 주었으며 오늘날까지 천도교로 개칭, 발전되는 가운데 백오십 여년에 가까운 역사를 간직하면서 격동의 한국 근대사·현대사의 중심을 이루어 왔다. 따라서 동학·천도교는 가난하고, 압박 받던 민중과 호흡을 같이 하였으며 그네들의 고난이 무엇인가를 민중적 의식 하에서 진단·처방하고 조제까지 담당하였던 것이다. 동학은 특히 서세 동점의 위기의식 속에서 우리 민족의 정통성과 사상이 위협을 받고 있을 때 민족 자주의 기치를 높이 들어 한국적인 가치 체계를 제시함으로써 갈팡질팡하는 민중의 가슴 속에 그들 중심의 새로운 세계관과 자부심을 심어 주었다. 이런 측면에서 동학은 그 존재 가치가 돋보이는 민족주의 사상으로 확고하게 자리 잡을 수 있었다.[7]

---

7 당시 대외적 위기에 그저 쇄국으로만 일관하던 지배층의 한계는 여실했다. 즉, 양난 이후 변질

동학의 출발은 물론 종교였다. 그러나 당시 국가의 기본 이념이나 종교의 심한 변질 상태에서 동학은 종교 이상의 역할을 해야만 했다. 유교의 인간성 결여와 권력 지향적 타락, 불교의 정신적 퇴색, 도교의 퇴폐주의적 고집, 천주교의 전통사회 침투로 인한 미풍양속의 파괴 등은 사회 불안을 가중시켰고 민중들의 정신적 안식처는 거의 없어져 버렸다. 이런 상황에서 수운 최제우는 '아국운수 가련하다'고 절규하며 이 땅에 적합하고 시대의 요청에 부응하는 동학을 창도해 구제救濟·구세求世·구인求人의 기치를 높이 들었다. 그의 사상은 종교성에 현실성을 결합한 구인求人을 바탕한 대내적 민족주의였지만 그 속에는 구제·구인의 인류 평등과 평화 이념이 바탕한 진정한 대외적 민족주의를 담고 있다. 즉 동학의 이념은 보국안민과 포덕천하의 개벽된 이상 세계를 지향하는 것이지 결코 배타적인 자민족 우선주의가 아니었다.

그래서 동학의 민족 운동은 보국안민을 지향하나 포덕천하를 최종 목표로 한다. 개벽은 그것을 실현하는 과정이며 그 과정의 이념은 철저한 인내천주의였다. 따라서 동학 정치사상은 개벽사상과 인내천 사상으로 결집할 수 있다. 창도 이래로 동학의 모든 민족 운동에는 이 두 이념이 반드시 기초하고 있었음이 연구결과 증명되고 있다.

천도교 청우당은 교정쌍전론에 입각해 이러한 민족 운동과 동학운동의 최전위에 선 실천 단체였다. 일제라는 제한된 공간에서의 출발은 그들로 하여금 정상적인 정치 활동을 어렵게 했지만 그 시절 청우당을 능가하는 활동을 한 국내 민족 문화 운동 단체가 없었음도 주지의 사실이다. 한편 일제를 벗어난 해방 공간은 청우당에게 본격적으로 그들의 개

된 양반사회의 정치적 모순과 지배, 피지배층 사이의 갈등 심화로 체제자체의 모순이 극렬하게 부각되고 있었다. 더욱이 납세제도인 삼정의 문란은 민심을 송두리째 뒤흔들었으며 괴질과 흉년 그리고 서학의 충격은 민주자주자립의 국가 근본기강마저도 무너트릴 지경이었다.

벽된 지상 천국의 실현을 시도할 수 있는 공간을 제공했다. 청우당의 본격적 정치 이념은 일제를 벗어남으로써 비로소 빛을 발할 수 있었던 것이다. 인내천을 바탕한 청우당의 이념인 자주와 사인여천의 윤리, 동귀일체의 이념 그리고 국민 개로제를 통한 공공선 지향의 공동체주의는 여전히 민족 문제가 해결되지 않은 우리에게 정치적 이상의 원형으로 자리하고 있다.[8] 그러나 그들이 추구했던 이상적 공동체상은 한국 민족주의 정치 이념의 한 전형으로서 충분한 가치를 가진다.

본 연구의 결과로 추출된 동학과 천도교 청우당 정치사상의 의미와 시사점은 다음과 같이 정리될 수 있을 것이다. 첫째, 향후의 민족주의론의 긍정적 발전은 문화적 민족주의에서 찾아질 수 있을 것이라는 점이다. 각 민족의 고유성이 침해되지 않는 가운데 타 민족과의 조화로운 결합이야말로 민족주의의 바람직한 결론일 것이기 때문이다.

둘째, 같은 의미에서 한국 민족주의 정치 이념은 한국적 정신문화의 사상적 기저에서 자극 받아야 할 필요가 있다는 것이다. 한국사상의 일관된 흐름이 있다는 점에 주목한다면 우리의 방향도 그 흐름을 비판적으로 수용하고 나아가 현대적 사유와의 상호 작용을 통한 변증법적 합의 창조적 역할을 할 필요가 있다는 것을 지적할 수 있다.

셋째, 동학사상은 우리 전래의 천인합일적 사고에서 출발해 지상천국의 재세이화를 후천개벽의 세상이라는 구호로 재해석하고 홍익인간의 이념을 포덕천하라는 구호로 재창조했다. 나아가 한국 사상의 중요한 흐

---

8 정치적 이상의 원형의미는 단순히 과거의 향수에 젖어 그것의 교의(**doctrine**)를 재건하자는 것이 아니라 마치 플라톤철학이 오늘의 우리에게도 그가 그 시절 가졌던 무질서에 대항하는 삶의 방식에 주목해 오늘의 우리의 삶에 지침을 제공받는 것과 같은 의미로 해석되어야 한다. 이렇게 정치의 원형을 추구하는 작업이 오늘날 철학적 정치학의 임무이자 가치이다. 이에 대한 연구의 단초는 백승현, 「전환기의 리더쉽과 플라톤적 정치지도자론」(한국정치학회 **1997**년도 **9**월 월례발표회 발표논문)에서 제공받을 수 있다.

름 중 하나인 조화와 화합의 사고를 동학사상의 내용에서 포용해 교정조화, 물심일원, 성신쌍전 그리고 동귀일체 등으로 발전적으로 계승하고 있다.

넷째, 동학사상의 인내천 사고는 한국적 민주주의이고 공동체주의의 전형이라고 볼 수 있다. 인간 존중의 이념이 현대 민주주의론의 최고 이념이라고 했을 때 동학의 인내천 사상은 가장 민주주의적인 이념이랄 수 있다. 더욱이 여기서 나아가 동학은 인내천의 실천론으로 사인여천을 제시하고 있다. 사람 대하기를 하늘 대하듯 하라는 사인여천의 논리는 휴머니즘의 상징이자 민주주의 방법론 그 자체이다.

다섯째, 천도교 청우당은 동학의 교정일치 사상에서 정政의 영역을 담당한 천도교의 이념정당이었다. 청우당은 그 탄생과 활동의 영역이 일제라는 시공간적 제약으로 인해 근대적 의미의 정당과의 단순 비교를 불가능하게 하지만 그들의 활동은 정치 지향적이었다. 따라서 청우당의 연구는 천도교의 교정쌍전론을 이해할 수 있는 좋은 자료가 될 것이다.

여섯째, 천도교 청우당의 정치 이념은 동학사상의 구체적 현실에 대한 인식을 기초하고 있다. 즉, 인내천 사상의 구체적 실천과 동학이 설계한 후천개벽의 모습을 청우당의 정치 이념이 담아내고 있다는 것이다. 따라서 청우당 연구를 통해 동학사상의 추상성과 관념성이 부분적으로 해소될 수 있을 것이다.

일곱째, 천도교 청우당은 정신적 주체성을 강조하고 있다. 정신적 주체성에 대한 강조는 동학시대 이래로의 전통이기도 하다. 청우당에서는 정신 개벽을 모든 개벽 중 가장 위대한 것으로 평가하고 있다. 즉, 근대성에의 자각을 통해 자아 정체성을 확립하고 이것이 민족 개벽과 사회 개벽으로 이어질 것으로 보고있다.

여덟째, 동학사상은 현대 문명의 위기에 대한 하나의 한국적 대응이 될 수 있다는 것이다. 탈근대론자들의 지적대로라면 현대는 인간 이성의 한계로 인한 위기 상황이다. 불행하게도 그들은 문제의 지적으로 그치고 있다. 합리적 이성도, 과학주의의 엄격함도, 지고지선의 진리도 존재하지 않는다는 것이 그들의 분석이다. 그러나 동학과 청우당이 추구했던 상보적 합리성과 휴머니즘적 인내천주의, 사인여천의 신도덕 윤리관, 동귀일체적 세계관 그리고 포덕천하·광제창생의 세계주의 등은 위기에 대한 제3의 방안의 틀을 제공할 충분한 조건을 갖추고 있다고 보아진다.

아홉째, 그럼에도 동학사상이 가지고 있는 관념성, 모호하고 추상적인 표현들, 안이한 인간관·세계관·우주관, 비현실적인 이상주의에의 집착 등은 동학사상의 한계이자 연구의 한계이고 앞으로의 연구 과제가 될 것이다. 따라서 동학사상은 여전히 한국 지성의 지적인 동태성과 전문성을 요구하는 영역으로 개척의 손길을 기다리고 있을 것으로 사료된다.

분명 동학·천도교의 한 세기 반은 성공과 실패의 역사였다. 그것은 종교성을 뛰어 넘는 이념성의 이상적 공동체 건설을 목표로 한 도전의 역사였기에 아직 누구도, 어느 국가도 달성치 못했던 실패한 이데올로기 실험의 하나였기 때문이다. 그러나 적어도 19세기 역사적 격변기에서 동양의 작은 국가 조선의 민중들에게 자신들이 역사의 주체임을 각성시킨 점에서는 성공의 역사였다. 그 시절 타 이념과의 이러한 질적 차별성을 천도교는 줄기차게 민족의 한가운데서 민중 운동으로 실천해 왔다.[9]

그럼에도 오늘의 천도교는 그 역사적 소명에 일탈해 있는 듯 보인다.

---

9 지금까지 이 운동에 참여했다 순교한 자들은 아무리 적게 잡아도 40만 명이 넘는다. 순교의 대명사 천주교의 순교자가 1만 명에 이른다고 하니 천도교의 희생 규모를 짐작할 수 있다. 내용적으로도 천주교의 순교자가 거의 종교 자유만을 주장했다면 천도교의 순교자는 종교 자유를 넘어서는 체제 변혁과 사회 개혁을 외치다 희생당한 순교라는 질적 차이를 보이고 있다.

이는 자체 내의 문제와 외부적 요인에 근원 한다. 특히 통일 문제에 있어서 공공연히 천도교는 반공 종교로 인식되고 있다.[10] 또한 사회 변화에 부응하는 고차원적인 이론과 교리 연구의 부진이 현대인으로 하여금 천도교를 자꾸 과거 종교로 치부케 하고 있다. 그러나 문제는 이런 모든 내적 위축과 축소가 천도교의 역사와 무관치 않다는 점이다.

즉, 동학·천도교는 창도 이후 백년 이상을 탄압의 대상에서 제외되어 본적이 없었다. 종교적으로 서학이 인정될 때도 그들은 혹세무민의 사문난적이었고, 정치적 민중 운동에도 체제의 대대적인 탄압만이 뒤따랐다. 결국 오랜 억압과 탄압이 그들을 왜소하게 만들었으며 모든 면에서 축소 지향적 소극형의 집단화를 가져온 것이다.[11] 더욱이 천도교 청우당의 민족 국가 건설의 기본 방향에서 볼 수 있듯 '자본가 전횡의 자유 민주주의도 아닌, 무산자 독재의 프로 민주주의도 아닌 한국적 신민주주의'[12]가 천도교의 현대적 목표인 이상 그들의 움직임은 여전히 남북의 비민족주의자들에게 감시와 주목이 될 수밖에 없다.

그러나 '천도교의 저력'은 살아 있을 것이다. 천도교는 수운의 이념과 해월의 삶 그리고 의암과 춘암의 행동을 결코 저버릴 수 없을 것이기에 민족이 압박 받을 때 저항할 것이고, 민족이 분열될 때 통합을 추구할 것이며, 민족의 내일을 위한 변혁에의 시도는 계속될 것이기 때문이다. 민족간의 불평등이 존재하는 한 민족 문제 해결을 위한 인류의 대장정에서 천도교는 한국 민족주의의 전형으로 과거와 다름없이 여전히 민족과 더

---

10 천도교가 반공적이 될 수 없음은 과거의 기록으로도 알 수 있다. 1930년대 조국광복회에 천도교가 적극 참여했고 혜산사건으로 천도교의 만주 지역과 함경도 조직이 큰 피해를 보았다. 천도교의 이념은 모두를 하나로 만드는 동귀일체이기에 '무찌르자 공산당' 식의 통일론과는 비교될 수 없다.

11 천도교처럼 민족 종교를 표방하는 몇몇 종교가 최근 급성장하는 데 비한 천도교의 조심스러운 행보는 그들의 과거를 이해할 때만이 설명될 수 있다.

12 홍장화, 『천도교 교리와 사상』, 천도교중앙총부, 1991, 107쪽.

불어 고락을 같이 할 것이다.

동학의 창도자 수운 최제우는 후계자 해월 최시형에게 이르길 동학의 운은 '옹치격雍齒格'[13]이 될 것이라고 예언했다. 동학이 비록 엉성하고 허점이 많은 것 같아도 언젠가 때를 만나면 민족 구원의 사상, 세계 구원의 사상으로 결정적인 제 몫을 할 것이라는 의미이다.

[13] 윤석산 주해, 1991, 『道源記書』, 문덕사, 137쪽. 옹치는 한고조 유방의 부하로 평소 못나 유방의 괄시를 받던 존재였으나 전쟁의 위기에서 결정적으로 유방을 도와주었다. 옹치격은 여기서 유래했다. 건축가가 버린 돌이 모퉁이 돌이 되었다는 의미로 김지하는 이를 走馬看山格이라고 표현했다. 숭덩숭덩 잘라 말하지만 핵심을 놓치지 않고 그 역할이 돋보인다는 것이다. 김지하, 『생명』, 도서출판 솔, 1992, 223쪽.

참고문헌

■ 자 료

『大乘起信論疏』
『東經大全』
『東學亂記錄』
『三國遺事』
『性理大全』
『與猶堂全書』
『龍潭遺詞』
『義菴聖師法說』
『天道敎經典』
『海月神師法說』
『開闢』『萬歲報』『天道敎會月報』『朝鮮農民』『農民』『東學之光』『彗星』『別
　　　乾坤』『三千里』『東光』『日省錄』〈매일신보〉〈자유신문〉〈민중일보〉
　　　〈중앙신문〉〈서울신문〉〈경향신문〉〈대한매일신보〉〈동아일보〉〈조
　　　선일보〉〈황성신문〉 등 잡지, 신문.
『黨聲』(영인본), 천도교중앙총부, 개벽사, 1996.
『新人間』(영인본 28책), 천도교중앙총부, 경인문화사, 1996.
『天道敎要覽』, 천도교총부, 1948, 한성당.

■ 국내문헌

(1) 단행본
강무학, 『홍익인간론』, 서울; 명문당, 1983.
고려대학교 70년지편찬실, 『고려대학교 70년지』, 고려대학교 70년사 편찬위

원회, 1975.

국사편찬위원회 편, 『東學亂記錄』 上·下, 서울; 국사편찬위원회, 1959.

국어국문학회, 『국어새사전』, 서울; 학연사, 1973.

김　구, 『백범일지』; 송건호 편, 『김구』, 서울; 한길사, 1980.

김달진 역, 『보조국사전집』, 서울; 고려원, 1987.

김동일 편, 『이데올로기』, 서울; 청람, 1982.

김병제 대표집필, 『천도교정치이념』, 서울; 천도교총본부 知道觀, 1947.

김상기, 『동학과 동학란』, 대성출판사, 1947.

김영두, 『한국 정치사상사, 동서 정치사상사』, 서울; 한국정치사상연구원, 1987.

김우중·김용옥 나눔, 『대화』, 서울; 통나무. 1991.

김종법·김동운, 『해방 전후의 조선진상』 제2집, 조선정경연구사, 1945.

김준엽·김창순 공저, 『한국공산주의운동사』 2, 서울; 청계연구소, 1986.

김지견 편, 『원효성사의 철학세계』, 대한전통불교연구원, 1989.

김지하, 『밥』, 서울; 분도출판사, 1984.

_____, 『생명』, 서울; 도서출판 솔, 1992.

_____, 『동학이야기』, 서울; 도서출판 솔, 1994.

김 철 편저, 『東學精義』, 서울; 동선사, 1989.

김하태, 『동서철학의 만남』, 서울; 종로서적, 1985.

김혜승, 『한국 민족주의-발생양식과 전개과정』, 서울; 비봉출판사, 1997.

노영택, 『일제하민중교육운동사』, 서울; 탐구당, 1979.

노태구 편, 『동학혁명의 연구』, 서울; 백산서당, 1982.

노태구, 『한국 민족주의의 정치이념: 동학과 태평천국 혁명의 비교』, 서울; 새밭출판사, 1981.

_____, 『현대정치학의 이해』(개정증보판), 경기대학술진흥원, 1994.

_____, 『세계화를 위한 한국 민족주의론』, 서울; 백산서당, 1995.

단재신채호선생기념사업회, 『단재 신채호 전집』(개정판), 1977.

동덕 70년사편찬위원회, 『동덕 70년사』, 동덕학원, 1980.

망원한국사연구실,『1862년의 농민항쟁』, 서울; 동녘, 1988.

민족문제연구소,『2000년대를 향한 한국 민족주의』, 서울; 민족문제연구소, 1993.

_____,『동학혁명의 이념적 모색』, 서울; 민족문제연구소, 1994.

_____,『한국 민족주의와 국제주의』, 서울; 민족문제연구소, 1995.

_____,『민족주의와 사회주의』, 서울; 민족문제연구소, 1996.

민준기,『정치발전의 이해』, 서울; 법문사, 1993.

박은식,『韓國獨立運動之血史』, 서울; 서문당, 1920.

박 일,『이야기 동학』, 서울; 녹두, 1994.

박충석,『한국정치사상사』, 서울; 삼영사, 1986.

박현채·정창렬 공편,『한국 민족주의론』Ⅲ, 서울; 창작과 비평사, 1985.

배동문 엮음,『마르크스주의와 민족문제』, 서울; 한울, 1985.

백낙청 엮음,『민족주의란 무엇인가』, 서울; 창작과 비평사, 1981.

보조사상연구원,『보조전집』, 보조사상연구원, 1989.

부산예술문화대학 동학연구소 엮음,『해월 최시형과 동학사상』, 서울; 예문서원, 1999

사회과학출판사,『철학사전』, 평양, 1970.

_____,『정치사전』, 평양, 1973.

三均學會,『素昻先生文集』下卷, 서울; 횃불사, 1976.

서울대학교현대사상연구회 편,『이데올로기와 社會變動』, 서울大學校出版部, 1986.

손 문,『삼민주의』, 최효환 역, 서울; 범조사, 1957.

송건호,『김구』, 서울; 한길사, 1980

_____,『한국 민족주의의 연구』, 서울; 창작과 비평사, 1975.

송건호·강만길 공편,『한국 민족주의론』Ⅰ, 서울; 창작과 비평사, 1982.

송석구,『한국의 유불사상』, 서울; 현암사, 1973.

_____,『율곡의 철학사상』, 서울; 중앙일보사, 1984.

_____,『한국의 유불사상』, 서울; 사사연, 1985.

송호수,『한민족의 뿌리사상』, 서울; 가나출판사, 1984.

신복룡,『동학사상과 한국 민족주의』, 서울; 평민사, 1978.

신용하 편,『민족이론』, 서울; 문학과 지성사, 1985.

_____,『공동체이론』, 서울; 문학과 지성사, 1985.

신용하,『韓國 近代民族主義 形成과 展開』, 서울대학교 출판부, 1987.

_____,『한국근대사회사상사연구』, 서울; 일지사, 1987.

_____,『한국근대사회사연구』, 서울; 일지사, 1987.

_____,『東學과 甲午農民戰爭硏究』, 서울; 일조각, 1993.

신인간사 편,『남북분열저지투쟁 삼일재현운동』, 천도교중앙총부 출판부,
       1969.

신일철,『동학사상의 이해』, 사회비평사, 1995.

신정현,『정치학』, 서울; 법문사, 1993.

안방준 저; 김사원 역,『은봉야사별록』, 서울; 일출, 1996.

안병직,『삼일운동』, 서울; 한국일보사, 1975.

여암선생문집편찬위원회,『여암문집』, 여암선생문집편찬위원회,, 1971.

영우회비사편찬위원회 편,『영우회비사』, 서울; 동학영우회, 1989.

오익제 편저,『천도교요의』, 천도교 중앙총부출판부, 1986.

오지영,『동학사』, 신창서관, 1940(아세아문화사 영인본, 1973.)

용담연원,『동학·천도교略史』, 서울; 보성사, 1990.

유병덕,『동학·천도교』, 서울; 교문사, 1987.

윤사순,『동양사상과 한국사상』, 서울; 을유문화사, 1984.

윤석산 주해,『道源記書』, 서울; 문덕사, 1991.

의암손병희선생기념사업회,『의암손병희선생전기』, 1967.

이균영,『신간회연구』, 서울; 역사비평사, 1993.

이돈화,『당지』, 평양;청우당중앙당선전부, 1947.

_____,『천도교창건사』, 천도교중앙총부, 1933(경인문화사 영인본,1973)

_____,『신인철학』, 천도교중앙총부출판부, 1924.

_____,『인내천요의』, 개벽사, 1924;『동학사상자료집』3, 아세아문화사,

1979.

이돈화,『천도교요람』, 천도교중앙총부, 서울; 한성당, 1948.

이정식,『韓國民族主義의 運動史』, 서울; 미래사, 1986.

이종일,「묵암비망록」『한국사상』제16호(1978)-21호(1989).

이준호,『율곡의 사상』, 서울; 현암사, 1973.

이현희 엮음,『동학사상과 동학혁명』, 서울; 청아출판사, 1984.

임종국,『친일문학론』, 서울; 평화출판사, 1966.

임중산 편저,『남북통일의 길은 있다』, 서울; 개벽사, 1988.

임지현,『민족주의는 반역이다』, 소나무, 2000.

임효선,『삶의 정치사상』, 서울; 한길사, 1984.

장공자,『東洋社會와 精神世界』, 충북대학교 출판부, 1994.

장을병,『인물로 본 한국 민족주의』, 서울; 범우사, 1988.

조기간,『천도교청년당소사』, 천도교청년당본부, 1935.

조기주,『동학의 원류』, 서울; 보성사, 1979.

조선총독부 경무국,『최근에 있어서 조선치안상황』, 조선총독부, 1933·1938.

조선총독부 학무국,『조선교육요람』, 조선총독부, 1928.

조용일,『東學造化思想硏究』, 서울; 동성사, 1988.

조지훈,『한국문화사 서설』, 서울; 탐구당, 1978.

진덕규 편,『한국의 민족주의』, 서울; 현대사상사, 1985.

진덕규,『현대민족주의의 이론구조』, 서울; 知識産業社, 1983.

차기벽,『한국 민족주의의 이념과 실태』, 서울; 까치, 1978.

_____,『민족주의 원론』, 서울; 한길사, 1990.

천도교청년회중앙본부,『천도교청년회 80년사』, 서울; 글나무, 2000.

최동희,『동학의 사상과 운동』, 성균관대 출판부, 1980.

최동희·유병덕 공저,『한국의 종교사상사』Ⅲ, 연세대출판부, 1993.

최정간,『해월 최시형가의 사람들』, 서울; 웅진출판사, 1994.

통일촉진범국민협의회,『꺼지지 않는 동방의 빛』, 서울; 백양출판사, 1989.

한국국민윤리학회 편,『한국의 전통사상』, 서울; 형설출판사, 1988.

한국잡지협회,『한국잡지총람』(제1편 잡지발달사), 1972.

한국정치학회,『民族共同體와 國家發展』, 한국정치학회, 1989.

한승조,『한국의 정치사상』, 서울; 일념, 1989.

현상윤,『조선사상사』(영인본), 민족문화사, 1986.

홍장화 편저,『천도교운동사』, 천도교중앙총부, 1992.

홍장화,『천도교 교리와 사상』, 천도교중앙총부, 1991.

황선희,『한국근대사상과 민족 운동』Ⅰ, 서울; 혜안, 1996.

_____,『한국 근대사의 재조명』, 서울; 국학자료원, 2003.

황 현,『梅泉野錄』, 국사편찬위원회 영인본, 1971.

(2) 논문

강건기,「보조사상의 현대적 의미」, 보조사상연구원 간,『보조국사』제2집, 1987.

권기종,「고려후기 불교와 보조사상」,『보조사상』제3집 발간학술회의, 1989. 11

김동성,「한국지식인과 대학생의 민족주의 의식구조」,『한국정치학회보』제 23집 1호, 1989.

_____,「한국 지식인의 민족주의 의식구조와 이론체계」(한국정치세계학술 대회보고, 1989.7),

김영두,「한국정치사상사」,『한국문화사대계』Ⅱ, 고대출판부, 1972.

_____,「탈이데올로기적 실리주의론」,『사회과학논집』제3집, 고대정경대 학, 1974.

김옥숙,「지눌연구의 사상학적 의의」,『보조사상』제2집, 보조사상연구원, 1988.

김용옥,「새야 새야 向我에 숨은 뜻은」,『신동아』, 1990. 6.

김운태,「한국 민족주의의 회고와 반성」,『민족지성』, 1987. 8.

김응조,「천도교기관지의 변천과정」,『신인간』400호, 1982. 8. 신인간사.

_____,「천도교의 문화운동」,『인문과학연구』제2집, 성신여대, 1982.

김창순,「공산주의에 있어서의 민족이란 무엇인가?」,『사회과학연구』제2집,

경기대학교, 1983.

노태구,「동학사상의 연구」,『행정론집』제9집, 경기대행정학회, 1987.

_____,「민족주의 문제에 관한 사상적 고찰」,『경기대학교 논문집』제11집, 1989.

_____,「동학의 정치사상」,『경기행정논집』제5집, 경기대행정대학원, 1991.

_____,「2000년대를 향한 한국 민족주의」, 민족문제연구소창립학술대회, 1993.

_____,「민중적 민족주의론의 이해」,『민족지성』통권23호, 1988.1.

민준기,「한국 민족주의의 이념모색」,『민족지성』1987.8.

박래원,「六·十만세운동의 회상」,『신인간』337호, 신인간사, 1976.6.

박성배,「지눌의 돈오점수설과 퇴계의 사단칠정론의 구조적 유사성에 대하여」,『보조사상』제2집, 1987.

박의경,「헤르더의 문화민족주의: 열린 민족주의를 위한 시론」,『한국정치학회보』제29집 1호, 1995.

박현채,「민족 운동을 어떻게 볼 것인가」,『한길역사강좌』, 한길사, 1983.

백승현,「현대정치학에 있어서 철학적 정치학의 위상; 에릭 보글린의 '새로운 정치학'적 관점에서」,『한국정치학회보』제24집 특별호, 1990.

_____,「정치적 실재와 에릭 보에글린의 의식철학」,『한국정치학회보』제27집 1호, 1993.

_____,「전환기의 리더쉽과 플라톤적 정치지도자론」(한국정치학회 1997년도 9월 월례 발표회), 1997.

성봉덕,「六·十만세운동과 천도교」,『한국사상』제23호, 한국사상연구회, 1996.

성주현,「해방 후 천도교 청우당의 정치이념과 노선」,『경기사론』4·5호 합본호, 2001.

_____,「해방 후 천도교 청우당의 통일정부 수립운동」,『문명연지』제2권 제1호, 2001.

신용하,「동학사상의 휴머니즘과 민주주의」(동학혁명100주년기념학술대

회, 1993)

신용하, 「자료해제-천도교청년당동경부의 문서 '조선농민의게'」, 『한국학
　　보』 봄호, 일지사, 1993.

신일철, 「동학사상」, 『한국사상대계』 Ⅲ, 대동문화연구원, 1979.

＿＿＿, 「자수대학강의의 의의와 내용에 대하여」, 경인문화사, 1972.

＿＿＿, 「천도교의 민족 운동」, 『한국사상』 제21집, 1989.

신정현, 「한국정치학의 과제-토착화와 실학화」, 한국정치학회, 『한국정치학
　　회보』 제30집 1호, 1996.

오문환, 「해월 최시형의 생활정치연구」, 연세대대학원 정치학과 박사학논
　　문, 1995.

오익제, 「통일이념과 동학사상」, 『통일이념과 역사의식』, 천도교중앙총부출
　　판부, 1988.

유병덕, 「의암의 생애와 사상」, 『동학·천도교』, 시인사, 1987.

윤해동, 「한말 일제하 천도교 김기전의 근대 수용과 민족주의」, 『역사문제
　　연구』 창간호, 역사비평사, 1996.

이보근, 「동학의 정치의식」, 『신인간』, 신인간사, 1971.7~9호.

이재순, 「교회에서 출판된 서적을 소개하면서」, 『신인간』, 1971.9.

＿＿＿, 「의암성사의 업적-육영사업을 중심으로」, 『신인간』 320호, 1974.
　　9·10 합병호, 신인간사.

이종오, 「분단과 통일을 다시 생각하며」, 『창작과 비평』 제21권 제2호,
　　1993년 여름.

이혁배, 「천도교의 신관에 관한 연구」, 서울대대학원 종교학과 석사논문,
　　1988.

이현희, 「동학혁명과 민족구국운동」, 『동학혁명 100주년기념사업회 학술논
　　문집』, 1994.

＿＿＿, 「천도교와 임시정부」, 『신인간』 401호, 1982.

인권환, 「개벽지의 문학사적 고찰」, 『한국사상』 제12집(최수운연구), 한국
　　사상연구회, 1974.

임운길,「동학에 나타난 자연관과 세계관」, 한국불교환경교육원 엮음,『동
　　　양사상과 환경문제』, 모색, 1996.

임형진,「삼균주의에 나타난 한국 민족주의연구」, 성균관대대학원 정치학과
　　　석사논문, 1991.

＿＿＿,「한국 민족주의와 정치노선: 동학사상을 중심으로」,『한국 민족주
　　　의와 국제주의』민족문제연구 제3집, 민족문제연구소, 1995.

＿＿＿,「천도교와 한국 민족주의」, 민족주의연구회,『민족현실』제5호
　　　1996년 가을, 민족현실사, 1996.

＿＿＿,「한국 민족주의와 전통성」,『민족주의와 근대성』, 민족문제연구소
　　　제5회 학술대회발표논문, 1997.

장영민,「동학사상과 민중신앙」,『동학연구』제2장, 한국동학학회, 1998.4.

정영훈,「한국고유사상과 현대민주주의」,『민족지성』통권 5호, 1986년 7월
　　　호.

정용서,「일제하 천도교청년당의 청치·경제사상 연구」, 연세대학교대학원
　　　사학과 석사논문, 1997.

＿＿＿,「북조선 천도교청우당의 정치 노선과 활동(1945～1948)」,『한국사
　　　연구』제125호, 한국사연구회, 2004.6.

조규태,「구한말 평안도지방의 동학-교세의 신장과 성격에 대한 검토를 중
　　　심으로」,『동아연구』21, 서강대 동아연구소, 1990.

＿＿＿,「1920년대 천도교연합회의 변혁운동」,『한국근현대사연구』제4집,
　　　한울, 1996.

＿＿＿,「해방 후 천도교 청우당의 조직과 활동」, 한국민족운동사학회 발표
　　　논문, 2001.6.

조대현,「동학의 합리성이론에 관한 연구: 베버의 관점과 대비하여」, 경기
　　　대학교대학원 행정학과 박사학위논문, 1994.

＿＿＿,「동학민족주의와 합리성」,『민족주의와 근대성』(민족문제연구학술
　　　대회 발표논문, 1997).

조　민,「한국근대변혁운동의 정치사상」, 고려대 대학원 정치외교학과 박

사학위논문, 1991.

차기벽, 「민족주의와 공산주의」, 『사회과학』 제26집, 성대 사회과학연구소, 1986.

최동희, 「종교와 민족주의」, 한국사상연구회편, 『한국사상강좌』 9, 1968.

_____, 「수운의 기본사상과 그 상황」, 이현희 엮음, 『동학사상과 동학혁명』, 청아출판사, 1984.

_____, 「천도교의 근대사상 수용」, 한국사상연구회 편, 『한국사상』 13, 1975.

최병헌, 「수선결사의 사상사적 의의」, 『보조국사』 제1집, 보조사상연구원, 1987.

최장집, 「한국 민족주의의 이해」, 銅谷金河龍박사정년기념논문집, 『탈냉전 시대와 새로운 정치질서』, 나남, 1994.

표영삼, 「동학과 민주사회주의」, 민족문제연구소 간, 『민족주의와 사회주의』, 민족문제연구 제4집, 1995.

_____, 「6·10만세와 천도교」(상,하), 『신인간』 1992.11, 12.

함재봉, 「유교와 세계화」, 전통과 현대사, 『전통과 현대』, 1997년 여름 창간호,

황문수, 「야뢰에 있어서의 인내천 사상의 전개」, 『한국사상총서』 IV, 한국사상연구회, 1982.

황선희, 「1920년대의 천도교와 신문화운동─이돈화의 삼대개벽론을 중심으로」, 『龍巖車文燮敎授華甲紀念 史學論叢』, 신서원, 1989.

_____, 「1900년대 천도교의 개화혁신운동」, 『한국 근대사의 재조명』, 국학자료원, 2003.

■ 외국문헌

(1) Books

Anderson, Benedict., *Imagined Communities: Reflections on the Origin*

and Spread of Nationalism, London: Verso Editions & NLB,
1983. 윤형숙 역,『민족주의의 기원과 전파』, 나남출판사, 1991.

Attridge, Derek., *Geoff Bennington and Robert Young, Post-structuralism
and the Question of History*, London: Cambridge University Press,
1987.

Ball, W. M., *Nationalism and Comunism in East Asia*, Melbourane
University, 1952.

Baradat, Leon P., *Political Ideologies: Their Origins and Impact, 2nd ed.*,
New Jersey: Prentice-Hall, 1984.

Barnard, F. M., ed. *Herder's Social and Political Thought*, Oxford:
Clarendon Press, 1965.

Becker, Carl., *Mordern History*, N.Y.: Silver Burdett Co, 1964.

Berlin, Isaiah., *Against the Current: Essays in the History of Ideas*, New
York: Viking, 1979.

Bourdieu, P., *La Distinction*; 1996. 최종철 역,『구별짓기: 문화와 취향의
사회학』上·下, 새물결, 1996.

Brinton, Crane., *Ideas and Men: The History of Western Tought*, 1950.
최명관·박은순 역,『서양사상의 역사』, 을유문화사, 1984.

Chatterjee, Partha., *Nationalist Thought and the Colonial World: A
Derivative Discourse*, Tokyo, 1986.

Davis, Horace B., *Nationalism & Socialism*, New York: Monthly Review
Press, 1973.

Fanon, P. Frantz., *The Wretched of the Earth*, New York Grove Press, 1963.

Gellner, Ernest., *Nations and Nationalism*, Cornell Univ. Press, 1983.

───────────, *Thought and Change*, London: Weidenfeld and Nicholson,
1964.

Guthrie, W. K. C., *"Orpheus and Greek Religion", A History of Greek
Philosophy, Vol., I-V*, Cambridge: Cambridge Univ. Press, 1962.

Habermas, Jurgen., *Legitimation Crisis, translated by Thomas* McCarthy, Boston: Beacon Press, 1975.

Hague, Rod, & Martin Harrop, *Comparative Government and Politics,* London: MacMillan Education, 1987.

Hayes, C. J. H., *Essays on Nationalism,* N.Y: Macmillan Co, 1926.

_____, *Nationalism*: A Religion, 1960. 차기벽 역, 『민족주의』, 한길사, 1981.

Hayes, Carlton B., *The Historical Evolution of Modern Nationalism,* New York: MacMillan Co, 1931.

Herder, J. G., *Outline of a Philosophy of the History of Man, tran., by T. Churchill,* New York: Bergman Publishers, 1800.

Hertz, F., *Nationalism in History and Politics,* London: Routhledge and Kegan Paul Ltd, 1951.

Hinsley, F. H., *Nationalism and International system,* London: Hodder and staughton, 1970. 라종일 역, 『민족주의와 국제체제』, 서문당, 1976.

Hobsbawm, Eric J., *Nations and Nationalism since 1780,* Univ. of Cambridge Press, 1990.

Huntington, S., *The Clash of Civilizations,* 이희재 역, 『문명의 충돌』, 김영사, 1997.

Juergensmeyer, Mark., *The New Cold War?: Religious Nationalism Confronts the Secular State,* Berkeley: University of California Press, 1993.

Kim, Yong-Choon, *The Ch'ondogyo Concept of Man,* Seoul: Pan Korea Book Corporation, 1978.

Kohn, Hans., *Nationalism: It's Meaning and History,* Princeton: Van Nostrand Co., 1955. 차기벽 역, 『민족주의』, 삼성문화재단, 1980.

_____, *Nationalism: Its Meaning and History,* New York: MacMillan

Co, 1955.

Kohn, Hans., *The Idea of Nationalism*, N. Y.: MacMillan Co, 1969.

_____, *The Idea of Nationalism : A Study in its Origin and Back-ground*, New York: MacMillan Co, 1944.

Leeuwen, Arendt Theodor von, *Christianityin World History: The Meeting of the Faiths of East and West*, translated by H. M. Hoskins, New York: Scribner's, 1964.

Meehan, Eugene, *The Theory and Method of Political Analysis*, Homewood, IL: Dorsey, 1965.

Minogue, Kenneth R., *Nationalism*, London: Hethuen, 1969.

Smith, Anthony D., *National Identity*, London: Penguin, 1991,

_____, *Nationalist Movement*, London: Macmillan, 1976.

_____, *Nations and Nationalism in a Global Era*, Cambridge: Polity Pr, 1995.

_____, *State and Nation in the Third World: The Western State and African Nationalism*, Brighton, Sussex, 1983.

_____, *Theories of Nationalism*, 2nd ed. London: MacMillan Co, 1983.

Snyder, Louis L., *The Meaning of Nationalism*, Rutgers University Press, New Bruns wick, N.J, 1954.

Sturzo, Don Luigi, *Nationalism and Internationalism*, New York: Roy Pub, 1946.

Szporluk, Roman, *Communism and Nationalism: Karl Marx Versus Friedrich List*, New York & Oxford University Press, 1988.

Tilly, Charles(ed.), *The Formation of National States in Western Europe*, Princeton Univ. Press, 1975.

Voegelin, E., *Order and History Vol. 3: Plato and Aristotle*, Baton Rouge: LSU Press, 1957.

Weems, B., *Reform, Rebellion, and the Heavenly Way*, University of Arizona Press, 1955. 홍정식 역, 『동학백년사』, 서문당, 1975.

村山智順, 『朝鮮の類似宗教』, 조선총독부, 1935. 최길성, 장상언 역, 『조선의 유사종교』, 계명대출판부, 1991.

丸山眞男, 『現代政治の思想と行動』(增補版), 未來社, 1973.

(2) Articles

Bohn, Max, "Nationalism in E.R.A. Seligman", *Encyclopedia of the Social Science, Vol. XI*, N. Y.: Macmillan Co, 1956.

Jarvie, I. C., "Rationality and Relativism," *The British Journal of Socialogy, vol. 34*. no. 1, March, 1983.

Noh, Tai-gu, "Chondogyo and Its Scheme for Personality Education" *InternationalJournal of Korean Studies*, vol. 1, 1996.

_____, "A Creative Reading of the Taiping and Donghak Revolution: What does an Eastern-type Nationalism mean for the Global Community in the 21st century?" IPSA, 서울학술대회발표논문, 1997.

Sandoz, Ellis, "The Philosophical Science of Politics Beyond Behavioralism", in George J. Graham, Jr. & George W. Carey, eds., *The Post-Behavioral Era*, New York: David Mckay Co, 1972.

Smith, Anthony D., 1994. "The Problem of National Identity: Ancient, Medieval and Modern", *Ethnic and Racial Studies, vol. 17. No. 3*.

■ 기타 관련인사 면담

찾아보기

임 형 진(林炯眞)

경기대학교 행정학과를 졸업하고 성균관대학교 정치외교학과에서 정치학 석사학위,
경희대학교 정치학과에서 정치학 박사학위를 받았다. 한국정치사상연구원 연구원과
민족문제연구소 상임연구위원을 역임했다.
현재 민족 통일학회 총무이사와 민족사상연구회 상임연구위원, 민주화운동심의위원
회 심의분과위원, 경기대학교 교양교직학부 겸임교수이다.

「동학혁명과 개벽사상」(2004), 「동학과 민족통이념」(2003), 「민족정신과 민족사상」
(2002), 「종교의 통일운동과 동학이념」(2002), 「수운사상과 민족주의 정치사상」
(2001), 「동학혁명과 수운의 민족주의」(2001), 「동학대국건설론」(2000), 「근대민족종
교와 생명사상」(2000), 「삼균주의에 나타난 한국민족주의 정치사상」(1991) 등 다수의
논문이 있다.

모들동학신서 201

동학의 정치사상

등록 1994.7.1 제1-1071
초판 발행 2002년 10월 20일
개정판 인쇄 2004년 8월 31일
개정판 발행 2004년 9월 15일

지은이 임 형 진
펴낸이 박 길 수
펴낸곳 도서출판 모시는사람들
         110-260/서울시 종로구 가회동 175-2번지
         대표전화 743-6487 / 팩스 763-7170

표지디자인 이 주 향
편집 김 혜 경

출력 삼영출력소(2277-1694)
인쇄 수연인쇄(2277-3524)
제본 통인제책(2268-2377)

값은 표지 뒷면에 있습니다.
ISBN 89-90699-20-7
(세트) ISBN 89-950792-3-1

* 잘못된 책은 바꾸어 드립니다.